Frank Bethmann
Über Geld reden

FRANK BETHMANN

Über Geld reden

Prominente im Gespräch

PIPER

Mehr über unsere Autoren und Bücher:
www.piper.de

MIX
Papier aus verantwor-
tungsvollen Quellen
FSC® C014496

ISBN 978-3-492-05741-7
© Piper Verlag GmbH, München 2017
Dieses Werk wurde vermittelt durch die
Montasser Medienagentur, München.
Gesetzt aus der Minion Pro
Satz: Kösel Media GmbH, Krugzell
Litho: Lorenz & Zeller, Inning am Ammersee
Druck und Bindung: GGP Media GmbH, Pößneck
Printed in Germany

Inhalt

Vorwort

In Gelddingen verfolge ich eine klare Strategie. Bereits als 18-jähriger Profifußballspieler beim Karlsruher SC fing ich an, mich um meine Geldangelegenheiten selbst zu kümmern. Ich erinnere mich noch gut, wie ich in jungen Jahren während meiner aktiven Zeit im hinteren Teil des Busses sitzend zahlreiche Managementbücher und -magazine las. Über das Thema Geld und Geldanlage wurde in der Mannschaft immer dann viel gesprochen, wenn die Märkte stark waren. In den Hochzeiten des Neuen Marktes lief schon mal das Laufband mit den Aktienkursen bei n-tv in der Bayern-Kabine. Ich habe damals spaßeshalber begonnen, einen verlässlichen Indikator zu entwickeln – den Mannschaftsindikator. Wenn dir auf einmal jeder in der Mannschaft Aktien empfohlen hat, dann habe ich immer verkauft. Und wenn kein Spieler in der Kabine über Aktien sprechen wollte, dann war das ein untrügliches Kaufsignal. Die tatsächliche Performance des Mannschaftsindikators lässt sich leider rückblickend nicht mehr so genau rekonstruieren …

Noch während der Fußballerkarriere begann ich, Betriebswirtschaftslehre zu studieren, und machte – wenn auch erst Jahre später – meinen MBA-Abschluss. Im Umgang mit Geld hat mir dieses Studium nur bedingt einen Einblick in die Funktionsweise der Finanzmärkte unserer Zeit verschafft. Kapitalentscheidungen auf Basis von Wissen und kalkulierbaren Risiken zu treffen erfordert eine Menge an Erfahrung, die einem kein Studium der Welt vermitteln kann. Selbstdisziplin, Vorsicht und Timing lernt man nur im ständigen Umgang mit Geld.

In meiner jetzigen Berufung als Unternehmer und Stifter

kommen mir die Erfahrungen in Gelddingen natürlich zugute. Heute investiere ich sowohl in konservative Anlagen als auch in meine eigenen Unternehmen. Es ist immer eine Frage von Instinkt und Mut, Geld in die Hand zu nehmen, in eigene Geschäftsmodelle zu investieren, an eine bestimmte Entwicklung zu glauben und bereit zu sein, dafür in ein Risiko zu gehen. Es ist mir aber immer noch allemal lieber, in meine eigenen unternehmerischen Aktivitäten zu investieren, als meinen gesunden Menschenverstand gegen den Glauben einzutauschen, mit einer Zehnprozentbeteiligung an einem hippen Tech- oder Internetunternehmen ließe sich der große Wurf machen.

Wir alle haben bemerkt, dass in einer Zeit des Null-Prozent-Zinses und der Zunahme von Chaos, Volatilität und Krisen die intelligente Diversifizierung des privaten Vermögens eine echte Herausforderung darstellt. Ob im überhitzten Immobilienbereich, an den nervösen Börsen oder im Private-Equity-Sektor, überall ist ein klarer Blick für zukünftige Entwicklungen gefragt, um sich in den unterschiedlichen Assetklassen richtig zu positionieren. Und dort, wo die Risiken hoch sind, fallen wir eben immer mal wieder schmerzhaft auf die Nase.

Gerade im professionellen Fußball gab und gibt es immer wieder Schlagzeilen darüber, wie Profis ihre Millionen in den Sand setzen. Viele Profifußballer scharen heute ganze Beraterstäbe um sich und geben elementare Entscheidungen in Gelddingen aus der Hand. Davon halte ich nichts. Natürlich habe ich ein Team um mich herum, dem professionelle Akteure angehören, die mich in vielen Belangen unterstützen. Ich lasse mir aber niemals das Ruder aus der Hand nehmen – das ist ein großer Unterschied! Ich kann nur an die Vereine des professionellen Fußballs appellieren, junge Spieler so früh wie möglich auch über den Umgang mit Geld aufzuklären und sie darin zu schulen.

Wenn ich rückblickend meine finanziellen und unternehmerischen Entscheidungen vor meinem inneren Auge ablaufen lasse, ist sicher nicht immer alles rundgelaufen, aber ich bin bis heute bestrebt zu lernen, um meine Entscheidungen weiter zu optimieren. »Weiter – immer weiter« ist ein Ausspruch von mir, der als Lebensmotto seine Berechtigung für mich hat und der auch in Gelddingen nicht schaden kann.

Frank Bethmann beschäftigt sich in sehr offenen Gesprächen mit Menschen, die im Lauf ihres Lebens gute und schlechte Erfahrungen beim Thema Geld gemacht haben. Dabei richtet er nicht über richtig und falsch. Vielmehr verleiht er Einblicke in persönliche Erlebnisse, die Sie als Leser unterhalten und inspirieren sollen – vor allem aber dazu anhalten sollen, sich mit dem Thema Geld aktiv auseinanderzusetzen.

Ihr Oliver Kahn

Warum ich dieses Buch schreibe

Nie hätte ich gedacht, einmal dieses Buch zu schreiben. In der Schule gehörte gerade die Rechtschreibung nicht unbedingt zu meinen Stärken. Und anschließend gab es nur eines: Fußball spielen. Sie stimmen mir sicherlich zu: nicht gerade die typischen Voraussetzungen, um ein Buch über Geld zu schreiben. Aber wie das so ist, die Grammatik wird besser, das Schreiben flüssiger und die Interessen vielschichtiger. Nicht alles auf einmal, aber doch nach und nach.

Und das mit dem Geld verhielt sich viele Jahre bei mir genauso wie vermutlich bei Ihnen: Geld war Mittel zum Zweck. Man brauchte es halt. So, wie man trinken muss, um nicht zu verdursten. Wie man Kleidung braucht, um nicht zu frieren. Oder Sprit, um mit dem Auto fahren zu können. Geld ist eine Ware, ein Rohstoff, ein Tauschmittel. Schmutzig zudem. »Wasch dir die Hände, du hast gerade Geld angefasst.« Wohl keiner würde, wenn man ihn nach Geld fragt, sagen: »Das ist für mich das Allerwichtigste.« Liebe, Familie, Gesundheit, alles wichtiger und ja, auch alles richtig.

Aber wir alle wissen gleichzeitig: Ohne Geld geht es nicht.

Es gibt nur wenige Dinge, zu denen wir ein ähnlich ambivalentes, ja teilweise schon gestörtes Verhältnis haben wie zum Geld. Wir streben danach. Wir arbeiten uns den Buckel krumm dafür. Wir streiten darüber. Alles wegen des vermeintlich doch so schnöden Mammons? Eher nicht. Für ein Zweite-Reihe-Thema steckt im Geld viel zu viel Emotionalität. Und das ist uns allen auch bewusst. Umso mehr ist mir im Lauf der Jahre aufgefallen, wie sehr wir das Thema andererseits tabuisieren. Ein Phänomen.

Über Geld spricht man nicht. Wie viel ich verdiene, das geht keinen etwas an. Wenn man viel hat, möchte man es anderen nicht auf die Nase binden. Umgekehrt, wenn man wenig hat, spricht man noch viel weniger darüber, weil man sich die Dinge nicht leisten kann, die sich der Nachbar von gegenüber gönnt. Und wenn man gar verschuldet ist, spricht man erst recht nicht über seine finanzielle Lage, weil es einem unangenehm ist. Über Geld zu reden ist unser Ding nicht. Es ist nicht unser Ding zu fragen: »Wie hast du das denn gemacht?« – »Wie bist du an den Job gekommen?« – »Wie hast du es geschafft, dass die dir 95 000 Euro im Jahr bezahlen? Respekt!«

Ganz anders läuft es in den USA ab. Vielleicht haben Sie es selbst schon einmal erlebt? Sie sitzen abends an der Hotelbar, und der Mann neben Ihnen lädt Sie zum Bier ein. Es dauert keine zwei Minuten, dann wissen Sie, wie der Mann heißt, wo er wohnt und arbeitet und was er verdient. »Hi, I'm Jeff Miller, I'm from Detroit. I'm an engineer and I earn 120 000 bugs. And what about you?« So ist es mir passiert. Und dann sitzen Sie da und holen erst einmal tief Luft. Warum will der jetzt wissen, was ich verdiene? Ich habe ihn ja auch nicht danach gefragt. Gut, mittlerweile weiß ich, dass das typisch amerikanisch ist. Sobald Sie auf Herrn Millers oder wessen Fragen auch immer geantwortet haben, hören Sie vermutlich so etwas wie: »Oh, great!« Und dann geht es weiter im Small Talk: Was treibt dich hierher? Bist du das erste Mal in New York?, usw. Die Amerikaner sind Meister im Small Talk. Über Geld reden Sie gern. Wenn du ihnen sagst: Dein Anzug gefällt mir, kommt in zwei von drei Fällen als Antwort: Habe ich bei Macy's gekauft. War im Angebot. Hat soundso viel gekostet. Das imaginäre Preisschild hängt praktisch also noch dran. Man mag das mögen oder nicht. Es ist eine andere Kultur. Einen Vorteil hat das aber. Wenn du mehr über Geld redest, erfährst du mehr und kannst besser mitreden.

Genau darum geht es mir mit diesem Buch: mitreden können in Gelddingen. Sich künftig nicht mehr ein X für ein U vormachen lassen. Der beste Verbraucherschutz, der beste Schutz vor schwarzen Schafen ist immer noch, sich zu informieren. Bescheid zu wissen. Zumindest erahnen zu können, wann etwas faul ist, und sich nicht mehr so leicht übers Ohr hauen zu lassen.

Nicht über Geld zu reden hat nämlich nicht gerade dazu geführt, dass wir ein Volk der Anlageexperten geworden wären. Eher sind wir, lassen Sie es mich so formulieren, auf dem Niveau des Weltspartags stehen geblieben. Der Weltspartag wurde 1925 eingeführt, um den Spargedanken zu fördern, und es gibt wohl nur wenige Kampagnen, die auf Dauer vergleichbar erfolgreich waren. Deutschlands Sparwut ist enorm. Über 1900 Milliarden Euro liegen auf Sparbüchern, Giro- oder Tagesgeldkonten. Damit hat jeder Bundesbürger rein rechnerisch 24 000 Euro auf dem Konto. Und das, obwohl es kaum noch Zinsen auf die Guthaben gibt und wir teilweise bereits dafür bezahlen müssen, dass wir der Bank unser Geld anvertrauen. Noch so ein paradoxes Phänomen.

Der Weltspartag hat sich überlebt. Es sei denn, er würde uns bei der Frage helfen, wie ich richtig spare. Uns aufklären darüber, welche Risiken in welcher Geldanlage stecken. Uns aufzeigen, wie der Zinseszins funktioniert. Oder erklären, was ein Effektivzins ist. Während ich dieses Buch schrieb, sprach mir eine Kölner Schülerin aus der Seele. Vielleicht haben Sie auch den Tweet von Naina gelesen. Sie twitterte: »Ich bin fast 18 und habe keine Ahnung von Steuern, Miete oder Versicherungen. Aber ich kann eine Gedichtsanalyse schreiben. In vier Sprachen.« Mit ihrem Tweet erntete sie damals viel Zustimmung, löste in den Medien sogar eine enorme Debatte über unser Schulsystem aus.

Nun ist es leider keine ganz neue Erkenntnis, dass die Schule nur bedingt auf den Alltag vorbereitet. Viele Lehrer sehen das nicht als ihre Hauptaufgabe an. Umso mehr freue ich mich über diejenigen, die in ihrem straffen Lehrplan eine kleine Lücke finden und Finanzwissen vermitteln wollen. Ich schreibe das bewusst so, weil ich mich ab und an gern einmal den Fragen von Schülern stelle. Weil es mich interessiert, was Schüler über Geld denken, wie sie damit umgehen und was sie ganz generell dazu wissen wollen. Die Initiative für diese Besuche geht dabei immer, das ist meine Erfahrung, von einzelnen Lehrern aus, die sich engagieren und denen das Thema »Finanzwissen für den Alltagsgebrauch« ähnlich am Herzen liegt wie mir.

Überall lauern Fallen, auch für Erwachsene. Das geht schon beim Handyvertrag los, bei dem sich kaum jemand die Vertragsinhalte, geschweige denn die AGBs durchliest – Was waren gleich noch AGBs? –, und hört beim Mietvertrag noch lange nicht auf. Wenn Sie sich bei Ihrer Bank beraten lassen und Geld anlegen, dann müssen Sie – der Gesetzgeber will das mittlerweile so, zu Ihrem Schutz, wie er sagt – viele Formulare und Papiere unterschreiben, doch haben Sie am Ende mehr verstanden? Fühlen Sie sich deswegen jetzt besser mit den Wertpapieren, die Sie gerade gekauft haben? Vermutlich nicht. Eher raucht einem der Kopf, und man fühlt sich überfordert.

Das Schlimme ist, dass die Überforderung auf eine Finanzwelt trifft, die vor allem in den letzten 20 Jahren immer komplizierter geworden ist. Man mag es kaum glauben, aber mittlerweile gibt es über 1,2 Millionen unterschiedliche Finanzprodukte am Markt – über 1,2 Millionen, das muss man sich auf der Zunge zergehen lassen. Ein Wahnsinn. Den absolut größten Teil davon braucht kein Mensch, aber er trägt dazu bei, dass wir eigentlich immer weniger verstehen und immer weniger Lust haben, uns mit dem Thema Geld zu beschäftigen. Wir schweigen und lassen es im Zweifel »unseren Bankberater machen«.

Das ist nicht gut, sage ich. Der Weltspartag könnte als Finanzbildungstag, als der Tag, an dem wir uns mit Geld beschäftigen, eine neue sinnvolle Funktion bekommen. Doch die Frage ist, ob wir darauf warten wollen, dass die Banken und Sparkassen dieses Thema angehen, oder ob wir nicht selbst das Heft des Handelns in die Hand nehmen wollen. Genau dazu möchte ich Sie mit diesem Buch ermuntern. Vielleicht können Sie den einen oder anderen Tipp für sich nutzen.

Dieses Buch ist kein Fachbuch, vielmehr ein – hoffentlich

lesenswerter – Ratgeber in Sachen Finanzwissen. Sollten Sie zu der Kategorie »Fortgeschrittene« zählen, fühlen Sie sich beim Lesen vielleicht bestätigt und denken: Alles richtig gemacht. Das würde mich freuen, genauso wenn Sie Spaß beim Lesen hätten und sich über die eine oder andere Anekdote amüsieren würden. Mir jedenfalls hat es großen Spaß gemacht, die Persönlichkeiten zu treffen, mich mit Ihnen über dieses Thema zu unterhalten. Zu erfahren, wie sie über Geld denken. Wie das Geld ihre Karriere geprägt hat. Welche Fehler sie vielleicht auch gemacht haben. Es waren spannende Gespräche. Es waren offene und ehrliche Gespräche, und es waren auch Gespräche, bei denen gelacht wurde. Warum auch nicht? Beim Geld hört der Spaß ja nicht auf, nur weil manche das behaupten. Machen Sie es nach: Lassen Sie uns »über Geld reden«.

»Der Dax macht sehr viel Freude derzeit.«

Zur Person:
Am meisten schätzt Harald Schmidt seine finanzielle Unabhängigkeit. »Ein Hotelzimmer und eine Kreditkarte« sind für den Entertainer und Moderator der Idealzustand. Er ist ein großer Dax-Fan. Die Börse ist für ihn das, was früher das Theater war: der Gamble-Faktor.

Harald Schmidt und ich lernen uns über eine Zeitung kennen. Das hört sich vielleicht etwas seltsam an, stimmt aber. Schmidt gibt dem *Handelsblatt* ein Interview, in dem er von seiner Börsenleidenschaft spricht und davon, dass er das gute alte Börsenfernsehen schätzt, fast mehr noch als *Börse im Ersten* die Börsennachrichten im *heute journal.* Meint er das wirklich ernst? Zumal er eine Antwort später, typisch Harald Schmidt, schon wieder relativiert: »Es fallen in der Sendung tolle Begriffe. ›Kauflaune steigt‹ finde ich einen super Begriff. Im Klartext heißt das ja, dass es noch mehr Müll gibt, den keiner braucht, sinnlos rangeschafft mit der Hilfe von Krediten. Aber es wird äußerst positiv dargestellt mit einer vollen Einkaufsstraße, Menschen in Anoraks, die sich drängeln, und dazu heißt es dann: ›Die Kauflaune steigt.‹« Schmidt beobachtet. Schmidt kommentiert. Schmidt lästert. Ich denke mir: Ruf ihn doch mal an. Vielleicht hat er Lust auf ein Gespräch? Wenig später weiß ich, dass ich richtig spekuliert habe. Nach einem angenehmen Telefonat verabreden wir uns in Köln.

Das Erste, was mir bei unserer persönlichen Begegnung auffällt: Er wirkt genauso freundlich und entspannt wie am Telefon, und es entwickelt sich ein munterer, offener Plausch. Keine Selbstverständlichkeit, wenn man über Geld spricht und sein Gegenüber nicht kennt. Für Schmidt aber kein Problem. Gleich zu Beginn lässt er durchblicken, dass er up to date ist. Freut sich über die nächste gewaltige Geldspritze der Europäischen Zentralbank (was gut ist für den Dax, ist auch gut für Dax-Freund Schmidt) und läuft gleich zur Hochform auf, als er Hans-Werner Sinn, einen der bekanntesten deutschen Ökonomen, als »Käpt'n Ahab des deutschen Warnerwesens« bezeichnet. Sinn – sein markantes Markenzeichen ist ein Bart, wie ihn Gregory Peck als Käpt'n Ahab in dem Film *Moby Dick* trug – ist von jeher als großer Kritiker der EZB und ihrer laxen Geldpolitik bekannt. Wir lachen. »Käpt'n Ahab des deutschen Warnerwesens« – »Dirty Harry« kann es nicht lassen, denke ich. Tatsächlich gehört sein respektloser Humor einfach zu ihm. Für unser Gespräch ist er ein Türöffner. Schnell merke ich, dass der Mann generell gut informiert ist. Surft im Internet, hört Radio, schaut fern, liest Zeitung. Sein ganz großer Favorit, sein »Godfather of Geldanlage«, war viele Jahre »Loomann von der *FAZ*«, erzählt er mir. Volker Loomann, über 15 Jahre Kolumnist bei der *Frankfurter Allgemeinen Zeitung*. Immer samstags schrieb er mehr oder minder provokante Artikel rund ums Thema »Geld und Finanzen«, ehe er 2015 zur *Bild* wechselte. »Der hat ja jedes Wochenende denselben Artikel geschrieben. Habe es sehr bedauert, dass er zur *Bild*-Zeitung gegangen ist. Damit ist für mich sozusagen das, was ihn ausgemacht hat, weg. Das hat aber gar nichts mit *Bild* zu tun. Sondern das lebte ja von dem gehobenen Schulaufsatzstil, den er geschrieben hat. Auch leicht in den 50er-Jahren stehen geblieben.« Was er damit meint? Schmidt pointiert: »Die Frau will auch mal Schmuck!« Einmal in Fahrt, fällt ihm gleich noch einer ein, den er sehr mochte: »Also den Vorgänger fand ich eigentlich noch besser:

Heinz Brestel, der ›Blick aus Zürich‹. Sensationell.« Von Heinz Brestel, inzwischen verstorben, stammten so legendäre Sätze wie »Es ist oft produktiver, einen Tag über Geld nachzudenken, als einen ganzen Monat für Geld zu arbeiten.« Schmidt schätzt ihn bis heute, besonders seinen Schreibstil: »Das war wirklich: Weihnachten kommt. Da müssen wir Männer schon mal das Portemonnaie öffnen, wenn …« – und jetzt ist Schmidt richtig in Erzähllaune – »… die Frau eine Kette will. Und bei Loomann war das ja im Grunde: Er ist Anwalt, 55. Sie ist tot. Die Mutter ist aus dem Haus. Jetzt will er was vom Leben haben. Jeden Samstag. Und jetzt muss er bei *Bild* auf Schlagzeilen machen. Und die Qualität bei der *FAZ* war eben, dass er auf Zeilen machen musste. Deswegen musste das so ausgeschmückt werden.«

Privatier mit abgeschlossener Vermögensbildung

Mein anfänglich noch unklares Bild von Schmidt bekommt jetzt deutlichere Konturen. Die Berichterstattung in den Medien ist ihm wirklich wichtig für seine Geldanlage. Und dann sagt er etwas, was viele überraschen wird: »Bis auf, sage ich mal, gezielt zurückgehaltene Informationen kann man eigentlich nicht sagen, dass was vertuscht wird. Es steht alles in der Zeitung.« Und das in Zeiten, in denen die meisten den Glauben an die Transparenz der Finanzmärkte, besonders des Aktienhandels, verloren haben: Da geht es doch sowieso nicht mit rechten Dingen zu! Schmidt sieht das nicht so. Er hat natürlich jetzt, wo er nicht mehr auf Sendung ist, auch die Zeit, um sich ausgiebig mit seinen Geldanlagen zu beschäftigen.

In meiner Vorbereitung auf unser Gespräch stieß ich auf eine Formulierung, wie sich Schmidt derzeit selbst sieht und die mich schmunzeln ließ: als Privatier mit abgeschlossener Vermögensbildung. Ich spreche ihn darauf an. »Der Begriff ist ja geklaut von Clemens Vedder«, antwortet er. »Das habe ich ihm auch gesagt, und er war überglücklich, dass sozusagen diese Formulierung weitergetragen wird.« Da passt was zusammen, denke ich. Dazu muss man wissen, dass Clemens Vedder kein unbeschriebenes Blatt ist. Einer, der schon ziemlich große Räder gedreht hat. Einer, der sogar einmal mit anderen Investoren versucht hat, die Commerzbank zu übernehmen. Ein Hedgefonds-Manager. Überregionale Bekanntheit erlangte er in den 70er-Jahren, als er Schatzmeister des Kölner Eishockey-Clubs (KEC) »Die Haie« war. Heute jedenfalls soll Vedder auf den Cayman Islands wohnen und von dort seine Geschäfte betreiben. Dass sich so jemand als Privatier mit abgeschlossener Vermögensbildung bezeichnet, passt. Und es passt auch, dass Schmidt diese seinen Status beschreibende Formulierung mag: »Ich fand das eine sehr griffige Formulierung.« Wobei er süffisant einschränkt: »Abgeschlossene Vermögensbildung ist eine relative Formulierung. Man weiß ja nicht, was die EZB und Jean-Claude Juncker und Draghi und so weiter alles noch vorhaben.« Und schon ist der belesene Schmidt beim nächsten Thema: »Plötzlich passiert so etwas Überraschendes wie mit dem Franken. Und schon ist alles wieder relativ.« Die Schweizer Nationalbank hatte aufgegeben, ihre Währung gegenüber dem Euro zu stützen, worauf der Franken stark stieg. In der Folge stürzte die Schweizer Börse ab, weil die Frankenaufwertung die Schweizer Exporte verteuert, Schweizer Firmen somit ins Hintertreffen geraten. Der Dax hingegen schoss nach oben! Es kommt mir in den Sinn, wie wohl der legendäre Heinz Brestel das im »Blick aus Zürich« kommentiert hätte? Eine hypothetische Frage. Aber eine mit Charme. Brestel hätte vermutlich wieder das Gesellschaftsbild der 50er-Jahre bemüht. Sie wissen schon, die Schweizer Unternehmersgattin, die jetzt unter Umständen auf ihr Goldcollier verzichten muss.

Schmidt mag diese 50er-Jahre-Rhetorik. Das Gesellschaftsbild jener Zeit hat ihn geprägt. Der entscheidende Satz seiner Kindheit – »Das können wir uns nicht leisten« – stammt ebenfalls aus dieser Zeit, und er hat ihn oft von seinem Vater gehört. »Das fand ich einen super Satz, denn wenn man das verinnerlicht, kommt man nicht in die Situation zu sagen: Oh, die Kredite sind so günstig. Bei *den* Zinsen muss man kaufen.«

Schmidt lacht und erinnert sich weiter: »Wir hatten einen Verdiener. Mein Vater. Und damit mussten wir auskommen. Und wir haben Urlaube gemacht. In der Schweiz. Jedes Jahr. Und es gab für uns Kinder alles. Aber im Rahmen. Wir sind zum Beispiel nicht essen gegangen. Es wurden Brote geschmiert. Man ging auch mal essen, aber es wurde definitiv gesagt: Was das Mittagessen kostet, davon gehen wir drei Tage wandern. Und das geht einem ab einem gewissen Zeitpunkt auf den Keks; dann muss man es ändern.« Und während er das sagt, ertappt er sich selbst bei diesem Gefühl. »Aber eigentlich merke ich, das steckt noch total in mir drin.« Insofern bedeutet Geld für Schmidt heute eine relative Sicherheit: »Ich bin einfach gern unabhängig.«

Das Wissen, genügend Geld zu haben, verschafft ihm diese Unabhängigkeit, die er auch gern auslebt: »Ich habe keine Ferienwohnungen irgendwo, weil ich einfach gern in Hotels wohne. Und ich miete lieber, weil ich mich um nix kümmern will. Mein Idealzustand ist eigentlich ein Hotelzimmer und eine Kreditkarte. Abgesehen davon, dass ein Ferienort nach drei, vier Mal langweilig wird.« Sind das die Nachwirkungen der vielen Schweizurlaube mit den Eltern? Nein, es sind andere Nachwehen, die Schmidt ein Loblied auf Hotels singen lassen: »Ich hatte ein Haus auf Mallorca.« Also gab es doch einmal eine Zeit, in der Schmidt eine Ferienwohnung hatte. Wie viele andere Prominente auf Deutschlands beliebtester Ferieninsel. Und wie viele andere Prominente erlitt er mit dem Investment Schiffbruch. »Glücklicher Moment, als ich es mit Riesenverlust damals verkauft hatte«, sagt er und grinst dabei schelmisch. Aber genau das gefällt mir an dem Entertainer. Offen spricht er über seine Fehler und lacht auch, wenn es auf seine Kosten geht, wie in diesem Fall. Ohne Reue begründet er seine Entscheidung von damals: »Jemand, der nur rechnet, hätte das behalten. Aber ich wollte es einfach loswerden. Flexibilität steht bei mir bei allem an erster Stelle.«

Liebe zu Aktien und zum Dax

Nun verstehe ich auch Schmidts Liebe zu Aktien. Sie hat viel mit diesem Wunsch nach Flexibilität zu tun. Aktien sind für ihn wie das Hotel, das er bei Nichtgefallen einfach nicht noch einmal bucht. Jeden Tag und zu jeder Uhrzeit ist es möglich, zu buchen, umzubuchen oder zu kaufen und zu verkaufen. Flexibel einfach! Doch wie ist sie eigentlich entstanden, seine Liebe zum Dax? Schmidt denkt kurz nach. »Wahrscheinlich durch das Lesen von Zeitungsartikeln«, sagt er. Wenn man gerade miterlebt hat, mit welcher Begeisterung Schmidt seine »Zeitungshelden« zitiert hat, glaubt man ihm das sofort. Seine erste Aktie?, frage ich. »Veba«, erwidert Schmidt nach kurzem Überlegen. Und ich kann es mir nicht verkneifen zu sagen: »Die Älteren erinnern sich noch.« Veba, schon fast vergessen. Dabei ist es gar nicht so lange her, dass aus den ehemaligen beiden Staatskonzernen Veba und Viag der Energieriese E.ON entstand: um die Jahrtausendwende. Aber ich bin mir sicher, der ein oder andere musste jetzt erst einmal überlegen: Veba, Veba, Veba …, erst in den 80er-Jahren privatisiert und damit überhaupt handelbar an der Börse.

Wie schnell es geht, dass vormalige Industrieikonen mehr oder weniger in Vergessenheit geraten. Bei Schmidt aber ist alles noch da, nichts vergessen, und seine Anfänge im Aktiengeschäft gehen einher mit solch einst klingenden Namen wie Veba oder AEG: »Was auch mal eine Zeit lang eine lukrative Sache war, war Nixdorf. Es gibt so Firmen, die waren eine Zeit lang richtige Renner, und plötzlich sind sie weg.« Zumindest keine Renner mehr. Nixdorf firmiert heute als Diebold-Nixdorf, AEG, längst nicht mehr selbstständig, ist eine Marke der schwedischen Electrolux-Gruppe. Aber an der Börse waren sie richtige Ikonen. Schmidt denkt an all das zurück. Jetzt ist er wieder in seinem Element. Als wenn es erst gestern gewesen wäre, erzählt er: »Habe schon vieles verloren. Unterm Strich hätte ich wahrscheinlich, wenn ich es unters Kopfkissen gelegt hätte, exakt den gleichen Betrag. Weil ich natürlich in der

Boomzeit, als man so 20 Prozent am Tag gemacht hat, dachte, morgen werden es 40. Waren es auch, aber in die andere Richtung.« Trotzdem fällt Schmidts Fazit eindeutig aus: »Also, ich bin aber doch ein begeisterter Börsianer, weil der Hauptpunkt eigentlich die Gier ist. Klassisches Beispiel Telekom-Aktie und EM.TV. Wäre man bei EM.TV mit 800 Prozent zufrieden gewesen. Und bei der Telekom mit 80 Prozent ...«, Schmidt lächelt, wie bei dem Ferienhaus auf Mallorca. Er weiß, er hat's vergeigt, und geht ähnlich schonungslos mit sich um wie mit denen, die er in seinen Shows gern auf den Kieker genommen hat. Dann aber vollendet er seinen Satz doch noch: »... wobei die Telekom wieder eine super Aktie ist. Habe ich wieder über 50 Prozent mit gemacht in den letzten zwei Jahren.«

Exkurs: Geldanlage in Aktien

Den Königsweg beim Kauf von Aktien gibt es nicht. Es gibt aber gute Gründe, warum Aktien zum Vermögensaufbau unbedingt dazugehören.

Grundsätzliches: Mit dem Kauf von Aktien erwerbe ich Anteile an einem Unternehmen, an dessen Produktionsanlagen, Verwaltungsgebäuden, Produkten und so weiter, also an Sachvermögen. Tatsächlich bin ich damit auch am unternehmerischen Erfolg oder Misserfolg des Konzerns beteiligt. Aktien sind also nicht ohne Risiko. Die Chancen aber überwiegen das Risiko, wenn ich ein paar Dinge berücksichtige.

Wichtigster Grundsatz: die Streuung. Wer nur Aktien *eines* Unternehmens kauft, hat ein höheres Verlustrisiko als derjenige, der 20, 30 oder 40 Titel im Depot hat. Wer sich unsicher bei der Auswahl von Einzeltiteln ist, hat die Möglichkeit, in einen oder mehrere Aktienfonds zu investieren. Hierbei hat man die Wahl zwischen Fonds, die ihr Geld nur in Deutschland, nur in Europa, nur in Asien und so weiter oder in der gesamten Welt anlegen. Darüber hinaus gibt es Fonds, die sich auf bestimmte Branchen konzentrieren, wie Banken, Mobilität,

Rohstoffe oder Hightech. Fonds beinhalten immer mehrere Aktien, sodass man mit nur einer Handelstransaktion automatisch eine Streuung im Depot hat. Zu unterscheiden ist zwischen aktiven – von Managern geführten – Fonds und passiven Fonds, sogenannten Indexfonds oder ETFs (Exchange Traded Funds), die die Entwicklung eines Aktienmarkts abbilden, beispielsweise des Deutschen Aktienindex, kurz Dax. Beteiligen kann sich der Anleger nicht nur an klassischen Leitindizes wie Dax oder Euro Stoxx 50, sondern beispielsweise auch an einzelnen Schwellenländern, an Aktien mit hohen Dividenden oder an Immobilienmärkten, um nur ein paar Beispiele zu nennen. Das Prinzip ist simpel beschrieben: Steigt der Index, steigt der Wert des ETFs im Gleichschritt. Umgekehrt gilt das natürlich genauso. Es gibt erfolgreiche Fondsmanager, die mit kluger Aktienauswahl eine höhere Rendite erzielen als ein ETF. Aktiv gemanagte Fonds kosten allerdings bis zu 1,5 Prozent Gebühr im Jahr. Das summiert sich über die Jahre. Zudem wird bei vielen dieser Fonds anfänglich ein Ausgabeaufschlag von bis zu fünf Prozent fällig. Zum Vergleich: Bei ETFs liegen die Kosten bei vergleichsweise günstigen 0,1 Prozent (Dax), 0,3 Prozent (M-Dax) oder 0,4 Prozent (MSCI World), um nur ein paar Beispiele zu nennen.

Wer nicht viel Erfahrung bei der Aktienanlage mitbringt, aber monatlich etwas ansparen möchte, für den bieten sich Ansparpläne an. Direktbanken im Internet bieten diese meist schon ab Einzahlungen von 25 Euro im Monat zu günstigen Konditionen an. Der Charme von Sparplänen liegt darin, dass man Monat für Monat für denselben Betrag Anteile an einem Aktienfonds kauft. Fallen die Kurse an den Märkten, bekommt man automatisch mehr Anteile, steigen sie, erwirbt man weniger Anteile. Daraus entwickelt sich über die Jahre ein in der Regel renditeträchtiger Mittelwert.

Damit ist ein weiterer wichtiger Grundsatz angesprochen: langfristig denken. Die Stärke der Anlage in Aktien entwickelt sich über die Jahre. In der Regel reichen bereits fünf Jahre als Anlagehorizont, um in den meisten Fällen mit einem breit gestreuten Aktiendepot (auf Dax-Basis) gute Gewinne zu erzielen – sofern der Verkauf nicht gerade in die Zeit einer Finanzkrise wie 2008/2009 fällt. Ausnahmen bestätigen also auch hier die Regel. Je länger der Anleger bislang im deutschen Aktienmarkt blieb, desto sicherer waren ihm positive Renditen. Mit 15 Jahren Geduld gab es in der Vergangenheit keinen Zeitraum mit Verlusten, in guten Phasen aber deutlich mehr als zehn Prozent Rendite. Wasser in den Wein schüttet ausgerechnet Investorenlegende Warren Buffett, der von Rückblicken nicht viel hält, mit dem simplen Hinweis, »dann wären Historiker ja die besten Anleger«. Der Blick in den Rückspiegel bietet tatsächlich keine Garantien, und doch zeigt er auf, dass in den letzten Jahrzehnten mit Aktien als Anlageform Geld überwiegend nicht vernichtet, sondern vermehrt wurde.

Ganz wichtig: Den Verkauf von Aktien mittelfristig planen. Wer Geld in Aktien investiert, der sollte nicht das Ansinnen haben, mit dem angelegten Geld plus erwartetem Gewinn in zwei Jahren einen dann fälligen Kredit zu begleichen. Denn kurzfristig lässt sich die Entwicklung der Kurse nicht seriös vorhersagen. Eine Garantie von Gewinnen innerhalb eines bestimmten Zeitraums gibt es nicht. Ein Aktionär sollte daher einen langen Atem haben, nur das Geld in Aktien anlegen, das er übrig hat, und auch mal Dürreperioden aushalten können. Besonders für die Altersvorsorge empfiehlt es sich, mindestens zwei Jahre bevor das Geld für die Rente benötigt wird, damit anzufangen, die Aktien Stück für Stück zu verkaufen und den Ertrag auf ein Festgeldkonto zu überführen. Denn es wäre schade, verkaufen zu müssen, wenn die Kurse an den Aktienmärkten gerade nach unten schießen. Umgekehrt sollten Sie sich nicht scheuen, alles auf einmal zu verkaufen, wenn die Märkte zwei Jahre vor der Rente gerade auf historischen Höchstständen stehen.

Zu guter Letzt: Wer bei Aktien als Anlageform noch immer die Nase rümpft, dem hilft möglicherweise zu wissen, dass der Aktienmarkt zu den am besten überwachten Finanzmärkten zählt. Zudem können Aktien in einem Notfall jederzeit verkauft werden, was man von anderen Geldanlageformen wie beispielsweise Immobilien nicht sagen kann. Und es fallen auch beim Verkauf von Aktien nur sehr überschaubare Gebühren an.

Zusammenfassend lässt sich sagen: Für einen vernünftigen Vermögensaufbau sind Aktien unverzichtbar. Genauso, wie es verkehrt wäre, sämtliches Vermögen in Aktien zu stecken, wäre es falsch, beim Vermögensaufbau ausschließlich auf die selbst bewohnte Immobilie und/oder das Sparbuch zu setzen.

Stürze auf dem Börsenparkett

Schmidt ist ein Spieler. Das gibt er unumwunden zu. Ihm machen Achterbahnfahrten an der Börse Spaß. Für ihn ist das der Kick. Wie früher das Theater. Die Tragödie. Das Drama. Der Verlust. Der Gewinn. Schmidt spielt aber mittlerweile nach klaren Regeln, setzt sich Ziele: »Bei mir ist es sogar so, dass ich auch mal auf die Dividende verzichte, selbst wenn es jetzt, sagen wir mal, eine dreiprozentige Dividende ist. Aber wenn ich fünf oder sieben Prozent in einem Jahr mit einer Aktie gemacht habe, gehe ich auch mal raus.« Nix mehr mit EM.TV oder Telekom. Doch Schmidt, immerhin schon seit über 20 Jahren im Geschäft, hat viel Lehrgeld bezahlen müssen. »Ich habe beide Abstürze voll mitgemacht.« Infolge der Terroranschläge auf das World Trade Center und das Pentagon vom 11.9.2001 verloren nicht nur 3000 Menschen ihr Leben, sondern stürzten weltweit auch die Börsen ab. Der Dax verlor damals in kurzer Zeit fast 30 Prozent an Wert. Ähnlich schlimm crashten die Börsen 2008, als die Finanzkrise ihren Höhepunkt erreichte: »Beide Male wurde ich gewarnt, wusste es aber besser. Das erste Mal noch so hausbankartig. Beim zweiten Mal machte ich eine Fahrt mit der Queen Mary nach New York.« Schmidt beschreibt es, als wenn es gerade erst gestern passiert wäre: »Und da war eine Investmentbankerin aus Frankfurt [...]. Die sprach wie ein Maschinengewehr. Und die Nummer war aber: Gehen Sie raus! Es kracht alles! – Und ich natürlich, machste nicht.« Er grinst dabei und schiebt dann trocken seine persönliche Verlustrechnung nach: »Und das waren dann 50 Prozent, die ich jetzt wieder, aber durch Durchziehen, aufgeholt habe. Bin jetzt wieder auf dem Stand von 2008.« Schmidt konnte sich das Aussitzen der tiefen Aktienkrise leisten. Heute sind die Kurse längst wieder dort, wo sie 2008 waren. Doch sechs Jahre musste er für seinen Leichtsinn büßen. Heute hört er aufmerksamer hin und sagt mit Blick nach vorn, der nächste Absturz komme bestimmt: »Es mehren sich die Anzeichen. Vermögensverwalter sagen ganz simpel, wenn die Notenbanken aufhören, Geld zu drucken, müssen Sie weg sein.« Schmidt ist also wieder gewarnt. Wird er dieses Mal klüger sein? Noch ist es nicht so weit. Noch drucken die Notenbanken weltweit Geld, um die schleppende Konjunktur anzukurbeln. Schmidt verfolgt die aktuellen Entwicklungen aber sehr genau. Noch einmal will er sich nicht überraschen lassen. Obwohl er eh nicht mit seinem gesamten Vermögen an der Börse ist.

15 Prozent hat Immobilienmuffel Schmidt – »habe keinen Bock auf Eigentümerversammlungen« – trotz allem in Immobilien angelegt. Und die sind schlafwandlerisch sicher vermietet, wie er sagt: »Alles, wo ich auch selber einziehen würde.« Außerdem hat er in sein eigenes Unternehmen investiert. Im Bereich von plus/minus einer Million Euro, ohne dass er dafür eine Bank gebraucht hat. Das betont er. Mehr, sagt er, machte er nicht.

An der Börse ist er derzeit mit etwa 30 Prozent seines Vermögens engagiert. Das ist aber doch eine ganze Menge. Auf meinen erstaunten Blick antwortet er: »Man gönnt sich was und spielt ein bisschen.« In bester Beckenbauer-Manier (in der dritten Person von sich redend, scheinbar über den Dingen stehend) fährt er fort: »Man ist schon wieder gefährdet.« Schmidt grinst erneut. »Ich habe jetzt einfach mal einen erhöhten Betrag für ein halbes Jahr als Festgeld weggebunkert. Damit ich nicht rankomme. Wie ein Süchtiger, der sich einfach die Weinflasche wegschließt.« Aber auch das zeigt, dass

Schmidt dazugelernt hat. Festangelegtes – keine Chance, es zu verzocken. Selbstschutz. Und führe mich nicht in Versuchung, denke ich. Schmidt sieht es genauso, trotzdem hat er das Geld nur für einen vergleichsweise kurzen Zeitraum fest angelegt: »Meine Bank hat mir ein supertolles Angebot gemacht, wo ich 80 Prozent der Summe über sechs Jahre hätte fest anlegen sollen. Und da habe ich gesagt: Ihr Lieben, ich lese Zeitung, bitte macht mir nie mehr solche Angebote.« Schmidt weiß noch, wie der Bankangestellte reagiert hat, und gibt es nicht nur dem Wortlaut nach wieder: »Ach, Sie wissen ja, zurzeit gibt es nicht so … Ich sag, ich weiß. Zurzeit ist es so. Es gibt halt zurzeit kaum noch etwas, aber immerhin noch keine Strafzinsen.« Schmidt scheint jeder Situation noch etwas Gutes abgewinnen zu können. Auch ein Zeichen dafür, dass er derzeit mit sich im Reinen ist. Er hat sein Geld angelegt. Er ist unabhängig, und er hat was zum Spielen oder, wie er es formuliert: »Der Dax macht sehr viel Freude derzeit.« Vor allem aber hat er eine Anlagestrategie: nicht mehr volles Risiko. »Dass ich mit 57 jetzt nicht sage, ich setze alles, um mein Vermögen zu verdoppeln, auf Aktien, ist klar. Dann ist es eigentlich relativ unkompliziert. Ich brauche, glaube ich, nicht mal eine DIN-A4-Seite.«

Einfache Börsenregeln

Schmidts Regeln sind mittlerweile ganz einfach. Erster Grundsatz: Keiner schlägt Indexfonds. Wie stark diversifiziere ich bei der Geldanlage? Schmidt hat mit 30 Prozent einen relativ hohen Aktienanteil, 15 oder 20 Prozent entsprechen eher der normalen Risikoaffinität. Und dann: Wie stark gewichte ich innerhalb meines Aktiendepots?

Da setzt Schmidt auf die schwäbische Heimat. »Ich bin hervorragend gefahren mit Boss. Die ich mehr habe, als es ein Indexfonds hat. Und ich bin ein Riesenfan beispielsweise von Dürr.«

Die Dürr AG, klassischer deutscher Mittelstand. Grundsolide. Maschinenbauer. Inbegriff von deutscher Wertarbeit. Über viele Jahre mit einer charismatischen Unternehmerpersönlichkeit an der Spitze: Heinz Dürr. Der Topmanager hat eine bewegte Karriere hinter sich. Dürr machte sich erstmals einen Namen, als er die AEG (für deren Niedergang er nicht verantwortlich war) seinerzeit erfolgreich durch das Vergleichsverfahren und letztlich unter das Dach der Daimler-Benz AG führte. Davor war Dürr Bahnchef. Damals hieß die Bahn noch Bundesbahn. Zuletzt war Dürr Aufsichtsratsvorsitzender seines Familienunternehmens. »Habe Heinz Dürr mal kennengelernt übers Theater. Und das ist einfach so ein *Hidden Champion*. Wobei man *hidden* gar nicht mehr sagen kann.« Hidden Champion im Sinne von Geheimtipp, das war der Weltmarktführer Dürr vielleicht mal zu Beginn seiner Zeit an der Börse, Anfang der 90er-Jahre. Doch was Schmidt sagen will, ist klar. Diese Firmen sind es, die, wenn man sie rechtzeitig entdeckt, viel Spaß machen können.

Mich erinnert der Begriff Hidden Champion an meine Zeit beim *ZDF-Morgenmagazin*. Damals machte ich im Sommer eine Reportagereise zu den heimlichen Weltmarktführern: Unternehmen, die kaum einer kennt, die aber in ihrem Bereich zu den zwei bis drei besten Firmen der Welt gehören. Fündig sind wir damals auch in Baden-Württemberg geworden. Im Hohenlohe-Kreis, einer wenig bekannten Region zwischen Heilbronn und Würzburg. Eine landschaftlich reizvolle Region, in der man aber nicht gleich eine Handvoll Weltmarktführer vermuten würde. Firmen wie der Ventilatorenhersteller ebm-papst in Mulfingen oder ein paar Kilometer weiter der Konkurrent Ziehl-Abegg in Künzelsau oder der Befestigungsspezialist Würth. In keinem anderen Landkreis sitzen, gemessen an der Einwohnerzahl, mehr deutsche Weltmarktführer als im Kreis Hohenlohe. Das hatte nicht ich errechnet, sondern Bernd Venohr, Unternehmensberater und damals Professor an der Hochschule für Wirtschaft und Recht in Berlin. Insgesamt zeichnet Hidden Champions ein gutes Gespür für Markt und Kunden, eine starke Innovationskraft und eine Leidenschaft für ihre

Aufgabe aus. Das war unsere Erkenntnis, als wir von der Reise zurückkamen.

Einen kleinen Haken hat das Ganze allerdings. Nicht alle Hidden Champions sind an der Börse notiert. Somit lässt sich nicht aus allen Kapital schlagen im Schmidt'schen Sinne. Aber umgekehrt wird in jedem Fall ein Schuh daraus, meint Schmidt: »Wenn eine Aktie ein Produkt hat, das stimmt, adidas, Fresenius, wenn das Produkt stimmt, kann – sag ich mal – nicht allzu viel schiefgehen, außer es kracht alles zusammen, aber dann ist es eigentlich egal, was Sie haben.« Und dann ergänzt er seine Börsenregeln um einen weiteren Faktor, einen sogenannten Softfaktor: »Dann aber noch so eine emotionale Kiste, indem ich sage, solange Familie Quandt noch in BMW drin ist,« – die Unternehmerdynastie Quandt hält 46,7 Prozent der BMW-Anteile – »schlafe ich ruhig.« Süffisant schiebt Schmidt die Begründung nach: »Denn den Namen verbinde ich nicht mit Verlusten.« So einfach also ist Schmidts Börsenwelt. Einfach und streckenweise amüsant. Wobei ich echt gestehen muss, so hartgesotten wie er, wäre ich nicht. Wenn ich schon richtig viel Geld an der Börse verloren hätte, ob ich dann immer noch so unbeschwert und lustig wäre? Ich kenne mich. Die Antwort wäre Nein. So bin ich froh, dass ich es bei den Börsengeschäften halte wie Hajo Friedrichs: Mach dich nie mit einer Sache gemein. Auch nicht mit einer guten. Ich weiß, was Sie denken: Ob die Börse etwas Gutes ist, darüber lässt sich trefflich streiten. Lassen wir es einmal dahingestellt, mit Schmidt läuft man sowieso nicht Gefahr, über diese Frage streiten zu müssen. Wie aufs Stichwort unterstreicht er es noch einmal: »Bedaure immer, wenn am Wochenende die Börse zu ist. Weil dieser Kick fehlt. Ist es wieder grün oder rot? Es fängt ja immer ganz banal an.«

Steuerflucht? Schwarzgeld? Nein danke!

So wie das Geldverdienen generell. Auch das fängt ja immer ganz banal an. Erst hat man wenig, gesteht Schmidt. Viele Jahre verdiente er nach eigenem Bekunden weniger als der Durchschnittsdeutsche: »Am Theater ist ja kein Geld zu verdienen. Lange Zeit hatte ich ja überhaupt keine Gelegenheit, Geld zu sparen. Geld ging so raus, wie ich es verdient habe.« Dann, als sich das mit den ersten erfolgreichen TV-Engagements – *Montagsmaler, Schmidteinander* – ändert, kommt der Steuerspargedanke. Schmidt hält kurz inne: »Mit das Gefährlichste, was einem auf diesem Weg begegnet, ist der eigene Steuerberater.«

»Alle Steuerberater sind beseelt von einem: Steuern sparen.« Schmidt macht das Spiel am Anfang mit. »Dann war ich fünf Jahre in Belgien. Steuerflucht, wo ich 15 Prozent Ausländersteuer bezahlt habe. Was mir aber nach fünf Jahren einfach unglaublich auf den Keks ging.« Ich frage nach, warum. Die Antwort ist banal: »Wir haben dann da ja richtig gelebt. Sie sitzen dann da und sagen, wir sparen Steuern, aber wofür eigentlich?« Und noch etwas störte den Flexibilität liebenden Entertainer: »Sie sitzen halt abends in einem ruhigen Gehöft in den Ardennen und würden doch vielleicht lieber ein Bier in Köln trinken. Und dann habe ich ganz klar die Entscheidung getroffen, ich mache kein einziges Steuersparmodell mehr. Ich zahle einfach die Steuern, die fällig sind. Ich habe jedes Jahr eine Steuerprüfung, als GmbH-Eigentümer und als Privatmann. Und jedes Mal tiefes Schluchzen beim Beamten: wieder nichts gefunden.« Schmidts Rechnung ist jetzt noch einfacher als bei der Geldanlage. Jetzt benötigt er nicht einmal mehr ein DIN-A4-Blatt. Es genügt ein Anruf beim Steuerberater: »Wie viel habe ich zu zahlen? Überweise es! Und nicht: Geh mal dagegen vor. Bei dem Flug habe ich aber ab 17 Uhr ein Fachgespräch geführt. Das möchte ich steuerlich geltend machen.« Nein, Schmidt verzichtet auf all das, erzählt er mir: »In meiner Vorstellung ist die Hälfte weg.«

Ein Satz, der vielen wehtun mag, doch Schmidts Miene hellt

sich gleich im nächsten Moment wieder auf: »Und jetzt kommt die wunderbare Welt der Politik.« Schmidt lacht und sagt nur ein Wort: »Abgeltungssteuer!« Diese Steuer auf Kapitaleinkünfte wurde 2009 eingeführt. Wer sein privates Vermögen in Aktien, Anleihen, Bankeinlagen, Fonds oder Zertifikaten angelegt hat, muss auf die erzielten Zinsen, Dividenden und realisierten Kursgewinne seither die Abgeltungssteuer in Höhe von 25 Prozent zahlen. »Weit unter meinem regulären Steuersatz natürlich!«, freut sich Schmidt. »Und: Ich muss mich noch nicht mal drum kümmern. Meine geliebte Hausbank macht das.« Und dann folgt ein Satz, der unser Gespräch in eine andere Richtung lenken wird: »Was hätte Hoeneß sich für einen *trouble* ersparen können.« Man merkt sofort, Harald Schmidt hat sich viel mit dem gestürzten Bayern-Macher beschäftigt. In Schmidts letzten Sendungen auf Sky war Hoeneß immer wieder Talkthema – oder besser Talkopfer – gewesen. Schmidt erweckt deswegen jetzt im Gespräch auch nicht den Eindruck von Mitleid, aber er kennt den Bayern-Präsidenten, hat ihn erlebt: »Wir kennen uns. Jetzt nicht so gut. Aber wir saßen mal acht Stunden zusammen in der Wohnung von Fußballreporter Manni Breuckmann. Mit Claudia Roth.«

Eine etwas verrückte Begegnung muss das gewesen sein. Drei Schwaben – Roth, Hoeneß und Schmidt – zu Gast beim Westfalen Breuckmann (wobei Roth und Hoeneß über mehrere Ecken sogar miteinander verwandt sind). Unter dem Titel *Fußballgipfel* wurden die Gespräche während dieses Treffens später in Buchform veröffentlicht. Die vier »reden über eine Nebensache« (so verkündet es der Untertitel des Buchs), na klar, über Fußball. Über Fußballbekloppheit, über Marktwirtschaft, über Kommerz, über die innige Verbindung von Fußball und Politik und – eine Herzensangelegenheit von Breuckmann – über Fankultur. Auf das Thema Steuern kommt interessanterweise Hoeneß zu sprechen. Die Runde streitet über die Kommerzialisierung des Fußballs, und Hoeneß weist darauf hin, dass auch der Staat ein Gewinner dieser Entwicklung ist, weil natürlich ordentlich Steuern gezahlt werden beim

FC Bayern: »Alle Spieler sind Angestellte des Vereins und damit auch Lohnsteuerzahler. Wenn der FC Bayern Lohnkosten von 100 Millionen hat, dann gehen da 50 Millionen Lohnsteuer runter. Wir zahlen jedes Jahr weit mehr als 100 Millionen Steuern. Jeder Spieler spielt 50 Prozent fürs Finanzamt, eine Halbzeit für das Finanzamt.« Hoeneß, der Linientreue, der Geschäftsmann, der Macher. Der, der die Spielregeln kennt, der die Gesetze achtet und zu denen, die sie machen, wie Schmidt weiß, beste Kontakte unterhielt: »Für mich war das der Mann, der im Bundeskanzleramt durchmarschiert, ohne anzuklopfen. Und das war er auch!«

Umso unverständlicher ist es ihm, wie Hoeneß so tief fallen konnte. Wie er so einen Fehler machen konnte. Und damit meint Schmidt ganz sicher nicht das Zocken. Das ist Schmidt ja selbst nicht fremd: »Bei mir«, sagt er, »ist es keine Sekunde so etwas wie eine moralische Sache. Was ich mir nicht erklären kann, ist, warum er es nicht einfach versteuert hat?« Um dann noch einen wichtigen Satz folgen zu lassen: »Es steht in keiner Relation zum sinnlosen Risiko, das man eingeht.« Über 100 Millionen Euro hatte Hoeneß nachweislich auf seinem Schweizer Konto bei der Bank Vontobel. Geld, von dem der deutsche Fiskus nichts wusste. Informanten der Zeitschrift *stern* sprechen sogar von bis zu einer halben Milliarde Euro an unversteuerten Summen. Jedenfalls unfassbar viel Geld. Das findet auch Schmidt, der sich vor allem die Frage stellt: »Wo ändert sich sein Lebensstandard mit noch mal fünf Millionen mehr?« Schmidt wäre nicht Schmidt, wenn er dieser berechtigten Frage nicht was Flapsiges hinterherschieben würde: »Ich sehe ihn ja jetzt wieder Tag und Nacht in einem adidas-Anorak, entweder Schnee schippen an der Säbener Straße oder auf der Bank sitzend, aber auch bei jedem Spiel.« Wofür also brauchte Hoeneß eigentlich diese Millionen? »Also, er wirkt auf mich nicht wie jemand, der seine Kohle raushaut, wofür auch. Er war ja Tag und Nacht im Büro. Die Autohersteller knien auf dem Parkplatz: Bitte fahr mein Auto umsonst. Ich hab's einfach nicht begriffen.«

Spiegel-Reporter Juan Moreno führte viele Gespräche mit Freunden, Feinden, Weggefährten und Geschäftspartnern von Uli Hoeneß. In seinem Buch *Alles auf Rot* gewährt er Einblicke in die Person Uli Hoeneß, wie der Bayern-Manager tickt, und schreibt dort: »Hoeneß ging es nie darum, Geld zu besitzen, um es auszugeben. Er ist kein Protz, verhält sich nicht wie ein neureicher Fußballer. Hoeneß wollte Geld einzig und allein, um es zu vermehren. Es ging nicht um den Konsum. Geld war nicht Mittel. Geld war der Zweck.«

In einem sind sich die meisten einig, die mit Uli Hoeneß zu tun hatten. Um Geld drehte sich bei Hoeneß alles. Schon immer. Geld ist für ihn die Währung des Erfolgs. Es war der Grund, warum er überhaupt trainierte und Fußball spielte. Von Geld konnte er nie genug bekommen. Auch wenn er eigentlich schon längst genug hatte. Diese unbändige Gier machte aus dem geschäftstüchtigen Hoeneß irgendwann ganz offensichtlich den maßlosen Hoeneß. Derselbe Hoeneß, der im Fußballgeschäft Maßstäbe setzte, verlor das Gefühl für Rechtsbewusstsein. Für richtig und falsch. Seine Gier vernebelte seine Wahrnehmung. Das Ausmaß seiner Steuerhinterziehung wollte er offenbar lange nicht wahrhaben. Oder er verdrängte es einfach. Anders lässt es sich nicht erklären, denn Hoeneß war ja bestens vertraut mit Steuern und Abgaben. Oder war er einfach der Meinung, dass das, was er da machte, privat sei und niemanden etwas anginge? Jedenfalls passt diese Seite – Steuerhinterziehung und Spielsucht – so gar nicht zu dem Bild, das man sonst von Uli Hoeneß hatte.

»Für mich war immer die Frage, war es legal oder nicht?«, hakt Schmidt ein. »Ich habe auch Schwarzgeld angeboten bekommen, als ich noch auf Theatertournee war. Von den Veranstaltern.« Genommen hat er nichts, wie er beteuert. »Aber nicht mal eine Mark, damals.« Schmidt ließ sich auf nichts ein: »Die Herrschaften waren immer ganz überrascht, dass das Finanzamt so etwas wie eine Querprüfung macht.« Und dann schiebt Schmidt lachend nach: »Ich kenne Friseure, die wurden erwischt, weil ein Computerhändler in Freiburg hops gegangen ist. Da haben die einfach die zwei größten Kunden rausgenommen und geprüft.« In Sachen Steuern, versichert er, sei er überkorrekt, lasse wirklich jede Handwerkerleistung, und sei es nur das Auswechseln eines Halogenstrahlers im Bad, auf Rechnung machen. Und fühlt sich merklich gut dabei, wenn er nun noch einmal etwas stichelt: »Ich lache wahnsinnig gern über jeden, den es erwischt. Denn ich sage immer: Ist das ein armes Schwein? Nein.« Schmidt ist jetzt praktisch wieder auf Sendung: »Huch, Steuern? Hat mir keiner gesagt.« Oder er äfft ein Gespräch nach, das aus seinem Bekanntenkreis sein könnte: »Du, sorry, bei mir ist es gerade ein bisschen eng, das Finanzamt wollte von mir was.« Schmidt legt dann gern den Finger in die Wunde: »Du, hast du das nicht verdient gehabt, was das Finanzamt von dir wollte? Hast du das nicht einfach weggelegt, wenn du weißt, dass das Finanzamt noch was bekommt?«

Frohlockend kommt er auf die von ihm geliebte Abgeltungssteuer zurück. »Bin gespannt, wie lange die Abgeltungssteuer aufrechterhalten wird. Denn eigentlich ist das für Leute, die ein gewisses Vermögen haben, doch das Allerschönste.« Wie oft wird sich das in der Zwischenzeit wohl auch Uli Hoeneß gesagt haben? Schmidt bleibt ratlos. Was ist da bloß in Uli Hoeneß' Kopf vorgegangen? »Ich verstehe es einfach nicht. Vom Deal her. Vom Deal mit sich selber.« Wie einfach wäre es aus seiner Sicht gewesen, die Spielgewinne hierzulande zu versteuern: »Ich glaube, man muss gar nicht viele Regeln beherzigen, dann kann man relativ unbehelligt durch das Finanzgeschehen kommen.« Und das meint Schmidt ganz ernst und ohne schadenfrohen Unterton.

Showbusiness und das Gesetz von Angebot und Nachfrage

Schmidt hat sein Leben simplifiziert, so scheint es mir. Seine Börsenregeln passen auf ein DIN-A4-Blatt. Seinem Steuerberater sagt er: Bitte zahlen. Und die Abgeltungssteuer auf seine Kapitalerträge regelt seine Bank. Der Mann, so geht es mir durch den Kopf, ist, was das anbelangt, unangreifbar. Gehört das zu seinem Berufsverständnis dazu? Braucht er die weiße Weste, um über andere erhaben zu sein, über sie lästern zu können Abend für Abend? Oder ist es schlicht sein schwäbisches Naturell? Korrekt. Akkurat. Strebsam. Fleißig. Alles das ist Harald Schmidt tatsächlich, all das hat er mit der Muttermilch aufgesogen. Dazu das ständige »Das können wir uns nicht leisten« seines Vaters. Was ihm damals »auf den Keks ging«, hat ihn angetrieben, hat ihn dorthin gebracht, wo er heute ist: »Ich hab mich ja danach gedrängt, in die Mühle reinzukommen. Wollte nichts anderes als in diesem System an die Spitze.« Dafür hat er hart gearbeitet: »Und sehr, sehr, sehr diszipliniert«, wie er anfügt. »Zwar im Tralala-Business. Mit einer eisenharten Disziplin und Energie. Nachts noch Kinofilme gedreht. Und dazu gehört einfach, dass man morgens um fünf Uhr aufsteht, wenn man um sieben Uhr den Flieger kriegen muss. Und nicht, oh, uh, Kinders, schitte, ich komme eine Maschine später oder so. Also einfach Business.« Oder wie man in seiner Branche sagt: »Showbusiness, mindestens 50 Prozent Business.«

Wie es im Showbusiness mit den Gagen ist, will ich nun von ihm wissen. Wie handelt man da eigentlich sein Honorar aus? Schmidt antwortet, ohne zu zögern, und lacht dabei: »Indem eine Summe nicht mehr gezahlt wird. Ich bin da absolut ein Freund unserer Marktwirtschaft. Ich finde auch, dass ein Cristiano Ronaldo jeden Cent wert ist. Denn die Frage ist ja immer: Wie viel verdient man mit mir? Wenn ein Schauspieler diese Summe einspielt, soll er ruhig 30 Millionen kriegen. Das ist überhaupt kein Problem.«

Schmidt ist in diesem System groß geworden. Er kennt beide Seiten, die, wo man als Theaterkünstler sehr wenig verdient, genauso wie die, wo es nach oben praktisch kaum noch Grenzen gibt. Schmidt hat es geschafft. Die Vergleiche mit dem Fußball liebt er, klar, weil es für ihn im Prinzip auch Künstler sind mit einem hohen Unterhaltungswert. Und in der Branche kennt er sich aus: »Ich finde, dass Fußballer im Grunde fast zu wenig verdienen für das, was sie umsetzen. Also wenn ich mir überlege, was die FIFA sich einsteckt. Und was so eine WM im Entertainmentbereich konkurrenzlos bringt, auch für das Fernsehen.« Da, so Schmidt, könne der eine oder andere Profi ruhig noch einen Nachschlag fordern, trotz millionenschwerem Gehalt.

Der Entertainer bestätigt und beweist, dass er auch den Sportteil seiner Zeitung aufmerksam liest, indem er noch einmal das Phänomen Cristiano Ronaldo anspricht: »Der beschleunigt ja die weltweite Vermarktung für Real Madrid. Hat, glaube ich, den zweitgrößten Facebook-Account nach Rihanna. Und ich habe gelesen, er hat das Geld schon eingespielt durch den Trikotverkauf. Und er schießt ja Tore wie am Fließband, also der ist sein Geld wert.« Typisch Schmidt, immer wieder der Vergleich mit den ganz Großen. Und das bringt uns beide auch zurück zur Gagenfrage. Schmidt erzählt bereitwillig: »Man hört, was Kollegen eigentlich kriegen. Nennt die Summe mit einem Aufschlag, weil man ja besser ist.« Respekt, der Mann hat Selbstbewusstsein, geht es mir durch den Kopf. »Und dann sieht man ja, ob's bezahlt wird oder nicht. Also, das war eigentlich immer völlig unkompliziert.« Ob es wirklich immer so easy war? Die ganz großen Verträge, gibt Schmidt zu, habe er nicht selbst verhandelt. Die habe er am Ende immer nur unterschrieben. Aber er sagt auch: »Die Orientierung war ganz klar: Was man so hörte, was Gottschalk kriegt.« Die Benchmark also, die Messlatte. »Gottschalk war wahrscheinlich derjenige, der die beste Einzelgage hatte. Und er ist es wohl immer noch.«

Schmidt gibt jetzt bemerkenswerte Einblicke in seine Karriere: »Ich habe mich nie darauf verlassen, dass das Fernsehen funktioniert. Bin ja immer weiter auf Tournee gegangen. Ich habe das Fernsehen finanziell nie gebraucht.« Mit Theater, das wusste Schmidt, wäre kein großes Geld zu verdienen gewesen. Seine Unabhängigkeit erspielte er sich mit Comedy. Und auch da vertraute er auf die Gesetze der Marktwirtschaft, auf das Gesetz von Angebot und Nachfrage. Er mietete auf eigenes

Risiko Veranstaltungshallen an: »In der Annahme, soundso viel Leute kommen. Ich habe angefangen, vor drei Leuten zu spielen. Zum Schluss waren das so 5000 Leute in den entsprechenden Hallen. Wobei heute ja Leute wie Mario Barth Stadien füllen. Das ist überhaupt interessant, was im Comedybereich verdient wird.«

Ich schaue ihn fragend an, und Schmidt rechnet vor: »Wenn jemand in der Köln-Arena 15 000 Zuschauer hat, und Sie nehmen – damit es leichter zu rechnen ist, aber der liegt weit drüber – einen Durchschnittspreis von nur 20 Euro, dann sind das 300 000 Euro. Und dann rechne ich mal sehr großzügig 100 000 Euro örtliche Kosten, dann sind das 200 000 Euro für den Künstler pro Abend.« Ich staune, damit hätte ich jetzt nicht gerechnet. Schmidts Augen funkeln: »Da muss ein Vorstandsvorsitzender einer deutschen Bank schon sehr gute hauseigene Produkte anbieten, um auf den Schnitt zu kommen.« So hatte ich das noch gar nicht betrachtet. Schmidt ist jetzt gar nicht mehr zu bremsen: »Aber selbst das Comedyfußvolk, und da sind wir ganz weit unten, da sind wir im Bereich von Trapattoni-Parodien, ja, selbst die gehen noch mit 2000 Euro am Abend nach Hause. Die Leute spielen ja alle viel. Lassen Sie den mal 10 bis 15 Auftritte haben. Das sind 20 000 bis 30 000 Euro im Monat.« Angesichts dieser Zahlen haut Schmidt nun noch einen raus: »McKinsey, jetzt kommt ihr!«

Der interessierte Immobilienmuffel

Jeder weiß, in der Beraterbranche wird richtig viel Kohle verdient. Die Honorarsätze der McKinseys, Roland Bergers, Ernst & Youngs und Co. zählen zu den höchsten Vergütungen, die man allgemeinhin verdienen kann. Aber bei den von Schmidt vorgerechneten Summen dürfte auch der ein oder andere Unternehmensberater staunen. Schmidt selbst reizt das Geschäft trotzdem nicht mehr. Jeden Morgen in einer anderen Stadt aufzuwachen, dazu habe er keine Lust mehr.

Er frönt seinem »Ruhestand«. Und er nutzt die Zeit. Obwohl

er ein ausgewiesener Immobilienmuffel ist, kennt er sich im Markt hervorragend aus. Warum? Weil er Zeit hat: »Ich bin ein großer Fan von Immoscout. Zum einen weiß ich, wenn eine gute Immobilie dort auftaucht, dann ist was faul. Und ich guck mir das auch auf englischer Basis an, London.« London?, frage ich. »Ich bin Lichtjahre davon entfernt, dort eine Wohnung zu kaufen. Lichtjahre. Aber es ist bombastisch, was sich da tut.« Auch auf der Seite von Airbnb surft Schmidt gern: »Unfassbar, was da im Angebot ist. Unfassbar. Und Sie kriegen ein gutes Gespür für Städte und für Stadtteile. Ich kann Ihnen in Köln schon runterbeten, welche Sachen hier nicht weggehen, die dann immer wieder neu fotografiert sind. Und den Begriff, den kannte ich gar nicht: *homestaging*.«

Salopp formuliert ist *homestaging* das »Bespielen« einer Wohnung. Die Wohnung soll lebendig, bewohnt wirken, nicht so tot und steril wie eine leer stehende Immobilie. Schmidt macht sich gleich wieder einen Spaß daraus: »Das Wichtigste ist, alles, was an Sie privat erinnert, kommt erst mal raus. Das ist schon mal mietmindernd. Dafür dann sanfte Musik, wenn angeguckt wird. Und Kerzen. Und es scheint aber echt zu funktionieren.« Schmidt beeindruckt das so sehr, dass er gleich über eine Geschäftserweiterung nachdenkt: »Wenn ich noch die Show hätte, würde ich daraufhin *showstaging* machen. Also wie kann ich eine Show aufhübschen, um sie beim Sender unterzubringen?« Schmidt ist begeistert. »Den Moderator rausschmeißen«, fügt er noch lachend an, um dann noch einmal seine neuerliche Leidenschaft, das Surfen auf Immobilienseiten, zu bestätigen: »Das lese ich sehr, sehr, sehr gern. Auch wie steinzeitmäßig das manchmal noch angepriesen wird. ›Für Romantiker‹: Da wissen Sie schon, Dach im Arsch. ›Für Individualisten‹: leichte Schräge.«

Auch mit den Preisen kennt sich Schmidt bestens aus: »Bei Immoscout liegt die teuerste Immobilie in Köln bei 4,5 Millionen.« Und der »Fachmann« gibt gleich einen Vergleichsmaßstab: »Das ist in London unteres Mittelfeld.« Ich bin beeindruckt. Entpuppt sich Schmidt doch noch als heimlicher

Immobilienfreund? »Nein, nein«, sagt er, »nur Angucker. Nix kaufen. Denn ich denke jedes Mal, wenn ich in London in den Schlaf sinke, und zwar mittags um zwei Uhr, nach dem Besuch im Pub, denke ich mir, wie gut, dass ich hier sozusagen nicht in Hyde-Park-Nähe investiert habe. Es mag sein, dass man da 30 Prozent gemacht hätte, muss ich aber nicht.« Zu viel Aufwand. Zu viel Belastung. »Ich will nicht einen Verwalter im Kopf haben, der mich anruft: Muss ich das jetzt abdrücken?« So etwas passt einfach nicht zu Schmidts eingeschlagenem Weg der Simplifizierung: wenig tun, viel Ertrag.

Bücher schreiben, auf Lesereise gehen, all das will der 60-Jährige nicht mehr. »Was soll ich mit einem Buch? Mein Geld verdiene ich an der Börse«, pflegt er auf entsprechende Fragen zu antworten. »Dann gucken die mich immer alle an.« Mit der Trennung von Einkommen und Arbeit könnten viele nichts anfangen. Für die meisten sei das 18. oder 19. Jahrhundert. »Man malt, und das Gesinde drischt das Stroh«, beschreibt es Schmidt plastisch. Der Schöngeist freut sich, dass er die Trennung für sich wieder eingeführt hat, und krönt es in bestem Börsianerdeutsch: »Der Tag beginnt mit 10 000 plus.« Mittlerweile versucht sich das Kursbarometer an noch größeren Höhen. Und es klingt mir Schmidts Statement in den Ohren: »Der Dax macht sehr viel Freude derzeit.«

Und immer lockt die Börse

Schmidt wundert sich, dass es ihm nicht viel mehr nachmachen. »Eine Nation, die ja komplett handysüchtig ist. Man könnte eigentlich ein Eis essen gehen und 500 Euro verdienen. Durch klick, klick.« Schmidt, der selbst kein Onlinebanking macht, imitiert es auf dem Telefon. »Man kauft im Grunde morgens eine Bayer-Aktie (am besten gleich ein paar mehr), und um 14 Uhr, wenn das Käffchen kommt, stoße ich alles ab und habe, ohne mich zu bewegen, 300 Euro verdient.«

Schmidt ist wieder mittendrin in seiner Börsenwelt. Die schönste Geschichte hat er sich bis zum Schluss unseres Gesprächs aufgehoben. Sein bestes Investment, sagt er, waren VW-Aktien. Aber nur kurze Zeit. Und nur theoretisch. Schmidt erzählt die Geschichte mit Begeisterung, obwohl sie kein Happy End hatte: »Ich hab meine Gewinne komplett verloren. Selber schuld. Die VW-Aktie zu Zeiten des Deals mit Porsche. Da hatte ich Theaterproben in Stuttgart. Und ich ging morgens aus dem Haus. Die Aktie – der Fernseher qualmte, so ging die nach oben. Das war der Hammer. Und ich kam zurück von der Probe, und ein Jahresgehalt war weg. Durch den Absturz. An dem Tag passierte irgendwas«, erinnert sich Schmidt dunkel. »Es ging darum, übernimmt VW Porsche oder Porsche VW? Da knallte die VW-Aktie nach oben. Ich habe was von 800 Euro im Kopf.«

Zeitweise nahm dieser Übernahmepoker groteske Formen an. Eine VW-Aktie kostete in der Spitze sogar über 1000 Euro und machte den Wolfsburger Autobauer vorübergehend zum teuersten Unternehmen der Welt. Das alles nur, weil Porsche, der viel kleinere Sportwagenhersteller, angekündigt hatte, schrittweise VW zu übernehmen. Die Fantasie an der Börse kannte keine Grenzen mehr. Dann – im Mai 2009 – kam der Tag, den Schmidt in Erinnerung hat. Der Tag der Wende. Nach einem Treffen der Eigentümerfamilien Porsche und Piëch verzichtet der überschuldete Sportwagenbauer überraschend auf eine VW-Übernahme und will nun stattdessen einen gemeinsamen Konzern gründen (was später auch passiert, am Ende unter Führung von VW). Die Luft ist raus, und die nach oben getriebene VW-Aktie fällt wieder in Regionen, die realistisch waren.

Schmidt fährt in seiner unterhaltsamen, ironischen Art fort: »Und ich hätt einfach nur sagen müssen, Kinders, 130 Prozent reicht. Viel ist es nicht, aber ich versuch mal, damit über die Runden zu kommen. NEIN, da macht man 200« – aber nur auf dem Papier. Schmidt verpasst den Zeitpunkt des Verkaufens (weil er ja bei der Theaterprobe ist) und verliert alles: »Aber ich war nicht mal verärgert. Blöder kann man nicht mehr sein. Und ich hab's verbucht unter Lehrgeld.«

Mich beeindruckt einmal mehr, wie selbstkritisch und gelassen Schmidt solche Verluste sieht. Ein Jahresgehalt war weg. Hoffentlich war es ein Jahr, in dem er nicht so viel verdiente. Trotzdem: Überlegen Sie einmal, was Sie so im Jahr verdienen. Alles weg, durch Aktienspekulationen. Das ist schon bitter. Aber es gilt natürlich in guten wie in schlechten Zeiten an der Börse: Gejubelt oder gejault wird erst, wenn die Aktien verkauft werden. Wer es sich leisten kann, sitzt die Talfahrt aus und ist beim nächsten Mal (hoffentlich) schlauer.

Der Privatier mit abgeschlossener Vermögensbildung macht sich jedenfalls über seine finanzielle Zukunft keine Sorgen. Zinsen auf historischem Tiefstand, Blasenbildung bei Immobilienpreisen, Abwertung des Euro. All das macht Schmidt nicht unruhig. »Man hat eh keinen Einfluss drauf.« Für ihn geht es darum, sein Vermögensniveau zu halten, und da setzt er auch weiterhin auf die »supertollen Ideen von Herrn Draghi« und erinnert noch einmal daran, was Vermögensverwalter raten: »Wenn die Notenbanken aufhören, Geld zu drucken, wird es Zeit, die Aktien zu verkaufen.«

MARTIN KIND

»Geld ist keine Spielwiese.«

Zur Person:
Martin Kind ist Unternehmer, denkt als Unternehmer. Er mag
sachliche, kluge Entscheidungen. Spontanes, unüberlegtes Han-
deln lehnt er ab. Geldentscheidungen wollen gut durchkalkuliert
sein. Aktien sind nicht sein Ding, Immobilien umso mehr. Die
beste Investition seines Lebens nennt er aber nach wie vor die in
seinen Hörgerätekonzern. »Das war die mit Abstand beste Ent-
scheidung«, sagt er.

Wir Deutschen sind schon ein seltsames Völkchen. Fleißig,
zielstrebig und, ja, durchaus wohlhabend. Auch wenn wir uns
mit unseren europäischen Nachbarn vergleichen, geht es uns
gut. Regelmäßig legt der Deutsche – rein statistisch – mehr als
ein Zehntel seines verfügbaren Einkommens zur Seite. In
Europa sparen nur die Schweizer, die Luxemburger und die
Schweden mehr. Doch jetzt kommt das Merkwürdige: Wir
schaffen es nicht, das Ersparte clever anzulegen. Mehr als die
Hälfte legt es auf das Sparbuch. Der Rest macht es meist nicht
viel besser: Bausparvertrag, Lebensversicherung oder Giro-
konto heißen die Alternativen. Sicher, erst die Finanzkrise,
jetzt die Staatsschuldenkrise haben für eine große Verunsiche-
rung gesorgt. Ein Gefühl hat sich breitgemacht: Wer Rendite
sucht, bringt sein schwer Erspartes in Gefahr. Tatsächlich ist es
bei den derzeit niedrigen Zinsen unglaublich schwer, sein Geld
gut und sicher anzulegen. Keine Frage.

Anlegerwissen Fehlanzeige

Doch wahr ist auch – und das macht es so seltsam –, was die Fondsgesellschaft Union Investment alle drei Monate aufs Neue bestätigt, wenn sie das Anlageverhalten der Deutschen hinterfragt: Der Mehrheit der Deutschen fehlt einfach der Wille, sich mit Finanzdingen zu beschäftigen. Keine Lust. Basta. Zu anstrengend. Zu öde. Zu langweilig. Was ich im Vorfeld nicht wusste: In Martin Kind treffe ich jemanden, der das ebenso wenig begreift wie ich. »Vollkommen falsches Denken«, wird es später aus ihm herausplatzen, als wir uns darüber unterhalten. Er sei ein akribischer Arbeiter. »Ich bin detailverliebt. Ich will es immer verstehen.« Es ist für mich auch der Moment in unserem Gespräch, in dem ich begreife, wie der umtriebige Unternehmer tickt. Geld muss immer im Unternehmen arbeiten. Geldanlage bedeutet für ihn, in den Betrieb zu investieren. Selten denkt Kind wirklich als Konsument. Dass der Durchschnittsdeutsche stundenlang Bewertungsportale durchstöbert, Testberichte liest, wenn es um den Kauf eines neuen Smartphones, Notebooks oder intelligenten Fernsehers geht, versteht er daher nicht: »Ich mache es genau umgekehrt, mit der Geldanlage beschäftige ich mich schon sehr genau, aber welchen Fernseher ich brauche, das muss ich nicht selber entscheiden.«

Macht das nun den Unterschied aus, frage ich mich. Akribisch zu arbeiten? Sich mit Geldthemen intensiv auseinanderzusetzen? Anlagemöglichkeiten genau verstehen zu wollen? Was passiert, wenn ich jetzt investiere und mich auf 10, 15 oder gar 20 Jahre festlege? Welche langfristigen Folgen hat es, sich für ein Investment, für eine Anschaffung zu entscheiden und dafür auf andere verzichten zu müssen? Die einfache Frage stellen, wo arbeitet mein Geld wie am besten? Ist dies der Grund, warum manche Leute reich werden und andere nicht? Ja, ein Stück weit ist es genau so, einige können halt besser mit Geld umgehen als andere. Können besser und vor allem schneller antizipieren, wo Chancen sind, Geld zu verdienen. Doch es gehört noch weit mehr dazu: Wesentliches von Unwesentlichem zu trennen. Mut zu unternehmerischen Entscheidungen. Manchmal Nein zu sagen, sich nicht einreden zu lassen, man benötige schon wieder ein neues Auto oder eine neue Küche; sich den Verlockungen des Konsums nicht so leicht zu ergeben. Standhafter zu sein.

Doch wer kann sich schon von den Konsumgelüsten immer ganz frei machen, denke ich im Zug an diesem Morgen. Der Akku meines Handys entlädt sich immer schneller, lange wird er wohl nicht mehr halten. Und dann muss, Sie ahnen es, ein neues her. In der Zeitung lese ich – und das deckt sich mit den Erkenntnissen von Union Investment zum Anlageverhalten der Deutschen –, dass Privatanleger einfachste Finanzfragen nicht richtig beantworten können. Wirtschaftsforscher haben rund um den Globus drei simple Fragen gestellt:

1. Wie viel sind 100 Dollar bei einer Verzinsung von zwei Prozent pro Jahr nach fünf Jahren wert? Mehr als, weniger als oder genau 102 Dollar? (Richtige Antwort: mehr)
2. Wenn die Rendite eines Sparbuchs bei einem Prozent liegt und die Inflation bei zwei Prozent, können Sie sich von dem dort hinterlegten Geld nach einem Jahr mehr, weniger oder gleich viel kaufen? (Richtige Antwort: weniger)
3. Ist die folgende Aussage wahr oder falsch: Eine einzelne Aktie zu kaufen liefert in der Regel eine sicherere Rendite als ein Aktienfonds? (Richtige Antwort: falsch)

Einfache Zusammenhänge, die dort abgefragt werden. Doch die Ergebnisse ernüchternd. Nur etwa jeder zweite Deutsche beantwortet alle drei Fragen korrekt, lese ich da. 37 Prozent antworten auf mindestens eine Frage mit »Ich weiß nicht«. Eine ziemlich große Wissenslücke angesichts einer Studie der US-Ökonominnen Annamaria Lussardi und Olivia Mitchell mit der These: Komplexere Märkte erfordern immer mehr Anlegerwissen.

Das kaufmännische Gen

Da laufen also ein paar Dinge gehörig schief, denke ich mir, als der Regionalzug, in den ich in der Zwischenzeit umgestiegen bin, in Großburgwedel einfährt. Eigentlich erfordern Geldanlageentscheidungen immer mehr eigenes Wissen und immer mehr Zeit, sich damit auseinanderzusetzen, auf der anderen Seite ist die Unkenntnis teilweise erschreckend. Beste Voraussetzungen, dass noch mehr Vermögen vernichtet wird oder auf dem Sparbuch landet, also nicht optimal angelegt wird, geht es mir durch den Kopf. Und wenn Sie jetzt überlegen – Großburgwedel, Großburgwedel, woher kenne ich das noch? Richtig, Großburgwedel, etwa 20 Kilometer nördlich von Hannover gelegen, ist der Ort, der seit der Affäre Wulff größere Bekanntheit erfahren hat. Martin Kind wohnte schon lange bevor der ehemalige Bundespräsident hier sein Haus baute, in Großburgwedel. Im Prinzip lebt er schon sein Leben lang in der 20 000-Seelen-Gemeinde.

»Ich bin Großburgwedeler durch und durch«, erzählt er mir bei der Begrüßung. Hier ist Kind aufgewachsen, zwischen Kühen und Misthaufen. Die Zeiten damals nicht einfach, nach dem Krieg, auf dem Land, die Eltern aber puffern alles ab. »Mir hat es an nichts gefehlt. Konnte spielen. Hatte was zu essen. Ich hatte eigentlich eine schöne Kindheit.« Taschengeld spielte damals keine große Rolle. »Später gab es das sicher. Aber als Kind habe ich da keine Erinnerung dran.« Nachhaltig in Erinnerung bleibt dafür der umtriebige Großvater. »Der war ein ausgebuffter Kaufmann.« Und er hat, das spürt man, Spuren beim Enkel hinterlassen. Er prägt den kleinen Martin, wird Antrieb und Mahnung zugleich: »Das war ein Mann, der hat unglaublich viel verdient, hat aber bis zu seinem Tode alles wieder weggebracht, hat alles wieder ausgegeben.« Kind schmunzelt, als er das erzählt. »Aber der hatte dieses ausgeprägte kaufmännische Gen. Ich vermute, dass ich da irgendetwas abgekriegt habe.«

Mit 24 Jahren trifft Kind, wie er sagt, keine einfache, aber für ihn richtige Entscheidung. Statt Manager bei Siemens zu werden, wo er eine Ausbildung zum Hörgeräteakustiker gemacht hatte, übernimmt er den Hörgeräteladen seiner Eltern. Klar ist für ihn von Anfang an: »Wenn ich einen solchen Weg gehe, dann wird es immer das Bestreben sein, ein vernünftiges Unternehmen aufzubauen.« Nicht ein oder zwei Läden will er, nein, Kind soll zu einer bundesweiten Marke werden. »Ich hatte einen Motor fürs Leben. Ich wollte was entwickeln und wollte Erfolg. Das war die Antriebskraft.« Klar ist ihm, mit seinem Vater, der es gern überschaubar hatte, ist so ein Weg – expandieren, ins Risiko gehen – nicht möglich.

Bereits in jungen Jahren zeigen sich seine Unternehmerqualitäten: unbeirrt, klar im Denken, sachlich. Eigenschaften, die mir auch in unserem Gespräch schnell auffallen: »Ich lehne es grundsätzlich ab, Energien in Diskussionen oder Streitereien aufzuwenden, die entweder emotional überlagert sind oder wo es dann doch keine Ergebnisse gibt.« Analysieren. Erkennen. Entscheiden. »Und im Umkehrschluss heißt das, dass ich das Sagen habe. Da geht dann alles viel schneller und effizienter.« Kind spricht dabei im Brustton der Überzeugung. »Ich habe meinen Eltern sogar noch Geld gezahlt. Wenig. Ein Anerkennungspreis. Ich wäre nie gekommen, wenn ich nicht unabhängig gewesen wäre. Dann hätte ich ja meine Ideen nicht umsetzen können.« Und die sind von Anfang an in seinem Kopf. »Sie müssen Visionen haben. Sie müssen klare Ziele haben.« Kind weiß schon mit 24 Jahren: Wenn er ein Großer in dieser Branche werden will, dann muss er früher oder später auch in die Produktion einsteigen. Und die Hörgeräte müssen vor allem attraktiver werden. Hörgeräte und die, die sie tragen müssen, die Schwerhörigen, sind in Kinds Anfangszeiten stigmatisiert. Er erinnert sich an die Umstände und vor allem an die Geräte: »Das waren erst Taschengeräte, dann sogenannte HDOs, Hinter-dem-Ohr-Geräte. Das waren solche Oschis.« Kind macht eine entsprechende Handbewegung, Hörgeräte so groß wie Smartphones heute, nur mit einem kleinen Unterschied: »Die konnten gar nichts. Ich habe immer gesagt, wenn ich durch die Städte gegangen bin und einen Schwerhörigen mit so einem

Ding hinterm Ohr sah: Jetzt sind wieder zehn Schwerhörige, die sagen: Nie ein Hörgerät! Das war Antiwerbung.«

Kind lernt schnell, auf die Bedürfnisse der Kunden einzugehen. Dank der Digitaltechnik werden die Hörgeräte nach und nach kleiner, besser und auch schicker. Doch mindestens genauso wichtig für seinen Erfolg war die Erkenntnis, wie wichtig die Finanzen sind: »Geld ist die Basis für Wachstum. Das wusste ich theoretisch auch schon vorher, aber ich musste es praktisch lernen.« Willst du wachsen, brauchst du Geld zum Investieren. Das bekommst du von der Bank, und wenn es später gut läuft, kannst du das eigene, das verdiente Geld nehmen und es wieder investieren. In den eigenen Betrieb. Wachsen durch die eigene Ertragskraft. Für Kind ist das die Erfolgsformel schlechthin: »Wir haben die Gewinne bis heute, mit Ausnahme der Steuern, immer thesauriert, also investiert, sodass wir in Deutschland heute die Nummer eins sind. Aber wir sind heute auch weltweit recht gut aufgestellt.«

Kind liebt die Arbeit – und deren Ergebnisse

Kind wirkt zufrieden, als er das sagt. Unaufgeregt. Über 2500 Mitarbeiter beschäftigt er mittlerweile. Ein bisschen schwingt auch Stolz mit, als wolle er sagen: »Ich habe viel von meinem Opa gelernt. Mit dem kleinen, feinen Unterschied: Ich habe nicht alles von ihm übernommen. Weggebracht habe ich das Geld am Ende nicht, so wie mein Großvater.« Im Gegenteil: »Ich persönlich war immer sehr anspruchslos. Kein Urlaub. Habe kein Schiff oder Sonstiges. Ich liebe die Arbeit. Und ich liebe die Ergebnisse der Arbeit.« Und Kind liebt die Zahlen. Die Zahlen, die am Ende alles sagen über Erfolg und Misserfolg. Und was darüber entscheidet, klingt bei ihm beinahe wie ein Mantra: »Sie müssen heute eine Bilanz verstehen. Sie müssen eine Gewinn-und-Verlust-Rechnung verstehen. Sie müssen Kostenstellenrechnung verstehen. Sie müssen Controlling verstehen und aussagefähiges Berichtswesen. Also all die Dinge, die Sie als Informations-, aber auch als Steuerungsinstrument benötigen.« Dann macht er eine kurze Pause, als wolle er betonen, was noch folgt: »Wenn man Produkte, Märkte oder Geld, also Bilanz und Gewinn-und-Verlust-Rechnung, also damit Geld nicht versteht, dann sollte man deutlich defensiv sein.«

Noch so ein Wesenszug, der mir auffällt und der viel über Martin Kind sagt, der aber ebenso nachhaltig etwas über den Umgang mit Geld zum Ausdruck bringt: Kind ist nur offensiv, wenn er einen Plan hat, wenn er vorher alles genau durchgerechnet hat. Ansonsten spricht er gern vom defensiven, vom vorsichtigen Verhalten. Zu vielen ist er schon begegnet, die ihm ein X für ein U verkaufen wollten. »Sie kriegen immer wieder Anfragen oder Angebote. Den Großteil lesen wir und sagen ab. Dann gibt es andere. Mit denen wir uns beschäftigen. Und da habe ich Leute, die sich mit dem Markt, mit der Idee, mit dem Produkt und natürlich auch mit denen, die dann immer so schöne Planzahlen einreichen, die teilweise abenteuerlich sind, die die Illusion des Lebens widerspiegeln, beschäftigen.« Worte, die viel über die Abgeklärtheit des inzwischen 73-Jährigen aussagen.

Längst hätte sich Kind auf sein Altenteil zurückziehen können, doch dafür ist er trotz seiner äußeren Gelassenheit viel zu umtriebig. Kind hat in seinem Unternehmerleben viel investiert, nicht nur in den Hörgerätekonzern. Seine geschäftlichen Aktivitäten hat er im Lauf der Jahre nach und nach ausgeweitet. Kind gehören heute unter anderem ein Musikverlag, eine Firma für Arbeitssicherheit, eine Reihe von Immobilien, auch Hotels wie der Kokenhof, in dem wir uns zum Gespräch verabredet haben. Ein Hotelkomplex im Landhausstil, den Kind 2005 gekauft, umgebaut und später erweitert hat. Heute ist der Kokenhof ein Tagungshotel. Der Kokenkrug, in dem wir sitzen und uns unterhalten, ist die geschmackvoll eingerichtete Perle des Kokenhofs. Eine kleine rustikale Schenke mit dunklen Eichendielen und einem massiven Eichentresen hinter Backsteinfachwerk. Mit dem Kokenkrug hat sich der Großburgwedeler einen Kindheitstraum erfüllt: die eigene Kneipe. Jetzt, wo der Traum erfüllt ist, war's das mit dem Planen, Bauen,

Machen? »Nein«, sagt Kind. Kürzertreten oder ausruhen entspricht so gar nicht seinem Denken: »Doch ob ich investiere
oder nicht, hängt auch sehr stark von den handelnden Personen ab.« Und dann fällt es wieder, das bestimmte Wort: »Derzeit bin ich defensiver.«

Geld ist Verantwortung

Otto Rehhagel, Werders einstige Trainerlegende, sprach zu seiner Bremer Zeit gern von der kontrollierten Offensive, wenn
er versuchte, den Erfolg seiner Mannschaft zu erklären. Wieder
so einer meiner Gedankenblitze, die ich ab und zu habe. Doch
er bietet die Vorlage für einen amüsanten, wenn auch theoretischen Vergleich. Wie würde wohl der Hannover-96-Präsident
Kind den Unternehmer und Investor Kind beschreiben? Als
klugen Taktiker, der die Fäden zieht? Der, defensiv orientiert,
genau weiß, was er will, und dann blitzschnell und entschlossen die entscheidende Handlung ausführt, den tödlichen Pass
spielt, wie man im Fußball sagen würde? Kind wäre ein klassischer Sechser, defensives Mittelfeld. Heutzutage vielleicht die
wichtigste Person im modernen Fußball, diejenige, die das
Spiel lenkt. Das passt zu Kind. In der Rolle würde er sich gefallen, stelle ich mir gerade vor, als Taktgeber, als Entscheider. Im
Grunde genommen ist er das auch, nur nicht auf dem Platz. Bei
Hannover 96 hat er eine andere Rolle übernommen. Eine Rolle,
die er eigentlich gar nicht wollte. 1997 ist er Präsident und de
facto Haupteigentümer der Roten geworden. Der Verein steckte
tief in der Krise. Dritte Liga. Völlig überschuldet.

Ein Geldgeber, ein Retter musste her. Kind prüfte ein paar
Tage und sagte schließlich: »Okay, ich mache es. Und als ich
mich dann eingearbeitet hatte, war mir das Desaster erst richtig
bewusst, auf was ich mich da eingelassen habe. Alles war noch
viel schlimmer. Es war wirklich desaströs.« Die Zeit, alles zu
durchdringen, alles zu verstehen, war diesmal zu kurz gewesen.
Kind hatte nach seinen eigenen Parametern einen Fehler
gemacht. Manchmal ist das so. Manchmal ist das Entschei-

dungsfenster nur ein kleines. Ein zu kleines. Ein Rückzieher kam für ihn aber nicht infrage: »Und dann kommt ein Charakterzug, den ich wirklich habe. Wenn ich einmal arbeite, dann will ich auch beweisen, dass ich es hinkriege. Da hat sich mein Ehrgeiz entwickelt. Nun gut, da habe ich halt gearbeitet.«

Kinds Ehrgeiz, Hannovers Glück. Der Niedersachse, der früher selbst einmal kickte – »ist schon lange her« –, kommt mir jetzt vor wie einer, der, wenn er 0:1 hinten liegt, anfängt zu kämpfen. Als wolle er sagen: »Als Verlierer gehe ich hier nicht vom Platz.« Wie besessen arbeitet Kind sich in das Thema ein. Lässt seine Controller die Bücher durchleuchten, lernt alles über den undurchsichtigen Spielermarkt, übers Ticketing und über die TV-Vermarktung. Zehn Stunden seines Arbeitstags gehen an den Verein, vier Stunden an das Unternehmen. Der akribische Arbeiter Kind in seinem Element. »Ich habe heute mal den Mut zu sagen, dass ich den Fußball doch zu 90 Prozent verstehe. Man ist nicht manipulierbar.« Man merkt, wie sich Kind heute, mit dem notwendigen Wissen, sehr viel wohler fühlt als damals.

Er führt Hannover 96 heute nach seinen Spielregeln. Denjenigen eines Unternehmers. Das klingt ein wenig nach den schlimmen »guten alten Zeiten« der Fußballbundesliga. Als Teppichhändler, Krankenhausbetreiber oder andere betuchte Herren über Nacht die Macht bei Traditionsvereinen übernahmen, bei den Klubs für eine – meist kurze – Zeit des Erwachens sorgten und sie in den meisten Fällen in einem schlechteren Zustand als zuvor zurückließen. »Wie soll ich es sensibel formulieren? Wenn Leute in die Verantwortung kommen, die einfach eine andere Denkkultur haben, ich will es mal so sagen, dann sind die Risiken für die Vereine natürlich unter wirtschaftlichen, wahrscheinlich auch unter sportlichen Entwicklungspotenzialen, aber mindestens unter wirtschaftlichen Potenzialen sehr schwierig.«

Die Zeit dieser Sonnenkönige ist für Kind definitiv vorbei. Vielleicht ist es langweiliger, unemotionaler, die Vereine mehr nach unternehmerischen Gesichtspunkten zu führen. Und ver-

mutlich träumen die meisten Fans heute noch von den Eich-
bergs und den Wildmosers, die zu ihrer Zeit Millionen in ihre
Klubs steckten, sie aber am Ende ihrer Regentschaft auch mit
Millionenschulden allein ließen.

Für den Zahlenmenschen Kind gibt es keine Alternative
zum gesunden Wirtschaften. Der Branchenprimus FC Bayern
generiert mittlerweile Umsätze weit über der 500-Millionen-
Marke. Das sind Umsätze, wie sie ein großes mittelständisches
Unternehmen macht. Da hängen auch jenseits des Fußballplat-
zes Arbeitsplätze und Existenzen an den Vereinen, für die es
gilt, Verantwortung zu übernehmen. Das ist bei Hannover 96
nicht viel anders. Wohl nicht ganz zufällig wählt Kind jetzt ein
Gleichnis: »Geld bedeutet immer eine hohe Verantwortung.
Geld ist keine Spielwiese. Viele empfinden das scheinbar als
Spielwiese. Das ist bei Weitem nicht so. Geld ist extreme Verantwortung, wenn man nicht Kapitalvernichtung betreiben
will. Und das geht sehr schnell.«

Die Professionalität bei den Bayern gefällt ihm. Das gibt der
96-Lenker unumwunden und anerkennend zu: »Der Vorstand
ist professionell. Der Aufsichtsrat ist ja hochkarätig besetzt.
Er ist ja hochkarätiger besetzt als bei manchem großen Dax-
Unternehmen.« Doch beinahe nüchtern fährt er fort: »Hannover ist nicht Bayern.« Das Umfeld ein ganz anderes. Hier be-
schauliche Landeshauptstadt, dort pulsierende Weltstadt. Der
Dax Prominenz und ihrer Unterstützung der Bayern kann
der Familienunternehmer Kind als geschäftsführender Gesellschafter nur seinen akribischen Fleiß entgegensetzen. Doch
das wird nach seiner Überzeugung zu keiner Chancengleich-
heit zwischen den Klubs führen. Kinds Controller haben gerechnet und festgestellt, dass man in der Bundesliga einen
Umsatz von etwa 70 Millionen Euro erzielen muss, um angemessene Gewinne zu erwirtschaften. Darunter habe man keine
Chance mitzuhalten. Deswegen führt der 96-Präsident bereits
2009 einen Prozess gegen den Deutschen Fußball-Bund (DFB)
und die Deutsche Fußball Liga (DFL), um die sogenannte
50+1-Regelung zu kippen. Eine Regelung, die vorschreibt, dass

sich Investoren wie Kind mit Minderheitsanteilen begnügen müssen, wenn sie sich bei einem Traditionsverein einkaufen. Kind ist diese Regel von jeher ein Dorn im Auge gewesen. Er sah sich in seinen Entwicklungsmöglichkeiten bei Hannover 96 eingeschränkt. Zumal anderenorts Konzerne kräftig in den Profifußball investieren – unter Umgehung der besagten Regelung. Investoren wie der Volkswagenkonzern mitsamt seiner Tochter Audi oder der Brausehersteller Red Bull drängen mit Macht und Milliarden in den bezahlten Fußball.

Eigenen Aussagen zufolge hätte Kind vor diesem Hintergrund besagten Prozess gewonnen, dennoch lässt er sich auf einen Kompromiss ein, mit dem er heute gut leben kann: Investoren, die länger als 20 Jahre im Verein sind, können den Klub nun zu 100 Prozent übernehmen. Bei Hannover 96 und Martin Kind wäre das 2018 der Fall.

Trotz Kinds Bestreben, Hannover auf Augenhöhe mit den ganz Großen der Liga zu bringen (spätestens 2018 wird er im Übrigen aus dem Verein ausscheiden, aus Altersgründen), werfen ihm Kritiker den Ausverkauf des Fußballs vor. Ihre Sorge ist nicht ganz unberechtigt. So könnte auch ein langjähriger Geldgeber irgendwann auf die Idee kommen, seine Anteile zu verkaufen, und so die Tür für neue, womöglich unliebsame Investoren öffnen. Der Mutterverein wäre außen vor. Unumstritten ist Kind deshalb nicht. Nicht bei den Anhängern, nicht bei den Vereinsmitgliedern, aber auch nicht bei den Managern und Spielerberatern, wenn es zum Beispiel um Vertragsdetails geht. Stören tut ihn das nicht besonders: »Ich bin für andere lästig. Aber das ist dann nicht meine Fragestellung, sondern es geht ja um mein Geld.« Womit wir wieder beim Thema wären: »Lästig, weil man natürlich Fragen stellt oder Diskussionen führt, die andere ja eigentlich gar nicht hier haben wollen.« Und dann, einmal in Fahrt, spricht Kind über Kind: »Wenn sie auf einmal irgend so einen Idioten da gegenüber haben, der sich mit Inhalten auseinandersetzt und nachfragt: Was für eine Leistung kriege ich denn dafür? Und wie müssen die Verträge ausgestaltet sein?« Und als wolle er seinen Charakterzug noch einmal unterstreichen, schiebt er nach: »Also, da bin ich schon akribisch.«

Verschwiegenheit als Erfolgsrezept

Akribisch, aber auch verschwiegen: Über mögliche Spieler-transfers braucht man mit ihm genauso wenig zu reden wie über konkrete Bilanzzahlen seines Hörgerätegeschäfts. Typisch Familienunternehmer, denke ich mir. Verschwiegenheit ist scheinbar das oberste Gebot, wenn man erfolgreich sein will. Viele Familienunternehmer sind so, und vielleicht auch des-wegen so erfolgreich. Sie kennen ja den Satz mit dem »Rück-grat der deutschen Wirtschaft«. Die vergangenen Jahre zeigen das in der Tat eindrucksvoll. Das Gros der mittelständischen Familienbetriebe stellt in Deutschland mehr Mitarbeiter ein, und ihr Umsatz wächst schneller als der so mancher Dax-Kon-zerns. Glaubt man gar nicht. Gut also, dass es diese engagierten Unternehmer gibt.

Also eigentlich ist diese Verschwiegenheit gar nicht so schlecht. Und doch würde ich mir natürlich etwas mehr Offen-heit wünschen, was das Zahlenwerk von so manch einem Unternehmen anbelangt. Aber so ist das nun mal. Innerlich schmunzelnd, kommt mir ein Werbespot mit Thomas Gott-schalk in den Sinn. Bereits in den 90ern machte er Werbung für die Gummibärchen von Haribo. In einem legendären Spot läuft er über den Vorstandsflur in der Absicht, das Geheim-rezept der Goldbärchen zu enthüllen. Mit seiner damals noch jugendlichen Stimme zieht er die Aufmerksamkeit auf ein übergroßes Goldbärchen in seiner Hand: »… und das uralte Geheimrezept, das verrät uns jetzt Dr. Hans Riegel, der Chef persönlich.« Denkste. Der patriarchalische Rheinländer kommt um die Ecke, entreißt im Vorbeigehen dem Showmaster das Goldbärchen und sagt ganz trocken: »Tommy, du darfst alles essen, aber nicht alles wissen.« Diese Szene ist für mich bis heute der Inbegriff unternehmerischer Verschwiegenheit. Bei Rezepturen oder spezifischen Bauweisen von Produkten, wenn es um Patente geht, das Know-how der Firma, kann man das verstehen. Wer verrät schon gern seine Betriebsgeheimnisse oder, in diesem Fall, sein Rezept, sein Erfolgsrezept? Doch die Verschwiegenheit vieler Unternehmer erstreckt sich in der Regel auf den ganzen Betrieb. Schweigen ist eben Gold. (Es stimmt allerdings nicht, dass Hans Riegel seine Bärchen deshalb Goldbärchen nannte.) Besonders wir Journalisten sollen gar nicht immer alles wissen, am besten eher weniger. Da kann man manchmal schon verzweifeln, glauben Sie mir. Anfragen werden häufig gar nicht oder unbefriedigend beantwortet. Manchmal bleibt es bei »eher weniger« Wissen, auch nach längerer Recherche, manchmal zahlt sich das Nachhaken aus, und man kommt auf anderem Weg an die gewünschten Informationen.

Martin Kind jedenfalls, auf den Haribo-Spot angesprochen, schmunzelt ebenfalls und sagt dann etwas sehr Typisches: »Dass ich mich jetzt einfach mal so öffne, die Vorstellung habe ich eigentlich nicht.« Vierteljährliche Veröffentlichung von Geschäftszahlen, so, wie es die Dax-Konzerne machen müssen, dies entspricht nicht der Welt des Martin Kind: »Würde ich auch nicht machen. Das ist für uns auch nicht denkbar.« »Uns«, das sind seit einigen Jahren er selbst und sein Sohn Alexander. Nach und nach hat Kind die Verantwortung des Hörgerätegeschäfts auf die Schultern seines Sohnes übertragen. Nur noch bei strategischen Entscheidungen nimmt er Einfluss. Gravierende Veränderungen, die beispielsweise aus dem familiengeführten Betrieb einen Dax-notierten Konzern machen würden, sind in den nächsten Jahren aber nicht geplant: »Wenn mein Sohn das mal anders entscheidet, ist das was anderes.« Für ihn selbst komme es nicht infrage. »Nein!« Die genauen Geschäftszahlen der Kind-Gruppe bleiben vorerst also ein Brief mit sieben Siegeln. »Ich will auch gar nicht so vielen Banken meine Bilanzen zeigen. Reicht schon, wenn eine das hat. Und das Finanzamt.« Tatsächlich hat Kind, seit er die Geschäfte führt, nur mit seiner Hausbank gearbeitet. Nie, sagt er, habe er vergleichende Angebote eingeholt, wenn er einen Kredit aufnehmen musste. Er weiß, eigentlich ist das nicht gut. »Vielleicht ein bisschen verrückt. Unvernünftig.« Und doch für einen wie Kind ein kalkuliertes Risiko. Besser, als unnötig weiteren Menschen Einblick in seine Zahlenwelt zu gewähren. »Es gibt nur wenige Personen, denen ich vollumfänglich alles anvertraue.«

Umso mehr ärgern den Unternehmer Veröffentlichungen über sein angebliches Vermögen. Er sei einer der reichsten Deutschen. Das *manager magazin* sieht ihn im aktuellen Ranking auf Rang 188: »Ein Schwachsinn. Ein solcher Schwachsinn«, ereifert sich Kind jetzt. »Erstens stimmt es nicht. Und das Zweite: Wenn ich nur hier die Region Hannover nehme, gibt es Leute, die sind viel reicher als ich. Die werden da nicht aufgeführt. Es vermittelt den Eindruck für Leute, die keine Ahnung haben, dass man vermögend ist, reich ist. Aber es ist ja gebundenes Kapital. Wenn die sagen, das Unternehmen ist eine Milliarde wert, aber dann muss einer es kaufen. Ob es den gibt?« Als Amerikaner wäre man vermutlich stolz, wenn man erzählen könnte, man habe sich vom Inhaber eines kleinen Hörgeräteladens hochgearbeitet zu einem der wohlhabendsten Unternehmer des Landes. Doch dieses Denken entspricht so gar nicht Kinds norddeutscher Mentalität: »Das sind so theoretische Bewertungen, bei denen ich auch den Sinn überhaupt nicht verstehe.« Am liebsten würde er eine solche Veröffentlichung verbieten, daraus macht er keinen Hehl. »Man kann sich nicht dagegen wehren, obwohl es nicht stimmt. Nur wenn ich jetzt sage, es stimmt nicht, dann fragen die, was stimmt denn wirklich? Also lasse ich es so stehen, kommentiere es nicht.«

Den Richtigen vertrauen

Eine gehörige Portion Missfallen und Misstrauen schwingt da bei dem Unternehmer mit. Einer der wenigen, denen er »vollumfänglich« vertraut, ist Dirk Roßmann. Der Drogeriekönig wohnt ebenfalls in Großburgwedel, und wie Kind hat er einmal klein angefangen, ist er ein Selfmademan mit Unternehmergen. »Wir sind sehr eng befreundet. Dreimal in der Woche gehen wir zusammen mittags essen. Spielen Tennis oder Schach.« Über die Jahre hat sich eine große Verbundenheit zwischen den beiden Unternehmern entwickelt.

Beide sind im kleinen Großburgwedel eine Institution. Seit Jahren gestalten sie das Geschehen in dem Promi-Örtchen mit, in dem auch Zeichner Uli Stein, Krimiautor Derek Meister, Liedermacher Heinz Rudolf Kunze oder Klaus Meine von den Scorpions wohnen. Beide beteiligen sich an der Stadtentwicklung und sind maßgeblich für das heutige Erscheinungsbild der Vorzeigegemeinde verantwortlich. Derek Meister bringt es auf den Punkt: »Roßmann und Kind sind die Stadtväter.« Zumindest so etwas wie die heimlichen Stadtväter. Beide schätzen die Ruhe des Orts und gleichzeitig die verkehrsgünstige Lage direkt an der Autobahn zwischen Hannover und Hamburg. Und an beiden kommt man auch optisch nicht vorbei, wenn man auf der A7 unterwegs ist. Roßmann hat dort ein großes Auslieferungslager und Kind in Autobahnnähe seine Firmenzentrale.

Dirk Roßmann ist sowohl Kinds wichtigster Freund als auch Gesprächspartner. Gerade weil die Unternehmen überhaupt nicht miteinander vergleichbar sind, verstehen sich die beiden gut. Hier das komplexe Geschäft mit Hörgeräten im Gesundheitsmarkt mit maßangefertigten, individualisierten Lösungen und Kunden, die teilweise nicht unerheblich zuzahlen müssen. Dort das reine Ladengeschäft. Ware gegen Geld. Das Geld kommt sofort in die Kasse. »Ich sage immer, mit Rasierwässerchen und Cremes macht Dirk Roßmann fast sieben Milliarden Euro Umsatz.« Keiner nimmt dem anderen etwas weg, und jeder kann von den Erfahrungen des anderen profitieren. »Es gibt die Kongruenz des Denkens mit unterschiedlichen Schwerpunkten. Aber diese Diskussion bringt immer wieder neue Hinweise, neue Erkenntnisse, neue Lernprozesse.« Die Diskussionen sind Antrieb. Antrieb, noch besser zu werden. Nicht auszuruhen.

Wenn ich eingangs gefragt habe, was macht den Unterschied

aus, was entscheidet über Erfolg und Misserfolg, dann spielen diese Faktoren, das merke ich jetzt im Gespräch, eine ganz wichtige Rolle: die Wahl der Gesprächspartner und das Vertrauen in wenige, aber eben die Richtigen. »Es wird nicht taktisch geredet. Da kommen die Themen auf den Tisch. Und dann diskutieren wir. Haben wir die gleiche Meinung? Oder auch mal eine unterschiedliche? Aber man lernt in diesen Gesprächen immer.« Abende nach dem Tennis in der Sauna oder beim Schach, die den Unternehmensberater ersetzen. Und manchmal auch die Meinung der Bank.

Bei Immobilien wichtig: Lage, Lage, Lage

Kind erinnert sich weit zurück, an das Jahr 1975. Damals gründete er eine Immobiliengesellschaft, heute ein sehr erfolgreiches Unternehmen. Doch wenn es nach Kinds Hausbank gegangen wäre, dann hätte es diese Geschäftsgründung nicht gegeben: »Da hat meine Bank gesagt, ich hätte einen Vogel.« Aus Sicht der Bank war damals so ein Geschäft uninteressant. Die Rendite sei im Immobiliensektor zu gering. Doch typisch Kind, beirren ließ er sich auch bei dieser Entscheidung nicht: »Mag ja sein. Aber die Substanzwerte und die theoretische Steigerung der Substanzwerte werden ja gar nicht dabei berücksichtigt.« Und überhaupt: magere Renditen? In der Zwischenzeit sind die Immobilienpreise explodiert. Und man mag es kaum glauben: Trotz teilweise illusorischen Kauf- und Mietpreisen in Städten wie München, Frankfurt oder Hamburg gehen Fachleute davon aus, dass die Immobilienpreise in Deutschland in den kommenden Jahren weiter steigen werden. Denn betrachte man nur einmal das Kostenniveau im europäischen Ausland – von Immobilienpreisen in New York, Tokio oder Singapur ganz zu schweigen –, seien in Deutschland die Häuserpreise immer noch halbwegs vernünftig, sagen die Experten. Vor allem ausländische Investoren, verzweifelt auf der Suche nach Möglichkeiten, ihr Kapital lukrativ anzulegen, haben den deutschen Wohnsektor entdeckt. Mit anderen Worten: Da ist bei den Preisen noch Luft nach oben. Die Bundesbank sieht das im Übrigen anders. Die einstigen Gralshüter der D-Mark warnen mittlerweile vor gefährlichen Blasenbildungen in einigen deutschen Großstädten.

Egal, wie es kommt, Kind fühlt sich heute darin bestätigt, damals in Immobilien eingestiegen zu sein. Kinds Strategie zielte im besten Maklerjargon – drei Dinge sind wichtig beim Hauskauf: Lage, Lage, Lage! – von Anfang an auf Objekte in erstklassigen Stadtvierteln ab. Trocken und selbstsicher bestätigt er: »1A. Ende. Das ist unsere Devise.« Und fügt an, stolz auf sein frühzeitiges, richtiges Bauchgefühl: »In guten Lagen haben Sie eigentlich auch gar kein Risiko. Wenn ein Mieter ausfällt, finden Sie schnell wieder einen neuen.« Verkaufen tut er im Übrigen gar nicht. Auch das Teil seiner Immobilienstrategie – bis heute. Ob sich das einmal ändert? Vorstellen kann er sich das nur schwer.

»Immobilien kaufen können Sie immer«, antwortet er selbstsicher auf die Frage nach guten Anlageobjekten. Um dies allerdings umgehend etwas einzuschränken: »Nur weil das Geld billig ist, jetzt irgendwas zu machen, davor kann ich nur warnen.« Unmengen an Geld bei der Bank aufzunehmen, um damit ein Haus zu bauen oder zu kaufen, hält er für gefährlich auch in diesen Zeiten, in denen die Zinsen so verführerisch niedrig sind. 20 bis 30 Prozent Eigenkapital sollte man mindestens mitbringen, um sein Vorhaben zu verwirklichen. Kind lässt auch da wieder seine Unternehmererfahrung durchblicken: »Wenn ich viel Geld habe, lässt es sich mit Banken viel leichter verhandeln.« Es gehört zum Kind'schen Wesen, dass er einerseits Immobilienfan ist, andererseits nicht sofort Hurra schreit. Ein Kind bleibt defensiv, auch wenn alle nach vorn stürmen, nehme ich aus diesem Gespräch mit. Und doch sagt Martin Kind schließlich zum Hauskauf: »Als Privatperson würde ich das jetzt schon machen, aber nur dann, wenn man sich genau die Preise anschaut.« Auch hier gleich wieder eine Einschränkung, eine berechtigte: »Der Verkäufer oder der Makler, die rechnen diese Zinsvorteile in die Erhöhung des

Kaufpreises mit ein. Sie zahlen in der Regel einen zu hohen Kaufpreis. Und das geht ja heute bis zum 25- oder 30-Fachen des Ertragswerts und darüber hinaus, das heißt, Sie akzeptieren heute einen Preis, den Sie in der Zukunft erwirtschaften müssen. Ob Sie den dann je verdienen können?«

Für den Privatmenschen, wie Kind ihn nennt, spielen aber sicher noch andere Aspekte eine wichtige Rolle. Wohnen in den eigenen vier Wänden, das ist Lebensqualität und auch eine Frage von Sicherheit und Geborgenheit. Aus dem am Lebensabend bezahlten eigenen Haus kann einen keiner mehr vertreiben. Im Alter ein festes Dach über dem Kopf zu haben, keine Miete mehr zahlen zu müssen von der vielleicht knappen Rente, das ist für viele Deutsche auch Altersvorsorge. Kind nickt zustimmend: »Wenn einer ein Einfamilienhaus baut oder kauft und der Preis halbwegs angemessen ist, dann soll er es machen. Und sein Einkommen so ist, dass er im Notfall auch erhöhte Zinsen bedienen kann. Ich würde mindestens empfehlen, auch mal zu rechnen, wenn die Zinsen wieder steigen, irgendwann wird das wieder kommen, dass er dann auch die Zins- und die Tilgungspflicht erfüllen kann.«

Exkurs: Tipps zur Immobilienfinanzierung

In Deutschland gelten seit März 2016 strengere Regeln für die Kreditprüfung der Banken bei Baufinanzierungen. Ging es früher für die Bank darum abzuwägen, ob sie im schlechtesten Fall ihr Geld zurückbekommt, haftet sie nun weit stärker für schlechte Beratung oder unzureichende Prüfung der Unterlagen des Kreditnehmers. Als Konsequenz überprüft das Kreditinstitut nun sehr viel umfassender die Einkommenssituation potenzieller Häuslebauer und vergibt seltener Baukredite.

Es ist also schwieriger geworden, an Hypothekenkredite zu kommen; gleichwohl hat sich an den drei wichtigsten Grundregeln des Hauskaufs nichts geändert:

1. Genügend Eigenkapital ansammeln, damit nur ein möglichst kleiner Baukredit benötigt wird.
2. Das Einkommen muss ausreichend hoch sein, um die monatlichen Raten zurückzahlen zu können. Dabei ist zu beachten, dass Banken wegen der nun stärkeren Einkommensprüfung nur das Einkommen berücksichtigen können, das Sie bereits beziehen. Hinweise auf künftige Gehaltserhöhungen helfen da nicht.
3. Ganz wichtig: Genau prüfen, ob die Immobilie ihren Kaufpreis tatsächlich wert ist. Lassen Sie sich hierfür unbedingt vor dem Kauf von einem Sachverständigen beraten. Auch der Weg zum zuständigen Orts- und Bauamt hilft, da man hier Auskünfte über die ortsüblichen Quadratmeter- und Kaufpreise erhalten kann.

Außerdem wichtig: Wählen Sie die Monatsrate so, dass Sie bis zur Rente schuldenfrei sind. Nutzen Sie auch die Möglichkeiten zur Sondertilgung. Lassen Sie sich gegebenenfalls das Recht zur Sondertilgung in den Hypothekenvertrag eintragen. Es gilt der einfache Grundsatz: Wer schneller tilgt, zahlt weniger Zinsen. Das kann die Baufinanzierung deutlich billiger machen.

Machen Sie sich rechtzeitig Gedanken über die Anschlussfinanzierung, falls die Immobilie nach Ablauf der Kreditlaufzeit noch nicht schuldenfrei ist. In Niedrigzinsphasen wie diesen kann es lohnenswert sein, sich mittels eines Forward-Darlehens vorzeitig günstige Kreditkonditionen zu sichern. Forward-Darlehen sind ganz normale Darlehensverträge. Allerdings einigen sich Bank und Kunde dabei schon einige Jahre im Voraus auf die Zinsen, die gelten werden, wenn der alte Kredit abgelöst wird. Wer günstige Konditionen bei der Anschlussfinanzierung ausgehandelt hat, kann mehrere Hundert oder sogar etliche Tausend Euro sparen.

Denken Sie an Rücklagen für Reparaturen. Eine Faustregel besagt, dass eine Immobilie nach 30 Jahren runderneuert werden muss. Dach, Heizung, Fenster, Sanitäranlagen – das alles hält nicht ewig. Reichen die Rücklagen nicht und müssen Sie über eine Modernisierungsfinanzierung nachdenken, prüfen

Sie Ihre Möglichkeiten bei der staatlichen Förderbank KfW. Diese gewährt für derartige Fälle attraktive Kreditkonditionen.

Der Erwerb einer Immobilie ist für die meisten eine Entscheidung fürs Leben. Lebensumstände aber können sich verändern. Jobverlust oder -wechsel. Trennung der Ehepartner. Familienzuwachs, der die Eigentumswohnung zu klein werden lässt. Der Bau von Windrädern oder eines Mobilfunkmastes in unmittelbarer Nachbarschaft. Auch Zinsen können irgendwann wieder steigen. Mit dem Erwerb einer Immobilie setzt man in Sachen Vermögensaufbau ziemlich viel auf eine Karte. Besonders wenn Sie die erworbene Immobilie (ungeplant) verkaufen müssen, zeigt sich, ob Ihr Geld (samt der geleisteten Erwerbsnebenkosten) gut angelegt war. In aller Regel ist es schwierig, das eingesetzte Kapital wieder herauszuholen. Prüfen Sie daher genau, was Sie monatlich inklusive Hausgeld und Rücklagen für die Immobilie aufbringen müssen und was die Immobilie oder ein vergleichbares Objekt monatlich an Miete kosten würde. Häufiger, als man denkt, fällt der Kostenvergleich zugunsten des Mietens aus (selbst unter Berücksichtigung von Rücklagen für das Rentenalter, um die Miete dann noch bezahlen zu können). Von der größeren Flexibilität ganz zu schweigen.

Gehen Sie also nicht zu hohe Risiken ein, nur um den Traum vom Eigenheim zu verwirklichen. Gerade bei den derzeit rasant steigenden Immobilienpreisen lohnt es sich, genau nachzurechnen.

Die Immobilienblase in den USA

Der Traum vom eigenen Haus steht in Deutschland immer noch ganz oben auf der Wunschliste. Viele würden es so wie Kind machen, wenn sie genügend Geld hätten. Drei von vier Bundesbürgern, glaubt man aktuellen Umfragen, sparen für ein Eigenheim. Das Haus im Grünen oder die Stadtwohnung stehen für Selbstverwirklichung, Unabhängigkeit, Status und, wie bereits beschrieben, für langfristige Sicherheit. Es sind vor allem emotionale Gründe, die vergessen lassen, dass ein Haus auch unflexibel macht, zum Beispiel bei einem Jobwechsel. Es steckt bereits im Wort drin: »immobil« heißt »unbeweglich«. Eine Immobilie bindet Kapital, lässt sich im Bedarfsfall nicht so leicht flüssigmachen wie beispielsweise Aktien, die an geregelten und beaufsichtigten Märkten jederzeit verkauft werden können. Und ein Ja zum Eigenheim – um mit dem Fokus weiter bei Immobilien zu bleiben – bedeutet häufig auch ein Nein zu anderen Konsumentscheidungen. Für große Urlaube reicht es da häufig viele Jahre nicht mehr. Manch einer unterschätzt auch die Folgekosten, die die eigenen vier Wände mit sich bringen.

Dass man bei Immobilien generell vorsichtig sein müsse – schließlich war der Zusammenbruch des US-Immobilienmarkts verantwortlich für die verheerende Finanzkrise –, sehe ich nicht so. Das wäre der berühmt-berüchtigte Vergleich von Äpfeln mit Birnen. Denn der US-Immobilienmarkt funktioniert ganz anders als der hiesige. Gravierendster Unterschied: In den USA finanziert man nicht mit festen Zinsen über 10, 15 oder 20 Jahre, sondern mit aktuellen und sich verändernden Zinsbelastungen. Und es gibt einen weiteren wichtigen Unterschied: Die aus meiner Sicht verbrecherische Methode, die hinter dem Ganzen stand. Viele Amerikaner wurden zu Opfern eines letztlich kriminellen Schneeballsystems.

Ich erinnere mich noch sehr gut an den Ausbruch der Finanzkrise und daran, was dann kam. Ein Freitagabend im September 2008. Ich saß im Zug. Der ICE passierte gerade Hanau, als mein Handy klingelte. Ich war just dabei einzunicken, denn die Woche an der Börse war anstrengend gewesen, viel anstrengender als sonst. Lehman Brothers war zusammengebrochen. Die viertgrößte Investmentbank der Welt und eine der Topadressen an der Wall Street. So etwas hatte es noch nie gegeben. Wenige Monate zuvor war zwar mit Bear Stearns schon eine nicht unwesentlich kleinere Investmentbank in die Knie gegangen, doch nun waren die Auswirkungen ungleich größer. Angst machte sich breit. Die Finanzkrise brachte immer mehr Banken ins Wanken. Wer drohte noch alles zusammenzubrechen? Goldman Sachs? Morgan Stanley? Oder gar die Deutsche Bank? Niemand konnte das sagen. Und vor allem konnte niemand sagen, was das jetzt für uns, für unser Geld bedeuten würde. Für unsere Spareinlagen in Deutschland. Die Sorgen waren groß. Was ist da los an den Finanzmärkten?

Die Nachrichtensendungen *heute* und *heute journal* wollten Antworten. Wir hatten zu tun. Telefonieren. Fragen stellen. Verstehen. Nachfragen. Interviews aufzeichnen. Erklären. Und immer wieder erklären, so gut wir das zu diesem Zeitpunkt konnten. Jetzt im Zug fiel die Anspannung ab, viel schneller als sonst wurden meine Augen schwer. In diesem Moment also klingelte mein Handy. Meine Pupillen weiteten sich schlagartig. Auf dem Display erkannte ich die Nummer der Zentrale. Mainz calling. Nanu, hatte ich etwas vergessen?, war mein erster Gedanke. Wartete ein Kollege noch auf einen Rückruf? Eine Redaktion auf einen Filmbericht von mir? Hatte ich in der Hektik der letzten Tage an irgendetwas nicht gedacht? Ich ging ran. Am Telefon war der Chef vom Dienst meiner Hauptredaktion, der Mann, der auch in ständigem Kontakt zu unseren Auslandsstudios steht: »Wo sind Sie gerade?« »Im Zug nach Berlin«, antwortete ich. »Können Sie morgen nach New York fliegen?« Wie bitte?, dachte ich, morgen nach New York? Mein ganzer Körper schreit gerade nach Wochenende. Ausruhen. Kraft sammeln für die nächste Woche.

An Schlafen war jetzt nicht mehr zu denken. Anspannung. Sicher, New York ist toll. Aber jetzt? »Eigentlich nicht«, antwortete ich, »ich bin ja nächste Woche an der Börse« – in Frankfurt, wie ich zu dem Zeitpunkt noch dachte. »Da nehmen wir Sie raus. Sie müssten für zwei Wochen nach New York. Das Studio ist für die kommenden zwei Wochen nicht besetzt. Und das geht nicht. Gerade jetzt nicht. Das brauche ich Ihnen ja nicht zu erklären.« – Nee, klar, da drüben tobte ein Finanztornado, wie ihn die Welt noch nicht erlebt hatte. Jetzt musste man da drüben natürlich präsent sein.

Schneller als ich denken konnte, befand ich mich in Manhattan, und es folgten vier anstrengende und vor allem aufregende Wochen. Ich bin ganz ehrlich, ich habe in diesen Wochen viel gelernt. Über das Finanzsystem, aber auch über das Wesen des Geldes und über die Menschen. Was für ein abartiges Denken hinter der mörderischen Methode steckte (und vermutlich bis heute steckt), die diese Krise auslöste. Menschen, Häuslebauer existierten nur noch als Teil einer Modellrechnung. Kurz vor dem Knall gab es an der Wall Street tatsächlich nur noch eine einzige relevante Frage: Wie wahrscheinlich ist es, dass der Kreditnehmer, also der amerikanische Hausbesitzer, nicht mehr zahlt? Eine perfide Frage angesichts eines üblen Spiels, das da mit Millionen Menschen getrieben wurde. Zusammen mit Kollegen habe ich damals einen Film dazu gedreht. Wir berichteten über den Auslöser der Finanzkrise, über das Platzen der Immobilienblase und die daraus resultierenden Folgen. Über die Menschen, die ihre Häuser nicht mehr bezahlen konnten und jetzt in Notunterkünften, teilweise in Zelten hausten. Über Angestellte bei Investmentfirmen, die von jetzt auf gleich ihren Job verloren und jetzt Kochkurse gaben oder Kinder betreuten, und über Menschen in Deutschland, die ihre in Wertpapieren angelegten Gelder für die Altersvorsorge verloren hatten. *Haus weg. Bank weg. Geld weg* hieß die Dokumentation.

Am Anfang stand wie hierzulande der Traum vom Eigenheim. Auf Pump gekauft. Die Amerikaner finanzieren ihre Häuser und Wohnungen aber bis zu 100 Prozent mit Krediten. In Deutschland kaum vorstellbar. Zumindest bislang. Ob die vermutlich für lange Zeit extrem günstigen Kredite zu einer Veränderung im Finanzierungsverhalten der Deutschen führen, ist derzeit noch nicht absehbar. Denkbar ist jedenfalls, dass auch die heimischen Baufinanzierer immer häufiger fragen werden: Darf's ein wenig mehr sein?

In den USA scheint das Risiko damals gering. Die Immobilienpreise kennen ja offenbar nur eine Richtung. Nach oben. Und alle verdienen prächtig. Auch die amerikanischen Finanzmakler. Sie kassieren fette Provisionen, indem sie immer mehr

Amerikanern Darlehen aufschwatzen – auch solchen, die es sich eigentlich gar nicht leisten können. »Ninjas« nennt sie die Finanzindustrie, eine Abkürzung für »no income, no job or asset«. Was nichts anderes heißt, als dass jetzt auch Menschen ohne Einkommen, ohne Job und ohne Vermögenswerten Darlehen gewährt werden. Irgendwie merken aber die Banken, dass das auf Dauer doch keine so gute Idee ist. Die ersten Darlehen, wen wundert's, werden faul, die windigen Kredite fangen an, die eigenen Bilanzen zu belasten. Also beschließen findige Banker, viele Kredite ganz unterschiedlicher Herkunft und mit unterschiedlichen Ausfallrisiken zusammenzupacken und daraus handelbare Pakete zu schnüren. Damals war das eine echte Innovation, ein Geniestreich. Heute weiß man, es waren Tricksereien mit gefährlichen Folgen. Denn das Ziel dieser Bündelungen war eine Verbriefung: Die Eigenheimfinanzierer müssen sich nicht mehr um die Kreditwürdigkeit der Kunden kümmern. Investmentbanken wie eben Lehman Brothers oder Goldman Sachs erwerben hypothekenbesicherte Wertpapiere und verkaufen sie ihrerseits weiter. Die vermeintliche Finanzinnovation hatte somit zur Folge, dass der Kredit vom Risiko getrennt wurde. Es war im Prinzip ganz simpel und doch so verheerend.

Auf einmal war es völlig egal, wer ein Hypothekendarlehen bekam und ob derjenige überhaupt je in der Lage sein würde, auch nur eine einzige Rate zurückzuzahlen. Wichtig war nur, dass der Vertrag abgeschlossen wurde, denn dieser wurde schneller, als man schauen konnte, von der Hypothekenbank verbrieft und in Handelsware verwandelt, um die sich die Welt riss. Längst wusste natürlich keiner mehr, welche Kredite mit welchen Risiken in diesen Wertpapieren steckten. Aber deswegen machte man das Ganze ja. Jetzt kam es nur noch darauf an, nicht derjenige zu sein, der die Papiere gerade in der Hand hält, wenn die Blase platzt. Sie platzte, als in den USA auf einmal die Zinsen stiegen und gleichzeitig die Immobilienpreise einbrachen. Dass viele Amerikaner ihr Haus verloren, schlimm genug, aber dadurch, dass sich die Kreditrisiken auf die Reise um die ganze Welt gemacht hatten, wurde aus der US-amerikanischen Immobilienkrise ein globales Drama. Ein schlauer Mensch hatte 2009 die weltweite Vernichtung von Werten auf über 23 Billionen US-Dollar beziffert. Eine unverstellbar große Summe. Und keiner kann bis heute sagen, ob sie überhaupt ausreicht, das Desaster zu beziffern. Das Werk einiger weniger gerissener Investmentbanker. Und längst nicht alle Banker durchschauten das durchtriebene Spiel.

Gier frisst Verstand

Besonders in Deutschland erfreuten sich die x-mal verbrieften Giftpapiere mit ihrer vermeintlich hervorragenden Kreditwürdigkeit großer Beliebtheit. Im angelsächsischen Raum feixte man wieder über das *stupid german money,* über das »dumme deutsche Geld«, ursprünglich ein Begriff für Geld, das in verlustreiche Medienfonds investiert worden war. Besonders sollen sich Investmentbanker an der Wall Street über die »grünen Jungs« von der ein oder anderen Landesbank lustig gemacht haben. »Die hatten nun wirklich keine Ahnung gehabt und alles gekauft, was sie kriegen konnten«, hieß es. Wenn es noch eines Belegs bedurfte, hier war er: Gier frisst Verstand!

An dieser Stelle möchte ich einen Kollegen zitieren, der damals, 2008, für den *Focus* schrieb. Wolfgang Bauer traf zu jener Zeit einen Mitarbeiter der Bayerischen Landesbank aus der Zweigstelle New York. Dieser Mann, zuständig für das Prüfen von Kreditrisiken, hat seine Kollegen in der Bank immer wieder gewarnt: »Macht das nicht. Wir wissen nicht, worauf wir uns da einlassen.« Mehrfach lehnte er den Kauf millionenschwerer Hypothekenverbriefungen ab, warnte vor fehlenden Dokumentationen. Wo kommen die Kredite her? Wem gehören sie? Gehört wurde er nicht. »Es war die reine Gier. Wir waren zu gierig.« Die BayernLB, einst ein Nobody an der Wall Street, steigt zu einem der aggressivsten Käufer der faulen Papiere auf. 2005 hält sie bereits Hypothekenverbriefungen im

Wert von unglaublichen 34 Milliarden Euro in ihrer Bilanz. Mit dem Platzen der Blase ist die BayernLB praktisch pleite, und der Freistaat Bayern (somit der Steuerzahler) muss das Kreditinstitut mit zehn Milliarden Euro retten. Und jetzt kommt der schöne Satz: kein Einzelfall. Auch die HSH-Nordbank, die WestLB und die SachsenLB (beide mittlerweile nicht mehr existent) sowie die baden-württembergische LBBW geraten ins Schleudern. Allesamt verlieren sie viel Geld.

Eine Landesbank hat Glück: die der Länder Niedersachsen und Bremen, die Nord/LB. Martin Kind lächelt. Von 2005 bis 2014 saß er im Aufsichtsrat der Nord/LB und hat das kriminelle Spiel mit der Entkopplung von Risiken und der damit einhergehenden Verschleierung im Kontrollgremium einer öffentlich-rechtlichen Bank miterlebt. Die Nord/LB ist von den deutschen Landesbanken am besten durch die Krise gekommen, wurde kein Opfer des großen Vabanquespiels der Weltfinanz. Waren die Manager der Nord/LB klüger als die der anderen Banken? Martin Kind glaubt das nicht: »Sie hatte nie genug Geld, um solche spekulativen Geschäfte zu machen.« Da bewahrheitet es sich wieder: Manchmal ist weniger mehr, und Martin Kind ergänzt zustimmend: »Ich bin nicht sicher, wenn genug Geld da gewesen wäre, ob man nicht auch bestimmte Entscheidungen getroffen hätte.«

Kind sagt selbst, die Tätigkeit bei der Nord/LB hat ihn weitergebracht: »Ich habe gelernt, dass Geld ein unglaublich schwieriges Produkt ist. Ich habe auch gelernt, dass die Geschäftsmodelle ›Geld sammeln‹ und ›Geld verleihen‹ keine Geschäftsmodelle sind, wo man wirklich Banken entwickeln kann oder angemessene Renditen erwirtschaften kann.« Daher haben die Banken damals ja auch händeringend nach neuen Geschäftsfeldern gesucht, und die geradezu revolutionäre Idee, Kredite von den Kreditrisiken zu trennen, schien eine regelrechte Zauberformel zu sein. Sie eröffnete fantastische Renditeaussichten. »So haben sich wahrscheinlich die Exzesse ja entwickelt.« So wurde ein völlig neuer Markt erschlossen, auf dem viel mehr Geld zu verdienen war als im guten alten Zinssystem.

Dass sich das Risiko nicht abschaffen lässt, geriet über die Finanzrevolution in Vergessenheit. Und so kann Kind zwar nachvollziehen, wie es zu dem Unglück kam, Verständnis hat er dafür trotzdem nicht: »Was nicht geht: dass sie spekulieren, und der Steuerzahler gleicht dann die Verluste aus. Das ist kein tragfähiges Geschäftsmodell. Das ist vom Denken her nicht in Ordnung.« Die Frage, ob die Finanzkrise ihm und seinen Geschäften geschadet habe, beantwortet er trocken und kurz mit: »Nö.«

Aktien spielen für Kind bei der Vermögensanlage im Übrigen keine Rolle: »Habe auch ein paar. Aber mir sind Aktien wesensfremd, wenn ich ehrlich bin.« Und da geht es ihm wie Millionen von Deutschen, denen Aktien weitestgehend suspekt sind. Kind erklärt seine Abneigung gegen Aktien ganz simpel. »Ich bin nicht jemand, der gern spekuliert.« Das ist einer der wenigen Punkte, wo er anders tickt als Dirk Roßmann: »Der macht Aktien.« Aber während sich Kind theoretisch vorstellen kann, Papiere von Siemens zu kaufen – »Da kann man nichts mit falsch machen, aber da ist wenig Bewegung drin« –, sind die überhaupt nichts für seinen Großburgwedeler Counterpart: »Roßmann macht das anders. Der geht in Werte, wo er schon hofft, dass da deutliche Entwicklungspotenziale drin sind.« Mit anderen Worten, Roßmann macht das, was der mehr kalkulierende und absichernde Kind nicht mag: Er spekuliert. »Mein Freund Dirk Roßmann, der lebt das. Ich glaube, man muss es immer wollen. Dann geht das auch.« Ein großer Aktienfreund wird Kind jedenfalls nicht mehr, auch wenn er, immer getrieben von seinem Ehrgeiz, im nächsten Moment nachschiebt: »Obwohl ich schon glaube, wenn ich mich richtig damit beschäftigen würde, dass ich es dann auch verstehen würde. Überwiegend.«

Kommt das dicke Ende noch?

Die Lehren aus der Finanzkrise sind bis heute nicht vollständig gezogen. Aus der Krise, die sämtliche Kapitalmärkte kräftig durchschüttelte, ist heute eine Schuldenkrise geworden. Die Staaten, die damals mit Milliardenkrediten und -bürgschaften einspringen mussten, um das Finanzsystem am Laufen zu halten, sitzen heute selbst auf hohen Schuldenbergen. Und keiner kann sagen, wie und in welcher Form dies unser normales Leben einmal beeinträchtigen wird. Drohen Steuererhöhungen? Droht gar irgendwann ein Kapitalschnitt? Könnte es so weit kommen, dass aus den 20 000 Euro auf dem Bankkonto über Nacht nur 10 000 oder gar 5000 Euro werden? Trotz diesen drohenden Problemen geht es den meisten Deutschen gut. Von einer Schuldenkrise oder weniger Geld im Portemonnaie spüren sie weitestgehend nichts.

Für den Unternehmer Kind gibt es dafür nur eine stimmige Erklärung: »Das zeigt, wie stark und innovativ unsere Wirtschaft ist.« Trotzdem machen sich er und Roßmann Sorgen. Vor allem über die anhaltende Ausweitung der Geldmenge. Die führenden Notenbanken der Welt drucken immer mehr Geld. Das führt dazu, dass sich die schon heute hoch verschuldeten Staaten weiter verschulden, weil das Geld so verführerisch günstig ist. Wo soll das noch enden? In einer Inflation? »In den Gesprächen, die ich mit Roßmann darüber führe, sind wir sehr skeptisch. Wir finden auch keine Antworten«, sagt Kind. Nach all dem, was ich über Martin Kind, über sein Wissen über Geld und wie man damit umgehen sollte erfahren habe, beunruhigt mich das. Wenn auch erfolgreiche Unternehmer keine Antworten haben, wie soll es dann erst den anderen gehen? Doch dann sage ich mir: Gerade in schwierigen Zeiten darf man den Kopf nicht hängen lassen. Wenn die weltweiten Schulden immer mehr zunehmen, sollte man zumindest einmal darüber nachdenken, ob es sinnvoll ist, sich selbst auch (weiter) zu verschulden. Es gibt – wie so häufig – Argumente dafür und dagegen. Ich denke, Sie erahnen es bereits, wie Kind und Roßmann dies derzeit einschätzen: »Wir sehen es eher defensiv.« Ein Satz, den ich mitnehme. Ein Satz, der im Ohr bleibt.

»Geld hat etwas mit Auftreten zu tun. Man verdient Geld, wenn man einen etwas größeren Auftritt hat.«

Zur Person:
In seiner Kindheit hatte Hellmuth Karasek das ganze Jahr über von Geld nichts gehört. So kommt es, dass Geld ihm zunächst nicht wirklich wichtig war. Erst später änderte sich das, und im Lauf seines Lebens bekam Geld einen immer höheren Stellenwert. Berühmt wurde der Autor und Literaturkritiker unter anderem durch die Fernsehsendung Das Literarische Quartett.

Persönliche Anmerkung zum Tod von Hellmuth Karasek

Hellmuth Karasek inspirierte mich ein Stück weit zum Schreiben dieses Buchs. Bei der Arbeit zu einem Beitrag für das *heute journal* lernte ich ihn persönlich kennen. Im Interview, mein erstes für dieses Buch, sprach er unter anderem davon, dass er die Sorge habe, sich seinen Lebensstandard irgendwann einmal nicht mehr leisten zu können. Als wir uns darüber unterhielten, schien dieses »irgendwann einmal« noch so weit weg. Ich erlebte einen aufgeschlossenen, klar denkenden und unterhaltsamen Hellmuth Karasek, der mir voller Stolz seine beeindruckende Büchersammlung zeigte. Bücher, die sein Leben waren. Als ich von seinem Tod erfuhr, war ich tief erschüttert. Ich bin froh, Hellmuth Karasek kennengelernt zu haben. In meiner Erinnerung bleibt er so lebendig, wie ich ihn nur wenige Monate vor seinem Ableben in seiner Hamburger Wohnung erlebt habe.

Die Hamburger sagen über ihr Wetter, es sei besser als sein Ruf. Das mag man glauben oder auch nicht. Tatsächlich war ich schon häufiger in der Hansestadt, sogar schon einmal für einen Dreh zum Thema *Städtereisen Hamburg*. Und was soll ich sagen? Meistens war das Wetter doch eher so wie sein Ruf, nämlich regnerisch oder wechselhaft. Diesmal aber war es anders. Ein wunderschöner Sommertag im August. Die Weltstadt zeigte sich von ihrer schönsten Seite, die Sonne schien, angenehme 21 Grad, es wehte eine leichte Brise. Es war einfach schön, besonders in Harvestehude, einer der schönsten, wenn nicht sogar *der* schönsten Wohngegend Hamburgs, nahe der Rothenbaumchaussee und der Außenalster. Hier lässt es sich leben, dachte ich, als ich vor der Haustür von Hellmuth Karasek stand.

Wir hatten uns einige Monate zuvor in Biblis kennengelernt. Ausgerechnet in Biblis. Andere Städte sind für ihr Fachwerk, eine Kirche oder ihren Wein bekannt. Biblis wird dominiert von Biblis 1 und Biblis 2. Diese beiden Kernkraftmeiler, die die hessische Kleinstadt bis heute prägen, ja dominieren und alles andere überstrahlen, was Biblis vielleicht noch ausmacht. Hier also traf ich Hellmuth Karasek auf seiner Lesereise in einem kleinen Landhaus mit Apartments und angeschlossenem Hoflädchen. Größer hätte der Kontrast zu den Atommeilern nebenan nun wirklich nicht sein können. Karasek genoss gerade noch sein Frühstücksei, »von frei laufenden Hühnern«, wie er sich freute, als ich mit meinem Kamerateam bei ihm eintraf.

Damals erfuhr ich, dass Karasek mit seiner langjährigen Hausbank, der Deutschen Bank, unzufrieden war und mit ihr gebrochen hatte. Das interessierte mich, weil man zuvor so viel vom Kulturwandel bei der Deutschen Bank gehört hatte, so viel von der »Wir haben verstanden, wir ändern uns«-Rhetorik. Von Karasek wollte ich wissen, wie er das als Kunde einschätzte. Ob er gemerkt habe, dass sich was verändert hat. Es entwickelte sich ein lebhaftes Interview, in dem wir außer über die Deutsche Bank zwar nicht über Gott, aber doch über die Welt sprachen. Karasek, ein Meister des Wortes, war nicht verlegen um Formulierungen und Eindrücke und kam irgendwann auf das Thema Ruhe. Ruhe, die sich nur noch schwerlich finden lässt. »Früher war der Garten ein Ort der Entspannung. Die Leute gingen in den Garten, um Ruhe zu haben, vielleicht um ein gutes Buch zu lesen. Heute hat jeder Zweite so einen Laubsauger und macht damit Krach.« Es beeindruckte mich, wie der inzwischen 80-jährige Karasek noch hellwach und pointiert formulierte. Und es machte Spaß, ihm zuzuhören. Damals verabredeten wir uns für das jetzige Gespräch in seiner Hamburger Wohnung.

Geld und seine Spuren in der Literatur

In Karaseks Wohnung fallen mir zunächst die Unmengen an Büchern auf. Aber eigentlich habe ich es nicht anders erwartet. Karasek, das sind Bücher. Kein Ereignis, kein Thema, kein Künstler, zu dem man bei ihm nicht auch die passende Literatur finden würde. Oder passende Zitate. »Über Geld wollen wir uns heute unterhalten?«, fragt er. »Nun, zu Geld finden sich in der Literatur natürlich viele Spuren. Woher kommt das Geld? ›Die Phönizier haben das Geld erfunden. Aber warum nur so wenig?‹«, zitiert er gleich zu Beginn einen seiner Lieblingsdramaturgen, Johann Nepomuk Nestroy. Um ihn, Nestroy, der vor knapp zwei Jahrhunderten lebte, gleich in die Gegenwart zu überführen. »Heute müsste man es umdrehen: Die Phönizier haben das Geld erfunden. Warum nur so viel?« Spontan geht mir durch den Kopf, was die Phönizier wohl gemacht hätten damals, wenn sie dieses Problem schon gehabt hätten. Zu viel Geld? Wie hätten sie reagiert? Auf einmal verliert alles seinen Wert. Wie hätten sie das zu verhindern versucht? Interessante Frage. Hypothetische Frage.

Was für die Phönizier noch ohne Bedeutung war, folgte später: Inflationen, Währungszusammenbrüche, Wirtschaftskrisen. Geschichtlich betrachtet, hat es das zur Genüge gegeben. Immer wieder gingen Banken pleite, es folgten Staatsbankrotte

in England, in Frankreich, sogar in den USA. Und die Weltwirtschaftskrise Anfang des letzten Jahrhunderts ist zeithisto-
risch noch so jung, dass vielen, besonders den Deutschen bis
heute die Angst vor einer Wiederholung in den Knochen sitzt.
Die Angst vor Inflation und Geldentwertung. Unterschwellig
schwingt das bei vielen mit, eine Art deutsches Trauma. Heute
geht es uns zwar gut, die Nöte müssten weit weg sein, doch sind
die Schleusen des billigen Geldes bereits wieder so weit geöffnet, dass man sich erneut Sorgen machen muss. Hellmuth
Karasek hat diese Sorgen. »Die Deutschen haben die größte
und die schlimmste Erfahrung mit der Inflation gemacht.
Warum also gibt es jetzt nur wieder so viel Geld?« So gesehen
ist es alles andere als ein Zufall, dass wir unser Gespräch mit
Nestroy beginnen. Der Literaturkritiker wählt sein Genre, die
Literatur, um seine Ängste zum Ausdruck zu bringen.

Und während mir diese Erkenntnis durch den Kopf geht,
fällt bereits das nächste literarische Schlagwort. Ich höre nur
»*Faust*« und weiß, wir sind schon eins weiter, bei Goethe. Und
na klar, auch hier spielt das Geld eine wichtige Rolle. Der
Mephisto erfindet ja praktisch das Papiergeld, indem er Faust
den Floh ins Ohr setzt, dem Kaiser die Papiergeldschöpfung
vorzuschlagen. Der Kaiser, geplagt von großen Finanzsorgen –
das kennt man auch heutzutage nur allzu gut –, gibt grünes
Licht: »Es fehlt das Geld. Nun gut, so schaff es denn!« Doch der
Mephisto als »Teil von jener Kraft, die stets das Böse will und
stets das Gute schafft«, erwartet schon damals, dass dies letztendlich zur Inflation führen wird.

Die Sturzangst des Barocks

Da sind sie wieder, die Ängste. Die Ängste vor Geldentwertung. Vor Verlust. Woher kommen die?, frage ich. »Es ist die
Sturzangst des Barocks«, antwortet mir ein nachdenklicher
Karasek. Als ich ihn etwas fragend anschaue, erklärt er mir,
dass er sich während seines Studiums sehr mit der Barock-
literatur beschäftigt habe. »Die Barockkunst«, fährt er fort,

»handelt von der Vanitas«, der jüdisch-christlichen Vorstellung von der Vergänglichkeit alles Irdischen. »Du siehst, wohin du siehst, nur Eitelkeit auf Erden.« Eitelkeit ist Übermut. »Was dieser heute baut, reißt jener morgen ein. Wo heute Städte sind, wird morgen eine Wiese sein, worauf die Herden weiden. Das meine ich mit der Sturzangst des Barocks. Die habe ich ständig. Das ist meine eigentliche Existenzangst. Ich habe nicht Angst, dass ich verhungern könnte. Aber ich habe Angst davor, dass ich meinen luxuriösen Lebensstandard einschränken müsste, und das wäre mir sehr unangenehm.« Karasek geht mit dieser Seite seines Lebens erfrischend offen um. Er liebt die schönen Dinge des Lebens. »Ich gehe nicht sehr oft Sachen einkaufen, aber wenn ich einkaufen gehe, sind das immer sehr teure Sachen. Also die Jacken sind teuer, die Anzüge sind teuer, die Hemden sind teuer, Schuhe. Ich glaube, die Möbel sind auch nicht billig.« Um dann allerdings leicht schelmisch nachzuschieben: »Obwohl, wenn man 80 ist, man kann gar nicht mehr so luxuriös leben, man kriegt Sodbrennen, mag kriegt Rückenschmerzen und was auch immer alles.«

Jetzt ist er nicht mehr bei Dichtern und Denkern, jetzt ist er bei sich selbst. Geld habe ihm nie viel bedeutet. »Ich habe immer so viel gehabt, wie ich zum Leben brauchte.« »Immer« ist natürlich nicht ganz richtig. Der kleine Hellmuth wächst auf in den Kriegswirren des Zweiten Weltkriegs. Die ganze Familie arbeitet zunächst in der Landwirtschaft. Karaseks spontane Erinnerung an diese Zeit: »Von Geld habe ich da das ganze Jahr über nie etwas gehört.« Das ändert sich auch nicht, als die Karaseks fliehen müssen und schließlich in der Ostzone landen. Der Vater fährt nun in den Bergbau ein, und die Währung, die er mitbringt, heißt Armut. Tatsächlich nannten die Bergleute ihr Stück Kohle so, das sie im Rucksack mit nach oben brachten. Die Armut war immerhin ein gutes Tauschobjekt. Armut gegen Kartoffeln, daran kann sich Hellmuth Karasek noch gut erinnern. Die Währung, mit der er aufwächst, sind Tauschobjekte. Dass Geld praktisch keinen Wert hat, keine Rolle spielt, prägt ihn, ändert sich aber mit seiner

Flucht in den Westen und der Währungsreform. »Da ist für mich praktisch das Geld entstanden.«

Geld war für Karasek lange von nachrangiger Bedeutung

Karaseks Lehrjahre sind – warum sollte es ihm da besser ergehen als vielen anderen – keine Herrenjahre. Geld hat jetzt zwar eine Bedeutung, ist wichtig, aber knapp. Mit Ferienjobs hält er sich über Wasser. Einen seiner schönsten, sagt er, hatte er bei Daimler. Da verdient er gut, doch eben nur in den Ferien. Die Situation bessert sich, als er bei der *Stuttgarter Zeitung* als Redakteur anfängt. »Und von da an war es mit der Geldknappheit vorbei. Ich hatte nie viel, aber meist genug. Ich bin dann Dramaturg beim Theater geworden und habe das sagenhafte Gehalt von 1900 D-Mark im Monat bekommen.« Beim Theater lernt Karasek etwas, das für seine spätere Karriere wichtig wird. »Geld hat etwas mit Auftreten zu tun. Man verdient Geld, wenn man einen etwas größeren Auftritt hat. Und da hatte ich das unendliche Glück, dass Herr Reich-Ranicki mich eines Tages fragte: Wollen Sie mit mir das *Quartett* machen?«

Das Literarische Quartett. Selbst für mich, der zwar gern einmal ein gutes Buch liest, aber weit davon entfernt ist, das Feuilleton rauf und runter zu studieren, war *Das Literarische Quartett* ein Begriff. Und natürlich habe ich die Sendung häufiger gesehen. Die vorgestellten Bücher interessierten mich selten, aber irgendwie wartete man als Zuschauer darauf, dass die Post abging. Gibt es wieder einen Verriss? Flippt Reich-Ranicki wieder aus? Kurzum, das Einschalten der Sendung war mit einer gewissen Erwartung verbunden, dass es unterhaltsam werden würde. Auch wenn Reich-Ranickis cholerische Anfälle sicher nicht jedem in der Runde gefielen. So interpretiere ich zumindest das Stühlerücken im *Quartett*. Ja, es waren immer vier, die sich da über Literatur hermachten, doch die Besetzung änderte sich. Nur zwei waren von der ersten bis zur letzten Sendung mit von der Partie: Marcel Reich-Ranicki und Hellmuth Karasek.

Zwischen den beiden Männern entwickelte sich – auch wenn man manchmal auf dem Bildschirm diesen Eindruck nicht hatte – eine echte Freundschaft. Hellmuth Karasek erinnert sich gern an seinen Wegbegleiter, der 2013 verstarb. »Ich hatte wegen meiner Scheidung mal große finanzielle Probleme … und Reich-Ranicki hatte seinen Bestseller noch nicht geschrieben – da waren wir schon per Du –, und er sagte: Was bist denn du so? Ach, sagte ich, ich habe finanzielle Probleme. Er war der Einzige von meinen Kollegen, der gefragt hat: Kann ich dir helfen? Das war die erste Frage von ihm. Das rechne ich ihm also so hoch an.« Auch wenn für Karasek schon damals klar war: »Ich hätte mir sowieso nicht von ihm helfen lassen, wenn man zusammenarbeitet. Das kann man nicht machen. Das geht nicht. Aber er hat es angeboten gehabt. Und zwar ganz spontan.« Das ist das Bemerkenswerte.

Sonst gilt beim *Literarischen Quartett* eher das, was Karasek bereits aus seiner Kindheit kennt: Über Geld wird nicht gesprochen. Geld ist auch hier ein Tabuthema. Dann fällt ihm allerdings eine Geschichte ein, in der es doch um Geld ging. Um Honorare. Allerdings nicht beim *Literarischen Quartett*. Durch die ZDF-Sendung aber erleben Literaturkritiker Anfang der 90er einen wahren Aufschwung. Auf einmal sind sie richtig en vogue. Karasek erzählt von der Sendung *Gottschalk Late Night* bei RTL. Die Sendung hat Probleme. Die Einschaltquote geht zurück, und Thomas Gottschalk holt den damaligen Chefredakteur der *Bild*-Zeitung, Hans-Herrmann Tiedje, an Bord. Lebhaft erinnert sich Karasek, wie Tiedje der Sendung neues Leben einhauchen wollte: »Er hat zu dem Gottschalk gesagt, du musst prominente Gäste haben. Zum Beispiel Heinz Rühmann. Zum Beispiel Johannes Heesters. Und zum Beispiel Teresa Orlowski. Wenn Reich-Ranicki sich zusammen mit dieser Dame in eine Sendung setzt, das ist doch sensationell.« Schnell wird entschieden, mit welchen beiden Kritikern man Heinz Rühmann und Johannes Heesters zusammenbringen – oder soll man besser sagen: konfrontieren – will. Die Talk-Paarungen, die entstehen, heißen: Rühmann trifft auf den Literaturpapst der *Süddeutschen Zeitung*, Joachim Kaiser, Heesters bekommt es mit Karasek zu tun. »Der Erste, der auftrat, war Kaiser«, fährt Karasek fort. »Und Tiedje fragte mich: Was wollen Sie an Geld? Weil ich Kaiser gut kenne und der in dieser Sache immer gut war, sagte ich: Dasselbe wie Kaiser. – Oh, das kann ich nicht. – Dann hat er aber gesagt: Gut, Sie kriegen dasselbe wie Kaiser. Sie kriegen 10 000 Mark. – Was damals sehr viel Geld war für eine Fernsehsendung. Da war ich sehr stolz. Und dann war Reich-Ranicki dran. Und irgendwann hat er mich gefragt, sag mal, was hast du denn dafür bekommen? Und da sagte ich, ich habe gesagt, ich will dasselbe wie Kaiser.« Damit aber hat die Geschichte noch nicht ihre Pointe. Was meinen Sie: Haben alle drei Literaturkritiker wirklich das gleiche Honorar bekommen? Natürlich nicht. Karasek weiter: »Ich habe aber rausbekommen, dass er« – Kaiser – »20 000 bekommen hat. Und ich nur 10 000. Und da sagt Reich-Ranicki zu mir: Ich nur 5000 Mark, dabei bin ich der einzige Jude von euch.« Karasek lacht. »Ist das nicht eine schöne Geschichte?«

Eine Geschichte, die viel über ihren Humor, aber auch viel über den Menschen Reich-Ranicki sagt: »Also, Reich-Ranicki hat bei uns im *Quartett* nicht dafür gesorgt, dass wir anständig bezahlt wurden. Wir haben das immer unter Wert gemacht. Er war einer der wenigen Juden, die keinerlei Geschäftstüchtigkeit haben. Der hatte, bevor er seinen Weltbestseller *Mein Leben* schrieb, ganz bescheiden in einer Zweizimmerwohnung gelebt.« Reich-Ranicki, ein Überlebender des Holocaust, beschreibt in diesem Buch eindrucksvoll seine Ängste und seine Erlebnisse. Er geht mit seiner Leidensgeschichte niemals hausieren, doch natürlich prägte sie ihn in vielerlei Hinsicht. Karasek beschreibt seinen Weggefährten als jemanden, der mehrmals im Leben die Erfahrung machen musste, nichts mehr zu haben. Besitz war ihm daher nicht wichtig: »Er hatte auch durch seine polnischen Erfahrungen und Erlebnisse auf Geld keinen Wert gelegt.« Man kann es nur erahnen: noch eine Parallele zwischen den beiden Männern, die ziemlich ähnlich tickten. Der Literatur und den Schriftstellern gehörte ihre Leidenschaft. Das verband sie genauso wie die eher nachrangige Bedeutung von Geld. Geld ist profan. Geld ist nur Mittel zum Zweck. Und das bleibt bei Karasek lange so. »Vielleicht auch deswegen, weil ich mir im Innersten immer gesagt habe: Du kannst es nicht mitnehmen. Du kannst Gold nicht fressen.«

Was er einmal hat, gibt er ungern wieder her

Karasek beschreibt, wie es damals war, als er, mittlerweile beim *Spiegel* in Hamburg angekommen, sich einmal im Jahr mit dem von ihm so ungeliebten Thema Geldanlage beschäftigen musste. Der *Spiegel* war 1974 in eine Mitarbeiter-KG umgewandelt worden. Die Mitarbeiter, denen nun Anteile am Verlagshaus gehörten, waren am Gewinn des Hauses beteiligt und mussten sich daher mit der Gewinnausschüttung beschäftigen, besser gesagt mit deren Verwendung. Wie sollten die Gewinne angelegt werden? Jeder Mitarbeiter für sich musste das entscheiden. Für Karasek eine lästige Aufgabe: »Die Gewinnausschüttung bewegte sich schon – also, ich kann mir noch nicht mal das merken –, aber ich will mal sagen, das konnten schon 20000 bis 30000 Mark sein im Jahr. Zusätzlich zu sehr guten Gehältern. Und da musste man einen großen Prozentsatz zukunftssicher anlegen.« Für die private Altersvorsorge, was man dem Arbeitgeber auch nachweisen musste. Man kam also praktisch nicht darum herum, sich mit dem Thema auseinanderzusetzen. »Meine Kollegen und ich haben gesagt, da kaufen wir uns Bundesanleihen.« Das war das Einfachste und vor allem Schnellste. »Das hat man so mit links erledigt. Da hat man sich nicht für interessiert. Auch weil ich keine Vorstellung von übermorgen hatte.« Und dann fügt Karasek noch drei Worte an, die in unserem Gespräch noch häufiger fallen werden: »Saus und Braus.« Was er damit meint? Es waren die »fetten Jahre«. Es waren die Saus-und-Braus-Jahre, wie er sie selbst nennt.

Seine zweite Frau, mit der er heute zusammenlebt, nennt ihn liebevoll eine »Geldvernichtungsmaschine«. Was sie damit meint, erklärt er mir und zeigt auf seine Brille, die er zu diesem

Zweck von seiner Nase nimmt. Stolz deutet er mit dem Finger auf die Innenseite des Gestells, auf der sein Name steht. Also ein Unikat. »Diese Brille hatte ich doppelt. Die war ziemlich teuer. Auf einmal war das Original, also diese hier, weg.« Und dann fällt noch so ein Begriff, der Hellmuth Karasek gut charakterisiert, der mich aber zunächst überrascht nach all dem, was ich bislang über ihn erfahren habe: »Ich habe so ein Besitzstandsdenken. Was ich einmal habe, gebe ich ungern wieder her.« Erst denke ich, ziemlich ambivalent. Aus Geld macht er sich nichts, aber von den Dingen, die er dafür kauft, von denen kann er sich schlecht trennen. Wie passt das denn zusammen? Dann aber sage ich mir, eigentlich doch kein Widerspruch. Geld hat für ihn keine Bedeutung, andere Dinge dafür umso mehr. Geld ist eben nur ein geeignetes Tauschmittel. Früher Kohle gegen Kartoffel. Heute Geld gegen Bücher oder andere schöne Dinge. Apropos schöne Dinge. Der Besitzstandswahrer Karasek ist also seiner schönen, wertvollen Originalbrille verlustig gegangen. Das geht natürlich nicht. Ich muss schmunzeln. »Ich habe sie mir noch mal machen lassen und bin nach Frankreich in den Urlaub gefahren.« Wie schön, denke ich beim Zuhören, doch das wird doch nicht alles gewesen sein? Und tatsächlich: Ein paar Tage später ruft ihn seine Mitarbeiterin von zu Hause aus an und sagt: »Ich will Ihnen was Freudiges sagen: Ihre Brille ist wieder aufgetaucht, die war auf dem Filmregal.« Es ist fast so, als würde Karasek jetzt beim Erzählen die lieb gewonnene Brille noch einmal zurückbekommen. Und dann sagt er beinahe etwas triumphierend: »Jetzt habe ich drei davon.« Karasek lacht, und man spürt, es ist eine typische Karasek-Geschichte. So ist er. »Aber jetzt würde ich auch keine von diesen dreien gern verlieren. Und so geht das auch mit Füllhaltern. Ich habe Füllhalter, wenn ich die verlieren würde, wäre ich todunglücklich.«

Einmal in Schwung, hat er gleich noch eine Geschichte auf Lager. Wir machen einen kleinen Zeitsprung. Karasek pendelt mittlerweile, Anfang 2000, zwischen Berlin und Hamburg. Unter der Woche ist er an der Spree, als Herausgeber des *Tages-*

spiegel, am Wochenende bei seiner Frau in Hamburg. Kurz bevor es an diesem Freitag mit dem ICE nach Hause geht, bittet ihn seine Frau, die Zeitungen und Zeitschriften mitzubringen, die er in Berlin herumliegen hat. »Das waren der *stern*, die *Bunte* und die *Zeit*. Und noch zwei, drei andere Zeitungen. Und dann kam ich am Bahnhof an und dachte, Mist, jetzt hast du vergessen, deiner Frau die Zeitungen mitzunehmen. Da habe ich die in Berlin noch gekauft. Habe sie in Hamburg im Zug liegen gelassen und habe sie dort am Kiosk noch mal gekauft.« So viel zum Thema »Sparen mit Zeitungen«, die man im Verlag umsonst auf dem Schreibtisch liegen hat. Und man ahnt, warum Frau Karasek ihren Hellmuth ab und an »Geldvernichtungsmaschine« nennt.

Es wundert daher nicht, dass Karasek sagt, »um Gelddinge, um das alles kümmert sich meine Frau«. Jetzt. Früher war das nicht so. Irgendwie wirkt er bei dem Gedanken, die Geldangelegenheiten seiner Frau übergeben zu haben, erleichtert. Auf die Banken ist er schon lange nicht mehr gut zu sprechen. Besonders nicht mehr auf die einstige Hausbank, der er viele Jahre vertraute. Gutgläubig vertraute. »Die Enttäuschung über die Banken ist groß. Deutsche Banken, das war immer der Inbegriff dessen, dass du in seriösen, guten Händen bist.« Diesen Satz sagte er mir schon damals in Biblis. Jetzt also waren wir wieder an diesem Punkt. Spätestens seit den Wirren der Finanzkrise und dem Zusammenbruch der US-Investmentgesellschaft Lehman Brothers im Jahr 2008 wissen wir, dass Banken weder durchwegs seriös sind noch nur unser Bestes wollen – höchstens auf bestem Stammtischniveau: Unser Bestes? Ja, unser Geld!

Kurzum: Nur auf Vertrauen zu bauen ist arg fahrlässig. Zumindest Banken gegenüber. Wie heißt es doch so schön: Vertrauen ist gut, Kontrolle ist besser. Für einen wie Karasek, der niemals in seinem Leben Bankkreditkosten miteinander verglichen hat, weil es ihm einfach zu lästig war, eine schmerzhafte Erkenntnis: »Wir haben durch die Bank Gelder verloren, die für die Ausbildung unserer Kinder gedacht waren.« Die einzige

Vorgabe war, das Geld solle sicher angelegt werden. Die Vorschläge seines damaligen Bankberaters hörten sich auch ganz vernünftig an: »Wir verteilen das auf viele Sachen, teils sind es Lebensversicherungen, teils sind es Anlagen in Wohnungen und so weiter.« Wie genau das Geld angelegt werde, ob Zertifikate darunter seien, all das, räumt Karasek ein, habe er gar nicht wissen wollen, davon verstehe er sowieso nicht viel. Die Sache entpuppt sich als nicht annähernd so sicher, wie er dachte. Das angelegte Geld war nicht weg, aber es war, wie er es ausdrückt, »stark geschrumpft«. Genauso wie das Vertrauen in die Deutsche Bank. Das war nicht nur stark geschrumpft, das war komplett weg. Mit jedem Tag, den Karasek nun die Deutsche Bank verfolgt, fühlt er sich in seiner Entscheidung, ihr den Rücken zu kehren, bestätigt. Er glaubte an die Deutsche Bank. An eine gute Beratung durch Fachleute. Und nicht zuletzt an seine langjährige Beziehung zu dieser Bank. Die müsse doch auch etwas wert sein, denn ein guter Kunde bleibt ein guter Kunde, wenn er zufrieden ist.

Exkurs: Sparen für Eltern und Großeltern

Ausgedient hat es noch immer nicht, das Sparbuch für Neugeborene. Seine Symbolkraft ist nach wie vor hoch, doch in Zeiten wie diesen mit niedrigen Zinsen gibt es bessere Geldanlagemöglichkeiten für Kind oder Enkelkind. Wobei zur Ehrenrettung des Sparbuchs gesagt sei, das Entscheidende sind gar nicht die Zinsen, sondern das Ansparen generell. Dabei gilt die Faustformel: Je kürzer die Sparphase, desto sicherer sollte die Anlageform sein.

Ein Banksparplan ist oft das Naheliegende, zumal schon mit kleinen Beträgen monatlich angespart werden kann. Viel besser als ein Sparbuch ist er aber nicht. Weitere Alternativen sind ein Festgeld- oder ein Tagesgeldkonto. Auf diese Weise angelegtes Kapital ist flexibel verfügbar – kann somit zeitnah anders angelegt werden, falls es mal wieder höhere Zinsen geben sollte. Ein Vorteil von Banksparplänen, Fest- oder Tagesgeld und ähnlich konservativen Anlageformen ist, dass die Einlagen gesetzlich abgesichert sind.

Wer das Geld für Kind oder Enkelkind länger als zehn Jahre anlegen will, sollte sich für das Fondssparen entscheiden. Die monatlichen Sparbeträge fließen hierbei in einen Aktien- oder Mischfonds; Letzterer investiert in Aktien und Anleihen. Die meisten dieser Fonds können schon ab 25 Euro im Monat bedient werden. Allerdings müssen die persönliche Risikoneigung sowie Fondsgebühren und die Gebühren fürs Depot berücksichtigt werden. Dazu zwei Tipps: Wählen Sie vorzugsweise ETFs (s. S. 21–24, Exkurs: Geldanlage in Aktien). Und senken Sie die Depotkosten, indem Sie eine Direktbank wählen. Welche besonders günstig sind, erfahren Sie im Internet und/oder bei Verbraucherzentralen.

Von einer Ausbildungsversicherung – dabei übernimmt die Versicherung für Sie die kontinuierliche Geldanlage –, rate ich eher ab. Zwar investieren die Assekuranzen ihr Geld vor allem in sichere Anlagen und erzielen dabei auch häufig etwas höhere Renditen, doch die bezahlen Sie durch die höheren Abschlusskosten, die sich häufig auf einige Prozent der Versicherungssumme beziehen. Ausbildungsversicherungen sind kurzum einfach zu teuer. Zudem sind sie weniger flexibel als andere Anlageformen: Ausbildungsversicherungen laufen über einen festen Zeitraum, sind nur schwer kündbar, und eine vorzeitige Auflösung ist meist mit hohen Kosten verbunden.

Ganz generell noch wichtig: Wer Gutes im Schilde führt und für den Nachwuchs Geld anlegen möchte, der benötigt eine Geburtsurkunde und – falls es sich nicht um den eigenen Nachwuchs handelt – das schriftliche Einverständnis der gesetzlichen Vertreter, also in der Regel der Eltern.

Wer für den Fall, dass er das Geld später wider Erwarten anderweitig benötigt, beispielsweise, weil er selbst in finanzielle Not geraten ist, auf Nummer sicher gehen will, der sollte sich eine Verfügungs- oder Widerrufsklausel in den Sparvertrag einbauen lassen.

Die Deutsche Bank auf der Anklagebank

Die von Karasek angesprochene langfristige Beziehung zu einem Kunden und vor allem dessen Zufriedenheit spielen offensichtlich irgendwann bei der Deutschen Bank nur noch eine untergeordnete Rolle. Erst hat sie den Anspruch, auf das eingesetzte Kapital 25 Prozent Gewinn zu erwirtschaften, und später dann ruft sie das Ziel aus, zu den zehn größten Banken der Welt aufsteigen zu wollen.

Die Bank will nach oben. Nach ganz oben. Viele Mittel sind dafür offenbar recht, erlaube wie unerlaubte, anders lässt sich nicht erklären, warum Deutschlands einstige Vorzeigebank in eine Reihe von Skandalen verwickelt ist. Kaum ein Betrugsskandal, bei dem nicht auch ihr Name fällt. Mal sind es nur Mitarbeiter des Hauses, die eigenmächtig und gegen die Interessen des Geldinstituts gearbeitet haben sollen, mal sind es außergerichtliche Einigungen, die immer den Beigeschmack haben, dass an den Manipulationsvorwürfen etwas dran gewesen sein könnte. Mit dem, was sich Karasek unter einer guten Bank vorstellt, hat das wenig bis gar nichts zu tun. Seine Entscheidung hat er nicht bereut, im Gegenteil. Er schüttelt den Kopf: »Wann die damit angefangen haben …? Ich meine, die Deutsche-Bank-Chefs sind ja jetzt in den Händen der Staatsanwaltschaft.«

Tatsächlich hatte die Münchner Staatsanwaltschaft im Frühjahr 2015 den damaligen Co-Chef Jürgen Fitschen und zwei ehemalige Bankchefs angeklagt. Ihr Verdacht: Prozessbetrug im Verfahren gegen den mittlerweile verstorbenen Medienunternehmer Leo Kirch. Der Prozess, einer der spektakulärsten Wirtschaftsprozesse der deutschen Geschichte, zieht sich wie Kaugummi. Trotz einer außergerichtlichen Einigung der Bank mit den Kirch-Erben und trotz einem Freispruch können weder die Angeklagten noch die Deutsche Bank einen Schlussstrich unter dieses Kapitel ziehen. Die Staatsanwaltschaft kämpft weiter. Hat Revision eingelegt und fordert einen erneuten Prozess. Restlos aufklären wird sich wohl nie, wer was wann wusste und zu welchem Zeitpunkt Informationen an wen weitergegeben hat. Nur eines ist sicher: Für den Imagewechsel, den die Bank seit einigen Jahren anstrebt, ist jeder Prozess ein Rückschlag. Jedes erneute Aufrollen eines Falls schadet ihrem Ruf. Die Kirch-Geschichte ist da nur ein Fall von vielen. Weitere Sünden der Vergangenheit holen das Geldhaus immer wieder ein. Investoren überziehen die Bank mit Milliardenklagen. Zudem haben die Aufsichtsbehörden die Deutsche Bank weiter im Visier. Das alles lastet auf der Bank, die viel Glaubwürdigkeit verspielt hat.

Der Bruch mit Teilen der Kundschaft beginnt aber schon viel früher. Unter Hilmar Kopper, der 1994 offene Handwerkerrechnungen in Höhe von 50 Milliarden Mark bei einer großen Baupleite »Peanuts« nennt. Aufbegehren. Sind 50 Milliarden Mark tatsächlich nur Kleinkram für die Bank? Und wenn das wirklich so ist, wie wichtig sind dem Geldinstitut dann wohl noch die Kunden, die nur 5000 oder 10 000 Mark anlegen wollen? Koppers Nachfolger Rolf-E. Breuer und Josef Ackermann führen die Bank endgültig weg vom Kleinsparer hin zu den ganz großen Geschäften. Es beginnt die Zeit, von der man später sagen wird, nie war die Deutsche Bank so erfolgreich. Es ist aber auch die Zeit, die der Deutschen Bank heute, in der Nachbetrachtung, die meisten Probleme bereitet. Nie zuvor hat die Bank so hohe Rückstellungen für drohende Prozesskosten bilden müssen.

Es ist die Zeit des Turbokapitalismus, von der wir hier reden, begünstigt durch die Liberalisierung der Finanzmärkte. Unter Ackermann wird Anshu Jain groß, der die Bank später gemeinsam mit Fitschen lenken wird. Er zündet den Turbo erst richtig. Seine Investmentbanker in London scheffeln ab Anfang 2000 das ganz große Geld. Sie erwirtschaften zeitweise zwischen 70 und 90 Prozent der gesamten Einnahmen der Bank. Immer neue Finanzprodukte werden kreiert, die die Kunden immer weniger verstehen. Aber das ist Nebensache. Die hausinterne Devise lautet: Die Bank zuerst. Was für die Bank gut ist, kommt auf den Markt.

Immer wichtiger werden in jener Zeit Zertifikate, nicht nur für die Deutsche Bank. Sie heißen Asset Backed Securities, abgekürzt ABS (vermögensbesicherte Wertpapiere), Collateralized Debt Obligations, kurz CDO (besicherte Schuldverpflichtungen), oder Credit Default Swaps, CDS (handelbare Kreditabsicherungen). Allesamt Finanzprodukte, die Risiken in Form von Wertpapieren handelbar machen. So können Hypothekenbanken in den USA auf einmal ihre Kredite an Großanleger verkaufen. Auch in Deutschland, darüber berichtete ich ja bereits, greifen die Geldhäuser zu. Das Risiko dieser tückischen Zertifikate überschauen sie im Lauf der Jahre immer weniger. Und je mehr Zertifikate verkauft werden, desto unklarer wird, welche Risiken in diesen Papieren wirklich stecken, weshalb es schließlich fast zwangsläufig zu dieser Jahrhundertkrise an den Finanzmärkten kommt.

Die US-Investmentbank Lehman Brothers, eine Macht, eine Institution im amerikanischen Finanzsystem, ist eine der treibenden Kräfte jener Jahre. Lehman Brothers konstruiert maßgeblich die neuen Finanzprodukte mit und ist eines der Geldhäuser, die auffallend viele dieser Zertifikate ausgeben. Lehman-Zertifikate sind beliebt. Die Investmentbank gilt als solventer Herausgeber solcher Papiere, genießt einen erstklassigen Ruf in der Bankenwelt und bietet – das ist das Wichtigste – den weltweiten Banken und Hedgefonds interessante Konditionen an. Die greifen gern zu und bieten ihrerseits diese lukrativen Zertifikate – weil sie an dem Geschäft gut verdienen – ihren Kunden an. Und so werden Lehman-Zertifikate auch in Deutschland zu Verkaufsschlagern. Häufig firmieren sie unter Titeln wie Garantie-Zertifikate, und in vielen Fällen verkaufen die Bankberater sie »als sicher wie das Sparbuch«. Doch kaum einem Bankkunden ist klar, dass er bei einer Pleite des Emittenten, also der herausgebenden Bank, alles verlieren kann. Kein Wunder also, dass Zehntausende deutsche Anleger und Sparer geschockt sind, als sie erfahren, dass mit der Pleite von Lehman Brothers das Papier nichts mehr wert ist. Ihr Geld »hops« ist, auch wenn sie es bei der

Sparkasse, der Bayerischen Landesbank oder der Deutschen Bank gekauft hatten. Die heben die Hände und verweisen darauf, dass sie die Lehman-Zertifikate ja nur vertrieben hätten. Ob diese Position so haltbar ist, ob die beratenden und letztendlich verkaufenden Banken ihre Kunden nicht auch rechtzeitig hätten warnen müssen, wird derzeit noch in mehreren Prozessen geklärt.

Teufelszeug Aktien

Das Schlimme aber ist, dass sich trotz diesen Exzessen und Verfehlungen wenig geändert hat. Noch immer werden Anlegern, die auf absoluter Sicherheit bestehen, Zertifikate angedreht. Noch immer aber, muss man sagen, haben auch wir Sparer nicht dazugelernt. Trotz vieler Warnungen und Aufklärungen seit 2008. Rationaler Umgang mit Geld ist eine Seltenheit. Hilmar Kopper – Sie erinnern sich: der mit den Peanuts – gab kurz nach der Lehman-Pleite der Wochenzeitung *Die Zeit* ein Interview. Die öffentliche Meinung war damals, ich kann mich noch gut erinnern, eindeutig: Die Banken sind schuld an dieser Katastrophe. Kopper stand also unter »Generalanklage« – so muss er sich zumindest gefühlt haben. Die Fragen in diesem Interview waren entsprechend kritisch, und Kopper konterte, nicht die Banker seien schuld, sondern die Kleinanleger selbst: »Warum haben denn manche Leute Angst um ihre Spareinlagen? Vermutlich, weil sie das Geld jemanden gegeben haben, von dem sie verdammt wenig wissen. Der zahlt ihnen dann auch sieben Prozent, aber die beinhalten eine Zitterprämie. Wenn sie es zur Sparkasse um die Ecke bringen oder zur Deutschen Bank, bekommen sie weniger Zinsen, aber das Geld ist sicher.« Und ja, so sehr er und seine Branche bis heute in der Kritik stehen, in diesem Punkt hat Kopper recht. Nichts ist ohne Risiko. Je höher die Zinsen, desto größer das Risiko. Eigentlich ganz einfach, und doch erliegt der Mensch manchmal der Verlockung höherer Zinsen. Manche nennen es Gier, andere Unwissenheit.

Das alles geht mir durch den Kopf, als ich Hellmuth Karaseks Enttäuschungen über die Deutsche Bank zuhöre. Vielleicht hat auch er mit Lehman-Zertifikaten oder anderen Papieren dieser Art Geld verloren, so genau weiß er das nicht – oder will es auch gar nicht wissen. Ich glaube ihm aber, nach all dem, was ich inzwischen über den Geldmenschen Karasek weiß, dass er vor allem eine sichere Geldanlage wollte und nicht ausschließlich auf die Höhe der Zinsen schielte. »Ich habe nie mit Geld spekuliert«, sagt er und ergänzt: »Mein Weg hatte nichts mit Aktien je zu tun. Nie. Nie. Nie.« Fast macht es jetzt auf mich den Eindruck, für ihn, Karasek, seien Aktien Teufelszeug. Ist das so?, frage ich. »Ich glaube schon«, antwortet er etwas nachdenklich. »Das Einzige, was ich damit zu tun habe, ist, dass ich mir die Börsenberichte vor der *Tagesschau* anschaue. Und wenig verstehe, aber viel höre. Schnell, in kurzer Zeit, ziemlich viel. Der Dax wieder gut. Oder warum nicht? Es treibt mich nicht zur Börse.« Ich ertappe mich dabei, dass ich denke, hoffentlich meint er nicht mich. »Schnell, in kurzer Zeit, ziemlich viel« – überfordern wir den Zuschauer? Aber nein, er kann mich ja eigentlich nicht meinen, er schaut ja offensichtlich lieber *Tagesschau*. Und nicht das *heute journal*. Ich nehme es sportlich und denke, dass die Börsenkollegen von der ARD ihren Job auch gut machen. Aber »schnell, in kurzer Zeit, ziemlich viel« – das bleibt hängen von diesem Gespräch, da könnte was dran sein. Noch etwas kommt mir in den Sinn: Wenn Aktien nicht sein Ding sind, wie sieht es mit Immobilien aus? Treffer. Immobilien, damit kann Karasek schon mehr anfangen. Und er kommt noch einmal auf seine Zeit als Ressortleiter beim *Spiegel* zurück. Dass er dort gut verdiente, ist kein Geheimnis mehr.

Was er damals gerade übrig hat, will er in einer spanischen Eigentumswohnung anlegen. Zum Glück unterhält er sich darüber mit seinem Steuerberater: »Und da hat der gesagt: Das machen Sie bitte ganz bestimmt nicht. Da können Sie es gleich verbrennen. Das machen Sie nicht.« Ein guter Rat. Denn lange bevor der spanische Immobilienmarkt in eine tiefe Krise stürzt, sind die Probleme bereits sichtbar, zumindest für diejenigen, die die Gefahren sehen wollen. Spaniens Wirtschaft konzentriert sich neben dem Tourismus sehr stark auf den Bau von Immobilien, ist also sehr einseitig ausgerichtet. Mit dem Ausbruch der Finanzkrise können viele Spanier, so wie wir es zuvor bereits in Amerika erlebten, ihre Häuser nicht mehr halten. Die Folge: Die Preise für spanische Immobilien stürzen in den Keller. Eine Immobilie in Andalusien oder Valencia wäre also aus heutiger Sicht keine gute Geldanlage gewesen.

»Dann habe ich mir eine Eigentumswohnung mithilfe der Deutschen Bank gekauft.« Wieder die Deutsche Bank, denke ich. Aber damals war sie ja noch seine Hausbank. Und schon geht das Deutsche-Bank-Bashing weiter, »Nachträglich, da habe ich so viel Geld verloren. Was ich damals da schon an Gebühren bezahlen musste. Die ziehen einen ganz schön über den Tisch.« Der Stachel sitzt offenbar immer noch tief. Aber immerhin eine Immobilie in Berlin und nicht irgendwo in Spanien. Das prosperierende Berlin. Lange hat es gedauert, bis sich die Preise dort entwickelt haben. Jetzt dürfte Karasek mit dieser Investition gar nicht so unglücklich sein. Glücklich wirkt er aber mit seinem Engagement irgendwie nicht. Wie der Dramaturg Karasek wohl sein eigenes Schaffen auf der Bühne inszeniert hätte? Hypothetische Frage, schon wieder, aber irgendwie interessant. Bühnenstück von Hellmuth Karasek: Lebe, dann bist du? Wohl eher nicht. »Spare, dann hast du«, bestätigt Karasek. »Spare in der Zeit, dann hast du in der Not«, habe ich früher hin und wieder von meinen Eltern gehört. Viel anfangen kann man damit als junger Mensch zunächst nicht. Karasek muss es ähnlich ergangen sein. Bei ihm in Mähren haben sie den Spruch immer leicht abgewandelt: »Spare in der Not, dann hast du Zeit dazu.« Ich muss lachen, als er mir das erzählt.

Auf die Börsen kommen wir dann doch noch einmal – eher überraschend – zu sprechen. »Saus und Braus« ist das Stichwort. Zum Jahrhundertwechsel 1999/2000 erlebt Geldanlage-Deutschland etwas Bemerkenswertes. Das Sparbuch rückt auf einmal in den Hintergrund, Aktien sind angesagt. Und zwar Internetaktien. Wie Pilze schießen immer neue Unternehmen aus dem Boden, Unternehmen vorerst nur mit guten, hippen Ideen. Wir werden künftig alles nur noch online machen, ist ihre Botschaft. Einkaufen, Verkaufen. Einfach alles. Ein Angriff auf die Old Economy, die ihre Produkte noch in Geschäften feilbietet. Wie altmodisch und uncool. Die neuen Internetunternehmen mischen die Wirtschaft auf und streben an die Börsen, brauchen Kapital, um ihre Ideen umzusetzen. Der Neue Markt entsteht auf dem Parkett, ein ganz neues, eigenständiges Börsensegment. Die Geschichten, mit denen die Jungunternehmer die Finanzmärkte überzeugen wollen, sind gut, so gut, dass wir Deutschen auf einmal zu richtigen Aktienfans werden. Zum ersten Mal, seit es den deutschen Aktienmarkt gibt. Die Interneteuphorie macht jeden Börsengang zu einem Ereignis, zu einem Event. Und stellt die Frage, vor allem an uns Journalisten: Soll man die Aktie kaufen oder nicht? Börsenberichterstattung hat auf einmal auch im Fernsehen Konjunktur.

Den Hype erlebt Hellmuth Karasek in Berlin beim *Tagesspiegel*. Und typisch Karasek, wie es sich aus seinem Mund anhört: »Es war für mich ein gesellschaftliches Thema. Da wurde gefeiert wie größenwahnsinnig. Da haben die geprasst mit Festen. Also diese Dotcom-Firmen, das war schon was Irres!« Saus-und-Braus-Karasek, so hat ihn tatsächlich einmal ein Satiremagazin karikiert, 50-Prozent-Saus-und-50-Prozent-Braus-Kritiker, also Saus-und-Braus-Karasek konnte auf einmal etwas mit der Börse anfangen. Wie Tausende von Bundesbürgern auch. Die hoffen freilich auf Reichtum, Karasek ist eher von der ungewöhnlichen Entwicklung angetan. »Da tat sich was!« Unter die sonst so seriösen Geschäftsleute und Banker mischten sich auf einmal junge, teilweise schrille Typen. Wie der Schlagersänger Daniel David (mit richtigem Namen Rudolf Zawrel), der den Internetdienstleister Gigabell an die Börse brachte (und später mit ihm eine spektakuläre Insolvenz hinlegte). Oder der Münchner Emporkömmling Thomas

Haffa, der mit seinem Medienunternehmen EM.TV erst für Furore sorgte und dann beispiellos abstürzte. Haffa wurde später wegen unrichtiger Darstellung der Unternehmensverhältnisse sogar strafrechtlich verurteilt. Die Aktionäre aber scheiterten mit ihren Klagen auf Entschädigung.

Zunächst aber wurde das Börsenparkett zu einer Partymeile. Leider – muss man im Nachhinein sagen – wurden die Partys nicht nur auf dem Parkett gefeiert. Viele Millionen, die über die Börsengänge eingenommen wurden, fanden nicht ihren Weg in die Entwicklungslabors oder zu denen, die an den Rechnern die Zukunftsvisionen umsetzen sollten. Sie wurden verprasst, wie Karasek es richtig beschreibt, auf den Jachten in St. Tropez oder Monte Carlo. Ausschweifende Feste. Exzesse. Und dann war der Traum vorbei. Viele der Operettenfirmen gehen pleite. Das Geld ist weg. Die Party ist vorbei. Und der Traum vieler Anleger geplatzt. Schlimmer aber noch: Das Platzen der Dotcom-Blase hinterlässt tiefe Spuren. Die Deutschen, die zuvor wenig von Aktien hielten, halten nun noch weniger davon. Ist das also Teufelszeug? – So wie Karasek denken viele: Lieber Hände weg von Aktien. Auch wenn das natürlich so verallgemeinert Quatsch ist. Doch dazu später mehr.

Frauen mit Kindern können besser mit Geld umgehen

Was in Sachen Geld Quatsch ist und was nicht, darum kümmert sich, wie gesagt, im Haus Karasek seit geraumer Zeit Frau Karasek.

Dass sie besser mit dem Ersparten umgeht, daran zu zweifeln habe ich keinen Grund. Aber ist es vielleicht sogar generell so, kommt es mir in den Sinn, dass Frauen besser mit Geld umgehen können? Karasek müsste darauf eigentlich profund antworten können, schließlich hat er das schöne kleine Buch mit dem provozierenden Titel *Frauen sind auch nur Männer* geschrieben. Meine Vermutung anhand des Titels: Frauen können doch nicht besser mit Finanzen umgehen, doch wir werden sehen (und auch noch lesen in diesem Buch). Zunächst einmal erzählt Karasek von starken Frauen, die auch nur Männer sind, wie es schon in den Mythen steht. Bei den alten Griechen zum Beispiel. Wenn man das titelgebende Kapitel »Frauen sind auch nur Männer« liest, erschrickt man. Karasek muss mal »was Böses über Frauen« loswerden, schreibt er da. Ausgerechnet über die Quotenregelung in Vorstandsetagen sind die damaligen Ministerinnen Schröder, von der Leyen und Leutheusser-Schnarrenberger aneinandergeraten, erfährt man. »Wenn man sich die Fotos ansieht«, schreibt er weiter, »weiß man, da ging es ganz schön stutenbissig her. Frauen in Machtpositionen sind auch nur Männer.«

Aha, das meint er also. Aber was hat das alles mit Geld zu tun? Zunächst einmal wenig. In unserem Gespräch aber spinnt er jetzt seinen Faden weiter. »Die Lebenserfahrung lehrt mich, dass es alles gibt, was möglich ist.« Also Frauen, die besser mit Geld umgehen – Karasek ist beeindruckt von »dieser Bayerin« Maria-Elisabeth Schaeffler, die mit ihrer Firmengruppe die viel größere Continental AG übernehmen wollte und sich dabei beinahe verschluckte. Mittlerweile den Laden aber wieder im Griff hat. Er spricht also von einer Frau, die sich in der Männerwelt behaupten und deswegen auch gut mit Finanzen auskennen muss. Schnell hat Karasek aber auch ein Gegenbeispiel parat: »Denken Sie an die reichste französische Frau, Frau Bettencourt, was die für Fehler gemacht hat.« Die L'Oréal-Erbin Liliane Bettencourt gilt tatsächlich als reichste Frau der Welt. 37 Milliarden US-Dollar beträgt laut *Forbes* ihr Vermögen. Der Künstler und Fotograf François-Marie Banier soll sie allerdings um fast eine Milliarde Euro in Form von Gemälden, Immobilien, Lebensversicherungen und Schecks erleichtert haben. Karaseks nüchterner Kommentar dazu: »Er hat sie ausgenommen wie eine Henne.«

Also, Frauen sind nach Karaseks Einschätzung weder besser noch schlechter in Sachen Geld. Sie sind halt auch nur Männer. Nur eine Ausnahme will er dann doch machen: »Ich glaube, wenn Frauen Kinder haben, dann sind sie Nestbewahrer, und dann können sie besser mit Geld umgehen. Sie halten es wohl besser zusammen.« Und natürlich denkt er da jetzt auch an seine Frau.

Eine unbestimmte Altersangst

Und dann wird er noch einmal nachdenklich. Nach all den Jahren des Saus und Braus, nach all den Jahren des Schaffens, der Selbstverwirklichung und des Erziehens der Kinder, wo das Geld zwar eine Rolle spielte, um sich, wie es Karasek formuliert, das zu kaufen und zu leisten, was man brauchte, wo es aber nur Mittel zum Zweck war, »beginnt das Geld wieder interessant zu werden im Alter, weil man in der jetzigen Situation eine unbestimmte Altersangst bekommt, wenn man nicht genug Eigentum angehäuft hat«. Da sind sie also wieder, Karaseks Sorgen. Die Verlustängste des Barocks, wie er es nennt. Seit wann beschleichen ihn diese Sorgen? »Seit zehn Jahren etwa.« Und er fährt fort: »Ich hätte jetzt gern mehr auf der Seite.« Um dann aber gleich abzugrenzen: »Ich hätte nicht gern, wie es manche Kollegen gemacht haben, eine Villa im Ausland. Das hat sich nicht rentiert.« Und er ist sichtlich froh, dass ihn sein damaliger Steuerberater von diesem Fehler abgehalten hat.

»Marbella, haben Sie das mal gesehen? Das ist unvorstellbar. Unvorstellbar. Das sieht so was von grauenerregend aus. Das sind Geisterstädte.« Karaseks Geister sind heute andere: »Gibt es vielleicht doch wieder eine Inflation? Es gab ja schon mal Zeiten, in denen das Geld auf der Bank nicht mehr sicher war.« Seine Jugend holt ihn wieder ein: »Wir haben in der Familie nie über Geld geredet. Auch mit meinen Kindern habe ich nie viel über Geld reden müssen. Die waren immer ganz vernünftig.« Eigentlich überrascht ihn das ein wenig. Nicht die Tatsache, dass seine Kinder so vernünftig waren, das freut ihn wohl eher. Nein, diese große Diskrepanz in Deutschland, dass einerseits von jeher nie viel über Geld gesprochen wurde: »Es gibt ja zweierlei Schamschwellen. Es gibt den verschämten Reichtum, zum Beispiel dass in Hamburg früher die Töchter der reichen

Kaufleute bestenfalls mit einem VW ausgestattet durch die Gegend fuhren. Denn: Geld zeigt man nicht. Man prahlt damit nicht. Und es gibt die verschämte Armut. Die versteckte Armut. Die gibt es sehr häufig, denn viele stürzen ja.« Andererseits – und nun kommt der Theaterwissenschaftler und Buchautor Karasek zu seinen literarischen Wurzeln zurück – handeln große deutsche Mythologien vom Geld, siehe Goethes *Faust*, aber auch Wagners *Schatz der Nibelungen*. »Wagner war wohlhabend«, ergänzt Karasek, »Goethe hat nach Besitz gestrebt.« Also zum einen ist uns Deutschen im übertragenen Sinn viel Geld in die Wiege gelegt worden, zum anderen schweigen wir uns bei diesem Thema aus, tabuisieren es. »Das ist schon sehr komisch.«

Lehren aus seinen finanziellen Fehlgriffen hat er keine gezogen. Wohl auch, weil er die Verluste verkraften konnte. Gleichzeitig spricht eine gewisse Ratlosigkeit aus ihm. Was soll man in Zeiten niedriger Zinsen mit seinem Geld überhaupt noch machen? »Sie können Geld ja auch nicht in Kunst anlegen. Denken Sie an Beltracchi. Da können sie auch reinfliegen.« Tatsächlich wurde Wolfgang Beltracchi, ein Maler aus Höxter, in einem der größten Kunstfälscherprozesse der Welt 2011 zu sechs Jahren Haft verurteilt. Beltracchi hatte über Jahre hinweg Bilder im Stil bekannter Maler wie Heinrich Campendonk, Max Ernst oder Max Pechstein gemalt und konnte die vermeintlich alten Meister für viel Geld verkaufen. Eine chemische Analyse verwendeter Farben überführte schließlich den Fälscher. Künstlerpech. Oder sollte man besser sagen »Gaunerpech«?

Karaseks Anlageverluste, so bestätigt er mir, hielten sich jedenfalls in Grenzen. Gott sei Dank habe er nicht annähernd solche Summen verloren wie die Galeristen, die mit gefälschten Beltracchis auf die Nase fielen.

Man merkt dem 80-Jährigen jetzt, zum Ende des Gesprächs, doch an, dass sich seine Einstellung zum Geld über all die Jahre verändert hat. Angefangen vom Karasek, der nichts hatte, über den Karasek, der immer genug hatte, um davon gut leben zu können, zum Karasek, der jetzt fürchtet – sagen wir nicht, altersarm zu werden, dieses Schicksal wird ihn nicht ereilen –, der aber fürchtet, seinen hohen Lebensstandard vielleicht nicht mehr ganz halten zu können. Und er gibt unumwunden zu, irgendwann ist ihm das Thema Geld doch wichtiger geworden, als er es über weite Strecken wahrhaben wollte: »Geld hat im Alter einen höheren Stellenwert bekommen. Das kann man schon sagen.«

Je mehr ich Hellmuth Karasek kennenlernte, desto mehr dachte ich, wir sind so unterschiedlich, was unsere Interessen betrifft. Würde ich mit Hellmuth Karasek in einer Wohnung leben, wir würden uns wohl nie über die Tageszeitung streiten. Er das Feuilleton und den Politikteil, für mich blieben der Sport- und der Wirtschaftsteil. Doch noch einmal weiß er zu überraschen: »Eines will ich Ihnen noch sagen. Ich lese in der Zeitung erst seit ein paar Jahren Wirtschaftsteile. Ich habe nie Wirtschaftsteile in Zeitungen gelesen.« Erstaunt frage ich nach, wie es zu dem plötzlichen Interesse gekommen ist. Seine Antwort ist verblüffend einfach: »Durch die ganzen Krisen. Ich habe gedacht, man lernt da was dazu.« Und ich denke mir, er hat doch seine Lehren gezogen. Respekt!

GUNTER GABRIEL

»Ich hab zwar über Geld gesungen, hab aber überhaupt kein' Respekt davor.«

Zur Person:
Gunter Gabriel wurde als Günter Caspelherr 1942 in Bünde/
Westfalen geboren. Zu seinem Künstlernamen inspirierte ihn
seine erste Ehefrau Gabriele. Nach einem abgebrochenen Stu-
dium des Maschinenbaus wurde Gabriel DJ und Promoter einer
Plattenfirma, für deren Künstler er bald selbst Lieder schrieb.
Sein erster großer eigener Hit: der Fernfahrersong »Er ist ein Kerl
(Er hat 'nen 30-Tonner-Diesel)«. Später folgten »Hey Boss, ich
brauch mehr Geld« oder »Ohne Moos nix los«. In den 80er-Jah-
ren verlor Gabriel seinen Plattenvertrag und viel Geld. Er lebte
auf der Straße, wurde Alkoholiker, machte eine Therapie. An die
alten Erfolge konnte er nicht mehr anknüpfen.

Persönliche Anmerkung zum Tod von Gunter Gabriel

Er begrüßte mich mit »Cowboy«. Elvis und Johnny Cash waren
seine Freunde. Sein persönlicher Reichtum. Das könne ihm
keiner nehmen. Ruhe in Frieden, R.I.P., Cowboy.

Wenn das Buch mit dem Tabu »Über Geld redet man nicht«
brechen will, dann erfolgt in diesem Kapitel der größte, der
schwerste Tabubruch. Denn über Schulden reden die meisten
Menschen noch viel weniger. Hierzulande gilt man als geschei-

tert mit seiner Idee, mit seinem Vorhaben, manchmal sogar mit seinem Leben, wenn man Schulden hat. Vor allem wenn man viele Schulden hat. Und zugegeben, genau so habe ich in jungen Jahren auch darüber gedacht. In den Zeitschriften gab es immer wieder diese Geschichten: Promi verliert alles und hat jetzt sogar Millionen Schulden. Wenn meine Mutter das las, sagte sie meistens: »Oh, wie schlimm! Bin ich froh, dass ich diese Schulden nicht habe.« Schulden, damit wuchs ich auf, sind mit das Schlimmste, was es gibt.

Später verstand ich, dass es sehr wohl Schlimmeres gibt: Krankheiten zum Beispiel, Arbeitslosigkeit oder der Verlust eines geliebten Menschen. Doch Schulden nahmen auf der Schicksalsskala weiterhin einen vorderen Platz ein. Mit Schulden, so meine ganz persönliche Wahrnehmung, bist du ein von der Gesellschaft Verstoßener. Einer, der auch schnell keine Freunde mehr hat, weil sich alle von dir, dem mit dem Makel, abwenden. Kurzum: Wenn du einmal die Hosen komplett hast runterlassen müssen, wirst du nie wieder glücklich werden.

Ich bin froh, dass ich nie in eine solche Situation gekommen bin, und doch interessiert es mich, wie es ist, wenn man alles verloren hat. Wie ist das, wenn man viele Schulden hatte und immer noch hat? Wenn man noch immer nicht alle Rechnungen bezahlen kann und im Hinterkopf hat, dieser oder jener kriegt auch noch Kohle von mir. Und nicht weiß, ob man das Geld überhaupt jemals zurückgeben kann. Wie lebt es sich damit?

Gunter Gabriel wird wohl einer dieser Menschen gewesen sein, von dem meine Mutter einst in einer Zeitschrift gelesen hat: pleite, verschuldet, alles weg. Ausgerechnet Gabriel, könnte man denken. Ausgerechnet einer, der mit Songs wie »Ohne Moos nix los« oder »Hey Boss, ich brauch mehr Geld« bekannt geworden ist. Aber über Geld zu singen, dafür ist Gunter Gabriel der beste lebende Beweis, bedeutet keineswegs, mit Geld gut umgehen zu können. Das sagt er auch selbst über sich, als ich ihn treffe. Zu Geld habe er nie ein Verhältnis gefunden, es habe ihm aber auch zu keiner Zeit viel bedeutet. Seinen Wohlstand jedenfalls, behauptet er, habe er nie am Geld gemessen.

Der Aufstieg kommt viel zu schnell

Zunächst komponiert der Songwriter Hits für Juliane Werding, Rex Gildo oder Roland Kaiser. »Schlager-Fuzzis«, wie er sie nennt. Doch diese Schlager-Fuzzis ebnen ihm den Weg in die Musikszene. Bald schon schreibt er sich die Songs auf den eigenen Leib. Songs, von denen sein damaliger Produzent Thomas Meisel zunächst behauptete, das wolle kein Mensch hören. »Wer soll den Scheiß denn kaufen?« Gabriel erinnert sich noch gut: »So fing alles an.« Mit Texten, die überhaupt nicht ins Schema passten. Nicht von Liebe und von Urlaubsparadiesen singt Gabriel, sondern vom Vater, der besoffen ist. Von der Freiheit auf der Landstraße und Arbeitern, die aufbegehren gegen ihren Chef, mehr Kohle wollen. »Malocher-Songs« nennt Gabriel seine Hits. Damit setzt er sich durch. Über Nacht wird der Junge, der in einfachen Verhältnissen aufwuchs, der sich zeitweise mit Jobs als Lastwagenfahrer oder Möbelpacker über Wasser hält, selbst zum Star. Und vom Erfolg überrollt. »Da war ich Anfang 30. Und das kam ja wie ein Goldregen.«

Nach dem kometenhaften Aufstieg erlebt er in den 80ern den ebenso rasanten Absturz. So schnell, wie die Millionen kamen, gingen sie wieder. Zehn Millionen Mark verprasst er, verspekuliert sich mit Geldanlagen. Am Ende bleiben zwei Millionen Mark Schulden bei den Banken. Schlagzeilen produziert er zu jener Zeit fortlaufend, fast wäre man geneigt zu schreiben »wie am Fließband«, wie das zu einem Arbeiterkind passt. Er ist der »Autobahn-Nomade«, ein »Prolet«, »abgehalfterter Countrysänger« – aus dem Jahre später der »Comebacker« (obwohl er diesen Begriff für sich nicht mag: »Ich war doch nie weg.«) und »Musicalstar« wird. Gabriel hat in seinem Leben viel erlebt. Ganz große Auftritte, aber auch sehr schmerzhafte Abgänge. Heute, mit 75 Jahren, fühlt er sich befreit, sagt von sich, er sei völlig angstfrei. Angstfrei und furchtlos.

Mehrere Male werde ich Gabriels furchtlose Art erleben, wenn ich versuche, in sein Leben einzudringen. Gleichzeitig erweist sich der Zwei-Meter-Hüne mit seiner Reibeisenstimme als angenehmer Gesprächsgast, der offen und lebendig erzählt und sagt, was er denkt. Über seinen Absturz kann er heute frei sprechen und sagt gleich zu Anfang etwas sehr Bemerkenswertes: »Ich glaube sogar, dass mein Niedergang – mein finanzieller, nicht mein persönlicher – mich gerettet hat.« Was er damit meint? Er habe nie Respekt vorm Geld gehabt, erklärt er. Und als wolle er diese Respektlosigkeit unterstreichen, haut er einen raus: »Ich sage heute, ich bin unheimlich reich, obwohl ich mehr Roberto Blanco bin. Wenn mich einer fragt, wie ich heiße, sage ich Roberto Blanco. Nix in der Tasche. Das stimmt auch. Ich hab nix in der Tasche, habe trotzdem alles. Bin reicher als alle anderen, aber auch dadurch, dass ich alles verloren habe. Und das Leben ging trotzdem weiter.« Dass er damit mal kurz einen Kollegen in die Pfanne haut, stört ihn nicht. Es gehört zu seinem Selbstverständnis von Ehrlichkeit und Direktheit. Gabriel eckt gern einmal an, schon früher war das so, mit dem kleinen Unterschied: »Früher war ich ›verlogen‹, weil ich mit den Songs so viele Millionen verdient habe. Und da hat man mir die Ehrlichkeit nicht abgenommen. Ich musste mich immer rechtfertigen: Ich kann doch nichts dazu, dass ich mit den Sachen so viel Geld verdiene.«

Nur Geld verloren, nicht sich selbst

»Heute wissen die Leute, ich bin damit locker umgegangen.« Und dann höre ich zum ersten Mal Trotz in seiner Stimme, als wolle er sagen: Was wollt ihr da draußen eigentlich? »Ich bin abgestürzt mit dem Geld.« So etwas wie ein »Na und!« schwingt in seinen Worten mit, ohne dass es ihm über die Lippen kommt. Stattdessen hebt er die Stimme: »Ich hab nur mein Geld verloren, merkt euch das, nicht mich!« Ich habe den Eindruck, das ist die wichtigste Botschaft, die der Westfale loswerden will: Ich bin abgestürzt mit dem Geld. Ja! Aber ich bin auch wieder aufgestanden. Nach zehn Jahren auf der Straße und einem Alkoholentzug. Ganz unten sei er aber nie gewesen, auch wenn er zugibt: »Der Blick auf die Dinge veränderte sich im Lauf der Jahre.« Was aus seinem Mund bedeutet: Bin ich noch mittendrin im Schlamassel, oder habe ich den Weg heraus gefunden? Es ist eben wie bei so vielem im Leben auch immer eine Frage der Perspektive.

Sein Unglück habe er letztlich zum Glück umgedreht. »Aber unbewusst. Nicht bewusst. Ich hab ja immer nur aus dem Bauch gelebt.« Schon damals, als alles begann. Der Bauchmensch Gabriel erinnert sich an seinen ersten Plattenvertrag: »Ich hab ja damals 'nen Plattendeal bekommen von, ich glaube, drei Millionen D-Mark Vorschuss. Fünf Jahre begrenzt. Nicht rückzahlbar. In Pro-Jahr-Raten. Die erste Rate war ein 500 000er-Scheck, den ich in meiner Jeans hatte.« 1978 war das. »Und ich hab noch mit dem Scheck so rumgemacht: Hier, Leute, damit ihr gleich mal wisst, was los ist. Und nach Wochen ruft mich die Buchhalterin von Polydor – war das damals – an: Sagen Sie mal, warum lösen Sie Ihren Scheck eigentlich nicht ein? Und ich hatte den längst vergessen. Und der war auch weg. Der Scheck war in der Wäscherei gelandet, und er war verbröselt.« Gabriel lacht, als er davon spricht, und man merkt ihm förmlich an, wie die Bilder von damals noch einmal in seinem Kopf ablaufen.

So wenig wert kann einem Geld doch gar nicht sein, denke ich. Geht es Ihnen auch so? Mich interessierte jetzt natürlich nur eine Frage: »Und? Haben Sie den Scheck noch mal neu bekommen?« »Hab ich dann noch mal gekriegt«, antwortet er so, als sei es ihm tatsächlich nicht wichtig gewesen. Mehr noch wird mir klar: Er hatte schlicht Angst vor dem vielen Geld. Nie zuvor hatte er in nennenswertem Umfang Vermögen besessen. Jetzt verdiente er auf einmal 300 000 »Piepen«. Im Monat. Vorher musste er mit 500 bis 600 auskommen, wie er sagt.

»Ich wusste gar nicht, was ich damit machen sollte.« Um dann, in Gedanken verloren, fortzufahren: »Dann hat man das Übliche gemacht. Die Wohnung renoviert. Jaguar gekauft, mein Traumauto. Dann drei Harley Davidson, und hab ja nur einen Arsch. So ein Quatsch.« Gabriel erinnert sich an die alten Zeiten, sie werden wieder lebendig. Er schmunzelt: »Ich weiß noch, wie wir bei Selbach, ein teures Bekleidungshaus, Kaschmirpullover für 800 Mark gekauft haben. Und das war so 'n Haufen« – Gabriel macht eine entsprechende Handbewegung – »alle Farben. Geben Sie mir mal alle! – Und da hatte ich dann eine Rechnung von 25 000 Mark. Und dann im Jaguar in den Kofferraum geschmissen. Und erst nach Monaten: Ach du lieber Gott, stimmt ja, da liegen ja noch die Pullover. Also, so war das. Und das war natürlich idiotisch.« Jetzt ist er voll und ganz in die damalige Zeit eingetaucht. Man kann sich vorstellen, wie es weiterging. »Und dann kamen natürlich Leute, die sagten, du musst was mit dem Geld machen, sonst zahlst du dich an Steuern dot.« Wenn Gabriel das so sagt, »dot«, ist er noch authentischer. »Und da waren diese Bauherrenmodelle ...«

Bauherrenmodelle und falsche Freunde

Gabriel hält kurz inne. Im Grunde ist er noch heute der Meinung, dass solche Modelle nicht schlecht sind. Stimmt, kann man da erwidern. Nur sollte man das Grundsätzliche an der Sache natürlich vorher checken. Über was für Bauobjekte reden wir? Wie ist die Lage? Welche Renditeerwartungen werden zugrunde gelegt? Man muss sich also vorab intensiv damit beschäftigen oder, wie es der Schlagersänger formuliert: »Du musst nur ein Händchen dafür haben. Das hatte ich natürlich nicht.« Gabriels Geschichte läuft so weiter wie bei vielen anderen Prominenten, die mit Bauherrenmodellen viel Geld, teilweise ihr gesamtes Vermögen verloren.

Fühlt er sich betrogen, ausgenutzt von falschen Freunden? Gabriel schüttelt den Kopf: »Da ist immer dieser Satz mit den falschen Freunden. Das steht ja auf keiner Stirn geschrieben, dass das 'n Falscher ist.« Und wie er das so erzählt, denke ich: Respekt. Wie viele andere würden wohl die Anlageberater verantwortlich machen, auf die Dreckskerle schimpfen, die sie um ihr Vermögen gebracht haben? Gabriel hingegen übernimmt Verantwortung, sucht die Schuld bei sich: »Ich hatte ja keine

Ahnung. Ich hatte Maschinenbau studiert und habe immer mit kleinen Summen leben müssen. Und dann war da der Status, der plötzlich entstand durch meine Popularität. Das Geld war für mich nicht so wichtig. Es war im Prinzip eine Behinderung für mich. Ich war froh, dass mir Leute – die kannte ich noch größtenteils aus der Zeit, als ich Student war –, dass mir diese Leute, die dann irgendwie Finanzfritzen wurden, geholfen haben. Und denen habe ich dann vertraut, obwohl mein Produzent mir immer abgeraten hat. Der sagte: Lass die Finger von den Leuten.«

Doch der Schlagersänger wollte partout nicht auf Thomas Meisel hören. Der Grund mag aus heutiger Sicht ein trivialer gewesen sein, damals spielte er eine wichtige Rolle. Gabriel war im großen Showbiz ein Außenseiter. Meisel produzierte zu jener Zeit auch die Topgrößen der Branche, Leute wie Rex Gildo oder Roland Kaiser. Leute, zu denen Gunter Gabriel einfach keinen Zugang fand. Und auch wohl nicht finden wollte. In unserem Gespräch nennt er sie die »High-Society-Jungs«. Sein ganzes Erscheinungsbild, sein Auftreten, seine Art waren einfach komplett anders. Gabriel war der »Anti-High-Society-Boy«. Und er pflegte dieses Image. Schon damals gefiel er sich in der Rolle des *underdogs,* des Außenseiters. Eine Rolle, in der er sich wohlfühlte. Trotzig sagt er: »›Boss, ich brauch mehr Geld‹, wenn Rex Gildo das gesungen hätte, wäre es ein Flop geworden.« Und so kam es, wie es kommen musste. Obwohl er wusste, dass Meisel ein Näschen für gute Investitionen hatte, machte es Gabriel eben schon aus Trotz anders: »Ich wollte immer alles besser wissen. Ich war ja der Rebell. Und der jetzt auf einmal im Geld schwimmt.« Und so kamen ihm die Finanzfritzen gerade recht, die ihn wichtig nahmen, die ihn, den Außenseiter, umgarnten: »Ja gut, die sind mir dann natürlich um die Nase gehangen. Und ich fand das toll, dass da Leute waren, die sich um mich kümmerten. Um Finanzen. Da war ich in so 'ner anderen Clique drin.«

Von den Anlageberatern erhielt Gabriel die Anerkennung, die er als kleiner Junge nie bekommen hatte – die Mutter war früh verstorben, der Vater schlug ihn oft und viel –, und die ihm viel mehr bedeutete als all das Geld, das er verdiente. »Ich hab das aber auch, muss ich ehrlich sagen, 'ne Zeit lang richtig genossen. Die haben mich da mit ihrem Hubschrauber abgeholt. In Kitzbühl. War auch beeindruckend. Die haben mir auch das Bordell bezahlt. Da konnten wir alle in Bordells rein. Und ich dachte, das gibt's doch gar nicht! Solche spendablen Jungs! Da hab ich mich verführen lassen. Aus Dummheit. Aber das kann ich auch zugeben. Ich geb das immer zu. Ich war der Blödmann!«

Eine entwaffnende Offenheit. Gabriel lässt nun im übertragenen Sinn alle Hüllen fallen. Hemmungslos erzählt er von seinem Absturz. Damals, Anfang der 80er. Wie ihm die Finanzfritzen zwischen Ausflügen und Partys empfahlen, ein paar Mietshäuser zu bauen. Er müsse nur wenig Kapital aufbringen, ein paar 10 000 Mark. Den Rest könne er über Kredite finanzieren, die er später mit den Mieteinnahmen würde zurückzahlen können. Gabriel würde weniger Steuern zahlen und hätte dann im Alter regelmäßige Mieteinnahmen. Doch es kam anders. Die Mieter blieben aus, seine Finanzfritzen hatten die Provisionen eingestrichen und waren vermutlich über alle Berge. Stattdessen kamen die Banken. Die wollten ihre Zinsen haben, dann die Häuser, bis Gabriel nicht mehr konnte. Aus dem Millionär wird über Nacht ein Millionenschuldner. Gabriels Kommentar fällt nüchtern aus: »Ich hab Scheiße gebaut, und dafür steh ich auch gerade. Das ist mein Charakterbild.

Irgendwann kam der Punkt, wo mein Banker mich anrief, der mich immer duzte – mit einem Mal siezte der mich.« Der nette Bankmitarbeiter, der sonst immer zu einem kleinen Small Talk aufgelegt war, sagte nur: »Herr Caspelherr, wir müssen reden.« Bei der Anrede mit seinem bürgerlichen Namen schrillten bei Gabriel die Alarmglocken: »Da dachte ich, was ist jetzt los?« Die Antwort kam prompt, kurz und knapp: »Sie haben Ihr Konto um 800 000 überzogen. Heute ist Mittwoch. Bis Montag bitte ausgleichen.« Gabriel erzählt von diesem Anruf, als wäre er gestern gewesen. Und erklärt, warum er sein

Konto überhaupt so stark überziehen konnte. Durch seine großen Erfolge kassierte er schon damals enorme Summen aus den Songrechten. »Also, ich hatte so viel Kreditwürdigkeit durch die GEMA« – die Gesellschaft für musikalische Aufführungs- und mechanische Vervielfältigungsrechte, die die Rechte der Künstler wahrnimmt –, »ich hatte ja über 'ne Million GEMA im Jahr. Und da hab ich noch so locker gefragt: In großen oder in kleinen Scheinen? Da war ich noch so lustig drauf.« Obwohl zu diesem Zeitpunkt bereits sein ganzes Geld weg war. Bauherrenmodelle und Luxusleben forderten ihren Tribut – und die Hausbank ihr Geld. »Das war natürlich hart. Da ist dein Privatleben auf einmal im Eimer. Das ist ja klar. Dann ist die Liebe weg. Dann bist du frustriert. Erst mal gibst du den anderen die Schuld. Bist du begreifst, nein, du bist der Blödmann gewesen.«

Der Absturz

Das aber dauert. Zunächst ertränkt Gabriel den Schmerz: »Dann hab ich natürlich jede Flasche bis auf den Grund leer getrunken. Fluchttrinken hab ich gemacht. Ein Jahr lang.« Er war geschockt, gibt Gabriel unumwunden zu. »Und dann ging natürlich auch meine Ehe kaputt. Es war alles gepfändet. Auch meine Lebensversicherung. Es war alles weg.« Der Krach mit seiner damaligen, der zweiten Ehefrau trieb ihn auf die Straße. Gabriel erinnert sich mit fast monotoner, gleichgültiger Stimme an die Eskalation mit seiner Frau, die als Modedesignerin gutes Geld verdiente: »Die sagte: Du, mach doch bei mir einfach Fahrer. Scheiß auf deine Karriere, die ist zu Ende und fertig.« Gabriels Stimme wird jetzt wieder kräftiger, als würde der Zorn zurückkehren: »Ich sag: Du spinnst wohl. – Ich weiß noch, wie sie sich die Zähne putzte, nebenan im Badezimmer. Und ich hatte wirklich alles verloren, und zwar alles. Und ich sagte: Ich hab heute Nacht gedacht, ich wäre gestorben. Und da sagte sie den entscheidenden Satz –« Gabriel macht eine kurze Pause, als wolle er den Zuhörer vorbereiten, um Verständnis werben für das, was folgt: »Hoffentlich hast du deine Lebensversicherung bezahlt.«

Dieser Satz lässt bei Gabriel alle Sicherungen durchbrennen. »Da bin ich aus dem Bett gesprungen und hab die verprügelt. Ich erschlage dich, du Miststück, wie kannst du so einen Satz sagen? Da sagt sie: ›Du kannst mich dot schlagen, ich sage nicht einmal piep. Nicht piep‹« Gabriel ist jetzt erregt. Ob er das heute wieder machen würde, frage ich nicht. Mir ist in diesem Moment nicht klar, ob er weiß, dass er da eine Grenze überschritten hat. War es für ihn überhaupt eine Grenze, für den Mann, der mit Schlägen von seinem Vater aufgewachsen ist? Und der später, als er stark genug war, eben jenen vermöbelte, bis dieser blutete? Gabriel war damals, wie er selbst zugibt, frustriert. Gewaltbereit. Irgendwann hielt er inne. »Ich sage: Nein, ich hör jetzt auf. Und ruf bei Rent-a-car an – was ich auch getan habe. Hab mir so einen Truck besorgt. Und dann habe ich in der gleichen Stunde noch alles, was ich so an Wichtigkeiten hatte – da gehörten Gitarren dazu, Aufnahmegeräte –, aus dem Fenster in den Truck geschmissen. War natürlich alles im Arsch, was da unten ankam. Und dann bin ich sofort abgehauen. Und nie wiedergekommen.«

Nach einer kurzen Pause fährt er fort: »Und dann hab ich auf Autobahnparkplätzen gepennt. Ich weiß noch die erste Nacht. In Allertal, Hannover, war das, da spritzte mir das Blut der Erregung aus der Nase, als wenn ich ausbluten würde. Das werde ich nie vergessen. Ob meiner Situation.« Und als wolle er diesen Eindruck verstärken, wiederholt er die letzten Worte: »Ob meiner Situation.« Wieder hält er einen Moment inne. »Ich musste ja nun plötzlich dafür sorgen, dass immer genug Sprit im Tank war. Darum ging es. Es ging nur noch um Dünnes. Es ging nur noch um Sprit. Alles andere habe ich umsonst gekriegt. Wenn ich irgendwo auftauchte in Gaststätten und so, ich brauchte nie was zu bezahlen. Aber ich hab natürlich auch kein Hehl daraus gemacht, dass ich pleite bin.«

Die Zeitungen schrieben es allerdings schon vorher, was den aggressiven Gabriel beinahe wieder Amok laufen ließ.

»Ein Redakteur schrieb in der *Bild*-Zeitung: Gabriel ist pleite. Und damit sanken sofort meine Gagen von 10 000 runter auf 500 Mark. Sofort. Und da habe ich den angerufen, den Heidemann, diesen Redakteur. Und sagte: Pass mal auf, du Mistkerl – der war damals 21 Jahre alt –, ich komme und schlag dir alle Zähne ein. Da sagt er: Ich habe aber die besseren Anwälte als du.« Und dann setzte Heidemann aus einer überlegenen Haltung heraus noch nach: »Komm ruhig rein.« Gabriel lacht, als er diese Geschichte erzählt. Schnee von gestern. Heute, sagt der Wiederaufgestandene, sei er mit Heidemann befreundet: »Heute lachen wir beide darüber.«

Gabriel konnte oft genug in seinem Leben wieder auf die Menschen zugehen, die er verletzt oder denen er Gewalt angedroht hatte. Und er kann das Verhalten derjenigen, die sich von ihm abwendeten, nachvollziehen: »Du hast ja auf einmal keine Freunde mehr. Hast du nicht mehr. Mein Produzent hat abgewinkt. Weil natürlich auch viele Leute mit dem Unglück anderer nicht umgehen können. Wie verhalte ich mich? Will der mich jetzt anpumpen? Das habe ich begriffen. Heute gehe ich damit ganz anders um. Ich bin heute teilweise mit denen auch wieder befreundet, weil ich das verstehen kann.« Auch mit seiner zweiten Frau versteht er sich wieder, wie er beteuert. »Heute«, sagt Gabriel, »kann ich das alles so sehen, weil ich Abstand habe.« Das Leben auf der Straße war gewiss nicht immer ein Zuckerschlecken. Der zuweilen jähzornige, gewaltbereite Gabriel kann aber auch ganz anders sein: »In der Zeit, als es brenzlig wurde, habe ich natürlich auch geweint.« Wie selbstverständlich fügt er an: »Ist doch klar. Ich habe sehr viele Nächte in Einsamkeit geweint und Angst gehabt, dass ich es nicht hinkriege.« Dann zeigt er mir sein Tagebuch, das er immer dabeihat, wie er sagt. Gleich auf der ersten Seite steht der Spruch, der ihn durch die Krise gebracht hat: Willst du glücklich sein, dann lerne zu leiden. »Das is es wohl«, sagt er.

Rettender Deal mit der Bank

Zunächst aber, Mitte der 80er, musste die Bank leiden, bei der Gabriel in der Kreide stand. »Ich hatte noch zwei Millionen zu zahlen bei der Deutschen Bank in Hannover. Werde ich nie vergessen.« Das klingt so bürgerlich – bei der Deutschen Bank in Hannover, wiederhole ich innerlich. Gabriel erzählt von 250 000 »Piepen«, die er von einem Fan bekam, und dass das nicht viel Geld sei. »Kannste dir hier oben reinstecken«, sagt er und weist auf seine Hemdtasche. Ich interveniere sofort: Welcher Fan gibt denn einfach mal so 250 000 Mark? Und für was? »Ein Fan aus der Türkei«, antwortet Gabriel lapidar. Ein Geschäftsmann. Dessen Mitarbeiter hatten ihm zum Geburtstag einen Auftritt von Gunter Gabriel geschenkt. Ein kleines Privatkonzert.

Auf dem Rückflug aus der Türkei nach Hause sagt dieser Geschäftsmann zu Gabriel: »Komm in mein Büro und schreib mal auf 'n Zettel auf, wie viel Geld du brauchst, damit du aus der Scheiße kommst.« Süffisant erzählt Gabriel weiter: »Und ich Arschloch, als ich ein paar Tage später bei ihm war, schreibe da so ganz schlicht 100 000 auf 'n Zettel. Da dreht der sich um und holt aus seinem Koffer so Tausender, die so senkrecht darin standen, und gab mir dann 250 000. Später hat er mir erzählt: Wenn du gesagt hättest, du brauchst 'ne Million, hätte ich dir die auch gegeben.« Ob es wirklich so gekommen wäre, ist unerheblich. Jedenfalls hatte der klamme Gabriel nun 250 000 Mark in der Tasche. Cash.

»Und jetzt gehe ich zur Deutschen Bank mit meinem damaligen Berater, und dann sage ich: Zwei Millionen kriegt ihr, ich mach euch einen Vorschlag: 250 000. Hier sind sie. Und da machten die so einen auf wichtig: So einfach geht das ja nun nicht. – Aber 250 000 ist doch wenigstens was«, erwidert Gabriel, der, ohne dass das damals für ihn eine Rolle spielte, mit nur gut zehn Prozent der geforderten Summe seine kompletten Schulden tilgen wollte. Ein Schuldenschnitt von fast 90 Prozent.

Die Bank fragt zunächst einmal dasselbe wie ich vor wenigen Augenblicken: »Wo haben Sie das her?« Und Gabriel antwortet wahrheitsgemäß: »Fans, die haben mir das gegeben.« Und der Schlagersänger wundert sich noch heute: »Und da wollten die nicht zuschlagen.« Der Bank war das schlicht zu wenig. »Und da bin ich in meiner Brutalität aufgesprungen, ich war damals ja völlig angstfrei.« Weil er aus seiner Sicht ja auch nichts mehr zu verlieren hatte. »Da sprang ich mit meinen alten Cowboystiefeln – das war so ein großer Konferenztisch mit grünem Filz bezogen –, sprang ich oben auf den Tisch, und sie saßen natürlich ganz klar mit dem Rücken zum Fenster, sodass ich ihr Gesicht nicht sehen konnte, aber sie meins. Ich sprang auf den Tisch und sagte: Passt mal auf, ihr Arschlöcher, ihr geht nachher nach Hause, lasst euch schön 'n Bier auf den Tisch stellen und lasst es euch gut gehen. Ihr habt doch von nix 'ne Ahnung, und ich muss wieder in meinen Wohnwagen. Ich schlag euch durch die Scheiben durch, wenn ihr jetzt nicht spurt.«

Da schien es wieder auf, das Bild des gewaltbereiten Gabriels. Schon früher hatte er sich nichts aus Konventionen gemacht, jetzt offenbar erst recht nicht mehr. Ist der Ruf erst ruiniert, lebt es sich ganz ungeniert, fährt es mir durch den Kopf. Und gern hätte ich die Blicke der Banker damals gesehen. Gabriel fährt fort: »Das konnten die gar nicht fassen, dass da einer auf dem Tisch rummacht. Aber es hat funktioniert. Nicht sofort. Aber 'ne Woche später haben sie zugeschlagen. Da sagte noch mein Berater, als wir die Treppe so runtergingen: Perfekt inszeniert. Ich sag: Bist du verrückt? Das war nicht inszeniert. – Ich war einfach nur entrüstet. Und das hat mich dann gerettet. Und dann war ich mit einem Schlag schuldenfrei. Ich musste nur eben das Geld, was mir der Typ geliehen hat, zurückzahlen. Was ich dann auch gemacht habe.«

»Schuldenfrei? War ich auch schon mal!«

»Für mich gilt eines: Das passiert mir nicht noch einmal«, sagt Gabriel. »Zumindest nicht mehr in dieser Größenordnung«, schränkt er gleich ein. Auf die Frage, ob er denn schuldenfrei geblieben sei, antwortet er kurz und knapp: »Schuldenfrei? War ich auch schon mal.« Mit anderen Worten, er ist es nicht mehr. »Ich hab jetzt noch 450 000 Miese, davon sind 250 000 Steuerschulden und 200 000 normale Rechnungen, wo mir Leute mal Geld geliehen haben und so. Die ich nicht sofort zurückzahlen kann. Und ich sage immer: Warte. Warte. Warte. Es kommt. Und kommt auch. Ich hab noch *nie* jemanden hängen lassen, aber es kann schon mal dauern, denn: Es braucht ja nur mal ein Veranstalter abzuspringen oder nicht zu zahlen, kann ja immer mal passieren.«

Auch das Finanzamt lässt er nach eigenem Bekunden nicht hängen: »Die Finanzleute sind mir wohlgesinnt, weil sie wissen, ich bin ein ehrlicher Junge. Die raten mir ja immer zu einer Insolvenz, was ich niemals machen werde. Und meine Berater sagen: Du bist bescheuert.« Um dann noch einen draufzusetzen: »Und du bist bald dot. Willst du bis an dein Lebensende arbeiten? Ich sage: Ja, will ich.« Und lacht dabei zufrieden. Auf der Bühne sterben, so stellt er sich seinen Abgang vor. Stolz und im besten Trucker-Slang fährt er fort. »Ich bin 75 Jahre alt, und ich wackle immer noch mit dem Arsch. Und verdiene 10 000 an einem Abend.« Seine Geschäfte laufen also wieder. Der Sänger steht wieder in den Tonstudios, produziert CDs, veröffentlichte ein Buch und hat sogar die Hauptrolle in einem Musical über Johnny Cash gespielt.

Und Gabriel hat dazugelernt. Auch die letzten Schulden will er noch abarbeiten: »Natürlich ist das mein Ziel. Ich werde wieder schuldenfrei. Zumindest habe ich das vor.« Zufrieden stellt er fest: »Jede Woche wird es weniger, nur nicht so schnell.« Damit er von den verbleibenden Schulden runterkommt, hat er jetzt ein Team hinter sich. Zu seinem Unternehmen mit Band und Bandleader gehören auch eine Sekretärin und eine

»Finanzangestellte«, die sich ausschließlich um seine Finanzen kümmert, um Rechnungen, Gehaltszahlungen und so weiter – die den Überblick über seine Finanzen hat, den Gabriel jahrelang nicht hatte.

»Ich brauche jeden Monat 10 000 Euro, nur damit mein Laden läuft. Ich mach 'nen Umsatz von 30-, 40-, 50 000 Euro. Jetzt im Sommer mehr, im Winter weniger. Ich leide keine Not. Aber ich weiß natürlich heute, wie es geht. Ich hab 'ne Kreditkarte und mehr nicht. Und meine Sekretärin schickt mir jeden Morgen 'nen Hunderter, ungefragt. Ich kriege jeden Tag 'nen Hunderter. Geh zum Automaten, dann kriege ich 100. Und damit muss ich klarkommen. Das ist 'n Supersystem.«

Ich schmunzle, als ich das höre. Wie andere, die sich aus ihren Schulden herausarbeiten müssen, hat Gabriel eine Art Vormund. Seine »Finanzangestellte«. Eine, die aufpasst. Gabriel findet es aber überhaupt nicht schlimm. Es macht ihm, wie er sagt, den Alltag leichter. Was er nicht hat, kann er nicht ausgeben. Er wirkt wie befreit, wenn er das sagt: »Das ist doch großartig, wenn man kein Geld hat. Ich muss jetzt nicht mehr überlegen, wie lege ich mein Geld an, damit eventuell ein Haus Miete abwirft. Und dann? Ich will damit nichts mehr zu tun haben.« Bauherrenmodelle, andere Sparmodelle, mit all dem ist er durch.

Und er gibt zu, die Ausgabenkontrolle hilft ihm auch in anderer Hinsicht: »Ich bin immer ein Gebertyp gewesen. Immer!« Und so, wie er sich eingangs über Roberto Blanco lustig machte, so nimmt er nun einen anderen aufs Korn. »Ich bin auch nicht wie Dieter Bohlen, der in 'ne Gaststätte kommt und fragt: Wer bezahlt mir heute mein Essen? Dafür könnte ich ihm gleich eine knallen. Sondern ich gehe in meine Hafenpinte und bestelle gleich erst mal für alle einen Drink. Das ist in mir drin. Und ich bin auch immer großzügig bei Trinkgeldern. Ich bin ein Trinkgeldmann.« Eigentlich, denn jetzt muss Gabriel auch hier ein wenig kürzertreten.

Die Stichelei gegen Bohlen habe im Übrigen nichts mit Neid zu tun, versichert er. »Neid kenne ich überhaupt nicht. Weil ich in mir ruhe.« Aber man merkt, Gabriel sucht das Duell, sucht den Vergleich, will sich messen. »Das, was ich mache, kann Bohlen überhaupt nicht. Der kann keine Gitarre in die Hand nehmen und loslegen. Und singen kann er auch nicht. Muss er auch nicht. Er ist ja mehr Producer. Er ist ja ein Genie. Er ist ein genialer Songschreiber.« Gabriel kennt den Multimillionär gut. »Wir haben ja in der gleichen Plattenfirma gearbeitet als Auftragsschreiber.« Bei Meisel Verlage in Berlin. »Neben mir hat der gesessen. Wir haben gemeinsam gearbeitet, wir mussten mittags rein. Für den und den brauchen wir einen Song, abends um acht mussten wir den haben. So ging das. Ich kann das. Über jeden Scheiß kann ich dir 'nen Song machen. Sofort!«

»Hey Boss, ich brauch mehr Geld«

Am liebsten aber schreibt Gabriel noch immer Countrysongs. Es sind die Songs, die am besten zu ihm passen. Noch heute fragt er sich, warum die Stars von einst über entfernte Ziele gesungen haben, die keiner kannte. Warum Mendocino und nicht Bremerhaven? »Das hab ich nie verstanden. Oder Bata Illic, ›Ich hab noch Sand in den Schuhen von Hawaii‹. Ich habe Bata gefragt, warum singst du nicht ›Ich hab noch Sand in den Schuhen von Norderney‹?« Eine wirkliche Antwort, wen wundert es, bekam er nie darauf. Und so suchte und fand Gabriel seinen Weg: Lieder im Countrystil über den ganz normalen Alltag. »Country passte eben auch hervorragend zu meiner Männlichkeit. Und Country ist Volksmusik. Ganz einfach. Drei Akkorde. Simpler geht's nicht.«

Die Zutaten für »Hey Boss, ich brauch mehr Geld« lagen also auf dem Tisch. Nur, ganz so einfach war es dann doch nicht. Gabriel erinnert sich: »Ich frag mich manchmal auch, wie ich darauf gekommen bin. Weiß ich selber nicht. ›Boss, ich brauch mehr Geld‹. Den Song hab ich ja geschrieben ohne Notwendigkeit. Ich lebte damals in Berlin als Songschreiber. Kriegte 1200 Mark als Vorschuss. Und hab als Discjockey 3000 verdient. Da hatte ich über vier. Meine Frau damals arbeitete bei BMW im Büro. Verdiente 2000. So hatten wir gut 6000; davon kann man wunderbar leben.« Druck, den Song zu schreiben, hatte er also nicht. Ehrgeiz schon. Er fragte sich damals: »Was singt ein Busfahrer im Stadtverkehr in Berlin? Doch nicht wirklich ›Hab ich dir heute schon gesagt, dass ich dich liebe?‹. Bestimmt nicht. Der hat gar keinen Song zum Singen. Und das hat mich angetrieben.«

»Und ›Hey Boss, ich brauch mehr Geld‹, der ist ja nicht einfach so gekommen. Sondern es gab ja diesen Song ›Proud Mary‹.« Gabriel fängt an zu singen: »Looking for a job in the city ...«, und spielt auf der nicht vorhandenen Gitarre. Jetzt, merkt man, ist er in seinem Element. »Wie kannst du das auf Deutsch singen?«, habe er damals überlegt, um gleich die Antwort zu geben: »Jeden morgen fahre ich mit dem Fahrrad in den Betrieb ... Das war genau ›Proud Mary‹ ... West Coast Blues. Aber jetzt muss das ja auf 'ne Refrainzeile zugehen. Ich weiß noch, wie ich zu der Zeit aus einem anderen Song immer so einen Ohrwurm im Kopf hatte und den ständig vor mich hin summte: ›Hey Machineman‹, den ganzen Tag immer wieder ›Hey Machineman‹. Ich mach das auch noch heute so: Ich sing das den ganzen Tag. Und plötzlich höre ich aus Amerika so 'n Hit, Charly Rich. Das werde ich nie vergessen: ›Big Boss‹ hieß der. Den Ausdruck ›boss‹ gab es früher ja gar nicht. Den kannte man in Deutschland noch gar nicht. Und auf einmal hatte ich es: ›Hey Boss, hey Boss ...‹« – Gabriel wippt mit dem Fuß im Takt –, »und hab so lange geprügelt auf der Gitarre, bis ich die Zeile hatte, den Refrain: ›... ich brauch mehr Geld‹.« Pause. Grinsen. »Der liebe Gott hat da mitgespielt.«

Berührung mit der großen Welt

Der liebe Gott hat aus Gabriels Sicht noch an anderer Stelle seine Hand mit im Spiel gehabt. So beschissen seine Kindheit auch war, wie er oft genug betont: Mit 13 oder 14 bekam er von seinem Vater eine Gitarre geschenkt, und auf der fing er an

»rumzuklampfen«, wie er es nennt. »Es war die große Zeit von Elvis Presley. Man kann sich die Revolution, die er bedeutete, nur vorstellen, wenn man weiß, dass es vorher eigentlich nur Schrott gab. Mit Elvis wurde die Musik männlich und revolutionär«, sagt der Komponist. Das prägte ihn. Genauso wie später die Freundschaft zur US-Country-Legende Johnny Cash. »Die Berührung mit Johnny Cash war die Berührung mit der großen weiten Welt. Keiner in Deutschland kam an die Größe von Johnny Cash dran. Und an Elvis schon mal gar nicht. Ich hab dann ja sogar mit dem Chor von Elvis aufgenommen. Ich kam plötzlich in eine Welt rein,« – Anfang 2000 war das – »die ich nie für möglich gehalten habe.« Man glaubt Gabriel diese Worte.

»Ich hab in der Welt von Johnny Cash gelebt. Die ganzen Haudegen von drüben kenne ich alle. *Persönlich.*« Und in jedem Buchstaben des Worts »persönlich« findet sich sein Stolz wieder. »Das hatte mit Geld gar nichts zu tun. Ich war bereichert. Ich hab auch gar nicht dran gedacht.« An Geld. »Und ich hab vor allem auch nicht dran gedacht, als ich sein Haus verließ, beim ersten Mal. Das war's dann«, schoss es ihm durch den Kopf. Das Gegenteil war der Fall: »Nein, wenn der in Deutschland war, rief mich seine Olle, June Carter, immer an. Und dann hat der mich immer auf die Bühne geholt. Das musst du dir mal vorstellen. Die Amis sind locker drauf. Selbst Willy Nelson hat mich auf die Bühne geholt und gesagt: Du, wenn du willst, machen wir ein Duett zusammen. Und das habe ich auch von denen gelernt. Das hat mich reich gemacht.«

Dass er im Studio von Johnny Cash ein eigenes Album – mit Cash-Liedern auf Deutsch – aufnehmen und dass er vor fünf Jahren die Hauptrolle im Musical *Hello, I'm Johnny Cash* spielen durfte, freut und ehrt Gabriel. Es hat ihm unglaublichen Reichtum gebracht. Reichtum, wie er ihn definiert. An Geld, da wiederholt er sich gern, hat er nie seinen Wohlstand gemessen. Gerade das Musical war eine tolle Erfahrung: »Aber beim Theater«, bilanziert Gabriel ganz nüchtern, »kriegste 'nen Tausender, wenn du außerhalb spielst, 2000. Es bleibt nichts hängen.« Darum ging es ihm aber nicht: »Ich bin ja reich, weil ich mit Johnny Cash befreundet war. Bis zu seinem Tod. Bis zu seinem Tod. Ich hab Elvis Presley in Nashville noch getroffen. Von dem hab ich sogar seine Bühnenschuhe geschenkt gekriegt. Das ist einfach mein Reichtum, den ich so sehen will. Im bürgerlichen Sinne ist das kein Reichtum. Doch *für mich,* ja!«

Am Ende sagt Gabriel noch einen bemerkenswerten Satz, wie ich finde: »Guck mal«, und er schaut mich an, »ich bin relativ gut durch mein Leben gekommen. Kann lachen, kann weinen, kann auch Schmerz ertragen.« Man merkt, in diesen paar Worten liegt die ganze Lebenserfahrung. Das ganze Leiden, aber auch die Leidenschaft des Gunter Gabriel. Und dann bemüht er noch einmal sein Lieblingskraftwort: »Und ich weiß auch, das, was heute scheiße ist, muss morgen nicht mehr scheiße sein. Und das ist doch auch 'ne super Philosophie, oder?«

»Gerade Frauen meiner Generation sind so naiv in Sachen Geld.«

Zur Person:
Die RTL-Moderatorin Birgit Schrowange liest lieber eine Börsen-
zeitung statt Klatschblätter. Finanziell steht sie früh auf eigenen
Beinen. Diese Unabhängigkeit ist ihr wichtig. In der Partner-
schaft plädiert sie für getrennte Konten. Dass sich Frauen ihrer
Generation so wenig mit dem Vermögensaufbau beschäftigen,
kann sie nicht verstehen.

Wenn Gunter Gabriel über sein finanzielles Scheitern, seine Schuldenkarriere spricht oder wenn Hellmuth Karasek seine Existenzängste einholen und beide so entwaffnend offen darüber erzählen, dann nötigt mir das Respekt ab. Beide sagen im gleichen Atemzug, dass ihnen Geld nicht wirklich wichtig ist – das gilt aber auch nur so lange, wie man welches in der Tasche hat. Geld erleichtert vieles, und ohne geht es in aller Regel nicht. Mittel zum Zweck sei Geld – das ist die Floskel, die ich in meinen Interviews wohl am häufigsten gehört habe. Keiner sagt direkt, dass Geld wichtig ist. Keiner erzählt freiheraus, was er verdient. Martin Kind, und damit steht er keineswegs allein, ärgert sich sogar maßlos über die jährlichen Rankings der reichsten Deutschen. Und auch Birgit Schrowange, mit der ich mich an diesem Nachmittag angeregt unterhalte, weicht bei der Frage nach dem Einkommen aus: »Ich werde Ihnen jetzt aber nicht sagen, was ich verdiene.« Und dann schiebt sie mit einem

beinahe erstaunten Lächeln nach: »Warum eigentlich nicht?«
Eine gute Frage. Warum eigentlich binden wir dem anderen
nicht so gern auf die Nase, was auf unserem Gehaltszettel steht?
Überprüfen Sie sich an der Stelle einmal selbst. Wissen Sie,
was Ihr Lebensgefährte, die langjährige Freundin, Ihr Bruder
oder Ihr Vater genau verdienen? Selbst im engsten Familien-
kreis wird häufig genug über Geld geschwiegen. Warum also
sollte Birgit Schrowange mir erzählen, was sie verdient? Einem
Fremden, mit dem sie zum ersten Mal bei einer Limonade
zusammensitzt. Ich hake auch nicht nach, sondern erzähle ihr
davon, wie Harald Schmidt die Honorarfrage elegant umkurvte,
indem er antwortete: »Ich habe immer das Doppelte verlangt«,
ohne natürlich zu berichten, was der »einfache« Honorarsatz
gewesen wäre. Wie damals Schmidt, so lacht jetzt auch Schrowange. »Ach, der Harald!« Die beiden kennen sich gut. »Wir
reden schon mal über Aktien«, sagt Schrowange: »Was hast du
für Aktien, was habe ich für Aktien.« Schmidt war es, der uns
zusammenbrachte. Ein kurzer Satz reichte: »Die Birgit, die
kennt sich gut mit Geld aus.« Das machte mich neugierig.
Woher kommt bei ihr dieses Interesse für Geldangelegenheiten? Wenn man wie ich in Frankfurt arbeitet, kennt man natürlich einige Frauen, die gut mit Geld umgehen können, aber
abseits vom Börsen- und Finanzplatz sind sie immer noch die
Ausnahme. Frauen, sagt man, interessieren sich nicht für die
großen Entscheidungen Geldanlage und Altersvorsorge.

Frauen und Geldanlage

Im Vorfeld zu diesem Kapitel habe ich viel zum Thema »Frauen
und Finanzen« gelesen. Was ist dran an den Vorurteilen,
Frauen verstünden nicht viel von Finanzen, überließen den
Männern die Geldangelegenheiten? Oder auch: Frauen würden lieber shoppen gehen, als sich um die Altersvorsorge zu
kümmern? Mit Birgit Schrowange, das wusste ich, würde ich
genau die Art von Frau treffen, auf die das überhaupt nicht zutrifft. Und vermutlich würde sie Freundinnen und Arbeitskol-

leginnen kennen, die ebenfalls ein geschicktes Händchen für das Finanzielle haben. Was ich nicht einschätzen konnte vor unserem Gespräch, war, wie die aufgeschlossene Moderatorin, die sich auch für soziale Projekte engagiert, auf diese Geschlechterklischees reagieren würde. Innerlich stellte ich mich auf ein Kopfschütteln oder Augenverdrehen ein, allein schon deswegen, weil es immer mehr Singlehaushalte gibt, die Frau also nicht umhinkommt, sich selbst um ihre Finanzen zu kümmern.

Doch Birgit Schrowange überrascht mich mit typischen Reaktionen aus ihrem Bekanntenkreis: »Oh, Aktien sind in Deutschland gefährlich, das ist spekulativ. – Um Gottes willen, nein, dass würde ich nie machen. – Welche Aktie soll ich mir denn dann kaufen?« Die übliche Skepsis, die üblichen Abwehrreaktionen. Die könnten natürlich genauso von Männern kommen, Schrowange aber bleibt bei ihren Geschlechtsgefährtinnen: »Die kapieren das einfach gar nicht. Die wollen das nicht, die wollen das auch nicht lesen. Sparbuch! Ja, Hauptsache sicher, sicher, sicher! Lieber Geld verschenken. Und wenn ich ihnen dann erkläre, in 20 Jahren hat dein Geld an Kaufkraft verloren, wird dann höchstens noch drei Viertel dieser Kaufkraft haben, das kapieren die nicht.« Sie schüttelt den Kopf, um im gleichen Atemzug zu ergänzen: »Und das sind wirklich tolle Frauen, die ich kenne. Managerinnen, Redakteurinnen bei mir im Sender. Ich muss die richtig coachen, die gucken mich mit großen Augen an, die haben keine Ahnung. Sie wollen sich damit nicht beschäftigen.«

Ihre deutlichen Worte überraschen mich. So extrem hätte ich ihre Kritik nicht erwartet. Ich erwische mich aber auch dabei, dass ich denke, ja, die Frauen von heute haben häufig eine tolle Ausbildung, sind aufgeschlossen, stilsicher, aber in Sachen Geld hört es sich an, als seien wir in den 6oer-Jahren stehen geblieben. Von Emanzipation und Augenhöhe nicht viel zu spüren. Als ich das sage, nickt Schrowange. Das empfinde sie häufig auch so, sagt sie mir und denkt an ihre eigene Jugend zurück. Die 6oer-Jahre eben, in denen es verpönt war, wenn die

Frau eigenständige Entscheidungen traf, womöglich sogar arbeiten ging. »Das war auch so bei uns damals im Dorf. Eine Frau, die arbeiten ging, wurde quasi geächtet. Da hat man gesagt: Warum muss die denn arbeiten? Verdient der Mann nicht genug? Die arme Frau. Warum hat sie den denn geheiratet? Kann sie noch nicht einmal ernähren!«

Unabhängigkeit als Antrieb

Früh ist der gebürtigen Sauerländerin klar: In der 400-Seelen-Gemeinde versauern will sie nicht. Sie will weiterkommen. Was sie antreibt, ist ihr Drang zur Unabhängigkeit. Freiheit. »Ich war schon früh Feministin, wenn auch eine geschminkte.« Vor allem die finanzielle Unabhängigkeit ist ihr wichtig. Sie jobbt bei einem Versicherungsmakler, um schnell ihr eigenes Geld zu verdienen. Ist ehrgeizig. Ein Charakterzug, offensichtlich geerbt von ihren Eltern, die, wie sie sagt, aus wenig viel gemacht haben. Ein konservatives Zuhause mit klassischer Aufgabenteilung: Papa verdient das Geld, Mama kümmert sich um die Kinder und den Haushalt. In diese Rolle, das wusste schon die kleine Birgit, will sie nicht hineinwachsen. Schrowange erinnert sich: »Also, meine Mutter früher, die hat meinem Vater immer irgendwelche Kleider untergejubelt: Ja, die habe ich mir im Ausverkauf gekauft.« Weil man ja sparsam sein musste als Ehefrau, die kein eigenes Geld verdiente. »Ich fand das immer ganz schrecklich. Ich habe mir geschworen, ich werde später keinen Mann fragen. Ich verdiene mein eigenes Geld.«

Das formt sie. Treibt sie an. Schrowange ist heute Überzeugungstäterin. Sich später einmal einschränken zu müssen ist für die 59-Jährige eine schlimme Vorstellung: »Wenn ich später alt bin, dann möchte ich nicht – es ist schon schrecklich genug, dass man alt ist, vielleicht krank ist, keine Ahnung –, aber es wäre für mich der Horror, wenn ich dann finanziell abhängig wäre.« Diese Art zu denken will sie auch anderen vermitteln. Entsprechend redet sie sich im Freundeskreis den Mund fusselig. »Ich versuche, sie immer wieder darauf aufmerksam zu machen. Aber da sind leider viele, die auch eine Menge Geld verdienen, die legen es nicht an. Die haben auch keine Ahnung.« Und als wolle sie es unterstreichen, betont sie jedes einzelne Wort noch einmal: »Die – haben – keine – Ahnung! Mich ärgert das!« Ihre Stimme wird etwas lauter. »Gerade als Freiberufler, man kriegt ja vom Staat die Rürup-Rente. Da gibt es ja ganz gute Sachen, natürlich auch schlechte. Da muss man sich halt informieren. Da gibt der Staat mir was dazu. Das ist doch dumm, wenn man das nicht einfach mitnimmt. Ich merke das, die wollen das einfach nicht wissen. Die schalten dann einfach auf Durchzug. Ah, jetzt kommt die wieder mit ihrer Arie. Ach, die weiß doch gar nicht, wie alt ich werde. Ja, und später brauche ich auch gar nicht so viel Geld. Und so. Das ist aber ein Trugschluss. Ich möchte später auf Kreuzfahrtschiffen rumfahren.«

Noch eine Parallele zu Harald Schmidt, denke ich. Die beiden großen Kreuzfahrer. Irgendwann werden sie noch zusammen in See stechen. Mit dem ZDF-Traumschiff und nach Drehschluss auf dem Sonnendeck über Aktien fachsimpeln. Ein nettes Bild, was sich da gerade in meinem Kopf aufbaut. Doch die Moderatorin reißt mich aus meinen Gedanken. Sie hält weiter Kurs in Sachen Geldanlage: »Ich versteh das nicht, dass die Deutschen so … nur 14 Prozent haben Aktien. Ich meine, jeder von uns fährt ein Auto, aber wer von den Deutschen hat eigentlich Autoaktion? Und wir alle nutzen Smartphones, Apple und so weiter, aber wer hat Apple-Aktien? Die hätte ich mal von Anfang an kaufen sollen.« Heute zählt Apple aufgrund des hohen Börsenwerts zu einem der teuersten Unternehmen der Welt. Die Formulierung »Die hätte ich mal von Anfang an kaufen sollen« verrät, dass Birgit Schrowange Apple-Aktien in ihrem Depot hat. Und ihr Sohn hat ebenfalls schon welche. Das Schrowange-Prinzip greift also bereits, auch bei der finanziellen Aufklärung: »Ich versuche, ihn so darauf aufmerksam zu machen: Überleg mal, was nutzt du so …?«

»Geld muss Junge kriegen«

Als jemand, der es schade findet, dass es mit der finanziellen Bildung an unseren Schulen nicht zum besten bestellt ist, bin ich natürlich begeistert, wenn ich mitbekomme, dass es auch anders geht. Schulbildung ist das eine, mindestens genauso wichtig ist es, dass Eltern ihren Kindern zeigen, wie man richtig spart. Oder wie man aus ein paar Mäusen etwas mehr Mäuse machen kann. Schrowange schlägt denn auch den Bogen: »Ich finde, Geld muss Junge kriegen.« Ganz generell. »Und ich finde – ganz wichtig!, das habe ich auch in meinem Buch geschrieben –, dass Frauen, gerade Frauen sich mehr um Geld kümmern sollten.«

»Geld muss Junge kriegen.« Ich muss schmunzeln, als sie das sagt, liefert es doch eine wunderbare Vorlage für die Lebensplanung von Frauen, die sich nämlich genau dann, wenn frau Nachwuchs bekommen möchte, signifikant von der Lebensplanung der Männer unterscheidet. Eine Frau, die weiß, dass sie irgendwann ein Kind haben möchte, sollte zum Beispiel nicht ihr komplettes Geld in Aktien anlegen. In jungen Jahren könnte man es unter Umständen verantworten, alles auf diese Karte zu setzen, weil man ja im Fall von Kursrückgängen noch Zeit hat, diese auszusitzen – Harald Schmidt lässt grüßen. Nur wenn ich schwanger bin und mit dem Job aussetzen muss, bin ich finanziell nicht mehr so flexibel und gelassen, um mögliche Börsentäler zu durchwandern. Es empfiehlt sich daher, etwas mehr Sicherheit ins Depot zu holen. In jedem Fall sich aber rechtzeitig darum zu kümmern.

Schrowange bestätigt, genau das sei der Punkt: Die Dinge selbst in die Hand zu nehmen. Ausreden lässt sie dabei nicht gelten. »Und wenn heute die Leute sagen: Das bisschen, was soll ich denn da machen? Ich kann ja gar nichts zur Seite legen, vielleicht 100 Euro. Und dann legen sie die 100 Euro aufs Sparbuch.« Innerlich, das merke ich, geht ihr gerade wieder der Hut hoch: »Und meinen Freundinnen und Kolleginnen sage ich dann: Leute, wenn ihr jeden Monat nur 100 Euro in einen guten Aktienfonds investiert, dann kommt da richtig was bei rum. Und gerade wenn man wenig Geld verdient und nicht so viel zurücklegen kann, dann muss man doch gucken, dass dieses wenige Geld möglichst gut angelegt ist, damit man was davon hat.«

Frauen und Altersarmut

Und was für jüngere Frauen richtig ist, muss für die älteren nicht falsch sein, schließlich werden Frauen statistisch betrachtet sieben Jahre älter als Männer. »Frauen gerade auch meiner Generation, die sind manchmal so unselbstständig. Die sagen: Das macht der Heinz, davon habe ich keine Ahnung. Die rutschen dann schnell in die Altersarmut. Und wenn eine Ehe in die Brüche geht, wer rutscht in die Armut? Die Frauen – gerade Alleinerziehende. Die Männer meistens nicht.«

Schrowange spricht einen ganz wichtigen Punkt an. Viele Frauen, das bestätigen etliche Umfragen, beschäftigen sich erst mit dem Thema Geld, wenn das Kind bereits in den Brunnen gefallen ist. »Ich kenne Fälle. Beides Ärzte. Kinder kamen. Sie hat dann ihren Beruf aufgegeben, hat als Sprechstundenhilfe bei ihm gearbeitet, hat überhaupt kein Gehalt gekriegt. Er hat dann eine Jüngere kennengelernt. Frau geschasst. Die sitzt jetzt mit ihren zwei Kindern in einer winzigen Wohnung. Er macht sich ein schönes Leben. Keine Chance.« Eine Geschichte, wie sie auch bei *Extra* erzählt werden könnte. Seit 21 Jahren moderiert Schrowange dieses wöchentliche RTL-Magazin und ist stolz darauf, so lange schon dabei zu sein. Reportagen dieser Art hat sie bereits viele anmoderiert. Sie weiß, auch ohne die Erfahrung selbst gemacht zu haben, wie übel einem das Leben mitspielen kann. »Der hat sich dann noch arm gerechnet. Ein Arzt kann das ganz schnell machen. Freiberufler. Frauen sind da einfach zu oft zu blauäugig. Jede zweite Ehe geht in die Brüche.«

Wer kann schon sagen, wie lange eine Beziehung hält. In einer intakten Partnerschaft sollte daher die Frage, wie die

Finanzen geregelt sind, kein Tabu sein. So banal es klingt. Und am besten sollten die Geldangelegenheiten früh besprochen werden. Vielleicht nicht drei Wochen nach dem Kennenlernen, aber doch in den ersten Monaten einer festen Beziehung. »Ich glaube, in den meisten Beziehungen wird am meisten über Geld und Kindererziehung gestritten. Aber Geld ist ein großes Thema. Sei es, dass der eine total freigiebig ist. Haut es mit vollen Händen raus. Der andere möchte es zusammenhalten. Passt dann ja nicht so richtig zusammen. Deswegen bin ich ja auch für getrennte Konten: Jeder kann machen, was er will. Und ich finde, dass Frauen vor allen Dingen im Job bleiben sollten. Auch wenn Kinder da sind. Oder dass sie dann mit ihrem Mann eine Vereinbarung treffen. Wer zahlt ihnen was?« Fair wäre es, dass der Mann beispielsweise für die Frau einen Extravertrag zur Altersvorsorge abschließt, wenn sie die Kindererziehung übernimmt. In modernen Ehen, in denen möglicherweise der Mann zu Hause bleibt und sich um den Nachwuchs kümmert, sollte es selbstverständlich umgekehrt genauso funktionieren. Doch egal, wer das Geld nach Hause bringt: Derjenige, der nicht arbeitet, gibt nicht nur den Job, sondern auch die Altersversorgung auf. Das ist gefährlich, weil natürlich beide Partner heutzutage finanziell für den Lebensabend vorsorgen müssen – und zwar, nach heutigem Kenntnisstand: Je jünger sie sind, umso mehr wird es nötig sein, privat etwas auf die hohe Kante zu legen.

Frauen sind in Sachen Aktien häufig besser

Gerade weil das Erwerbsleben von Frauen häufig durch Pausen für die Kindererziehung unterbrochen ist, müssten sie sogar noch mehr Vorsorge fürs Alter treffen, doch Birgit Schrowanges Eindrücke decken sich mit den bereits mehrfach angeführten Untersuchungen: Frauen sind bei diesem Thema zu passiv. Interessant ist, dass das auch für Singlefrauen gilt, also für Frauen, die keinen »Heinz« haben, der sich darum kümmert. »Ich glaube, Frauen sind irgendwie ganz anders erzogen. Frauen sind irgendwie bescheidener, nehmen sich mehr zurück, Männer gehen mehr so nach vorn. Frauen verdienen ja auch immer noch viel weniger Geld als Männer. Frauen sind in Gehaltsverhandlungen oft nicht gut. Die können sich viel von Männern abgucken.«

Während sie das sagt, wirkt Birgit Schrowange genau wie die Frau, die früh angefangen hat, das für sich selbst zu ändern. Gewiss hat sie sich einiges abgeguckt. Doch bevor ich mit ihr darüber spreche, wie entschlossen und forsch sie denn bei ihren Gehaltsverhandlungen aufgetreten ist, möchte ich das bisherige Bild über Frauen und ihren vermeintlich schlafmützigen Umgang mit Geld etwas geraderücken. Unser gemeinsamer Nenner ist schnell gefunden. Frauen kommen langsam, aber gewaltig. So ist das nun einmal: »Wenn Frauen sich mit Aktien beschäftigen, dann sind die ja meistens besser. Sie haben ein besseres Bauchgefühl und schneiden eigentlich besser ab.«

Und das, liebe Männer, müssen wir uneingeschränkt akzeptieren, denn es stimmt tatsächlich. Frauen, die sich mit dieser Materie beschäftigen, machen das in aller Regel besser als wir Männer. Doch nicht nur das Bauchgefühl, die Intuition, spielt dabei eine wichtige Rolle, sondern auch die Hirnwindungen. Die Gehirne von Männern und Frauen funktionieren unterschiedlich, Frauen ticken im wahrsten Sinn des Wortes anders, und das können sie bei der Geldanlage gewinnbringend nutzen. Alle Experten sind sich einig, dass Frauen weniger zocken und es ihrem Wesen entspricht, Verluste zu vermeiden, während Männer vor allem überdurchschnittlichen Wertsteigerungen hinterherjagen. Sind wir also von Natur aus benachteiligt? So einfach sollten wir Männer es uns nicht machen. Denn die Untersuchungen zeigen auch: Wenn sich Frauen einmal für die Geldanlage interessieren, dann wollen sie es ganz genau wissen. Wie genau funktioniert das Finanzprodukt? In welche Unternehmen investiert der Fonds? Welche Risiken gibt es? Frauen fragen gezielter und hartnäckiger nach und stehen stärker hinter einer einmal getroffenen Entscheidung.

Silberhochzeit mit dem Anlageberater

Im Ergebnis wählen Frauen also meist Produkte, die weniger riskant sind. Dadurch hinken ihre Depots in starken Marktphasen leicht hinterher, brechen aber in schwierigen Zeiten nicht so stark ein. Diese Erkenntnis deckt sich im Ergebnis verdammt mit der über Jahrzehnte bewährten Vermögensstrategie des Bankhauses Metzler, wie Sie in einem späteren Kapitel feststellen werden. Um es mit Friedrich von Metzlers Worten zu sagen: In weiblichen Depots ist mehr Langeweile. Das ist weder schlimm noch ist es ein Zufall, loben die meisten Kundinnen doch von vornherein das gleiche Ziel aus wie das Privatbankhaus: einen möglichst sicheren und stetigen Vermögensaufbau. »Man muss einfach nur mal den ersten Schritt machen«, ergänzt Birgit Schrowange. »Ich mach das so. Ich lese was, interessiere mich für was, bestimmte Aktien. Dann bespreche ich das mit ihm« – mit »ihm« ist ihr Vermögensberater gemeint – »dann guckt er sich das an. Sagt: Finde ich gut, haben wir auch auf der Kaufliste, Zahlen sind in Ordnung, das und das und das. Und dann kaufe ich das. Manchmal rät er mir auch ab, und dann höre ich auch auf ihn.«

Ich grinse. Selbst ist die Frau, und doch ist da ein Mann, mit dem sich Birgit Schrowange berät. Ihr Anlageberater. »Seit fast 23 Jahren vertraue ich auf seinen Rat. Wir haben jetzt bald Silberhochzeit.« Und jetzt lacht auch sie. »Mit ihm bespreche ich alles. Er hat auch meine Versicherungen durchforstet und gibt mir gute Tipps in Sachen gute Aktienanlage. Ich kann ihm zu 100 Prozent vertrauen.«

Irgendwie passt das. Eine Quasiehe führt sie mit dem Mann, der auf ihr Vermögen achtet. Und wie in einer richtigen Ehe menschelt es auch hier: »Ich gehe ihm auch manchmal auf die Nerven. Ich war vorher schon bei einigen anderen Banken. Die waren schon immer genervt, wenn ich angerufen habe. Die wollten nicht gestört werden. Die wollten einfach nur mein Geld und damit was machen. Das geht bei mir aber nicht. Ich bin jetzt bei der BBBank und rufe Dirk Busch mindestens einmal in der Woche an. Und dann sprechen wir eine halbe Stunde, dann gehen wir alles durch. Und das muss einfach sein. Ich weiß, was ich auf dem Konto habe. Ich weiß, wo die Aktien stehen. Ich weiß, wo der Dollar steht, der Goldpreis, der Dax und, und, und. Das weiß ich einfach. Das interessiert mich.«

Sie ist auf Augenhöhe mit ihrem Bankberater. Sie informiert sich, liest viel in den Zeitungen. »Ja, also, man muss heute schon gucken, das ist nicht mehr so, wie damals der Börsenguru Kostolany sagte: Kauft Aktien, und dann macht die Augen zu. Die Zeiten haben sich ein bisschen geändert. Also, ich gucke schon genau. Ich schichte auch mal um, aber wenig. Zu viel Hin und Her macht die Taschen leer, heißt es ja nicht umsonst. Aber ich gucke schon, wenn ich einen Fonds habe, wenn da der Fondsmanager wechselt oder der Fonds nicht so gut läuft, dass ich den dann vielleicht wechsle.« Aktives Vermögensmanagement nennt man das. Wissen schützt, wie sie unumwunden zugibt: »Ich bin der Meinung, die Bankberater, die die Leute so über den Tisch ziehen, die ziehen auch nur die Leute über den Tisch, die überhaupt keine Ahnung haben. Aber wenn einer jetzt merkt: Ach, die kennt sich aus, die weiß, was Sache ist, die weiß, wo der Dax steht, dann wird man, glaube ich, auch nicht über den Tisch gezogen.« Und dann sagt sie mit einem breiten Lächeln im Gesicht noch etwas ach so Menschliches und so typisch Weibliches: »Dann freue ich mich, wenn irgendwas besonders gut gelaufen ist, und dann kaufe ich mir mal wieder eine neue Handtasche.« Frau will sich ja auch belohnen. »Aber«, schränkt sie ein, und das ist ihr wichtig, »das ist dann von den Erträgen, das ist ja der Unterschied.«

Sie kokettiert mit ihrer Leidenschaft für Handtaschen. Warum auch nicht. Irgendein Faible hat ja schließlich jeder. Aus Liebe zu Handtaschen hat sie auch Aktien von Luxusartikelherstellern, zum Beispiel von LVMH – mit so bekannten Marken wie Moët & Chandon, Hennessy und »natürlich« Louis Vuitton – und von Richemont. Doch ihre ganz wilden Börsenzeiten sind vorbei. Die Zeiten, in denen sie mit Währungen spekuliert oder Optionsscheine mit fünffachem Hebel gekauft hat. »Da war ich auch gierig. Ich mach das jetzt wirklich besonnen. Man lernt ja dazu im Lauf der Zeit.« Und dann erzählt sie mir die Geschichte von ihrem besten »Zockerpapier«: »Da habe ich eine Notiz gelesen. Das war eine Firma, die stellt Fußfesseln für Gefangene her. Die Aktie habe ich mir dann gekauft.« Die Begründung folgt prompt: »Gefangene gibt es ja immer. Und Kriminelle. Da habe ich mich auch mit Harald drüber unterhalten. Der hat sich kaputtgelacht. Aber mit dieser Aktie habe ich einen sehr guten Gewinn gemacht.« Aber natürlich, verrät sie mir, macht sie nicht nur in solchen Exoten. Im Gegenteil: »Ich habe auch ganz spießige Aktien. Deutsche Post. 100 Prozent Gewinn in den letzten zwei Jahren. Das macht Spaß.« Eigentlich sei sie heute eine sehr besonnene Anlegerin. Sehr konservativ. »Ich zahle regelmäßig jeden Monat in diverse Aktienfonds, auch in verschiedene Indexzertifikate einen bestimmten Betrag ein und habe eigentlich immer eine Rendite von mindestens acht Prozent so im Schnitt über die Jahre. Immer, ja. Also wenn man jetzt mal 20 Jahre durchrechnet, dann sieht man, was man damit erreichen kann.«

Zufrieden wirkt Birgit Schrowange mit ihrem Vermögensaufbau. Die Frage, warum sie so auf Aktien steht, beantwortet sie sehr pragmatisch, und ihre Antwort zeigt, wie sehr die äußeren Lebensumstände eine Rolle spielen können: »Ich hatte vor 26 Jahren einen Freund in Amerika, und ich bin sechs Jahre zwischen New York und Deutschland hin- und hergependelt. Die Amerikaner gehen ja ganz anders damit um. Da hat ja jeder Aktien, und die Aktienvorsorge gehört ja zu der Altersvorsorge. Die Amis sprechen auch ganz offen über Geld, und da habe ich mich das erste Mal so mit Aktien beschäftigt, dass ich Aktien gekauft habe.«

Den Kulturunterschied zwischen Deutschen und Amerikanern in Sachen Geld habe ich ja bereits angesprochen. Man kommt halt schnell mit ihnen ins Gespräch, tatsächlich auch über solche Dinge wie Aktien oder Altersvorsorge. Und auch Birgit Schrowange hat es »drüben« erlebt, wie schnell man gefragt wird, was man denn verdiene. Und jetzt sprudelt es aus ihr heraus: »Wie viel machst du im Jahr?« Und wenn man dann eine Summe nennt: »Oh, great!«

Was ist meine Arbeit wert?

Jetzt lachen wir wieder. Die ähnlichen Erfahrungen verbinden. Mein Blick in diesem Moment muss so etwas signalisieren wie: Und? Und ihr Blick antwortet: Wir sind hier aber nicht in Amerika! Es folgt die Szene, die ich zu Anfang beschrieb: »Ich werde Ihnen jetzt aber nicht sagen, was ich verdiene.« Nein, nein, wiegle ich ab, danach würde ich auch nicht fragen. »Warum eigentlich nicht? Ist doch eigentlich blöd«, verblüfft mich die aufgeschlossene Moderatorin im nächsten Moment, vielleicht selbst überrascht von der eigenen Zurückhaltung. Die Antwort, die wir darauf finden, hat viel mit der Neidgesellschaft zu tun. Wer kennt sie nicht, die Nachbarn, die hinter dem Vorhang stehen und tuscheln: »Schon wieder ein neues Auto. Und letzten Monat waren sie erst im Urlaub.« In Gedanken sprechen wir mit: »Wie machen die das bloß?« Ist in Deutschland der Neid größer als andernorts, beispielsweise in den USA? Diese Frage kann ich nicht beantworten. Ich weiß auch nicht, ob in den Niederlanden, in Spanien oder, um noch ein nicht europäisches Land zu nennen, in Japan offener und lockerer über Geld gesprochen wird und dort das Thema Neid keine so große Rolle spielt.

Ich weiß aber, dass ein wichtiger Grund, warum wir nicht so gern über Geld, vor allem nicht über unsere Einkommen sprechen, Unsicherheit ist. Was denkt wohl der andere, wenn er erfährt, was ich verdiene? Oh, der tut mir aber leid, wenn ich seiner Meinung nach viel zu wenig mit nach Hause bringe? Vielleicht sogar: Armes Schwein? Oder es schleicht sich, im anderen Fall, ein empörender Unterton ein, natürlich nur im Kopf, unausgesprochen, denn wir reden ja nicht darüber. Zumindest nicht miteinander. Mit anderen dafür umso lieber: »Stell dir mal vor, weißt du, was der verdient?« In einer Welt, in der über Gehälter nicht gesprochen wird, sind Zahlen, die man dann einmal zufällig hört, umso interessanter.

Dabei – und das ist der Grund, warum Birgit Schrowange fragt: »Warum eigentlich nicht?« – hätte es für jeden Einzelnen durchaus Vorteile, wenn speziell beim Einkommen mehr Transparenz herrschen würde. Das sagt auch Andrea Ruppert, Professorin an der Frankfurt University of Applied Sciences, und vermittelt zusammen mit ihrer Kollegin Martina Voigt genau das: Eigentlich müssten wir alle viel offener über Gehälter reden. Da das Wort »eigentlich« hier mehr ist als ein reines Füllwort, bereiten die beiden Professorinnen ihren Akademikernachwuchs in Seminaren und Workshops auf die harte Lebenswirklichkeit vor. In späteren Bewerbungs- und Gehaltsgesprächen wird einem nichts geschenkt. Wie verhandle ich richtig, ohne mich unter Preis zu verkaufen oder aufgrund übersteigerter Gehaltsvorstellungen den Job nicht zu bekommen? Gehaltsverhandlungen haben ganz viel mit der eigenen Persönlichkeitsstruktur zu tun. Die einen sind schüchtern, die anderen zu forsch. Beides ist nicht gut.

Die zwei Akademikerinnen forschen bereits seit über zehn Jahren zu diesem Thema. Und Andrea Ruppert ist nach wie vor überrascht über die Verhaltensunterschiede bei den Geschlechtern. Mit ihr habe ich mich bei den Recherchen zu diesem Buch lange unterhalten. Am Ende des Gesprächs dachte ich, als Student wäre ich damals froh gewesen, solch eine Trainerin zu haben. Denn auch mir fielen als jüngerer Mensch Gehaltsverhandlungen schwer. Heute weiß ich natürlich, dass auch hier eine gute Vorbereitung die halbe Miete ist. Und Andrea Ruppert hat da einige gute Tipps auf Lager.

Exkurs: Cleveres Vorgehen bei Gehaltsverhandlungen

Interview mit Andrea Ruppert, Professorin am Institut für wirtschafts- und rechtswissenschaftliche Forschung (IWRF) des Fachbereichs 3: Wirtschaft und Recht der Frankfurt University of Applied Sciences (zusammen mit Prof. Dr. Martina Voigt).

Frau Ruppert, wie kam es zu den Gehaltspokerseminaren?

Wir haben hier einen Studiengang »Verhandeln und Gestalten von Verträgen« und haben uns gefragt, was liegt eigentlich näher, als über das Gehalt zu verhandeln?

Bei Rollenspielen haben wir dann festgestellt, dass die Gehaltsvorstellungen der Männer von vornherein eine ganz Ecke höher waren, und sie haben sie in den Verhandlungen auch besser durchgefordert. Während die Frauen schon beim Einstiegsgehalt zu niedrig rangehen und sich dann auch noch runterhandeln lassen. Da haben wir dann gesagt, wir müssen mit den Studenten ein bisschen üben: Was mache ich im Vorfeld? Wie kriege ich raus, was meine Arbeit wert ist? Und wie kann ich verhandeln? Wie gehe ich mit diesen typischen Killerphrasen um, zum Beispiel, das Gehaltsgefüge müsse eingehalten werden oder »Im Moment geht das gar nicht, kommen Sie nächstes Jahr wieder«?

Wir haben festgestellt, dass die meisten Studenten sich einfach nicht gern mit dem Thema Verhandlungen beschäftigen. Und wenn es ums Gehalt geht, spürten wir ganz viel Ablehnung. Deswegen bereiten sie sich auch nicht richtig vor. Und was man darüber hinaus sehen konnte: Insbesondere die Frauen, wenn sie keine Gehaltsverbesserung durchsetzen konnten, nehmen das persönlich, sehr emotional. Demgegenüber sagen die Männer: »Es war ein schlechter Zeitpunkt. Das Unternehmen ist gerade nicht gut aufgestellt.« Sie haben versucht, es auf andere Rahmenbedingungen zu verschieben. Und während die Männer häufig sagten, sie würden es später noch mal probieren, sagten die Frauen: »Ich guck mal, ob ich nicht vielleicht das Unternehmen wechseln kann.« Und es ist ja, wenn man gut ausgebildete und im Prinzip eingearbeitete Fachkräfte hat, auch für das Unternehmen schlecht, wenn man dadurch Mitarbeiter verliert. Vielleicht muss man mit Frauen da etwas anders sprechen.

Warum verdienen Frauen Ihrer Meinung nach weniger?

Könnte es sein, dass sich Frauen eher unter Frauen über Gehälter unterhalten und somit, weil Frauen ohnehin weniger verdienen, die Erwartung an die Gehaltshöhe niedriger ist?

Ich denke schon, dass das damit zusammenhängt. Und was wir auch feststellen: dass Frauen sich nicht so gut mikropolitisch in den Unternehmen vernetzen. Männer haben oft auch abteilungsübergreifende Netzwerke. Und es gibt ja durchaus Kollegen, die mal ein Bier trinken gehen, da sind dann meistens die Frauen nicht mit dabei, und dabei kriegt man da vieles mit.

Welche Rolle spielt denn aber auch, dass man den Kollegen nicht unbedingt auf die Nase binden möchte, was man verdient? Und woran liegt das?

Das ist die Angst, dass der andere neidisch sein könnte und es einem nicht gönnt. Angst vielleicht auch, dass ich schlecht verhandelt habe, viel zu wenig verdiene. Auf der anderen Seite, wenn ich nicht weiß, dass es Leute gibt, die wesentlich mehr verdienen, dann kann ich mich auch nicht mit denen vergleichen und kann nicht sagen, ich leiste doch mindestens genauso viel, also möchte ich auch annähernd das verdienen, was der verdient.

Was raten Sie denn Ihren Studenten, wie man sich besser verhalten sollte?

Wir raten, zunächst sich anzuschauen: In welche Branche gehe ich? Denn in den verschiedenen Wirtschaftszweigen sind die Gehälter ja sehr unterschiedlich. Und wir sagen: Recherchiert erst mal, sprecht mit Kollegen, mit den Alumnis hier beispielsweise. Was kriegt man da? Dann sich auf alle Fälle die aktuelle Situation des Unternehmens anschauen. Haben die gerade das dritte Jahr Verluste gemacht, wird es wahrscheinlich schwer sein, die eigenen Gehaltsvorstellungen durchzusetzen. Haben die aber ein gutes Jahr, kann man da auch gut darauf aufbauen. Und dann sich überlegen: Was kann ich dazu beitragen, dass das Unternehmen im nächsten Jahr Fortschritte macht?

Also aus der eigenen Stärke heraus argumentieren?

Ja. Viele haben aber Hemmungen, sagen sich, ich bin ja erst Anfänger. Trotzdem kann man aber etwas beitragen. Wenn man zum Beispiel sagt, ich bringe Enthusiasmus mit, ich bringe Bereitschaft mit. Und dann versuchen wir, den Studenten beizubringen, wie man ein Gespräch führt. Dass man nicht dasitzt wie der Bittsteller. Wie man das Gespräch so lenkt, dass man die Chance hat, die nächste Frage auch beantworten zu können.

Nennen Sie mal bitte ein Beispiel.

Was man vielleicht nicht machen sollte: Direkte Vergleiche zu Kollegen ziehen, wenn man schon im Unternehmen ist. In bestimmten Situationen ist es auch nicht empfehlenswert zu sagen: »Das kann ich noch nicht.« Denn wenn man das zugibt, dann kann der andere gleich sagen: »Dann ziehen wir da schon mal ein bisschen ab. Wenn Sie das in einem halben Jahr können, dann kommen Sie noch mal wieder.« Und man sollte sich auch nicht, wenn man als Berufseinsteiger wirklich mit weniger anfangen muss, mit einer Vereinbarung abspeisen lassen wie: Wir schauen dann mal, wie es in einem halben Jahr aussieht. Das ist zu unverbindlich. Besser ist es, feste Ziele festzulegen und zu vereinbaren: In einem halben Jahr setzen wir uns wieder zusammen, aber wir besprechen jetzt schon die Gehaltsverbesserung, die ich dann kriege. Dann hat man eine ganz andere Ausgangsbasis für das kommende Gespräch.

Welche Möglichkeiten habe ich sonst? Ich könnte mich ja auch bei einem anderen Unternehmen mal bewerben, um meinen Marktwert festzustellen.

Wir versuchen, den Studierenden die Harvard-Methode beizubringen. Und dazu gehört auch die »beste Alternative zum Verhandlungsergebnis«. Ich muss wissen: Auf was muss ich mich einlassen? Oder: Wo habe ich dann auch die Chance, wegzugehen? Die muss ich dann aber auch ziehen, die Karte. Denn damit, den Arbeitgeber zu wechseln, kann man in der Regel nur einmal drohen. Sonst wird man unglaubwürdig. Ich war auch schon auf der anderen Seite. Also auf der des Vorgesetzten. Wenn ich mir vorstelle, mein Mitarbeiter droht mir, würde ich mir sicher Gedanken machen. Ich will es mal so sagen, das wäre bei mir sicher kein Zukunftsmodell.

Sie haben in einer Studie untersucht, was passiert, wenn Frauen bei den Gehaltsverhandlungen selbstbewusster auftreten. Was ist dabei herausgekommen?

Wenn eine Frau durchsetzungsorientierter war, dann hat sie mehr rausgeholt als der Mann. Wir würden trotzdem sagen, dass sachorientiertes, kooperatives Verhandeln sinnvoller ist, da es ja auch immer um eine langfristige Beziehung mit dem Arbeitgeber geht. Grundsätzlich fühlten sich die Personalverantwortlichen in den Unternehmen aber nicht abgeschreckt durch das forschere Auftreten. Wir haben nachgefragt und waren überrascht: Die haben alle gesagt, die Frauen sollen ruhig etwas fordern, jetzt sind ja auch die Rahmenbedingungen am Arbeitsmarkt so, dass man mal auf den Arbeitgeber Druck ausüben kann. Die müssen doch jetzt Frauen fördern. In der Richtung kamen sehr viele Tipps. Gerade von den Männern in den Personalabteilungen.

Auf jeden Fall ist ja im Gehaltsbereich noch jede Menge Intransparenz drin. Sehen Sie das auch so?

Ja. Und eine Offenlegung der Einkommen würde, glaube ich, die Situation für die Leute, die ein höheres Gehalt möchten oder nach einem neuen Job suchen, vereinfachen, weil man wesentlich besser einschätzen könnte, ob man angemessen bezahlt wird. Wie immer man den Begriff »angemessen« definiert.

Welche Rolle spielt denn eigentlich Sympathie bei den Gehaltsverhandlungen?

Die Sympathie ist praktisch das A und O. Das haben wir festgestellt. Eigentlich ist das menschlich. Natürlich gebe ich demjenigen, den ich gut leiden kann, mehr Geld. Wenn ich es schon einem geben kann, dann dem, den ich nett finde. Aber das bedeutet, dass man neben der guten Arbeitsbeziehung das Augenmerk auch auf eine gute menschliche Beziehung zum Vorgesetzten legt und dass es nicht ausreicht, wenn ich damit zwei Wochen vor der Verhandlung anfange.

Lassen wir mal die Sympathie außen vor, alles andere, würden Sie sagen, lässt sich gut trainieren, um beim nächsten Gehaltspoker erfolgreicher zu sein?

Auf jeden Fall. Ich denke, es ist auch eine gute Gelegenheit, gerade für junge Menschen, wenn sie sich wechselseitig mal in die Arbeitgeberrolle begeben. Bei den Workshops und Seminaren kommt jeder vielleicht ein Mal dran, wenn man privat mit Kommilitonen übt, ist das sicher noch etwas intensiver. Dass man vielleicht auch noch lernt, die ein oder andere unangenehme Frage elegant zu parieren.

Frau Ruppert, vielen Dank für das Gespräch.

———

Meine Gedanken kehren zu Birgit Schrowange zurück. Kurz hatte sie es ja schon angesprochen, jetzt greife ich den Faden auf. Wie forsch war sie damals, als sie am Beginn ihrer Karriere als Ansagerin beim ZDF stand? »Ich habe ja ganz wenig verdient beim ZDF. Das will gar keiner wissen, was ich da verdient habe. Ich war zwar bekannt, damals waren ja die Fernsehansagerinnen bekannt, und jeder hat mich auf der Straße angesprochen, aber ich habe in meinem kleinen möblierten Zimmer auf dem Lerchenberg gehockt. Mit den Heizungsrohren durchs Zimmer. Wir mussten die Klamotten selber bezahlen, die Hotelübernachtungen auch. Ich glaube, ich habe 140 Mark für eine Schicht bekommen. Also, das war ja wirklich wenig. Ich habe dann Messemoderationen gemacht, Rundfunksendungen moderiert. Ich musste viel arbeiten, um auf meinen Schnitt zu kommen.«

Und bereits zu jener Zeit, erzählt sie mir, hat sie schon mit kleinen Beträgen angefangen zu sparen. Im Prinzip also predigt sie ihren Kolleginnen und Freundinnen in der Redaktion das, was sie früher selbst praktizierte. Die große Chance auf ein höheres Einkommen kam, als RTL an die Tür klopfte. Mit einem breiten Grinsen erinnert die sympathische Sauerländerin noch einmal an ihre Herkunft, bevor sie die Geschichte erzählt: »Ich komme ja vom Dorf aus einfachen Verhältnissen. Aber ich bin schon etwas total bauernschlau. Und als RTL mich abgeworben hat« – mit etwas tieferer Stimme imitiert sie jetzt den früheren Chef von RTL – »›Haben Sie nicht mal Lust, bei uns zu arbeiten?‹, sagte der Dr. Thoma, haben die mich zum Casting eingeladen. Für das Magazin *Extra*, das mittlerweile schon seit 21 Jahren läuft. Jeder hat mir gesagt: Um Gottes willen, da willst du doch nicht ernsthaft hin? *Hire and fire.*« Den sicheren Job beim ZDF für ein windiges Angebot bei RTL aufgeben? Doch Schrowange ist mutig: »Bin schon dann auch risikofreudig. Denke, wer nicht wagt, der nicht gewinnt. Das habe ich dann gemacht. Und dann habe ich überlegt: So, was will ich denn jetzt? Keine Ahnung. Und dann habe ich irgendwo in der Zeitung gelesen, der Meyer-Wölden, der mittlerweile ja gestorben ist, Anwalt von Boris Becker, hatte gerade einen Vertrag für Boris Becker gemacht. Und da habe ich gedacht, ach, da kann ich doch mal zu Herrn Meyer-Wölden nach München fahren. Da kann der doch meinen Vertrag auch machen, wenn er den für Boris Becker macht. Dann habe ich bei dem tatsächlich einen Termin gemacht. Und der hat dann meinen ersten Vertrag bei RTL verhandelt.«

So kann man es natürlich auch machen, denke ich. Allerdings kostet so ein – nennen wir ihn mal – »Manager« etwas. Und deswegen ist dieser Weg, seinen Marktwert auszuhandeln, leider nur für wenige ein wirklich gangbarer. Fußball- oder Tennisprofis können so auftreten, auch für Größen im Showbiz ist das eine Option. Alle anderen, alle die, die einen »normalen« Beruf haben, müssen etwas kleinere Brötchen backen. Doch sollten auch hier die Brötchen nicht zu klein ausfallen. Damit die Brötchen dem eigenen Marktwert entsprechen, gibt es andere Möglichkeiten. Eine wäre, mit jemandem zu reden, der einen ähnlichen Job macht und bereit ist, über sein Gehalt Auskunft zu geben – wie es ja auch Frau Ruppert ihren Studenten empfiehlt. Für den Fall, dass man so jemanden nicht kennt, sind die Gehaltsportale im Internet ein guter Tipp. Da ist es wesentlich einfacher, an Informationen zu kommen, aber dafür sind die Auskünfte weniger aussagekräftig, weil es ja um eine exakte Position in einem ganz bestimmten Unternehmen geht.

Außerdem kann man versuchen, durch Bewerbungen seinen Marktwert festzustellen. Das jedoch ist nicht ganz ungefährlich. Wer sich durch ein externes Angebot im eigenen Unternehmen hochhandeln möchte, muss geschickt und behutsam agieren. Nicht, dass am Ende der Chef sauer ist und einen gehen lässt, obwohl man gar nicht wegwollte. Dann hätte man sich glattweg verpokert. Das sollte Ihnen nicht passieren. Es reicht schon, wenn der ein oder andere Fußballprofi damit auf die Nase fällt.

Birgit Schrowange ist vom Gesicht abzulesen, dass ihre Entscheidung mit Axel Meyer-Wölden goldrichtig war: »Der hat schön was rausgeholt. Dann hat der auch gesagt: Das ist ein großes Risiko. Und Sie geben auch viel auf. Sie haben einen Namen, sind bekannt, und die profitieren, da müssen wir das und das verlangen. – Und ich dachte, o Gott, ist das nicht zu viel? Aber er hat wirklich einen guten Vertrag ausgehandelt.«

Heute sieht das leider häufig anders aus. Vor allem in den kreativen Branchen – in der Werbung, in der Musikszene und natürlich in den Medien, ob in Zeitungs- oder Buchverlagen, Rundfunk oder Fernsehen – sind die »Traumberufe« schlecht bezahlt und verdienen gerade junge Leute meist nur kleines Geld. Auch Schrowange findet das bedenklich. »Das ist manchmal schon wenig, was die da verdienen. Lange Ausbildung. Top Leute. Doch je attraktiver die Berufe, desto weniger wird oftmals verdient.«

Mit Immobilien auf die Nase gefallen

Vor allem in den Großstädten, dort, wo die Jobs sind, wird das immer mehr zu einem Problem. In Berlin, wo ich lange Zeit gelebt habe, wurden zwar nie die dicksten Gehälter bezahlt, dafür waren die Mieten lange Zeit erfreulich human. »Arm, aber sexy«, wie der ehemalige Bürgermeister Klaus Wowereit die Hauptstadt einst nannte. Die Staatskassen waren zwar leer, doch die Stadt erfreute sich nicht nur, aber auch dank vergleichsweise niedrigen Mieten einer hohen Attraktivität. Mittlerweile wird es immer schwieriger, sich Berlins Coolness leisten zu können. »Arm, aber sexy«, das ist vielleicht noch ein netter Slogan, der Wirklichkeit entspricht es nicht mehr. Aber was soll ich sagen, das ist in Frankfurt, München, Hamburg oder in Köln, wo Birgit Schrowange lebt, nicht anders. Hier sind die Mieten bereits seit geraumer Zeit sehr hoch.

Die Moderatorin hat sich rechtzeitig um die eigenen vier Wände gekümmert. Die eigene Immobilie ist für sie ein wichtiger Baustein der Altersvorsorge. Doch sie gibt zu, auch schon schlechte Erfahrungen mit dem Kauf einer Immobilie gemacht zu haben: »Ich bin mal auf die Nase gefallen mit einem Anlageberater aus Düsseldorf. Der hat mir irgendetwas verkauft, was ich nur in einem Hochglanzprospekt gesehen habe. Das wurde eine Vollpleite. Eine Beteiligung an einem Einkaufszentrum und eine Eigentumswohnung im Osten, die gar nichts wert war. Bei dem haben damals viele gekauft von RTL. Er war auch mit dem Dr. Thoma befreundet. Und da habe ich gedacht, ja, mach ich das auch. Steuern sparen. Und da bin ich so fürchterlich auf die Nase gefallen. Und habe mir gesagt: Das wird dir nie wieder passieren. Ich würde nie wieder was kaufen, was ich nicht vorher gesehen habe.« Schlechte Erfahrungen gehören leider bei der Geldanlage häufig dazu. Schrowange ärgert sich noch heute über ihr Versäumnis, die Immobilie vor dem Kauf nicht besichtigt zu haben. »Das war so meine erste Zeit bei RTL. So ganz jung war ich da auch nicht mehr. Mitte 30 und wollte Steuern sparen, aber das ist nach hinten losgegangen.«

Natürlich sind solche Fehlinvestitionen mehr als ärgerlich, und man hadert mit sich. Es braucht eine ganze Weile, ehe man solch einen Verlust auch innerlich und nicht nur in der Vermögensbilanz abgeschrieben hat. Ich spreche aus Erfahrung. Auch ich habe nach einer Trennung Geld mit einer Immobilie verloren. Trotzdem muss ich jetzt wieder ein wenig schmunzeln. Ich erkläre Birgit Schrowange, warum: Dass mir beim Stichwort »Steuern sparen« Harald Schmidts geläutertes Wesen in den Sinn gekommen sei. Wie er, um Steuern zu sparen, eine Zeit lang in Belgien wohnte, sich aber in den Ardennen langweilte, lieber wieder in Köln sein und dafür in Deutschland Steuern zahlen wollte. Schrowange kennt die Geschichte und muss ebenfalls schmunzeln.

Gold zur Beruhigung

Ich erinnere mich an Schrowanges Worte, dass sie sich nach einem guten Aktiengeschäft gern einmal mit einer edlen Handtasche belohnt. Und wo Luxus ist, ist meistens Gold nicht fern. Birgit Schrowange lächelt. Auch Gold befindet sich in ihrem Anlagevermögen. Was ich sehr gut nachvollziehen kann. Viele lehnen Gold als Geldanlage ab. Zu wenig Rendite, zu hohe Nebenkosten, wenn man daran denkt, dass man für Gold als physisches Edelmetall zum Anfassen natürlich einen Tresor haben oder sich bei einer Bank ein Schließfach anmieten sollte. Doch es ist eine Absicherung, sollten einmal Zeiten wiederkehren, in denen Papiergeld nur noch dazu dient, den Ofen anzuheizen. Das sieht die Moderatorin ganz ähnlich: »Das ist ja eine Versicherung. Wenn mal wirklich alles zusammenkracht. Ich habe auch Gold in ganz kleinen Stückelungen, damit ich mir mal ein Brot damit kaufen kann.« Schrowange lacht bei dem aus heutiger Sicht komischen Gedanken. »Für mich ist das irgendwie eine Beruhigung. Ich habe jetzt nicht so viel Gold. Ein paar Krügerrand, kleine Stückelungen, zwei Goldbarren.« Als Beimischung für die Geldanlage besser als nichts, denke ich.

Harald Schmidt hat mir nicht zu viel versprochen, als er mich mit Birgit Schrowange zusammengebracht hat. Die Moderatorin steht mit beiden Beinen im Leben. Als wir uns verabschieden, habe ich das Gefühl, es war gut, mit einer Frau, die etwas von Geldanlage versteht, über Frauen und den Umgang mit Geld zu sprechen. Es mag in gewissen Punkten bei der Geldanlage Unterschiede zwischen den Geschlechtern geben, in der Risikoneigung, vielleicht auch in der ethischen und ökologischen Bewertung von Unternehmen, deren Aktien sie kaufen oder eben nicht kaufen. Generell halte ich Anlagegeschäfte aber für völlig geschlechtsneutral. Wenn ich eine Aktie kaufe und die dann steigt oder fällt, hat das nichts damit zu tun, ob ich ein Mann oder eine Frau bin, sondern nur damit, ob ich mich vorher ausreichend mit der Materie beschäftigt habe. Insofern bin ich ganz bei Birgit Schrowange, wenn sie sagt, man sollte irgendwann damit anfangen, sich mit dem Thema Vermögensaufbau zu beschäftigen. Vielleicht geht es nur darum, den inneren Schweinehund zu überwinden. Möglicherweise bedarf es eines guten Freundes oder einer guten Freundin, die den Anstoß liefert. Nicht bei allen Kolleginnen ist Birgit Schrowange im Übrigen auf taube Ohren gestoßen. Ihr Vermögensberater freut sich über den ein oder anderen Neukunden: »Ich habe da schon viele hingebracht«, erzählt Schrowange abschließend, »auch meine Hebamme vor 15 Jahren. Von der kriege ich jedes Jahr eine Karte. Liebe Birgit, ich bin gerade im Urlaub. Danke noch mal, dass du mir Dirk Busch vermittelt hast.« Und dann sagt sie noch: »Und darüber freue ich mich natürlich.«

SAHRA WAGENKNECHT

»Ich würde nie in hohe Schulden gehen, weil es mir zuwider wäre, dann von Banken abhängig zu sein.«

Zur Person:
Geld bedeutet Sahra Wagenknecht vor allem Freiheit. Viel Geld auf dem Konto ist für sie keine innere Befriedigung. Nachdem sie Philosophie und Neuere Deutsche Literatur studiert hatte, schrieb sie ihre Doktorarbeit in Volkswirtschaftslehre über das Sparen in wohlhabenden Ländern. Seit 2015 führt Sahra Wagenknecht gemeinsam mit Dietmar Bartsch die Fraktion der Partei Die Linke im Bundestag. Bis heute steht die überzeugte Sozialistin dem Kapitalismus kritisch gegenüber.

Nur wenige Tage nachdem ich Gunter Gabriel getroffen habe, mache ich mich auf den Weg nach Berlin. Mit Sahra Wagenknecht würde sich sicher ein ganz anderes Gespräch über Geld ergeben. Wir würden auch über Schulden reden, klar, nur ob es ihre eigenen sein würden oder die Schulden der anderen, das wusste ich zu diesem Zeitpunkt noch nicht. Wie schätze ich sie überhaupt ein? Hat sie Schulden? Mein Gefühl sagt mir: Nein. Ich habe eigentlich keinen Zweifel, dass sie viel besser mit Geld umgehen kann als Gunter Gabriel – aber, zugegeben, so schwer ist das ja nicht. In jedem Fall gehen mir spannende Fragen durch den Kopf.

An der Pforte des Bundestags werde ich abgeholt, um die

Frontfrau der Linkspartei in ihrem Abgeordnetenbüro zu treffen. Ich kenne sie bislang nur aus dem Fernsehen. Gegenwärtig ist sie die ungekrönte Talkshowqueen. So viele Auftritte wie sie hat derzeit keiner in den einschlägig bekannten Runden. Das ist noch kein Wert an sich, richtig. Aber irgendetwas muss sie ja haben, dass sie immer wieder eingeladen wird. Lange darüber nachdenken, was das sein könnte, muss ich nicht. Sahra Wagenknecht scheut keine Auseinandersetzung. Ideal, um Leben in die manchmal trockenen Gesprächsrunden zu bringen. Sie setzt Reizpunkte, kämpft mit offenem Visier, und sie ist überzeugt von dem, was sie sagt, das spürt man. Häufig legt sie den Finger in die Wunde und trifft dabei, lassen Sie es mich so formulieren: den Bauch der Gesellschaft. Warum ist so viel Geld für die Rettung der Banken da, und warum fehlt es in den Kindergärten, Schulen und Pflegeheimen? Vehement tritt sie für eine Reichensteuer ein. Vermögen soll radikaler besteuert werden. Sie polarisiert mit ihren Themen. Das weiß sie, und das will sie auch.

Das Sparen gelernt

Man muss ihre Ansichten nicht teilen, man muss ihre Argumentation nicht mögen, aber sie bringt mich zum Nachdenken. Und genau das, sagt sie, möchte sie erreichen. In meinen Fokus hat sie sich nicht zuletzt deshalb vorgearbeitet, weil sie etwas von Wirtschaft versteht. Klar, sie ist wirtschaftspolitische Sprecherin ihrer Fraktion, da sollte man etwas von ökonomischen Sachverhalten verstehen, doch für die Gattung Politiker ist das keineswegs selbstverständlich. Wagenknecht bringen wenige Fragen in Verlegenheit. Ihr Koordinatensystem ist klar ausgerichtet. Sie kontert mit Fachwissen, das sich die studierte Philosophin überwiegend selbstständig und durch die Arbeit an ihrer Doktorarbeit zugelegt hat. Dass sie sich dabei auf das Sparverhalten der Menschen konzentrierte, wird kein Zufall gewesen sein, denn sie hat – wie ich gleich erfahren werde – in ihrer Jugend zwar nicht am berüchtigten Hungertuch genagt, doch es gab eine Zeit, in der das Geld knapp war, sehr knapp. Sparen hat sie also lernen müssen, das Thema später dann wissenschaftlich aufgearbeitet.

Wie eingangs erwähnt, komme ich mit vielen Fragen in ihr Abgeordnetenbüro, wo wir uns begrüßen. Aber es sind zunächst einmal gerade nicht diese Fragen der großen Welt- und Gesellschaftspolitik, die mich interessieren, sondern ich möchte von ihr erfahren, was Geld für sie ist. Welchen Stellenwert Geld für sie hat. Auch und vor allem vor dem Hintergrund, dass sie ganz anders sozialisiert wurde. Wenn man in der DDR aufwuchs, das weiß ich, weil meine Großeltern in der Nähe von Leipzig wohnten und wir, meine Eltern und ich, sie häufig dort besuchten, hat man weniger darüber gesprochen, was etwas kostet, sondern viel mehr darüber, was die Alternative wäre, wenn man es nicht bekäme. Es war für mich als kleiner Junge manchmal nicht so leicht zu verstehen, warum es im Spielwarengeschäft zurzeit nicht die Güterlok gab, die ich so gern wollte, sondern nur einen Bahnhof für meine Modelleisenbahn. Man musste halt flexibel sein.

Sahra Wagenknechts Erinnerungen an diese Zeit decken sich mit meinen. Und sind doch ganz andere: »In der Kindheit hat Geld überhaupt keine Rolle gespielt«, erzählt sie mir. »Nicht, weil wir so viel hatten. Meine Mutter war alleinerziehend. Wir waren alles andere als reich. Die Schwierigkeit bestand vor allem darin, ob man für sein Geld *bestimmte* Dinge kaufen konnte. Und nicht darin, ob man das Geld hatte, um beispielsweise seine Grundbedürfnisse zu erfüllen. Gerade die Lebensmittel waren ja relativ billig. Man konnte sich auch von wenig Einkommen sehr gute Lebensmittel leisten.«

Das stimmt. Die Brötchen kosteten fünf Pfennig, jedes Mal, wenn ich morgens zum Bäcker ging. Bemerkenswert. Während es bei uns zu Hause in Bremen üblich war, dass das Eis oder das Comicheft mit der Zeit teurer wurde, blieben bei meinen Großeltern in Delitzsch die Brötchen bei fünf Pfennig. Dass die Preise kräftig subventioniert wurden, verstand ich damals nicht. Die Brötchen waren lecker, und ich aß sie gern. Ich erinnere mich auch daran, dass man nicht alles zum schnellen Verzehr oder zum Eigengebrauch kaufte. Häufig ging es darum, etwas zum Tauschen oder zum Verkaufen zu haben. Besonders Autos waren eine heiß gehandelte Ware, weiß Wagenknecht: »Man konnte ja nicht einfach in den Laden gehen und sich ein Auto kaufen, sondern musste lange warten. Ich glaube, Trabis hatten eine Vormeldefrist von 20 Jahren – und mit diesen Voranmeldungen wurde dann natürlich gehandelt.«

Dazu passt die Geschichte von meinem Opa. Wir spielten gern mit Worten. Machten Blödsinn: »Wie spät ist es in Machdeburch?« Die Antwort lautete: »Achte durch.« Und dann lachten wir. Eines unserer anderen Wortspiele: Wofür steht die Buchstabenkombination S, K, E und T? SKET? Bald wusste ich es: Sehen. Kaufen. Einlagern. Tauschen. In Opas Welt war das so: Erst einmal kaufen, wenn es im HO oder in der Kaufhalle etwas gab. Wofür man es würde brauchen können, sähe man später. Vielleicht konnte man es ja auch gegen etwas anderes tauschen. Beispielsweise Reifen gegen einen maßgeschneiderten Anzug, wie ihn mein Opa hervorragend als Schneider nähen konnte. Tauschen stand in der DDR hoch im Kurs. Geld spielte nicht in jedem Fall eine wichtige Rolle. Nur eines noch: SKET, das weiß ich natürlich heute auch, hatte eine ganz andere Bedeutung. Es war das Kürzel für Schwermaschinenbau-Kombinat Ernst Thälmann, beheimatet, na wo wohl?, richtig, in Magdeburg, da, wo es immer »achte durch« war.

Wie war das denn nun aber mit dem Bezug zum Geld?, will ich von Sahra Wagenknecht wissen. »Geld war für mich immer etwas Experimentelles, womit man sich einen gewissen Lebensstandard ermöglichen kann, aber vor allem nicht zu etwas gezwungen ist, was man eigentlich nicht machen will.« Ein ganz wichtiger Satz für die gebürtige Jenaerin, wie ich im weiteren Gespräch erfahren werde. Sie erlebt zunächst das komplette Gegenteil: »Ich habe einfach die Situation erlebt, dass ich extrem wenig Geld hatte.«

Eine Erfahrung, die sie prägt. Sie spielt auf eine ganz bestimmte Zeit in ihrem Leben an. Die Zeit nach dem Abitur.

Trotz sehr guten Schulnoten darf sie nicht studieren. Der Staat hält sie, so ist zu lesen, für »zu wenig aufgeschlossen fürs Kollektiv«. Was immer das heißen mag. Ist sie zu sehr Einzelkämpferin, nicht gruppenfähig? Oder ist sie einfach nur zu eigenwillig. Auf jeden Fall hat sie ihren Willen, und der korrespondiert so gar nicht mit dem, was die DDR damals von ihr will. Die ihr zugeteilte Arbeit quittiert sie nach kurzer Zeit und schlägt sich stattdessen mit Nachhilfestunden durch: »Man kriegte etwa 20 Mark für anderthalb Stunden. Ich weiß noch genau, dass das zumindest mein Satz war. Und dann können Sie sich ausrechnen, was ich im Monat zur Verfügung hatte: Das war extrem wenig. Damit musste ich dann klarkommen. Aber ich wollte eben auch keine Arbeit machen, in der ich mich nicht wiedergesehen hätte. Also habe ich mich so entschieden.«

Selbstständig in der Planwirtschaft

Verbiegen lassen will sie sich nicht. Auf irgendetwas einlassen, was sie falsch findet, lehnt sie ab. Ihr Charakter ist stark. Sie sagt einmal, zur Verteidigerin der DDR sei sie nur geworden, weil direkt nach der Wende alle auf dem gelebten Sozialismus rumhackten. Das ging ihr gegen den Strich. Man ahnt, woher ihr Dagegenhalten, ihr starker Wille kommt, den ich aus den Talkshows kenne. Schon in jungen Jahren zeigt sich das. Sie trifft ihre Entscheidungen, auch unpopuläre, mit allen Konsequenzen: »Meine Familie war mit meiner Entscheidung, keine Arbeit anzunehmen und mich stattdessen auf diese Art zu finanzieren, nicht völlig einverstanden. Zu DDR-Zeiten gab es so etwas eigentlich nicht. Das war sicherlich nicht die Laufbahn, die meiner Mutter vorschwebte. Sie befürchtete, dass ich überhaupt keine Perspektive mehr habe, wenn ich mich aus dem gesamten Sozialsystem und aus dem gesamten gesellschaftlichen Gefüge herausnehme. Weil ich das wusste, wollte ich gar keine Unterstützung von der Familie und habe auch keine bekommen. Ich habe das dann eben alleine durchgezogen. So musste ich zum ersten Mal selber wirtschaften.« 18 Jahre ist

Sahra Wagenknecht damals alt. Ihren Willen kann sie auch deswegen durchsetzen, weil die Dinge, die man fürs tägliche Leben braucht, in der DDR billig sind: »Meine Wohnung kostete damals 40 Mark Miete. Mit zwei Nachhilfestunden war die also schon mal finanziert. Und natürlich waren die Grundkosten sehr, sehr niedrig. Nur dadurch ging dieses Modell. Aber es war trotzdem nicht viel, was übrig blieb, trotz den billigen Lebensmitteln. Ich musste immer überlegen, was kann ich kaufen, was nicht. Die Frage war schlicht: Was esse ich?«

Ungewollt und doch voll beabsichtigt, gerät sie in eine Beschäftigungsform, die weder von ihr selbst noch von der DDR vorgesehen war: Sie gerät, da es offiziell keine Arbeitslosigkeit gab, in die Selbstständigkeit. Als Frühform einer unternehmerischen Existenz will sie ihre Nachhilfestunden aber nicht interpretiert wissen. Und sie lässt keinen Zweifel: »Es war eher ein Existenzkampf, was ja heute für viele Kleinunternehmen auch gilt. Nur damals war der Rahmen dafür nicht da. Ich weiß, wie ich krampfhaft versucht habe, überhaupt eine Krankenversicherung hinzubekommen, weil es eigentlich keine richtige Krankenversicherung für so einen Zustand gab. Aber irgendwie ging das dann.« Die DDR lehnte diese Selbstständigkeit, diese Eigeninitiative, die mit sozialistischem Gemeingutdenken überhaupt nicht zusammenpasste, ab, wie Wagenknecht weiß: »Es war schwierig. Nicht nur, weil es diese Form der Existenz eigentlich nicht gab, es wurde auch nicht gern gesehen. Das habe ich dann zu spüren bekommen.« Gleichwohl möchte sie die Zeit nicht missen. »Diese Erfahrung, extrem wenig Geld zu haben und von Monat zu Monat Angst zu haben, weil ja auch mal ein Nachhilfeschüler abspringen konnte, hat mir schon ein anderes Verhältnis zu Geld gegeben. Das istschon anders, als wenn man immer mit dem goldenen Löffel im Mund gelebt hat und eigentlich gar nicht weiß, wie solche Ängste sind.«

Da hegte ich vorhin noch die Annahme, dass Geld in der DDR eine nicht so wichtige Rolle spielte wie im Westen, es eben überwiegend vorhanden war, und dann reden wir auf einmal doch über akute Geldknappheit. Wer so mit dem Geld rechnen muss, der hat nur zwei Möglichkeiten: entweder Schulden machen oder sparen. Wagenknecht entscheidet sich damals vermutlich intuitiv für Letzteres. »Dann spart man eben ein bisschen oder legt etwas zurück.« Heute ist Überzeugung daraus geworden. »Ich würde nie in hohe Schulden gehen, weil es mir einfach zuwider wäre, von Banken abhängig zu sein. Und dann betteln zu müssen, dass sie einen Kredit verlängern.« Das mit der Abhängigkeit kann ich verstehen, auch ich bin froh, dass ich mittlerweile keine Kredite mehr zurückzahlen muss, die Formulierung »betteln« allerdings zeigt mir deutlich: die Banken und die Wagenknecht, eine dicke Freundschaft wird das nicht mehr. Ist es nie gewesen. Wenn man so vehement wie Wagenknecht den Kapitalismus kritisiert, dann kommen die Banken automatisch mit unter die Räder, schließlich sind sie ja der Motor dieses Systems.

Die Schere zwischen Arm und Reich geht immer weiter auf

Mit dem Kapitalismus ist die überzeugte Sozialistin bis heute nicht warm geworden. Daraus macht sie auch überhaupt keinen Hehl, nur drückt sie es jetzt anders aus. Den Kapitalismus von heute, den will sie nicht mehr stürzen. Das Klassenkämpferische in ihr kommt heute anders zum Ausdruck. Der Kapitalismus von heute biete eben nicht mehr den Wohlstand für alle, kritisiert sie, wie ihn einst der Begründer der sozialen Marktwirtschaft anstrebte. Die Nähe zu Ludwig Erhard sucht Wagenknecht heute ganz bewusst und stößt damit geschickt in eine Lücke. Es gibt aber auch viele, die ihr in der Anlehnung an den einstigen CDU-Kanzler und Vater der sozialen Marktwirtschaft politisches Kalkül unterstellen.

Ob Taktik oder Überzeugung, sei einmal dahingestellt, aber ich frage mich tatsächlich: Wer von den Parteien kümmert sich wirklich um soziale Gerechtigkeit? Und der Wohlstand für alle, wird der überhaupt noch angestrebt? Oder wird er uns nur eingeredet? Die Wagenknecht von heute lehnt die Wirtschaftsordnung, in der sie lebt, nicht mehr ab, aber sie ist überzeugt davon, dass sie eine Mogelpackung ist. Das, was draufsteht, ist nicht (mehr) drin. »Wir sprechen von einer sozialen Marktwirtschaft, doch sozial ist sie schon lange nicht mehr.« Wagenknecht führt die Ungerechtigkeitsdebatte heute anders als vor gut 20 Jahren, als sie als Vorkämpferin der kommunistischen Plattform eben jenes System, das die Vermögenden zunehmend reicher und die Armen immer ärmer macht, plattmachen wollte.

Jetzt sind wir mittendrin in eben genau dieser Debatte: Was ist gerecht, was ist ungerecht? Ich möchte sie fast die »Mutter aller Debatten« nennen, zumindest wenn es um Geldfragen geht: die Diskussion um die gerechte Vermögensverteilung. Ein Thema, hochbrisant, aber auch extrem ideologisch. Die Brisanz reizt mich, die Ideologie weniger. Aber kann man ein solches Thema überhaupt ohne Ideologie führen?

Ich habe gelernt, sich die Fakten anzuschauen und wenn möglich mehrere Meinungen zuzulassen. Um es vorwegzunehmen: Dass sich die Schere zwischen Arm und Reich immer weiter öffnet, wird heute von seriösen Diskutanten nicht mehr bestritten, gestritten wird vielmehr über die Ursachen. Über das Warum. Und natürlich über die Maßnahmen, ob und wie man das ändern sollte. Doch der Reihe nach.

Die OECD (die Organisation für wirtschaftliche Zusammenarbeit und Entwicklung) hat in ihren jüngsten Untersuchungen festgestellt, dass die obersten zehn Prozent in Deutschland im Durchschnitt heute siebenmal so viel verdienen wie die untersten zehn Prozent. Früher betrug das Verhältnis einmal eins zu fünf. Auch der IWF (der Internationale Währungsfonds) spricht von einer zunehmenden Ungleichverteilung von Einkommen und Vermögen. Die umfassendste Sammlung von Daten zu diesem Thema hat aber ganz sicher der Ökonom Thomas Piketty vorgelegt. Seit mehr als zehn Jahren wertet er historische Steuerlisten aus und füttert gemeinsam mit seinen Kollegen die Rechner mit Wirtschaftsdaten aus 20 Ländern. Das Ergebnis: Reichtum entsteht nicht aus dem, was man mit seiner Hände Arbeit verdient, sondern durch das Erben von Vermögen. Und da Vermögen immer noch mehr Vermögen schafft, gibt es eine natürliche Tendenz zur Verstärkung der Ungleichverteilung. Die Folge, das bestätigen die vorher genannten Erhebungen: Die Kluft zwischen den vielen, die für kleines Geld arbeiten müssen, und den wenigen, die großes Geld für sich arbeiten lassen, wird immer größer. Wagenknecht kennt all diese Studien mit den mehr oder weniger gleichen Ergebnissen. Auf diesen Erkenntnissen fußen ihre Kapitalismuskritik und die Forderung nach einer Reichensteuer sowie einer radikalen Erbschaftsteuer.

Eine Allensbach-Studie stellte bereits vor vielen Jahren fest, dass die Mehrheit der Deutschen merkt, dass es nicht mehr gerecht zugeht. Und jetzt kommt für mich die eigentlich spannende Frage, auf die vermutlich auch die Linken-Politikerin keine Antwort weiß: Wenn es die Menschen schon begriffen haben, warum ändern sie es nicht? Ich erinnere mich an die Grünen, die 2013 mit der Forderung nach einer Erhöhung des Spitzensteuersatzes und einer Verdopplung des Aufkommens aus der Erbschaftsteuer in den Wahlkampf gingen und vom Wähler schallend dafür abgestraft wurden. Obwohl das allesamt Maßnahmen waren, die nur die oberste Spitze der Gesellschaft, die vermögendsten fünf Prozent im Land, betroffen hätten. Heißt: Wer die Ungleichverteilung korrigieren will, wird nicht gewählt. Warum? Weil die meisten vielleicht gar nicht verstehen, dass sie selbst nicht betroffen wären? Oder ist es das wachsende Misstrauen in die Politik, das Misstrauen der Bürger, die dem Staat nicht zutrauen, dass er diese Vermögensungleichheiten wirklich korrigieren könne? Die den Staat überwiegend als Verschwender erleben? Einen Staat, in dem Bahnhöfe, Flughäfen und Opernhäuser Unsummen und ein Vielfaches von dem kosten, was anfangs eingeplant war, während Gehaltsempfänger mit niedrigem Lohn um ihr Auskommen kämpfen müssen.

Keine Frage, die zunehmende Ungleichheit ist problematisch, liegt aber nicht nur am ungerechten Steuersystem. In der

WirtschaftsWoche stoße ich auf ein Interview mit dem Ökonomen Guido Hülsmann. Er steht nicht im Verdacht, einem
politischen Lager nahezustehen. Für ihn ist weniger der Staat
als vielmehr etwas ganz anderes verantwortlich für die Misere:
»Wir haben seit mehr als 140 Jahren Währungssysteme eingeführt«, sagt er in dem Interview, »die eine immer größere
Erweiterung der Geldmenge erlauben, und das Ganze hat sich
ab 1971 zugespitzt. Damals kündigte US-Präsident Richard
Nixon die Bindung des Dollars an Gold auf.« Die USA waren
wegen des kostspieligen Vietnamkriegs praktisch pleite. Sie
benötigten derart viele Dollars, dass sie die Golddeckung des
in Umlauf gebrachten Geldes nicht mehr aufrechterhalten
konnten.

Diese Goldhinterlegung, die es schon früher gegeben hatte,
war nach dem Zweiten Weltkrieg in abgespeckter Form im
Bretton-Woods-Abkommen vereinbart worden, um die Stabi-
lität der Währungen generell, nicht nur die des Dollars, zu
gewährleisten. Nachdem Nixon diese Vereinbarung aufgekün-
digt hatte, konnten die USA, aber auch alle anderen Länder
einfach Geld in Umlauf bringen, in dem sie Scheine und Münzen durch einen staatlichen Beschluss zu gesetzlichen Zah-
lungsmitteln erklärten. »Es werde« hieß es fortan, nach dem
lateinischen *fiat,* und so sprach man nun in Fachkreisen vom
»Fiatgeld«. Passenderweise steht auf der amerikanischen Ein-
Dollar-Note bereits seit geraumer Zeit »In god we trust« –
»Wir vertrauen auf Gott«. Und das Vertrauen in das heutige
Papiergeld basiert darauf, dass alle an den Wert des Geldes
glauben. Mehr Sicherheit gibt es nicht. Für die Staaten hat
die Entkopplung von der Goldbindung den Vorteil, dass sie
nahezu unbegrenzt Geld schöpfen können. Und davon machen
sie seitdem reichlich Gebrauch, wie Hülsmann fortfährt: »Seit
diesem Moment erleben wir, dass das Auseinanderklaffen der
durchschnittlichen Einkommen und der durchschnittlichen
Vermögen immer größer wird. Ohne Goldbindung kann die
Geldmenge im Prinzip unbegrenzt ausgeweitet werden. Das
dient unter anderem der erleichterten Staatsfinanzierung, aber

heute sehen wir auch sehr deutlich die Nebenfolgen, und dazu zählt das Auseinanderklaffen von Einkommen und Vermögen.«

Mit der Finanzkrise im Jahr 2008 hat sich diese Entwicklung sogar noch beschleunigt. Das ist besonders bemerkenswert, hofften wir doch alle, und davon nehme ich mich nicht aus, dass sich die Dinge zum Besseren wenden. In puncto ungleicher Vermögensverteilung ist das Gegenteil der Fall, so Hülsmann weiter: »Wenn Sie sich die Zahlen anschauen zur Einkommens- und Vermögensentwicklung, dann stellen Sie fest, dass sich die Probleme, wie gesagt, in den vergangenen sechs Jahren verschlimmert haben. Es ist in der Wissenschaft sehr selten, dass man innerhalb von so kurzen Zeiträumen deutliche Verschiebungen bei den Verteilungsziffern sieht. Aber hier ist das der Fall. Indem die Geldschleusen – etwa durch die US-Notenbank FED« – man kann hier in einem Atemzug auch die Europäische Zentralbank oder die Bank of Japan nennen – »geöffnet wurden, um Staatsanleihen aufzukaufen und die Finanzmärkte zu stabilisieren, vergrößert sich die Ungleichheit. Diejenigen, die bereits vermögend waren, haben von der Geldschwemme profitiert und sich von den Durchschnittsverdienern weiter abgekoppelt.«

»König Draghi« und sein Finanzmarkt- subventionsprogramm

Das alles hätte mir so auch Sahra Wagenknecht erzählen können, da bin ich mir ganz sicher. Nur, hätten Sie es dann eher geglaubt? Bewusst habe ich die Linken-Politikerin auf den letzten Seiten daher nicht erwähnt.

Als das Thema jetzt auf die Schuld der Geldpolitik der Notenbanken zu sprechen kommt, ist Wagenknecht voll fokussiert. Viele sind froh, dass die EZB in den letzten Jahren immer und immer wieder eingesprungen ist. Gehandelt hat, als die Politik, so schien es, unfähig war zu handeln. Mario Draghi, der Chef der EZB, hat sich bei vielen dadurch Ansehen erworben, allerdings nicht bei Sahra Wagenknecht. Die Rettungs-

politik des Italieners, den sie gern auch einmal »König Draghi«
nennt, um ihn als allmächtigen Herrscher über den Euro zu
stigmatisieren, lehnt sie ab. Draghis Maßnahmen sind für sie
ein gigantisches – Achtung, jetzt kommt ein Wortungeheuer –
Finanzmarktsubventionsprogramm. Gemeint ist damit, dass
Draghi in erster Linie nicht Unternehmen und Konsumenten
im Blick hat, sondern dass die Banken und Kapitalmärkte seine
Klientel sind. Sie seien die Einzigen, denen die Rettungspolitik
der EZB wirklich helfe, so Wagenknechts Vorwurf. Sie atta-
ckiert. Mit der Politik der Notenbank kann sie, nimmt man die
vorangegangene Analyse mit der immer größeren Ungleichverteilung von Vermögen ernst, nicht einverstanden sein.

Draghi bietet zudem eine weitere Angriffsfläche für Kritik.
Und die betrifft seine Vergangenheit und sein Verhältnis zu
Griechenland. Ja, ausgerechnet Griechenland. Immer wieder
wird Draghis frühere Rolle bei der Investmentbank Goldman
Sachs beklagt. Gerade als es darum ging, Griechenland für den
Eurobeitritt fit zu machen, Anfang 2002, wechselte Draghi aus
Italien zu Goldman Sachs nach London und wurde dort Vize-
präsident und Managing Director. Goldman Sachs sollte die
Regierung in Athen für den Euro »präparieren«, offenkundig
mit dem Ziel, die schon damals desolate Lage der griechischen
Staatsfinanzen zu verschleiern. Draghi, zuständig für das Ge-
schäft mit »Staaten und staatlichen Agenturen«, will von die-
sen Vorgängen keine Kenntnis gehabt haben. In einem Zei-
tungsinterview sagte er einmal, er habe nicht einen einzigen
Deal mit Regierungen gemacht. Im Übrigen seien die Geschäfte
mit Griechenland abgewickelt worden, bevor er zu Goldman
Sachs kam. »Später machte die Bank weitere Geschäfte mit
Griechenland, aber ich war in keiner Weise daran beteiligt.«
Ein Fehlverhalten war Draghi nicht nachzuweisen. Bei Kritikern wie Wagenknecht begründet sich hieraus aber der Vorwurf, Draghi betreibe Klientelpolitik, sei ein Handlanger der
Investmentbanker.

Die Mittelschicht bezahlt den Preis für die Staatsverschuldung

Unstrittig ist, dass sich durch die milliardenschweren Maßnahmen zur Stabilisierung des Euro und zur Ankurbelung der Konjunktur in Europa die Staaten hoch verschuldet haben und die Zinsen auf historische Tiefstände gedrückt wurden. Und diese Niedrigzinsphase – praktisch ein Ergebnis der Draghi-Politik – findet Wagenknecht sehr problematisch: »Sie ist ja nur dafür da, dass diese riesigen Schuldenberge, die entstanden sind – überwiegend von den Banken verursacht, also gar nicht primär von den Staaten, die haben diese dann ja nur übernommen –, dass diese Schuldenberge abgewälzt werden können. Durch den Niedrigzins können die Schulden partiell sogar abgetragen werden. Und jetzt zahlt im Grunde die Mittelschicht, die nicht spekuliert, sondern ihr Geld auf dem Sparbuch anlegt, für diese Schulden mit Zinsen, die unter der Inflation liegen. Die wirklich Reichen gehen dagegen an den Kapitalmarkt und kaufen Aktien und mehren ihre Gewinne, denn dort ist ja alles hochgetrieben.« Piketty lässt grüßen. Zu Vermögen kommt immer noch mehr Vermögen. Klar, dass Wagenknecht diese Entwicklung kritisiert. Der Zug ist aus ihrer Sicht genau in der falschen Richtung unterwegs: »Diese Politik, die mittleren Einkommensschichten für die Schulden zahlen zu lassen, ist verheerend. Die Reichen sind wieder außen vor.« Den Trotz in ihrer Stimme kann ich sehr wohl vernehmen. Und sie wird noch deutlicher, damit auch wirklich jeder versteht, was sie meint: »Zinsen unterhalb der Inflationsrate zu halten ist eine Enteignung.«

Aber was wäre die Alternative? Ich wage zu behaupten, dass am Anfang dieser Entwicklung etwas ganz anderes stand: Für die Staaten war es einfacher, an Geld zu kommen. Die Staatsfinanzen konnten leichter saniert werden. Die Loslösung vom Gold, die Liberalisierung der Finanzmärkte, all das diente dem noch hemmungsloseren Wachstum, dem Ankurbeln der Konjunktur. Dass diese Politik die Reichen immer reicher und die

Armen immer ärmer machte, war, sagen wir einmal, ein Effekt, den man in Kauf nehmen musste – oder je nach Sichtweise dankbar akzeptierte.

Hinsichtlich der Frage nach anderen Lösungen wird Wagenknecht gern vorgeworfen, viel zu kritisieren, aber nicht zu beantworten, wie man das alles bezahlen soll, was sie fordert. Mehr Absicherung. Garantierte Mindesteinkommen. Sichere Renten. Höhere Steuern für Vermögende – ich denke, das ist mittlerweile klar geworden – sind die eine Forderung, die andere: höhere Zinsen? »Ich will jetzt nicht exorbitant hohe Zinsen, die die Wirtschaft abwürgen, aber ich finde schon, dass es volkswirtschaftlich sinnvoll ist, dass Menschen, die nicht außerordentlich viel Geld haben, aber ein bisschen zur Seite legen wollen, eine Anlagemöglichkeit haben, die ihnen zumindest die Inflationsverluste ausgleicht. Der Zinssatz sollte mindestens auf Inflationshöhe sein, damit man eine sichere Anlage wie ein Sparbuch haben und sich darauf verlassen kann, über das angesparte Geld auch in zehn Jahren verfügen zu können, ohne dass der Betrag zusammengeschmolzen ist. Es muss sichergestellt sein, dass das Geld nicht verloren geht und man auch nicht gezwungen ist, sich auf ein Terrain zu wagen, wo die meisten sich nicht nur nicht auskennen, sondern wo man sich auch nicht sicher sein kann, was rauskommt. Denn wer eine Aktie kauft, kann zwar große Gewinne machen, er kann aber genauso gut auch die Hälfte seines Geldes verlieren. Wenn jemand mit viel Mühe vielleicht 10 000 Euro gespart hat und dann die Hälfte davon verliert, ist das natürlich für ihn persönlich ein richtiges Desaster.«

Keine Freundin von Aktien

So wenig, wie Wagenknecht eine Bankenfreundin ist, so wenig ist sie von Aktien überzeugt. Das ist nun keineswegs typisch für Linke. Klar, es muss nicht jeder bei Aktien Hurra schreien wie Harald Schmidt oder Birgit Schrowange, aber auch Linke dürfen Wertpapiere haben. Warum denn nicht? So, wie auch

Nichtlinke durchaus manches gut finden, was linke Spitzen-politiker fordern. Ich denke da an Götz Werner, Chef der Dro-geriemarktkette dm, der schon seit Jahren ein bedingungsloses Grundeinkommen für alle Erwerbspflichtigen von 1000 Euro im Monat fordert. Bei der Abneigung gegenüber Aktien schwingt bei der Ökonomin etwas anderes mit, das spüre ich. Börsen, so wie Sahra Wagenknecht sie sieht, sind der Inbegriff dessen, was sie ablehnt. Wer gegen die Finanzexzesse ist, darf nicht für Aktien sein. Der muss Börsen viel strenger kontrollieren. Der muss vor allem den Handel viel stärker sanktionieren. Das High-Speed-Trading, das sagt sie freiheraus, würde sie sofort verbieten. Sie müsste um ihre Glaubwürdigkeit fürchten, wenn sie selbst Aktien hätte.

Trotzig sagt sie mir: »Ich habe die Anlagen, wo man Geld verliert, also Sparbücher.« Jetzt interveniere ich doch: Liegt es nicht auch an den Menschen selbst, die sich einfach zu wenig mit Aktien beschäftigen? Keine Lust darauf haben und dann lieber sagen, alles Zockerei? Wagenknecht sieht das anders: »Es ist selbst dann unsicher, wenn man gebildet ist. Jeder hätte ge-glaubt, dass beispielsweise Versorger und Energiekonzerne sichere Anlagen seien. Und jetzt schauen Sie mal, was passiert ist. Wenn jemand vor Fukushima sein mühsam erspartes Geld bei E.ON oder bei RWE angelegt hat, ist ein Drittel oder gar die Hälfte des Geldes weg, auf jeden Fall hat er definitiv erheblich verloren.«

Mir fällt ein typisches Antwortmuster bei Wagenknecht auf. Sie begibt sich immer in die Rolle des »kleinen Mannes«, der, so ihre Überzeugung, sehr viel mehr geschützt werden muss. Wo die Märkte versagen, wo es für Erspartes kaum noch Zin-sen gibt, wo Arbeitsplätze unsicher sind und Dispozinsen bei-spielsweise absurd hoch sind, da muss der Staat wieder seine Rolle als ordnende, als korrigierende Hand übernehmen. Wagenknecht fährt mit ihrem Energieversorgerbeispiel fort, mit dem Absturz der Aktienkurse von E.ON und RWE: »Das ist jetzt weniger ein Problem für diejenigen, die viel Geld haben und hauptsächlich von den Erträgen leben können, denn die

Dividenden werden irgendwann sicher wieder fließen. Aber diejenigen, die gezwungen sind, sich das Geld jetzt vom Markt zurückzuholen, haben ein großes Problem. Denn wenn jemand fürs Alter spart, dann nützt es ihm nichts, wenn die Aktien sich wieder erholen, er aber dann schon im tiefen Grab ruht. Er ist vorher auf das Geld angewiesen und realisiert dann deutliche Verluste. Ich finde es unverantwortlich, Kleinsparer zu solchen Investments zu zwingen.«

Es gebe keine Sicherheit, sagt sie, »und das ist auch der Hauptgrund, warum ich keine Aktien habe«. Und dann ergänzt sie: »Wenn jeder sich darauf verlassen könnte, dass er nach einem normalen Arbeitsleben [...] eine ordentliche Rente bekommt, mit der er sich im Großen und Ganzen seinen bisherigen Lebensstandard leisten kann, dann wäre eine zusätzliche private Vorsorge eine freie persönliche Entscheidung. Aber so ist es ja nicht. Heute stehen die Menschen unter einem furchtbaren Druck. Sie müssen krampfhaft versuchen vorzusorgen, weil sie von der gesetzlichen Rentenversicherung ja nur noch Hungerrenten bekommen.«

Entschiedenes Ja zur gesetzlichen Rente

Spannend fände ich, ob Ludwig Erhard genauso argumentieren würde. Rausfinden lässt sich das natürlich nicht mehr. Wagenknecht ist jedenfalls fest davon überzeugt. Erhard, sagte sie einmal, sei mit seinen Ansprüchen bei uns, bei der Linkspartei, am besten aufgehoben. Interessant ist, dass nahezu alle Parteien ähnlich denken. Die Grünen argumentierten bei ihrem Steuererhöhungswahlkampf ebenfalls mit Erhard. Die geplante Vermögensabgabe, sprach Jürgen Trittin einst ins Mikrofon, sei nichts anderes als ein »Lastenausgleich, wie es ihn unter Ludwig Erhard für die Vertriebenen gab«. Sie merken schon: Da irgendwie alle sozial sein wollen, fällt es ihnen auch nicht schwer, sich auf Ludwig Erhard zu berufen. Wohlstand durch Wettbewerb. Erwirtschaften vor Umverteilen. Selbst sorgender Bürger statt sozialer Untertan. Zentrale Grundfeste Erhard'schen Denkens. Einen Ansatzpunkt für die heutige Politik findet da jeder, wenn er will.

Allemal richtig ist, wenn auch ausnahmsweise nicht auf den Vater der sozialen Marktwirtschaft zurückzuführen: Vermögende Leute brauchen die ordnende Hand des Staats sehr viel weniger als ärmere Menschen, lehnen sie sogar ab und empfinden sie als Eingriff in die Privatsphäre. So gesehen passen Wagenknechts Vorstellungen zur Altersabsicherung in ihre Angriffslinie: »Das ganze Konstrukt der privaten Altersvorsorge war eine verantwortungslose Entscheidung. Die einzige Rente, die wirklich resistent ist gegen Niedrigzinsphasen und Finanzmarktkrisen, ist die Umlagerente.« Einmal in Fahrt, legt sie gleich kräftig nach: »Es ist einfach verlogen zu sagen, man würde die gesetzliche Rente reduzieren, damit die junge Generation nicht zu viele Beiträge zahlen müsse. Dabei ist es ja gerade diese junge Generation, die zusätzlich privat vorsorgen soll: Das sind ja auch Beiträge – die allerdings in ein schwarzes Loch gezahlt werden, von dem man nicht weiß, was dabei rauskommt.«

Man merkt ihr an, es ist ihr ein Dorn im Auge, dass die Finanzindustrie immer häufiger Aufgaben übernimmt, um die sich ihrer Meinung nach eigentlich der Staat kümmern sollte. Und sie schreckt nicht davor zurück, ihren Unmut kundzutun: »Sie zahlen so die Provision mit, die sie bei der gesetzlichen Rente eben nicht zahlen. Sie zahlen auch die erheblich höheren Gehälter in der privaten Versicherungsindustrie mit.« Und so wundert ihr Fazit nicht: »Es wäre eine viel bessere Lösung, das Geld in die gesetzliche Rentenversicherung fließen zu lassen und diese wieder so auszubauen, dass sie den tatsächlichen Lebensstandard im Alter schützt.«

Ich glaube nicht, dass sich dieses Rad zurückdrehen lässt. Die Frage wäre ja ohnehin, ob die Menschen in einem solchen Fall wirklich die Rente bekämen, wie sie Wagenknecht gerade idealtypisch beschrieben hat. Denn dafür gäbe es keine Garantie. Ich weiß nicht, ob sie die DDR, von der sie selbst sagt, man solle »zu so einem Modell nicht zurückkehren«, bei ihren

Überlegungen im Hinterkopf hat. Ich weiß nur, in der DDR mag es diese Absicherung gegeben haben, aber ja, der Staat war am Ende auch hoffnungslos verschuldet. Nicht zuletzt weil er viel zu viel staatlich stützte, nicht nur die Rente, und dies am Ende nicht mehr finanzieren konnte.

Exkurs: Generation 50 plus – Finanzplanung in der Mitte des Lebens

Zunächst einmal gilt es aufzulisten, was das Leben kostet und was man für die Altersvorsorge bereits leistet. Die Bestandsaufnahme sollte umfassend sein. Kontoauszüge helfen dabei, festzustellen, welche laufenden Kosten man hat. Was man für Auto, Urlaub, Kleidung und Wohnung oder Haus jährlich aufwenden muss. Auch die Sparleistungen müssen aufgelistet werden. Dazu zählen Wertpapiere, Versicherungen, aber auch die Ansprüche aus gesetzlichen, betrieblichen oder privaten Rentenversicherungen, Zuflüsse aus Versorgungskassen der freien Berufe oder aus Riester-Verträgen sowie Mieteinkünfte. Wichtig ist hierbei, Fristen zu notieren: wann Hypotheken getilgt sind oder die Lebensversicherung ausgezahlt wird.

Um die regelmäßigen Einnahmen nach Ende der Berufstätigkeit abschätzen zu können, sollten sich Angestellte anhand ihrer Bescheide errechnen lassen, wie viel sie tatsächlich überwiesen bekommen. Denn künftige Rentner zahlen Steuern auf die gesetzlichen Alterseinkünfte.

Kalkulieren Sie die Kosten für die Zeit nach dem aktiven Arbeitsleben großzügig. Finanzplaner weisen zu Recht auf Kostensteigerungen im Alter hin; insbesondere die Krankenversicherungsbeiträge drohen deutlich zu steigen.

Wer feststellt, dass die Decke zu kurz ist, dass das Ersparte im Alter nicht reichen wird, kann anfangen, seine künftigen Einnahmen aufzubessern. Geprüft werden muss, ob sich zum Beispiel eine steuerbegünstigte Rürup-Rente lohnt. Weil 50-Jährige meist noch gut 15 Jahre arbeiten, können sie mit Wertpapieren Kapital für eine Zusatzrente sammeln. Die vermeintlich sichere Alternative, eine Immobilie zum Vermieten zu erwerben, sollte gut kalkuliert sein. Mietshäuser garantieren keine Einnahmen, Mietausfälle oder Renovierungsbedarf können einen Strich durch die Rechnung machen.

Wichtig ist es, seine Einkünfte für die zweite Lebenshälfte so zu ordnen, dass sie den Erfordernissen nach Sicherheit, genügend Liquidität und einer ansprechenden Rendite gerecht werden. Zuflüsse aus Lebensversicherungen oder Erbschaften sollten zunächst genutzt werden, um Schulden zu tilgen. Spätestens zum Renteneintritt müssen sämtliche Immobilien abgezahlt sein – schon weil nach Ende der Berufstätigkeit kaum noch Steuervorteile greifen.

Wichtige Entscheidungen betreffen dabei auch die Frage, welche Vermögensteile vererbe ich (zum Beispiel das eigene Haus) und welche »verbrauche« ich.

Wer genügend Barreserven für das tägliche Leben zur Verfügung hat, der muss sich noch eine andere Frage stellen: Was am besten mit dem derzeit nicht benötigten Kapital machen? Die Empfehlung lautet hier: Aufteilung in einen Verbrauchs- und in einen Wachstumsteil. Den Verbrauchsteil, etwa ein Drittel, so anlegen, dass man immer Zugriff darauf hat, etwa für unvorhergesehene Ausgaben wie die neue Eindeckung des Dachs. Hier bieten sich Festgeldkonten mit kurzen Laufzeiten und Tagesgeldkonten an. Für den Rest gelten die gleichen Regeln wie für jüngere Anleger. Jeder muss für sich entscheiden, wie viel Risiko er bereit ist einzugehen. Renditeträchtige Anlagen, wie Aktien oder Aktienfonds, sollte man weiterlaufen lassen, so verschenkt man keine Renditechancen. Für Vorsichtige taugen Mischfonds, die je nach Marktlage Aktien und Anleihen unterschiedlich gewichten.

Grundsätzlich aber gilt: Wer mit den Einnahmen aus den angesparten Investments rechnet, der sollte rechtzeitig vor Eintritt ins Rentenalter nach und nach das Angesparte umschichten: von renditestärkeren, aber unsicheren Geldanlagen in sicherere, etwa Festgeldkonten mit kurzen Laufzeiten.

Zwei große Unwägbarkeiten sollten 50-Plusser absichern: Pflegefall und hohes Alter. Der Abschluss einer privaten Pflegeversicherung wird empfohlen. Ebenso sollte man darüber nachdenken, wie man das Risiko der Langlebigkeit absichert. Wer besonders alt wird, 90 und älter, dem droht irgendwann das Ersparte auszugehen; selbst wenn er gut vorgesorgt hat. Modelle wie die verschobene Leibrente könnten eine Antwort sein. Vor dem Abschluss solcher Verträge sollte man sich allerdings umfassend beraten lassen.

Interessant ist für mich in Wagenknechts Ausführungen der Hinweis auf die jüngeren Generationen. Tatsächlich macht die Niedrigzinsphase, vor allem wenn sie noch länger anhalten sollte, und danach sieht es momentan aus, das private Ansparen für die Rente immer schwieriger. Die hochgelobten Riester-Rente-Produkte, benannt nach dem damaligen Arbeitsminister Walter Riester, sind jedenfalls schwer in die Kritik geraten. Die Dauerflaute an der Zinsfront trifft auch die Riester-Sparer heftig, egal ob alt oder jung. Junge eher noch mehr, weil man ihnen praktisch kaum noch einen Rat geben kann, was sie abschließen sollen. Wenig Rendite gibt es beinahe überall.

Besonders Riester-Produkte auf Versicherungsbasis – und diese Lösung wählten bislang die meisten Deutschen – leiden unter der niedrigen Garantieverzinsung für Lebensversicherungen. Nicht besser geht es Riester-Sparern, die auf Basis von Banksparplänen vorsorgen wollen. Hier tendieren die Zinsen, die man erwirtschaften kann, gegen null. Das einzig Reizvolle: die Förderung vom Staat, der ja will, dass wir privat vorsorgen. 154 Euro Grundzulage gibt es jährlich, dazu Kinderzulagen. Dem gegenüber stehen die Kosten.

In vielen Verbraucherschützern findet Wagenknecht angesichts solcher Entwicklung Unterstützung. Vor allem auch, weil darüber hinaus nicht nur beim Abschluss der Verträge Kosten entstehen, sondern ebenso bei der Auszahlung. Und das nicht zu knapp. Da die Riester-Rente prinzipiell lebenslang gezahlt werden muss, schließen die Anbieter von Banksparplänen und

Fondsprodukten zum Rentenantritt eine Rentenversicherung ab. Deren Kosten fressen zwischen 15 und 30 Prozent des gebildeten Kapitalstocks auf. Neustarter in Sachen Riester können also allenfalls darauf hoffen, dass sich das Zinsniveau auf lange Sicht wieder deutlich nach oben bewegt. Wobei die Betonung auf »deutlich« liegt.

Sexy klingt irgendwie anders bei solchen Perspektiven. Und mir kommt wieder in den Sinn, dass auch Wirtschaftswissenschaftler Hülsmann hier ein großes Problem sieht. Es fällt immer schwerer, Vermögen anzusparen, wenn man nicht zu den Glücklichen zählt, die viel erben. Hülsmann sieht tatsächlich die jüngeren Menschen benachteiligt: »Junge Leute, die gleichzeitig gut gebildet sind – aber deren Eltern nicht zu den reichsten zehn Prozent des Landes gehören. Sie werden den Sprung nach oben nie schaffen, wenn sich der Status quo verfestigt, wenn die Bundesrepublik ihnen also nicht mehr Aufstiegschancen ermöglicht.«

Darüber lohnt es sich nachzudenken. Wenn diese Annahme richtig sein sollte, dann zählen gerade junge Menschen zu den größten Verlierern der momentanen Entwicklung. Und das entbehrt nicht einer gewissen Ironie. Denn egal, wie sehr sie sich anstrengen, einen gesicherten Lebensabend können sie mit ihrer Hände Arbeit nicht erreichen – wobei es natürlich immer Ausnahmen geben wird. Aber ist es dann nicht umso wichtiger, mit dem Erwirtschafteten gut umzugehen? Wie kann ich einige 1000 Euro mehr verdienen mit einer besseren Geldanlage?, wäre da doch die richtige Frage.

Das Fach Wirtschaft sollte Pflichtfach werden

Es ist bekannt, dass ich der Meinung bin, es fehle diesbezüglich an den wichtigsten Grundkenntnissen. Wo sollen sie auch herkommen? An der Schule ist das Fach Wirtschaft ein Exot. In den meisten Bundesländern gibt es dieses Fach nicht einmal. In Schulen, Schulämtern, Kultusministerien hält sich sogar hartnäckig die Auffassung, Wirtschaft gehöre überhaupt nicht in den Lehrplan. Mit dem Ergebnis: Wir machen Abitur, wissen aber nicht, wie man ein Bankkonto eröffnet, welche Fallstricke ein Handyvertrag haben kann oder wofür die komischen Buchstaben AGB stehen. Meinem Opa wäre früher sicher etwas Lustiges dazu eingefallen, aber das würde jetzt auch nicht weiterhelfen.

Dass Sahra Wagenknecht eine große Verfechterin von finanzwissenschaftlicher Bildung an den Schulen ist, überrascht mich nicht. Allerdings wage ich mal die Behauptung, auch mit einer Sahra Wagenknecht in Regierungsverantwortung würde es das Pflichtfach Wirtschaft nicht geben. Bildung ist schließlich Ländersache. Und die Mauern in den Köpfen der Lehrbeauftragten sind hoch und dick. Es ist also relativ einfach für eine Politikerin des Deutschen Bundestags zu sagen, sie sei für »mehr Bildung«, auch für »mehr wirtschaftliche Bildung«. Das kostet erst einmal nichts. Dennoch freue ich mich über ihre klare Aussage: »Ich bin sehr dafür, dass man in der Schule deutlich mehr wirtschaftliche Bildung erwirbt, mehr über wirtschaftliche Zusammenhänge lernt. Wenn ich ›wirtschaftliche Bildung‹ sage, dann meine ich ein realistisches Bild: Wie funktioniert Wirtschaft? Was ist zum Beispiel eine Zinsdynamik? Das kann man ja mithilfe von Reiskörnern und einem Schachbrett erklären. Auf dem letzten Feld häufen sich riesige Berge, daran kann man eine Zinsdynamik gut darstellen.«

Mit einem ähnlich anschaulichen Beispiel habe ich mal die Schüler einer neunten Klasse zum Nachdenken gebracht. Das Thema war »Geldumlauf«. Es gibt längst nicht so viel Bargeld, wie Geld im Umlauf ist. Das muss man wissen, oder man macht es sich anhand eines Beispiels klar. Ich sagte den Schülern: Stellt euch vor, ihr alle habt 100 Euro Schulden bei eurem rechten Sitznachbarn. Im nächsten Augenblick gab ich der Schülerin, die mir am nächsten saß, einen 50-Euro-Schein und fragte sie: Was machst du jetzt damit? Ich hoffte natürlich, dass sie nicht ganz clever aufsteht und sagt: »Danke für die Kohle, ich mache mir einen schönen Nachmittag damit.« Ich hatte Glück. Intuitiv reichte sie die 50 Euro an den rechten Nachbarn weiter und sagte zu ihm: »Damit zahle ich die Hälfte meiner Schulden bei dir ab.« Der machte es genauso, gab die eben erhaltenen 50 Euro seinem rechten Nachbarn und so weiter. Am Ende kam der 50er wieder bei der Schülerin an, der ich ihn anfangs gegeben hatte, beziehungsweise bei mir. Ich sagte: Haltet mal kurz inne. Wie viel Schulden hat jetzt noch jeder? Ohne dass alle antworteten, war klar: Jeder hatte statt 100 Euro auf einmal nur noch 50 Euro Schulden beim Nebenmann. Und das alles mit einem einzigen 50-Euro-Schein. Faszinierend, fragte ich, oder? Man hätte das Spiel noch eine zweite Runde machen können, und alle wären schuldenfrei gewesen. Im normalen Leben ist es nicht ganz so einfach, aber das Prinzip dahinter stimmt.

Wagenknecht ergänzt das Repertoire an grundlegenden Fragen, um auch selbst gleich Antworten zu geben: »Das fängt mit der Frage an: Was ist Geld? Wie entsteht Geld? Geld entsteht quasi dadurch, dass die Bank auf ein Konto einen Kredit vergibt, und dann ist das Geld da. Aus dem Nichts. Je mehr wirtschaftliches Grundwissen man hat, desto leichter versteht man auch komplexere Zusammenhänge. Warum ist es zum Beispiel ein Problem, wenn die Zentralbank dem Staat direkt das Geld gibt? Weil das Inflation ist. Aber wenn die Zentralbank der Bank das Geld gibt und die Bank gibt es dem Staat, dann ist es das gleiche Geld, der gleiche Umlauf. Der einzige Unterschied ist, dass die Banken daran verdienen. Und warum soll das dann keine Inflation sein? Solche Zusammenhänge sind den meisten überhaupt nicht klar.« Das ist schon, wenn ich das so ausdrücken darf, höhere Mathematik; will sagen, da geht es schon wieder um Deutungsfragen. Doch es zeigt auch: Aus dem einfachen Einmaleins der Geldwirtschaft lassen sich interessante Fragen ableiten. Wenn ein gewisses Grundverständnis da ist, merkt man erst, wie gewisse Dinge zusammenhängen.

Das Einmaleins des Finanzwissens und der Klassenkampf

Wenn wir heute mehr denn je über Schulden reden, wenn die Bundesrepublik eine Schuldenbremse in die Verfassung schreibt oder wenn es Griechenland schafft, mehr mit Schulden als mit der Akropolis von sich reden zu machen, dann gehört die Frage »Was sind Schulden überhaupt?« zur elementaren Grundbildung. Natürlich entstehen Schulden, wenn man mehr ausgibt, als man einnimmt. Ganz klar. Doch über Schulden sollte man noch mehr wissen. Sahra Wagenknecht holt noch ein letztes Mal aus zum Wirkungstreffer: »Im Grunde hängen Schulden und Vermögen immer zusammen. Man kann nur Schulden reduzieren, wenn man auch Vermögen reduziert. Die entscheidende Frage ist nur, wessen Vermögen?« Sie vermeidet es, den politischen Gegner zu nennen, belässt es bei anonymen Formulierungen. Es ist aber klar, worauf sie mit dieser Frage hinauswill: »Aus gutem Grund wird diese Frage von denjenigen ausgespart, die sagen: Wir wollen keine Schulden mehr, wir wollen Schulden reduzieren. Denn wenn sie sagen würden: Wir wollen die Vermögen reduzieren, dann würde das nicht so gut klingen. Zurzeit reduzieren sich nur die Vermögen der Mittelschicht. Das ist falsch. Wenn sich die Vermögen der oberen Zehntausend, also der wirklich reichen Millionäre, die in den letzten Jahren immer reicher geworden sind, reduzieren würden, wäre das ein sinnvoller Weg.«

Ohne Klassenkampf, ohne politische Attacke kann Sahra Wagenknecht nicht. Darauf ist sie programmiert. Und darauf kommt sie letzten Endes immer wieder zurück. Sie wirkt authentisch in dem, was sie sagt und wie sie argumentiert. Es ist genau die Sahra Wagenknecht, die ich zuvor nur aus Talkshows kannte. Dass sie selbst keine Schulden hat, die Frage, die mich eingangs interessierte, passt zu einer Frau, die sich eher einschränkt, als dass sie sich in Abhängigkeiten begibt. Sich Geld von Banken zu leihen, dieser Preis ist ihr zu hoch. Es würde sie nicht nur einschränken, sie würde vermutlich auch um ihre Glaubwürdigkeit fürchten, wenn sie von Kreditinstituten in irgendeiner Form abhängig wäre.

Es ist allerdings auch eine Position, die man sich leisten können muss. Nicht jeder kann sich autark, ohne Banken, finanzieren. Wagenknecht verdient als erfolgreiche Buchautorin, als gefragte Rednerin und natürlich als Abgeordnete ihr Einkommen. Sie gibt zu, es ist eine privilegierte Situation, »dass für Abgeordnete die Altersansprüche gesichert sind und es insofern für mich persönlich kein Problem ist«. Das verschafft ihr eine Form von Sicherheit, was ihr neben der Unabhängigkeit am wichtigsten ist. Die Erfahrung nach dem Abitur spiegelt sicher viel von dem wider, was sie mir abschließend zum Thema Geld sagt: »Geld ist vor allem Freiheit. Aber es wäre für mich keine innere Befriedigung, riesige Summen auf dem Konto zu haben. Mir ging es nie darum, besonders viel Geld zu verdienen.«

FRIEDRICH VON METZLER
UND EMMERICH MÜLLER

»Uns interessiert die langfristige Rendite mehr als kurzfristige Erfolge.«

Zur Person:
Friedrich von Metzler wollte schon seit seiner Jugend Bankier wer-
den. Das Interesse daran gewann er durch seinen Vater, den Ban-
kier Albert von Metzler. Bis heute ist Friedrich von Metzler noch
täglich in der Bank. Seine Anteile an der Bank hat er bereits vor
Jahren zum großen Teil den Kindern Elena und Franz übertragen.
Emmerich Müller ist seit 2000 Mitglied des Partnerkreises im
Privatbankhaus Metzler. Seit 2005 ist er persönlich haftender
Gesellschafter und leitet zusammen mit fünf weiteren persönlich
haftenden Gesellschaftern die Geschäfte des Bankhauses.

Ich weiß nicht, wie es Ihnen geht. Banken-Bashing hat es in
diesem Buch bislang reichlich gegeben. Mit Recht. Die Banken
haben in den letzten 20 Jahren wirklich kaum eine Gelegenheit
ausgelassen, Ansehen zu verspielen. Und man hat nicht den
Eindruck, dass sie ihr »Wir haben verstanden« auch wirklich
zu einem Teil ihrer Geschäftsstrategie gemacht haben. Das Vertrauen der Bevölkerung in das Geschäftsgebaren der Kreditinstitute ist jedenfalls beschädigt, und die Branche leidet unter
dem schlechten Image, an dem sie selbst tatkräftig mitgearbei-
tet hat.

Die Antwort, warum dem so ist, ist so banal wie einfach: Wir brauchen die Banken. Wir Privatleute brauchen sie und vor allem die Wirtschaft. Eine funktionierende Wirtschaft braucht Kreditinstitute, die sie – gegen entsprechende Sicherheiten natürlich – mit Geld versorgt. Unternehmen brauchen Kreditmittel, um beispielsweise neue Maschinen oder Rohstoffe für künftige Aufträge kaufen zu können. Wenn die Kreditinstitute also nicht damit beschäftigt sind, sich immer kompliziertere, zuweilen nutzlose Finanzinstrumente zu überlegen oder mit Handelsgeschäften auf eigene Rechnung ihre Bilanz aufzuhübschen, dann haben sie eigentlich eine gesellschaftlich hochrelevante Aufgabe.

Das ist die erste Überlegung, warum ich in diesem Kapitel ein wenig gegen den Strich bürsten möchte. Eine andere ist, dass mir das undifferenzierte Einschlagen auf die Banken zu einfach ist. Denn auch wenn viele es nicht glauben wollen: Es gibt in der Finanzindustrie auch die Guten. Die werden nur häufig genug nicht gehört oder überhört. Von diesen Guten kann man etwas lernen über den richtigen Umgang mit Geld. Und das ist schließlich der Grund, warum Sie dieses Buch lesen.

Klein, aber krisensicher

Mein Weg führt mich in das Bankhaus B. Metzler seel. Sohn & Co. KGaA, Deutschlands letzte Privatbank in permanentem Familienbesitz, nämlich seit über 340 Jahren. Verabredet bin ich mit dem Bankier Friedrich von Metzler, der in elfter Generation die Geschicke des Hauses bis heute mitlenkt und »sein« Bankhaus nach außen repräsentiert, und mit Emmerich Müller, Partner und persönlich haftender Gesellschafter des Bankhauses, der seit einigen Jahren das Tagesgeschäft leitet. Ich treffe also gleich auf doppelte Kompetenz.

Der Bank eilt ein tadelloser Ruf voraus. Hier am Frankfurter Mainufer verwaltet und managt man seit über drei Jahrhunderten große Vermögen – von privaten und institutionellen

Anlegern. Zwei Weltkriege, eine Weltwirtschaftskrise inklusive einer Hyperinflation und eine Finanzkrise, die die Weltwirtschaft ins Wanken brachte: All das überlebte das Bankhaus. Und, beinahe wichtiger noch, auch das Vermögen der Kunden überlebte diese Krisen. Von einst über 1500 Privatbanken in Deutschland existieren heute kaum mehr als zwei Dutzend. Das Bankhaus Metzler ist dabei das älteste, das heute noch komplett in Familienhand ist. Wie schafft man das, frage ich den Senior zu Beginn. Der antwortet beinahe bescheiden darauf:»Das habe ich mich auch schon oft gefragt.« Doch so einfach will ich es Friedrich von Metzler nicht machen. Und so lässt er sich dann doch entlocken, was maßgeblich ist:»Dass wir heute noch da sind, liegt auch daran, dass wir durch die Geschichte geprägt sind. Unser Geschichtsbewusstsein hilft uns bei der Formulierung unserer langfristigen Strategie.« Gleich darauf macht der Bankier plastisch deutlich, was er damit meint. Er erinnert an die wohl schwierigste Zeit des Bankhauses:»Unsere Vorgänger mussten die Bank durch die furchtbaren 1930er- und 1940er-Jahre bringen, sie mussten allein das Überleben sichern. Gestützt wurde die Bank von niemandem. Nach 1945 fingen wir ganz klein wieder an, unser Geschäft lag am Boden. Die Staatswirtschaft der Nazis hat den gesamten Kapitalmarkt zum Erliegen gebracht. Die Börse war während der letzten Jahre der Nazis geschlossen.«

Ich frage nach, wie man so eine Zeit übersteht.»Ich glaube, wir hatten eine große Solidarität der Mitarbeiter«, antwortet der Bankier.»Sie sind teilweise zu Hause geblieben oder haben sich bereit erklärt, mit weniger Geld auszukommen. An erster Stelle stand das Überleben. Glücklicherweise ist uns das gelungen.« Das Geschäft der Bank war nach dem Krieg recht überschaubar.»Die Vermögensverwaltung und das Corporate-Finance-Geschäft« – ein Spezialbereich der Finanzwirtschaft, der beim Kauf und Verkauf von Unternehmen berät oder sich mit einer optimalen Kapitalstruktur beschäftigt –»gab es nicht mehr. Das war eine enorme Herausforderung für meinen Vater. Neben der Währungsberatung existierte noch ein kleines Geschäftsvolumen in Aktien und Renten.« Damals, das gibt von Metzler unumwunden zu, wusste keiner, ob die Bank überleben würde. »Was ganz wichtig war: Wir sind klein geblieben und haben gewartet, bis der Kapitalmarkt wieder auflebte. Wir konnten abwarten, weil der Gesellschafterkreis – wie noch heute – klein war. Kein Gesellschafter wurde nervös und sagte, andere Banken wachsen doch aber.«

Aus heutiger Sicht lässt sich sagen: Alles richtig gemacht. Ruhe bewahrt. Den richtigen Zeitpunkt abgewartet und dann langsam wieder gewachsen. Ich kann mir aber vorstellen, dass das damals, in den schweren Nachkriegsjahren, sicher nicht immer so einfach gewesen ist. Tag für Tag mitanzusehen, wie andere Geldinstitute wieder an Bedeutung gewinnen, während bei den eigenen Geschäften, salopp formuliert, weiterhin »Schmalhans der Küchenmeister« ist.

In der Familie selbst wird vieles am Mittagstisch besprochen. Der Vater redet übers Geschäft, und die Kinder hören aufmerksam zu. Friedrich von Metzler lernt viel von seinem Vater, zu dem ihm ein enges Verhältnis nachgesagt wird. Natürlich gibt es im Tagesgeschäft auch mal Reibereien. »Wenn wir unterschiedlicher Meinung waren«, erzählt von Metzler, »dann habe ich zu meinem Vater auch schon mal gesagt: Du bist der Ältere, du bist der Klügere – du musst nachgeben.« Der Bankier lacht. Im Prinzip hat er viel von seinem Vater übernommen – so schätzt auch er die Vorteile eines kleinen Eigentümerkreises. Bis heute haben im wichtigsten Entscheidergremium nur einige wenige etwas zu sagen. Zwar ist der Gesellschafterausschuss mehrheitlich nicht mit Familienmitgliedern besetzt, doch, so von Metzler, habe es immer einen engen Schulterschluss mit der Familie gegeben. »Das hat vieles einfacher gemacht.«

Simple Vermögensregel: Aktien, Renten, Cash

Das gute Einvernehmen unter den Gesellschaftern hat geholfen, das Schiff sicher durch stürmische See zu bringen – man erzielte schnell Einigkeit. So etwa in der zweiten Hälfte des 19. Jahrhunderts, als das Bankgeschäft in Deutschland mit dem Gründerboom und der Industrialisierung richtig in Schwung kam und Metzler einen eigenen Weg ging. »Damals entstand ein neues Bankgeschäft: Die Menschen konnten sparen, und damit ließ sich die Kreditnachfrage der Industrie finanzieren. So wurden aus manchen Privatbanken kleine Großbanken, die dann entweder an der Liquidität gescheitert sind« – also daran, dass sie zu wenig Barmittel hatten, um ihre Geschäfte weiterzuführen – »oder an Klumpen-Risiken« – heißt, wenn eine Bank zu viel auf eine Karte setzt – »oder an Kosten, wenn sie um Kunden für Sparkonten warben, deren Zahl dann doch nicht reichte, um die Ausgaben zu decken, die natürlich mit den Sparkonten einhergehen. Diesen Weg ist Metzler nicht mitgegangen, da war man sich einig. Heute wissen wir, wie richtig diese Entscheidung war.«

Von Metzler weiß genau, wovon er spricht. Detailliert zählt er die Risiken auf, an denen viele Privatbanken gescheitert sind. Deren Namen nennt er nicht. Die Diskretion eines Bankiers. Tatsache ist, dass es auch berühmte und alteingesessene Banken erwischte. Der Zusammenbruch der Kölner Herstatt-Bank im Jahr 1974, ausgelöst durch Fehlspekulationen und damals so etwas wie der größte anzunehmende Unfall für die seriöse Bankenbranche, wurde zur größten Bankenpleite der Nachkriegsgeschichte. Dem ebenfalls in der Rheinmetropole beheimateten Privathaus Sal. Oppenheim wurden unter anderem riskante Investments zum Verhängnis. Das Bankhaus Metzler meidet derartige Gefahren dank einer relativ simplen Geschäftsphilosophie: Die Bank vergibt keine Kredite und spekuliert nicht mit eigenem Geld. Auch von verschachtelten Immobilienpapieren aus den Vereinigten Staaten, die letztlich eine – hier bereits häufiger erwähnte – Institution wie Lehman

Brothers in den Abgrund stürzen ließen und die Finanzwelt ins Wackeln brachten, lässt die Bank die Finger. Eine defensive Anlagestrategie, ein großes Vertrauen in die Mitarbeiter und immer ein vorsichtiger Blick in den Rückspiegel der Finanzgeschichte bewahren die Metzler-Bank bis heute vor schlimmen Wendungen. Nun, da sich das Gespräch in Richtung Tagesgeschäft bewegt, ergreift Emmerich Müller das Wort: »Bei uns im Privatkundengeschäft heißt die Formel: Aktien, Renten, Cash – sonst gibt es nichts. Keine strukturierten Produkte, keine Zertifikate, keine Schifffonds, keine Steuermodelle, keine Leasingfonds.«

Also keinen Schnickschnack. Eigentlich einfaches, traditionelles Bankgeschäft, denke ich. Müller erklärt, was hinter der Philosophie steckt, vieles von dem zu unterlassen, was andere Banken gern anbieten: »Für uns ist es ganz wichtig, dass die Geldanlage für den Kunden transparent und nachvollziehbar ist. Dann kann der Kunde sagen, es gefällt ihm oder es gefällt ihm nicht. Er muss wissen: Wenn eine Aktie am Markt fällt und er hat sie im Portfolio, dann verliert sie dort natürlich auch, und zwar eins zu eins. Da gibt es keinen Zauber, der das verhindert.«

»Wer schnell reich werden will«, ergänzt Müller, »ist bei uns falsch.« Ein Satz, über den ich kurz nachdenken muss, bevor ich ihn verstehe. Müller meint, dass der Privatmann kurzfristig keine überdurchschnittliche Rendite erwarten sollte, wenn er sein Vermögen bei Metzler anlegen lässt. Manch einer in der Branche spricht da von langweiligem Anlagegeschäft. Dieser Ruf ist den beiden Privatbankiers bekannt, als störend empfinden sie ihn keineswegs. Im Gegenteil: Bei ihnen ist nur richtig, sagen sie, wer auf langfristigen Anlageerfolg setzt. Langweilig ist hier deshalb kein Schimpfwort. Wer allerdings zum »Club der Langweiligen« gehören und sein privates Vermögen vom Private Banking des Bankhauses Metzler managen lassen will, der muss mindestens drei Millionen Euro mitbringen; und zwar, um es mit Müllers Worten zu sagen: drei Millionen liquides Vermögen. Das ist nötig, um bei der Geldanlage das Risiko über Länder und Anlageklassen streuen zu können. Wer kann das schon, denke ich, während ich weiter zuhöre und erfahre, dass das Bankhaus über eine Fonds-Vermögensverwaltung ähnliche Lösungen auch für Menschen mit – sagen wir – normalem Portemonnaie anbietet.

Egal, ob klein oder groß, Metzlers Kundschaft geht es denn auch vor allem darum, den Wert des jeweiligen Vermögens zu erhalten. Und so fährt Müller folgerichtig fort: »Wir vermeiden Risiken und verzichten damit manchmal auch auf Chancen.« Das heißt nichts anderes, als dass Metzlers Klientel in Boomzeiten eher weniger verdient als bei anderen Banken, dafür in stürmischen Zeiten ruhiger lebt. »Vielleicht kann man einfach sagen, wir machen nicht alles und wir wollen auch nicht jede Gelegenheit mitnehmen. Insofern üben wir Verzicht. Wir üben schon Verzicht, wenn wir renditeträchtige Möglichkeiten für die Bank weglassen. Die Grundstruktur unseres Geschäfts besteht darin, Dienstleistungen für unsere Kunden zu erbringen.« Sollte das nicht jede Bank so handhaben?, kommt es mir kurz in den Sinn. »Und Dienstleistungen für Kunden erbringen heißt, wir wollen frei von Interessenkonflikten handeln können. Dass wir keinen weiteren Anteilseignern verpflichtet sind, also die Bank niemandem gehört außer der Familie von Metzler, ist das eine. Aber auch das Kreditgeschäft und der Eigenhandel in Aktien spielen bei uns kaum eine Rolle. Generell sind wir der Meinung«, fügt Müller nun noch an, »dass man auf dem Boden bleiben muss. Das gilt auch für die Vermögensanlage. Und ganz einfach fragen: Was sind Dinge vernünftigerweise wert? Und nicht: Was kann man heutzutage damit verdienen?«

Die Gretchenfrage in der Geldanlage

»Was sind Dinge vernünftigerweise wert?« Eine Frage, um die sich im Haus Metzler vieles, wenn nicht sogar alles, dreht. »Wenn wir Vermögensgegenstände bewerten, wollen wir wissen, ob das eine vernünftige Bewertung ist, zu der man kaufen kann. Das gilt manchmal als ›langweilig‹, ja!«, kokettiert Müller, wobei »langweilig«, das habe ich begriffen, in dieser Bank hoffähig ist. Ein Gütesiegel gar bei der Vermögensanlage ist »langfristig«. Langfristiges Denken – doch wie macht man das? Emmerich Müller steuert jetzt auf einen ganz entscheidenden Punkt zu.

»Wir haben ja eine lange Historie und schon schlimme Zeiten überlebt. Und wir wissen aus unserer Historie, dass manch große Kundenvermögen noch da sind – und andere nicht.« Unweigerlich leitet sich für mich daraus die Frage ab, warum manche Vermögen untergehen und andere erhalten bleiben oder sogar wachsen. Eine Gretchenfrage in der Geldanlage. Emmerich Müller geht umgehend darauf ein. »Wenn man sich mit den Ursachen dafür befasst, stößt man auf vier Einflussgrößen.« Sie werden es gleich merken, Emmerich Müller ist ein Mann, der sehr starke Analysefähigkeiten besitzt und deutliche Worte findet. Müller wird bittere Wahrheiten aussprechen. Die Bank und er können es sich leisten, Tacheles zu reden, auch das ein Vorteil ihres Geschäftsmodells. Zunächst aber beginnen Müllers Erklärungen zur Vermögensfrage vergleichsweise harmlos. In den menschlichen Unzulänglichkeiten sieht er den ersten und vielleicht auch wichtigsten der vier Punkte. »Menschen können vernünftig agieren, aber auch unvernünftig. Sie können gierig sein. Sie können schlechte Nachfolgeregelungen haben. Familien können zerfallen oder sich zerstreiten. Durch all das sind viele große Vermögen untergegangen.«

Ich denke an den Satz »Bei Geld hört die Freundschaft auf«. Und kann mir bildlich vorstellen, wie in diesem Raum, in dem wir uns gerade unterhalten, vielleicht letzte oder vorletzte Woche Geschwister um ihr Erbe gestritten haben. Hätten diese Wände Ohren, sie könnten so manch brisante Geschichte erzählen. Friedrich von Metzler kennt natürlich Fälle, bei denen sich zwei Seiten ums Vermögen streiten. Geprägt hat ihn das, wie er unumwunden zugibt, und stimmt Müller deswegen vor allem in diesem Punkt zu. Und: Dass die Familie Metzler immer zusammenhielt, ist von zentraler Bedeutung für das jahrhundertelange Bestehen des Bankhauses. »Meine Frau Sylvia und ich sagen unseren Kindern immer wieder, dass wir in über 340 Jahren keinen existenziellen Krach in der Familie hatten. Wir hoffen, dass so etwas prägt.« Metzler ist dieser Einwurf wichtig, das spürt man.

Die menschlichen Fehlbarkeiten sind das eine. Darüber hinaus gibt es für Müller, wie gesagt, drei weitere Einflussgrößen, die Vermögen beeinträchtigen. »Vermögen wurden historisch schon immer gefährdet durch deflationäre Entwicklungen, durch inflationäre Entwicklungen und durch gesellschaftspolitische Entwicklungen.« Vor allem auf die gesellschaftlichen Entwicklungen legt Müller nun seinen Fokus: »Kriege, Umstürze, Revolutionen, aber auch schleichende gesellschaftliche Entwicklungen. Es ist eine politische Entscheidung, einer Währungsunion beizutreten. Oder auch die Gesetzgebung – sie kann einen Standort und ein Vermögen begünstigen oder beeinträchtigen.« Müller ist jetzt in seinem Element, das spürt man. Seine Gedankengänge sind klar, aber auch komplex. Er zählt weitere für ihn wichtige Faktoren auf, die am Ende allesamt Einfluss auf die Vermögensfrage haben: das Mietrecht, das Arbeitsrecht, natürlich auch das Steuerrecht.

»Ein weiteres aktuelles Beispiel, das uns noch lange beschäftigen wird: Wir haben historisch sehr hohe Schulden aufgebaut und damit sehr viele Lasten für die Zukunft auf uns genommen, auch in Form von Leistungsversprechungen wie Pensionen et cetera, ohne dafür ausreichend vorgesorgt zu haben. Und wir haben gleichzeitig eine negative demografische Entwicklung.«

Wir werden nicht nur weniger, sondern auch älter. »In einer schrumpfenden Gesellschaft mit gleichzeitig sehr hohen Schulden wird es sehr wahrscheinlich zu Verteilungsproblemen kommen«, führt Müller aus.

Verteilungsprobleme – unweigerlich kommt mir Sahra Wagenknecht in den Sinn. Die Politikerin, die ja zu der gleichen Erkenntnis gekommen ist wie Emmerich Müller, leitet daraus die Forderung nach einer Reichensteuer ab. Ich brauche Müller und von Metzler nicht zu fragen, was sie davon halten, die Antwort kenne ich auch so. Interessant aber ist, dass die Fakten nicht angezweifelt werden, von keiner Seite, ein jeder nur für seine Interessen etwas anderes daraus ableitet. Die gesellschaftlichen Verteilungsprobleme, so Müller, werden jedenfalls noch eine ganz entscheidende Rolle bei der Frage spielen, warum manche Vermögen besser durch Krisen kommen als andere. »Aus politischen Entscheidungen, die irgendwann notwendig sein werden, erwachsen Konsequenzen. Auch können aus politischen Entscheidungen inflationäre oder deflationäre Entwicklungen entstehen.«

Stopp. Langsam. Jetzt geht es mir zu schnell. Ich frage nach, welche politischen Entscheidungen, welche Konsequenzen er meint. »Die wichtigste Konsequenz ist erstens, sich im Klaren darüber zu sein, dass diese Risiken in der Welt sind«, antwortet mir Müller. »Und zweitens: Niemand kann die Zukunft vorhersehen. Sicher kann man eine Meinung haben, in welche Richtung eine Entwicklung geht. Aber man weiß gar nichts. Also zunächst mal runter vom hohen Ross. Die Entwicklung kann morgen so sein und übermorgen schon wieder ganz anders.«

Jetzt überrascht er mich. Weil er, ohne drum herumzureden, sagt: Er weiß es nicht. Müller steigt vom Ross, um eigentlich vor allem eines zu sagen: Wenn die Zukunft so unsicher ist und man sie nicht vorhersagen kann, dann heißt das für die Vermögensanlage, man sollte seine Risiken streuen. »Diversifikation« heißt das Schlüsselwort, das gleich noch mehrmals fallen wird. Nicht alles auf ein Pferd setzen, um im Bild der Reiter und Rösser zu bleiben.

Nominalvermögen weltweit falsch bewertet

Ich weiß nicht, wie es Ihnen geht an dieser Stelle. Vieles von dem, was Müller sagt, ist nicht ganz unbekannt – aber hat man je über die Konsequenzen nachgedacht? Diversifikation ist das

Gebot – aber setzt man auf die richtigen Pferde? Der Finanzprofi ist jetzt auf Betriebstemperatur: »Es gibt auf der Welt nur
zwei Vermögensarten: entweder das Sachvermögen, auch Substanzvermögen genannt – oder das Nominalvermögen. Daran
ändern auch sämtliche Finanzinnovationen nichts. Zum Sachvermögen zählen Immobilien, Aktien, Unternehmen – eben
alles, woran ein Eigentum besteht. Auf der anderen Seite steht
das Geldvermögen, dort besteht nur ein schuldrechtlicher Anspruch.« Jetzt wird es interessant. »Nominal« heißt, ich habe
nur Anspruch auf das, was draufsteht, zuzüglich der Zinsen.
Das gilt für den Geldschein genauso wie beispielsweise für
Staatsanleihen. Gut, werden Sie sagen, nicht mehr und nicht
weniger will ich. Müller sieht das anders: »Beim Nominalvermögen stellt sich natürlich die Frage, was es später noch wert
ist.« Was, wenn ich dem Staat Geld gebe für einen Zeitraum
von, sagen wir, zehn Jahren. Nach diesen zehn Jahren zahlt er
mir das Geld zurück – aber was sind die 1000 Euro, die ich
angelegt habe, dann noch wert? Was bekomme ich dafür noch?
Dafür bekomme ich über die volle Laufzeit Zinsen, werden Sie
erwidern.

Doch da sind wir genau beim Problem. Die Zinsen, die Sie
für eine zehnjährige Staatsanleihe der Bundesrepublik Deutschland bekommen, sind heutzutage so gering, dass sie das Risiko
einer Geldentwertung, einer Inflation, nicht abdecken. »Warum sollte man anlegen, wenn der Ertrag negativ ist? Das hat
eigentlich keinen Sinn. Es sei denn, es kommt morgen anders,
als ich es heute für wahrscheinlich halte. Insofern bedeutet
Diversifikation auch, im Zweifel auf Rendite zu verzichten.«
Und damit sind wir wieder bei der Grundphilosophie des Bankhauses. Unter Umständen kaufe ich also doch die Staatsanleihen, auch wenn ich weiß, dass ich damit am Ende nicht den
großen Gewinn machen werde, vielleicht sogar einen Verlust
einfahre, weil mir die Inflation einen Strich durch die Rechnung macht. »Diversifikation hat nicht in erster Linie eine erhöhte Rendite zum Ziel, sondern das Minimieren von Risiken.
Das kann Renditeverzicht bedeuten«, fasst Müller zusammen.

Im Augenblick bleibt also nur die traurige Erkenntnis, dass es den Königsweg bei der Geldanlage nicht gibt. Auch Emmerich Müller ist kein Zauberer, aber das hatte er ja schon eingestanden. »Beim Vermögensaufbau ist es wichtig, nicht alles auf eine Karte zu setzen und nicht allein die Renditemöglichkeiten in den Vordergrund zu stellen. Das kann grobe Fehlentscheidungen zur Folge haben. Wer nur nach Rendite schaut, könnte zum Beispiel griechische Anleihen kaufen, die haben zurzeit mit den höchsten Zins.« Nicht ohne Ironie schiebt Müller nach: »Das mag aber eine Fehlentscheidung sein.«

Was also soll man tun bei den derzeit niedrigen Zinsen? Müller bleibt ruhig, doch innerlich, das merkt man, belastet auch ihn die gegenwärtige Situation an den Kapitalmärkten. »Momentan ist alles Nominalvermögen auf der Welt falsch bewertet. Sie kriegen nirgendwo einen adäquaten Zins für das inhärente Risiko.«

Als Müller das so sagt, muss ich an Loriot denken, den ich sehr verehre. Adäquat und inhärent. Nominal- und Substanzvermögen. Der Meister des wohlformulierten Wortes, der die Gabe hatte, das Absurde des Alltags aufzuspüren und uns mit seinem feinen Sinn für Komik zum Lachen, aber auch zum Nachdenken zu bringen, wie hätte er wohl diese Entwicklung beschrieben, dass es kaum noch Zinsen dafür gibt, dass man anderen Geld leiht oder versucht, aus seinem »kleinen Vermögen« ein etwas größeres zu machen? Zur gegenwärtigen Zinssituation würde vermutlich, um es mit Loriot zu sagen, »Früher war mehr Lametta« aus *Weihnachten bei den Hoppenstedts* sehr gut passen.

Zinsen gibt es in der Zwischenzeit bei manchen Geldanlageformen gar nicht mehr. In letzter Zeit musste man sogar noch Geld mitbringen, wenn man beispielsweise in die von mir gerade ins Spiel gebrachten zehnjährigen Staatsanleihen investiert hat, die im Finanzwesen so etwas wie das Maß der Dinge sind. An ihnen orientiert sich die ganze Welt, wenn sie wissen will, wie sich das Zinsniveau in Deutschland und im Euroraum entwickelt. Sie stehen in den Kursteilen der Zeitungen und auf den Startseiten der Finanzportale. Und genau die Rendite dieser zehnjährigen Bundesanleihe sackte zwischenzeitlich ins Negative. Das bedeutet nichts anderes, als dass Anleger, die sie kaufen und bis zum Ende der Fälligkeit halten, garantiert einen Verlust machen. Nur der Vollständigkeit halber: Für Anleihen mit kürzeren Laufzeiten gilt das schon länger. Müller schüttelt den Kopf: »Das kann keine richtige Bewertung sein. Folglich sind die Preise für Anleihen heute zu hoch«, schließt der Finanzprofi daraus. »Das ist eine klassische Fehlbewertung, und das führt zu einer Blase.« Ich finde es spannend, dass auch ein Mann wie Müller das so sieht. Mehr noch: »Fehlbewertungen und Blasen können Jahre dauern«, sagt er nun. »Aber irgendwann gibt es irgendein Ereignis, das zu einer Korrektur führt – die Blase platzt. Und das führt zu einem Schaden.«

In dem Fall wäre noch nicht einmal klar, ob man sein eingesetztes Geld zurückbekommt, geschweige denn die Zinsen. Nennen Sie es ein Gefühl oder eine Vorahnung, jedenfalls spricht Müller Befürchtungen aus, die auch mich umtreiben. Viele Vermögensanlagen sind überbewertet, überteuert. Doch sind die Staatsanleihen wirklich der Markt, auf dem die Relationen von Gewinn zu Risiko am allermeisten auseinandergelaufen sind? »Ja«, sagt Müller, ohne zu überlegen. »Global gesehen unterliegt der Anleihemarkt der größten Fehlbewertung. Die Rendite für englische, japanische oder deutsche Staatsanleihen ist viel zu gering, weil die Renditen durch Kaufprogramme der Notenbanken künstlich niedrig gehalten werden, und deshalb weichen die Anleger in andere Länder aus – mit anderen Bonitätsrisiken. Und die sind alle falsch bepreist.« Was noch?, will ich wissen. »Immobilien sind zum Teil ebenfalls fehlbewertet, hier gibt es große regionale Unterschiede. Bei manchen Immobilienpreisen kann man nur noch staunen. Ein Kaufpreisfaktor, der beim 35-Fachen der Jahresmiete liegt – das war historisch noch nie eine vernünftige Relation. Warum soll sie in der Zukunft vernünftig sein?«

Man merkt an diesen Worten: Immobilien als Anlageform für Privatanleger stehen nicht ganz oben auf der Empfehlungsliste des Bankhauses Metzler. Das hat Gründe, wie der Hausherr, der sich jetzt wieder in das Gespräch einschaltet, ausführt. »Bei Sachwerten denkt der Deutsche sofort an Immobilien, an nichts anderes.« Von Metzler kann diese Begeisterung für das Betongold nur bedingt verstehen. Nach seiner Einschätzung rechnen da viele nicht genau genug. Diverse Vorschriften, etwa zum Brandschutz, und technologische Entwicklungen machen ein Haus im Lauf der Jahre viel teurer, als man denkt, denn sie erfordern immer wieder Investitionen.

Problematisch sieht von Metzler auch den Mieterschutz. Getragen von einer guten Absicht, verkehrt er sich leicht ins Gegenteil. Der Bankier erklärt das Problem. »Der Gesetzgeber will die Mieter schützen. Damit hat er aber den Bau von Mietwohnungen reduziert.« Denn die Logik, die dahintersteckt, ist simpel: Ein erhöhter Mieterschutz schreckt Investoren ab. »Diese eigentlich soziale Absicht wirkt sich wiederum unsozial aus. Hätte der Gesetzgeber nicht eingegriffen, hätten wir heute vermutlich einen besseren Markt für Mietwohnungen.«

»Wir Deutschen sparen falsch«

Kritik an den politisch Handelnden – aus von Metzlers Mund eher eine Seltenheit. Er scheut sich nicht, seine Meinung kundzutun, doch formuliert er selten Kritik direkt. Vielmehr sieht er sich in der Tradition seines Hauses als Mittler zwischen den Welten, zwischen Politik, Wirtschaft und Kunst. Er bringt die Parteien an einen Tisch. So zurückhaltend er sich beim Thema Kritik üblicherweise verhält, nun greift er gleich noch einen weiteren Punkt auf: »Wir Deutschen sparen falsch«, sagt er. Anders als der Sachwert Immobilie stößt die Aktie hierzulande insgesamt auf geringe Gegenliebe. Wir sparen zu wenig in Aktien. Das mag seine Ursache auch darin haben, dass es mit der finanziellen Bildung in Deutschland nicht zum Besten bestellt ist. »Von der Schuldbildung könnte man ganz sicher mehr erwarten. Aber man darf auch nicht unterschätzen, wie wichtig das Elternhaus ist. Am meisten haben meine Schwester und ich beim Mittagessen von unserem Vater gelernt – er sprach gern und leidenschaftlich über die Bank. Auch wir haben uns bei vielen Gelegenheiten mit den Kindern übers Geschäft unterhalten, sodass sie schon sehr viel Wissen über Banken, Finanzen und Wirtschaft mitbekommen haben.«

Tatsächlich ist das Elternhaus ganz wichtig für den späteren richtigen Umgang mit Geld. Dabei kommt es nicht darauf an, dass der Vater Banker ist. Viel wichtiger ist, dass in der Familie über Geld gesprochen wird. Geld darf nicht zu einem Rätsel werden. Kinder sollen und dürfen mitbekommen, dass in der Familie mit Geld gehaushaltet werden muss. Das Wissen zur Geldanlage von Generation zu Generation weitergeben, darum geht es den von Metzlers. Dazu zählt bis heute ein wichtiger Grundsatz, den – wie Friedrich von Metzler jetzt erzählt – auch sein Vater beherzigt habe: »Mein Vater hat regelmäßig in Aktien angelegt. Damit ist er gut gefahren. Wer regelmäßig in Aktien anlegt, kann langfristig eigentlich nicht schiefliegen. Natürlich müssen die Aktien sorgfältig ausgewählt werden. Regelmäßig sparen heißt auch, sich von Tiefphasen nicht abschrecken zu lassen. Aus den regelmäßigen Anlagen meines Vaters ist inzwischen ein Sicherheitspolster für uns alle gewachsen. Und das steht im Notfall der Bank zur Verfügung.«

War die Finanzkrise vorhersehbar?

Da haben wir es wieder: Familie, Bank. Bank, Familie. Und so ist das Sicherheitspolster sicherlich auch ein Grund, warum es die Bank nach über drei Jahrhunderten immer noch gibt. Es liegt nahe zu fragen, ob dieses Sicherheitspolster geholfen hat, besser als andere die jüngste Finanzkrise zu überstehen. Auch will ich wissen, ob das Privatbankhaus das Unheil hat kommen sehen und besser darauf vorbereitet war. Emmerich Müller antwortet: »Dass sich da etwas anbahnt, war kaum zu übersehen. Der Häusermarkt in den USA war überhitzt, da bildete sich eine große Blase. Nur in welcher Form sie zum Platzen kommen würde, das wusste man nicht.«

Nach all dem, was ich bislang mitgenommen habe aus diesem Gespräch, überrascht mich die Antwort kaum noch. Und doch arbeitet es in mir. Selbst wenn man diese Weitsicht hat und das Unheil kommen sieht, kann man sich dagegen wirksam schützen? Ich meine, man kann ja nicht einfach alle Anlagepositionen seiner Kunden auflösen. Und selbst wenn, wer hätte einem mit Sicherheit sagen können, dass man mit Bargeld besser durch die Krise kommt? Niemand. Was also macht man in einer solchen Situation, wenn man weiß, da ist was faul? »Natürlich macht man sich Gedanken darüber, welche Kette sich in Bewegung setzen wird. Aber genau kann auch das niemand wissen. Wir sind bei ein paar Grundsätzen geblieben. Entsprechend hatten wir keine Subprime-Anleihen« – diese verschachtelten Anlageprodukte, die die Finanzkrise auslösten, und deren schadhafte Sprengkraft habe ich ja bereits an anderer Stelle beschrieben – »und haben somit Risiken vermieden.« Und als hätte diese Aussage nicht bereits Gewicht genug, unterstreicht Friedrich von Metzler sie noch: »Wir hatten sie nicht, und wir hatten es auch nie vorgehabt.« Jetzt merkt man, wie sich die beiden Bankiers den Ball zuspielen. »Weil wir immer gesagt haben«, fährt Müller nun fort, »es ist grob unvernünftig. Es kann nicht sein, dass Schrottanleihen ein AAA-Rating haben. Das ist absurd.«

Doch war es wirklich so offensichtlich und so einfach? Konnte jeder die Muster des herannahenden Unheils erkennen? Mich interessiert das, weil es sich im Nachhinein immer so einfach anhört: Hier die Klugen, dort die Gierigen. Hätte man die Gefahr tatsächlich eher erkennen können? Und hätten nicht viel mehr Banken die Finger von diesen gefährlichen Papieren lassen müssen? Müller antwortet darauf sehr selbstsicher. »Das gute Rating hat bestimmt viele in Sicherheit gewiegt. Und viele haben auch an die Granularität der Risiken geglaubt.« Soll heißen, sie glaubten, die Risiken seien so breit gestreut, dass, sollte etwas passieren, in den Büchern der Banken und natürlich auch bei den Kunden kaum etwas zu spüren sein werde. Was für eine Fehleinschätzung, denke ich.

»Wir waren damals sehr, sehr vorsichtig«, erklärt von Metzler. »Vielleicht aufgrund unserer Wertvorstellungen, die wir eben doch als Familienunternehmen haben. Unser Ziel ist es, die Bank von einer Generation an die nächste zu geben. Das ist ein anderer Ansatz als das Schauen aufs Quartalsergebnis. Uns interessiert die langfristige Rendite mehr als kurzfristige Erfolge.«

Qualität statt Quantität

Da ist er wieder, der typische Metzler-Ansatz. Der nachhaltige Ansatz. Mit »Langeweile« komme ich Ihnen jetzt aber nicht noch einmal. Ich bin überzeugt, dass es in den Septembertagen des Jahres 2007 auch im Bankhaus Metzler alles andere als langweilig war. Denn bei aller, wie es manchmal scheint, Betulichkeit wird gern übersehen: Das Geldinstitut ist mehr als ein Vermögensverwalter reicher Familien oder Unternehmer. Institutionelle Anleger wie Versicherungen und Pensionsfonds sind nach Anzahl und Volumen die wichtigeren Kunden. In Asien betreut Metzler Investoren, die ihr Geld in Europa anlegen wollen. Auch Zinsgeschäfte und Währungsabsicherungen gehören zum Repertoire der Bank. »Wir sind ja auch in der Welt unterwegs«, sagt Müller. »Wir müssen Geschäfte abwickeln. Wenn wir Wertpapiere für einen Kunden kaufen, kann man nur hoffen, dass die Lieferung gegen Zahlung auch funktioniert und der Kontrahent morgen noch da ist. Da kann viel passieren, wenn auch nicht unmittelbar bei uns, so doch mittelbar. Manch größere Devisentransaktion geht rund um die Welt – etwa beim gleichzeitigen Handel in US-Dollar und Yen. Eine solche Abwicklung braucht ein paar Stunden. Das sind mehr oder weniger dunkle Fenster. Wenn in diesen Stunden der Kontrahent wegfällt, dann ist das ein Problem. Wem kann man noch vertrauen? Das Thema Vertrauen ist äußerst wichtig.«

Was haben die beiden Bankiers wohl wirklich gedacht in jenen kritischen Tagen, wenn sie aus ihren Fenstern auf die

Türme der anderen Banken schauten? Ich kann an dieser Stelle darüber nur spekulieren. Spätestens aber als die amerikanische Regierung Lehman Brothers fallen ließ, muss vor allem Friedrich von Metzler ein Schauer über den Rücken gelaufen sein. Denn eines war dem krisenerprobten Patriarchen sicherlich klar: Das würde für die Finanzwelt – und nicht nur für die – einen Schock bedeuten. Und tatsächlich: Friedrich von Metzler nickt zustimmend. »Damals standen die Räder erst mal still. Die Liquidität kam nicht sofort in den Markt. Jeder hielt seine Investitionen zurück. Bis dann die Notenbanken wieder für Liquidität im System sorgten.« Nach einem kurzen innerlichen Durchatmen, als wäre dies alles erst gestern gewesen, wird von Metzler, ohne seine Tonlage zu verändern, deutlich: »Es gibt wirklich Produkte, die für den Kunden gefährlich sind und die für den Markt gefährlich sind.« Mit Blick auf sein eigenes Haus fährt er fort: »Hier hat keine Abteilung, kein Team irgendeine Vorgabe, wie viel sie innerhalb einer gewissen Zeit verdienen müssen. Wir verfolgen eine langfristige Strategie, bei der wir natürlich auch verdienen wollen, aber wir steuern diese Strategie nicht ausschließlich nach dem Prinzip der Gewinnmaximierung. Dann nämlich hat man schnell das Problem, dass man nicht mehr auf die Qualität der Produkte und der Kundenbetreuung achtet. Aber das Thema ist doch letztlich, was hat man gemeinsam für Wertvorstellungen? Was hält man verlässlich für richtig oder falsch? Und wenn man das hat, dieses Wertegerüst, hält man den Druck auch länger und besser aus.« Aber er gibt zu: »Natürlich mussten wir uns von unseren Kunden manche Kritik anhören.«

Klar kann man sich vorstellen, dass die Bank damals gehörig unter Druck stand. Überlegen Sie einmal: Die großen Banken, wie Goldman Sachs, Deutsche Bank und wie sie alle heißen, verkaufen diese Subprime-Papiere und erwirtschaften damit für ihre Kunden beachtliche Renditen, nur das – mit allem Respekt – kleine Bankhaus Metzler macht das nicht und erzielt dadurch für seine Kunden weniger Wertzuwachs. Wenn Sie nicht wissen, dass das dicke Ende noch kommt – und damals konnte das niemand einschätzen –, dann haben Sie es schwer.

Werte und Wissen

Auch Emmerich Müller kann sich an jene angespannten Tage und Wochen vor dem Knall noch gut erinnern. Sie durchzustehen war nicht einfach. Nicht anzufangen zu wackeln und doch noch auf den Kurs der anderen Häuser einzuschwenken. Doch das von Friedrich von Metzler bereits angesprochene Wertegerüst, sagt er, hat ihm und den Mitarbeitern sehr geholfen, Kurs zu halten. Auch bei schwerer See. »Es stellt sich generell die Frage«, weitet Müller das Thema jetzt aus, »welche Werte sind in unserer Gesellschaft vorhanden? Wie werden Werte geschätzt? Welche sozialen Kontrollen gibt es? Wir haben ja auch Fehlverhalten in anderen Berufen. Ich glaube, das Thema Werte als Grundkompass in sich zu tragen, um zu entscheiden, was mache ich und was nicht, ist etwas ganz, ganz Wichtiges. Wenn in der Bildung sehr viel Wissen vermittelt wird, aber keine Wertvorstellungen, dann ist das problematisch.« Spontan denke ich an Rainer Voss, den ehemaligen Investmentbanker, den ich Ihnen in einem anderen Kapitel dieses Buches vorstelle. Voss erzählt unter anderem genau diese Geschichte: von den Handelsräumen in London und andernorts, in denen 200 Leute sitzen, deren einziger gemeinsamer Nenner ist, wer heute wie viel verdient. Als Wertegerüst ist das auf Dauer einfach zu wenig.

Von Metzler nickt zustimmend. Ganz wesentlich sei die Haltung der Mitarbeiter. Nicht von ungefähr eilt dem Bankier in Finanzkreisen der Ruf voraus, bei der Auswahl von Mitarbeitern ein gutes Händchen zu haben. Auch das scheint er geerbt zu haben. »Wenn mein Vater gefragt wurde, nach welchen Kriterien er jemanden fürs Haus auswählt, antwortete er: Das erste Kriterium seien die drei großen Cs – Charakter, Charakter, Charakter. Und wir sagen unseren jungen Leuten, ihr sollt unternehmerisch und verantwortungsvoll denken, und ihr müsst die richtigen Werte haben.«

Von Metzler sieht einen direkten Zusammenhang zwischen der Tradition seines Hauses und den von ihm ins Spiel gebrachten Werten. Werte sind ein Teil der Tradition, Werte lebt man. Und deswegen, sagt er, ist es auch so wichtig zu schauen, was in der Vergangenheit geschehen ist, um zu vermeiden, dass sich Fehler wiederholen. »Im letzten Jahrhundert haben wir Deutschen zweimal Geld mit der Anlage in mündelsicheren Papieren verloren.« »Mündelsichere Wertpapiere« – dieser Begriff wird heute nicht mehr häufig verwendet. Im Wesentlichen steht er für Pfandbriefe, Unternehmens- und Staatsanleihen. »Zweimal haben wir durch die Hyperinflation alles verloren. Aber aus der Geschichte kann man eben lernen.« Und wieder kommt von Metzler auf seinen Vater zu sprechen. »Mein Vater hat immer gesagt, die Regierungen und die Notenbanken haben gelernt. Wenn wieder so etwas kommt wie die 30er-Jahre-Krise, die Weltwirtschaftskrise, dann werden sie Liquidität ins System geben. Denn damals haben sie wie gute Hausväter das Geld für sich behalten, und dadurch kam eine unglaubliche Weltwirtschaftskrise, weil kein Geld vorhanden war. Das war eine Liquiditätskrise, die dieses Mal vermieden wurde. Und so kann man aus der Geschichte lernen – auch wenn die Situation heute natürlich komplexer erscheint und wiederum andere Probleme mit sich bringt. Es würde uns heute nicht mehr geben, wenn wir nicht so langfristig aus der Geschichte gelernt hätten.« Von Metzler hält es daher für wichtig, das Finanzwissen in Deutschland zu fördern, »damit wir für künftige Krisen besser gewappnet sind. Mithilfe historischer Muster lässt sich manch alter Fehler vermeiden.« Und so hat das Bankhaus Metzler zusammen mit der Pariser Bank Edmond de Rothschild eine Gastprofessur in Financial History am House of Finance der Frankfurter Goethe-Universität gestiftet. Diesen Forschungszweig gab es bislang nur in Bonn, sonst an keiner Universität in Deutschland.

Krisen und Aktien

Für sich und seine Bank hat von Metzler längst Vorsorge getroffen. »Unser Eigenkapital ist höher, als es nach den Regularien sein müsste«, sagt der Bankier. »Als Sicherheit für Krisen, die noch kommen werden. Wir wissen zwar nicht, wann sie kommen und wie schwerwiegend sie sind, aber *dass* sie kommen, wissen wir.« Das jedoch scheint längst nicht allen klar zu sein. »Wir wundern uns immer, warum es in Deutschland überhaupt keine Aktienmentalität gibt. Aktien haben die Krisen im letzten Jahrhundert überlebt. In Deutschland glauben viele Menschen, mit Aktien spekuliert man. Nein, in Aktien investiert man, und zwar langfristig. Sicher muss man manchmal auch verkaufen, wenn etwa politische Ereignisse im Raum stehen wie die geänderte Energiepolitik. Oder wenn man merkt, Nachfolgefragen sind nicht gelöst oder eine Geschäftsstrategie stimmt nicht mehr. Diese langfristigen Dinge muss man beobachten. Aber interessanterweise ist in unseren Depots wenig Umsatz. Teilweise werden Aktien über viele Jahre gehalten.« Mit einem Anflug von Verzweiflung kommt er darauf zurück, dass so wenig Deutsche Aktien halten. Allerdings: »Die aktuelle Situation könnte der Anfang einer Veränderung sein. Weil man an Zinspapieren, wie beispielsweise Staatsanleihen, nichts mehr verdient. Daher wenden sich unsere institutionellen Kunden stärker der Aktie zu. Unsere Privatkunden haben sie sowieso. Aber auch insgesamt machen sich die Menschen mehr Gedanken über Aktien.«

Schön und gut, denke ich, der Aktien auch keineswegs als schlecht sieht, nur: Ist jetzt der richtige Zeitpunkt zum Einstieg? Besteht da nicht wieder Gefahr, dass viele Aktienneulinge ins offene Messer laufen? Schließlich ist der Dax zuletzt schon ordentlich gestiegen. Meine beiden Gesprächspartner wissen natürlich, wovon ich spreche. Anfang dieses Jahrtausends boomte der Aktienmarkt. Es war unter anderem die Zeit des Börsengangs der Deutschen Telekom und des Neuen Markts. Jeder Deutsche wollte auf einmal Aktien haben. Die meisten stiegen zu Höchstständen ein. Das bemerkten sie allerdings erst, als es zu spät war und der Markt einbrach. Viel Vertrauen wurde damals verspielt. Jetzt schwenken sie möglicherweise wieder auf Aktien ein und verbrennen sich unter Umständen erneut die Finger. Und ich schaue dabei Emmerich Müller an, der vorhin ja noch referierte, dass zahlreiche Marktsegmente nicht mehr richtig bewertet seien.

Müllers Antwort fällt wenig überraschend aus. Langfristig orientierten Anlegern wird man im Bankhaus Metzler immer zu Aktien raten, doch er kommt noch auf einen anderen Punkt zu sprechen, der ihm wichtig erscheint: »In der Formulierung Ihrer Frage schwingt noch ein anderer Aspekt mit. Wir haben in Deutschland ein Problem damit, für eine Dienstleistung im Finanzbereich angemessen vergütet zu werden. Über Jahrzehnte ging die Entwicklung dahin, dass alles umsonst sein soll, etwa die Kontoführung. Dazu haben die Banken viel selbst beigetragen. Es kann nicht sein, dass diese Dienstleistung nichts kostet. Die Bereitstellung und Führung eines Kontos bedeutet Aufwand, also muss dafür auch bezahlt werden.« Ich weiß, worauf er hinauswill. »Also werden die Kosten woanders hingeschoben – eben in die Produktentwicklung. Dementsprechend war es attraktiv, Produkte zu produzieren, mit denen sich möglichst viel verdienen ließ. Und das ist leider völlig intransparent. Die Millionen Produkte, die wir am Markt haben, braucht kein Mensch.« Müller spricht völlig zu Recht das Thema an, dass viele Bankberater eher zurückhaltend sind, wenn es um Aktien geht. Auch von Metzler steigt auf diesen Gedanken ein. »Vor allem eine Verschleierung ist das«, erregt er sich. Statt Aktien werden lieber Aktienanleihen oder andere Zertifikate verkauft. »Da wird gesagt: mehr Rendite, weniger Risiko. Und beides stimmt nicht.« Mich drängt es danach, zu fragen, ob denn ein Finanzprofi wie von Metzler all diese Produkte, die auf dem Markt sind, versteht. Seine Antwort ist einfach und zugleich überraschend. »Man kann sie alle verstehen. Aber die meisten verkaufen wir nicht, eben weil wir sie verstehen.«

Zu großes Vertrauen in den Staat

Unwissenheit, verdrehte Kapitalmärkte, historisch niedrige Zinsen. Reinen Wein einzuschenken macht die Kapitalanlage nicht gerade leichter. Und doch, denke ich mir, ist es wichtig, die Zusammenhänge zu begreifen. Denn das eigene Verstehen ist nach meiner Überzeugung besser als jeder Verbraucherschutz. Ich merke allerdings, dass Emmerich Müller noch nicht fertig ist mit dem »reinen Wein einschenken«. Er zitiert eine Statistik der Europäischen Zentralbank aus dem Jahr 2014, die erneut einen Aha-Effekt bei mir auslöst. »Die Vermögensverhältnisse in manchen südlichen Ländern Europas sind demnach so, dass pro Kopf die Menschen dort mehr Vermögen haben als die Menschen in Deutschland. Obwohl das Einkommen in Deutschland höher ist. Das ist ja eigentlich verblüffend. Das hat sehr viel damit zu tun, dass die Deutschen – aus welchen Gründen auch immer – stets an ihren Staat glauben und an die Zusagen des Staats. Historisch ist das nicht gerechtfertigt. Und obwohl sie im 20. Jahrhundert zweimal alles verloren haben, was Geld war, investieren sie zu wenig in Sachvermögen.« Sie merken es, jetzt greift der Finanzprofi wieder auf seine griffige Unterscheidung zurück: Bei allen Finanzinnovationen gibt es eigentlich nur zwei verschiedene Anlageformen, Nominal- und Sachvermögen. »In Ländern, in denen man weniger Vertrauen in den Staat hat, führte das Misstrauen dazu, dass die Leute erstens nicht steuerehrlich waren, zweitens in Sachvermögen investiert haben. Wer permanent die Entwertung der Lira oder der Drachme erlebt hat, steckte sein Geld lieber ins eigene Haus. Deshalb haben viele Südeuropäer eine höhere Eigentumsquote als wir Deutschen, die wir immer glauben, wir könnten uns auf den Staat verlassen.«

So gesehen ist – zur Beruhigung aller Immobilienfreunde – das Investieren in ein Haus oder in eine Eigentumswohnung doch nicht das Schlechteste. Der Bankier will noch auf einen anderen Punkt hinaus: auf die gesetzliche Rente und dass das Vertrauen darauf immer noch zu groß sei, was negative finanzielle Folgen für die Bevölkerung haben dürfte. Zu wenig Geld sei in Deutschland in Aktien investiert und – trotz der Vorliebe – unterm Strich auch zu wenig in Immobilien. Es klemmt beim Sachvermögen, wie Müller weiß: »Die deutschen Privatvermögen sind überwiegend in Nominalwerten angelegt. Wenn Sie sich die Statistiken der Bundesbank anschauen, dann liegen locker 75 Prozent des Vermögens auf den Spar- und Festgeldkonten, in Anleihen oder bei den Lebensversicherern.« Und dass das Geld in Lebensversicherungen angelegt ist, so Müller, macht es auch nicht unbedingt besser, denn auch die Lebensversicherungskonzerne müssen überwiegend in Anleihen investieren. »Die Lebensversicherungen dürfen wegen der gesetzlichen Vorgaben nur eingeschränkt in Aktien investieren. Das ist langfristig ein Riesenproblem.«

Zumindest zwei der drei Säulen der Altersvorsorge sind, so der Bankier, angeknackst. Ob man sich auf die gesetzliche Rente verlassen kann, ist schon lange mehr als fraglich. Zweifel dürften auch angebracht sein, ob das beliebte Ergänzungsprodukt Lebensversicherung für einen gesicherten Lebensabend ausreichend ist, zumal mit Blick auf die gerade erwähnten Regulierungsvorgaben. Die dritte Säule, die betriebliche Altersvorsorge, kommt allmählich in die Gänge, da ist von Metzler zuversichtlich. »Sie kommt zwar spät, aber wenn mit regelmäßigen Anlagen am Aktienmarkt angelegt wird, ist sie auf dem richtigen Weg.«

»Die Absicherung im Alter bleibt aber langfristig ein großes gesellschaftliches Problem, insbesondere mit Blick darauf, dass die Gesellschaft insgesamt älter wird.«

Müller hat das Talent, für immer tiefere Sorgenfalten auf meinem Gesicht zu sorgen. Was er mit seiner Analyse sagen will, ist nicht weniger, als dass man sich darauf einstellen müsse, dass in Zukunft nicht alle Leistungsversprechen eingehalten werden können. Daraus leitet sich die nächste wichtige Frage ab: Auf welche Beine kann ich meine Altersvorsorge überhaupt noch ruhigen Gewissens stellen? Auch ich habe mir diese Frage schon häufiger gestellt. Würde ich heute, mit über 50, noch einmal so entscheiden wie mit Anfang 20, als ich meine Altersversorgung über das Presseversorgungswerk auf einer Lebensversicherung aufgebaut habe? Zugegeben, eine hypothetische Frage, und man kann nur hoffen, dass nicht alle drei Säulen gleichzeitig versagen.

Müller wirft für seine Argumentation ebenfalls einen Blick in die Vergangenheit. »Nun ist das historisch gesehen nichts Neues, dass gegebene Versprechungen für die Zukunft nicht eingehalten werden konnten. Deutsche Fürsten haben wiederholt ihre Versprechen gebrochen. Das deutsche Sprichwort, jemand sei von echtem Schrot und Korn, kommt aus der Numismatik: Schrot war das Gewicht der Münze, Korn sein Feingehalt, also der Anteil des Edelmetalls. Und die deutschen Fürsten haben genauso wie die Römer nach den Punischen Kriegen schon immer ihre Münzen verfälscht, indem sie eben den Anteil des Edelmetalls reduziert haben.« Macht nicht besonders viel Mut für die Zukunft. Davon unbeeindruckt, geht Müller noch einen Schritt weiter: »Ich stelle mal die These auf: Die Verpflichtungen sind nicht erfüllbar.« Nüchtern beschreibt er die möglichen Folgen. Ich darf es vorwegnehmen: Reizvoll hört sich das alles nicht an. »Zunächst einmal: Die Rentenansprüche werden gekürzt. Das hat der Gesetzgeber ja auch schon real gemacht mit dem Kürzen von Pensionsansprüchen und dem Heraufsetzen des Renteneintrittsalters, das vermutlich noch steigen wird.« Oder – und jetzt kommt eine von vielen denkbaren Alternativen, die manche Deutsche von früher her kennen – die Ansprüche werden weginflationiert. Ich bekomme zwar noch meine Rente oder meine Lebensversicherung, doch die Beträge sind, salopp formuliert, nicht mehr das Papier wert, auf dem sie stehen. »Was wir jetzt erleben, ist im Prinzip eine Variante davon, nämlich die Manipulation der Zinsen auf ein so niedriges Niveau, dass der Zins geringer ist als die Inflationsrate.«

Inflation in einem anderen Gewand

Der Fachmann spricht hier von »Finanzrepression«. Und sicher haben Sie das auch schon in den Zeitungen gelesen: Dem Staat mit seinen hohen Schulden kommen die historisch niedrigen Zinsen wie gerufen; die Leidtragenden sind die Sparer, deren Vermögen auf dem Bankkonto Woche für Woche weniger wert wird. Müller bestätigt. »Das hat die gleiche Wirkung wie eine Inflation, die Finanzrepression kommt nur in einem moderateren Gewand daher.« Müller nennt die Dinge beim Namen. »Das Geld wird umverteilt. Irgendjemandem muss etwas weggenommen werden. Entweder dem, dem etwas versprochen wurde, oder dem Sparer oder Steuerzahler. Und am besten geschieht das intransparent, damit mich keiner dafür verhaut. Das wird uns in der einen oder anderen Form noch Jahrzehnte beschäftigen.«

Für Müller ist diese Analyse geschäftliches Handwerk. So wie auch für Sahra Wagenknecht. Beide operieren mit denselben Fakten. Beide haben eine relativ ähnliche Vorstellung von der Zukunft; zumindest was sich da in finanzieller Hinsicht zusammenbraut. Beide sprechen sie von »wegnehmen« und »umverteilen«. Wie sie das für ihre beruflichen Ziele nutzen, ist an dieser Stelle nicht relevant. Wichtig ist mir vielmehr, dass Sie sich ein eigenes Bild machen können.

Mir selbst ging es in diesem Gespräch häufig so wie Ihnen vermutlich das ein oder andere Mal beim Lesen auch. Kann ich überhaupt noch erkennen, was richtig ist in der Geldanlage und was falsch? Vielleicht denken Sie folgerichtig: Die Finanzmärkte spielen verrückt. Der Staat sitzt eh am längeren Hebel. Es bleibt sowieso nicht genügend übrig, egal, was ich mache. Lassen Sie mich dazu nur eines sagen: Keiner weiß, wie es wirklich kommt. Emmerich Müller hat es selbst eingangs gesagt: runter vom hohen Ross. Man kann eine Meinung haben, aber von Wissen kann keine Rede sein. In der Konsequenz sollte man sein Vermögen diversifizieren. Das ist sicher der wichtigste Ratschlag, den dieses Kapitel Ihnen geben kann.

Denken Sie darüber nach, ob Sie Ihre Rücklagen richtig verteilt haben. Vielleicht lohnt es sich, über den Verteilungsschlüssel Nominal- und Sachvermögen noch einmal nachzudenken. Sich zu kümmern war schon immer besser als wegzuschauen.

Nachfolgeregelung ein Glücksfall

Bevor ich das Bankhaus Metzler verlasse, treibt mich noch eine Frage um, und die stelle ich dem Hausherrn. Fiel es schwer, das Zepter an den Nachfolger zu übergeben? Zumal an einen Familienfremden? »Nein, gar nicht«, antwortet von Metzler mit einem schelmischen Lächeln auf den Lippen. »Ihm ist es schwergefallen.« Er deutet auf Emmerich Müller. »Zwölf Jahre kannten wir uns schon, bevor er sich für uns entschieden hat. Als ich Emmerich kennenlernte, habe ich schnell erkannt, welche Werte er vertritt – und wie gut er das Bankgeschäft kennt. Also in einer Sache war ich doch erfolgreich: in der Nachwuchs- und Nachfolgefrage. Wir sind sechs Partner und verstehen uns alle gut. Die anderen sind noch jünger als Emmerich, aber auch schon lange in der Bank. Die Bank würde sich auch sehr gut weiterentwickeln, ohne dass ein Metzler hier tätig ist.« Allerdings scheint dieses Thema nicht virulent zu werden. Seine Kinder Elena und Franz haben bereits Aufgaben in der Bank übernommen. Was von Metzler vielmehr meint: Es ist nicht nötig, dass ein Metzler an der Spitze der Bank steht. Emmerich Müller will es damit aber nicht bewenden lassen. »Wir empfinden die Tätigkeit der Metzlers, ihre Verbundenheit als einen hohen Beitrag für unsere Banktätigkeit. Auch wir haben ja ein großes Interesse an der Nähe zur Familie. Wir empfinden die Familie als eine Bereicherung für das Unternehmen und für das Geschäft.«

So sind sie wohl bei den Metzlers. Gestritten wird nicht. »Wir haben eine gute Diskussionsmentalität«, entgegnet der Senior dazu. Und noch eines ist ihm wichtig – und damit gebührt ihm das Schlusswort: »Ich hoffe, dass es viele Mitarbeiter in unserem Haus gibt, die stolz sind, dass wir 343 Jahre überlebt haben und dass es uns heute gut geht. Und dass sie weiter dazu beitragen, dass das Licht hier noch lange brennt. So wie auch in der Vergangenheit die Mitarbeiter in ihrer Zeit die Bank gut entwickelt haben. Ich bin zuversichtlich, dass alle in unserem Haus weiterhin optimistisch für die Zukunft sind.«

RAINER VOSS

»Ich weiß, dass es nicht die Gier ist. Jedenfalls nicht die Gier nach Geld.«

Zur Person:
Rainer Voss' Karriere begann in einer Kleinbank und endete ganz oben als Investmentbanker. Kurz vor Ausbruch der Finanzkrise kündigte er den gut dotierten Job. Er fühlte sich nicht mehr in der Lage, ihn auszuüben. Der Film Master of the Universe *macht Rainer Voss einer größeren Öffentlichkeit bekannt. Als einziger Darsteller der Dokumentation berichtet er ausführlich über seine Erfahrungen in den oberen Zirkeln der großen deutschen Investmentbanken. Heute ist er Privatier, hält Vorträge und tritt immer öfter in Talkshows auf.*

Im Sommer war ich mit meiner Frau in der Lüneburger Heide wandern, als wir gegen Abend auf einen Schäfer mit seinem Hund und einer großen Herde trafen. Wir unterhielten uns kurz mit dem Mann, der aber sehen musste, dass er den Anschluss an seine Herde nicht verlor, denn die Schafe hatten es ganz offensichtlich eilig. Sie wollten jetzt ans Wasser, wie der Schäfer uns noch zurief. An Schafe zu denken, wenn man ein Buch über Geld schreibt, ist nichts Ungewöhnliches. Assoziationen gibt es zuhauf. Kapitalanleger, die alle in dasselbe investieren, folgen dem Herdentrieb. Betrügerische Anlageberater, die einem ein riskantes oder minderwertiges Produkt andrehen, sind die schwarzen Schafe der Branche. Und den Wolf im Schafspelz, den haben wir nach dem großen Finanzcrash ken-

191

nengelernt. Viel zu spät. Erst als Tausende dummer Schafe gerissen waren, haben wir erkennen können, wer dieses Unheil angerichtet hat: die Investmentbanker, »the wolves of Wall Street«, die mit ihrem verantwortungslosen Treiben die Finanzkrise ausgelöst hatten. Und die am Tag des Zusammenbruchs mit schwenkenden Golfschlägern aus ihren Büros flüchteten, als wollten sie sagen: Was wollt ihr denn? Wir haben unsere Geschäfte gemacht. Nach uns die Sintflut. Wir haben unser Schäfchen im Trockenen.

Ist Ihnen das zu schwarz-weiß? Sie haben recht. Die Welt hat Grautöne. Das gefällt uns nicht immer, weil es anders schön einfach wäre: hier die Guten, dort die Bösen. Oder im Finanzjargon: Die Gierigen und Rücksichtslosen auf der einen Seite und die guten Privatbanker, die ich im vorigen Kapitel – ich weiß nicht, ob es Ihnen aufgefallen ist – immer nur als »Bankiers« bezeichnet habe, auf der anderen Seite. So einfach ist die Welt nicht. Schließlich gibt es auch unter den Privatbankiers schwarze Schafe, ich erinnere nur an das Bankhaus Sal. Oppenheim. Genauso können weiße Schafe dunkle Flecken in der Wolle haben und schwarze Schafe ihren Pelz reinwaschen.

Ein Herr des Universums

Rainer Voss lerne ich in Abhängklamotten und Wollsocken kennen. Auf dem Sofa liegend, schaue ich mir den Film *Master of the Universe* an. Ein preisgekrönter Dokumentarfilm, in dem ein Investmentbanker erstmalig aus dem Nähkästchen plaudert, Einblicke gewährt in die Welt der Goldjungen, die über Jahrzehnte ihren Geldhäusern enorme Gewinne bescherten. Ein hoch spannender Film, in dem es Regisseur Marc Bauder gelingt zu zeigen, wie sie wirklich ticken, die Investmentbanker, einzudringen in ihre Psyche. Er nimmt den Zuschauer mit in die abgeschottete Welt der Banker, in deren inneren Kreis, in dem die Finanzelite unter sich ist und deshalb die Folgen ihres Tuns für die Gesellschaft nicht mehr erkennt. Der ganze Film spielt an einem einzigen Ort, in einem leer stehenden

Frankfurter Banktower, und schildert die Erlebnisse eines Mannes, der das alles hinter sich gelassen hat: eben jener Rainer Voss.

Obwohl der Film beinahe spartanisch daherkommt, ohne große *action*, ohne schnelle Schnitte und reißerischer Musik, blieb ich bis zum Schluss dran. Für mich war klar, den Protagonisten will ich kennenlernen. Ich ahnte: Rainer Voss hat noch viel mehr zu erzählen, und vor allem hat er eine ganz besondere Sicht auf die Dinge. Eine Sicht auf das Geld, wie sie nur wenige haben. Vor allem aber suchte ich das Gespräch mit ihm, weil ich wusste, dass Voss nicht einer der Investmentbanker war, der vom Hof gejagt wurde, als es der Branche an den Kragen ging, nein: Voss quittierte seinen Job, weil er reflektierte. Als er einmal damit angefangen hatte, die Dinge zu hinterfragen, konnte er seinen Beruf, den er einst geliebt hatte, nicht mehr ausüben. Zu vieles sah er, was ihn zweifeln ließ an dem *big picture*, an dem großen Ganzen, an der Richtigkeit seines Handelns.

»Master of the Universe«, das war Voss jahrelang – und irgendwie war er es auch nicht. Zum ersten Mal umschreibt Tom Wolfe in seinem Roman *Fegefeuer der Eitelkeiten* die spezielle Berufsgruppe der Investmentbanker mit diesem Begriff. Denen gefällt die Umschreibung, Herren des Universums zu sein, so gut, dass sie sich fortan selbst so bezeichnen. »Man muss nicht ›Master of the Universe‹ sein, um in diesem Beruf erfolgreich zu sein«, sagt mir Voss während unseres Gesprächs, »aber viele denken das.« Er habe sich nie so gefühlt. Oder vielleicht doch? Wer war Rainer Voss früher wirklich? Was hat er gesehen und erlebt, das ihn zweifeln ließ? Und vor allem: Wie hat das ihn und seine Einstellung zu Geld verändert? Ich will es herausfinden.

Michael Douglas spielt 1988 in *Wall Street* einen Prototypen dieses risikobereiten, eiskalten Glücksritters, den knallharten Spekulanten Gordon Gecko; mit streng zurückgegelten Haaren und breiten Hosenträgern. Voss wird sozialisiert in dieser Zeit. »Ich muss gestehen: Ich hatte auch mal breite Hosenträger und zurückgegelte Haare.« Er schmunzelt. So wie Gordon Gecko sei er trotzdem nie gewesen. Kann ich mir auch nicht wirklich vorstellen, wenn ich den Mittfünfziger mit seinem Schal so sehe. Der äußere Eindruck täuscht ja manchmal, aber arrogant, gierig, besessen vom schnellen Geld, nichts von alledem, was Gecko ausmachte, beschreibt Voss. Voss wirkt auf mich eher wie ein Wissenschaftler, vielleicht auch deswegen, weil er in den letzten Jahren viele Wissenschaftsbücher gelesen hat. Ich kann ihn mir überhaupt nicht als den wild feiernden Party-löwen vorstellen, der es ordentlich krachen ließ. Natürlich gibt er während unseres Gesprächs zu: »Es interessiert Sie doch überhaupt nicht mehr, wie hoch eine Restaurantrechnung aus-fällt oder ob man etwas woanders ein paar Hundert Euro güns-tiger bekommt.«

Daraus leitet sich diese gewisse Arroganz ab. Und doch dürf-ten die schlimmsten Exzesse eher in den anderen Finanz-metropolen stattgefunden haben. Tatsächlich ist Frankfurt im Vergleich zu London oder New York, wo deutlich mehr Invest-mentbanker arbeiten, eher Provinz. Heute wie damals. Der Kosmos, in dem sich die Frankfurter Banker in ihrer Freizeit bewegen, ist klein. Und deswegen treiben die größten Finanz-haie ihr Unwesen auch eher an der Themse oder am Hudson River. Die City of London und die Wall Street sind die ganz großen Investmentbanker-Mekkas. Die Orte, die aus kleinen Bankern teilweise Multimillionäre gemacht haben. Gemessen daran, erfährt man von Voss, war er eine kleine Nummer. Der richtige Platz war für ihn immer Frankfurt, wobei auch das Timing eine wichtige Rolle spielte: »Ich glaube, dass ich ein-fach, wie mir das mehrfach in meinem Leben passiert ist, zufällig am richtigen Ort war. Ich habe 1986 angefangen, und das war ja im Prinzip die Zeit, was ich auch versuche, im Film zu beschreiben, wo Computer, die Mathematisierung des Bankgeschäfts und Leute wie ich zusammentrafen. Ich bin jetzt keine mathematische Leuchte, aber es hat mich interes-siert, und dann haben wir da rumgefrickelt. Dann haben wir da nächtelang irgendwelche Excel-Sheets programmiert und hatten richtig Spaß. Wie so ein Start-up irgendwie. Jeder, der in diesem Beruf fünf Jahre vorher oder fünf Jahre nachher sozialisiert wurde, hat wahrscheinlich eine völlig andere Sicht auf die Dinge. Aber das ist ja meine Sicht, über die wir reden. Und ich habe immer nur für Leute gearbeitet und ich hatte immer Mentoren, die sehr mächtig waren und mir geholfen haben.«

Obwohl man nicht »Master of the Universe« sein muss als Investmentbanker, wird man es irgendwann doch, wird mir Voss später erzählen. Dieses Gefühl, über Wohl und Wehe zu entscheiden, es kommt automatisch. Spätestens wenn man die Macht hat, mit nur einem Mausklick Milliardenbeträge verschieben zu können, und dabei aus dem Bankturm von ganz oben auf die da unten herabschaut. Spätestens dann muss einen wohl das Gefühl überkommen, etwas »Gottgegebenes« zu verrichten. Und manchmal würde der ein oder andere in seiner Selbstüberschätzung und Selbstgefälligkeit gern noch etwas anderes verrichten. In einer der oberen Etagen der Commerzbank gibt es jene legendären Pissoirs, über die hinweg man bis in den Taunus blicken und es dabei laufen lassen kann. Ein Ort, der sinnbildlicher nicht sein könnte. War es dieses Gefühl, frage ich Voss, dieses Gefühl von unendlicher Überlegenheit, was es ausmachte; dieses Gefühl von »Ich piss auf euch«? »Nicht jeder war so«, schränkt Voss ein, aber: »Ich denk schon, dass das so ist.«

Das Leben als Investmentbanker verändert Voss. Im Film spricht er von einer Parallelwelt, in der er als Elitebanker gelebt hat. Je länger man arbeitet, je mehr man verdient, desto weiter rückt alles andere in den Hintergrund. »Irgendwann«, sagt er, »entsteht das Gefühl, dass Sie die Welt da draußen nicht mehr brauchen. Und dann müssen Sie auch nicht mehr darüber nachdenken, ob das, was Sie tun, irgendwelche Konsequenzen in dieser Welt da draußen haben könnte.« Es komme der Punkt, an dem man merke, dass man sich schon sehr weit vom normalen Leben entfernt habe, erzählt Voss, an dem man sich allein fühle. Man hat keine Freunde mehr, zumindest keine

Freunde mehr außerhalb der Bank; nichts, was einen ablenken könnte. Man hat nur noch diese eine Welt, an der man dann auch krampfhaft festhält. Wenn man dem aufgeschlossenen Voss heute zuhört, hat man das Gefühl, dass er selbst erschrocken darüber ist, einmal dieser Welt angehört zu haben.

Das Loslassen beginnt, als er anfängt, nach dem Sinn zu fragen: »Denn wenn Sie damit anfangen, die Sinnfrage zu stellen, dann müssen Sie eigentlich alles hinschmeißen. Wo wollen Sie denn mit dem Reflektieren aufhören?« Er kündigt seinen sehr gut bezahlten Job bereits mit 48 Jahren. Fünf schwere Jahre folgen. Das Runterkommen im wahrsten Sinn des Wortes fällt ihm nicht leicht. »Ich habe das immer als Resozialisierungsprozess beschrieben. Und Sie kriegen das auch nicht hin ohne fremde Hilfe. Ich habe mir helfen lassen. Ich habe eine klassische Psychoanalyse gemacht. Das wollte ich aber immer schon machen, das ging nur im Kontext des Berufs nicht. Man muss sich das eingestehen, dass man das braucht. Es gibt im Übrigen hier in Frankfurt ganz viele Psychiater, die Bankersozialisierung als Geschäftsmodell entdeckt haben. Da gibt es ganz viele, die wirklich große Schwierigkeiten haben, wieder zurück ins Leben zu finden. Das klingt jetzt groß, ist aber so.«

Demaskierung der Bankenwelt

Voss' neue Rolle: Mit Abstand betrachtet er das ganze Treiben von damals kritisch. Äußerst kritisch. Dabei, sagt er, habe er sich nichts vorzuwerfen. »Vorweggeschickt, und da müssen Sie meiner Intelligenz vertrauen: Wenn ich auch nur den Hauch eines Gefühls hätte, ich habe irgendwo eine Leiche im Keller, dann würde ich das nicht machen, was ich mache. Dann stelle ich mich nicht irgendwo hin« – damit meint Voss seine Vorträge – »und setz mich dem Risiko aus, dass da einer aufsteht und sagt: Jetzt erzähle ich Ihnen mal was über den Burschen da vorn. Das hängt ja auch damit zusammen, was ich gemacht habe. Ich habe ja in erster Linie mit Staaten, mit internationalen Organisationen und Dax-100-Unternehmen gearbeitet.

Aber ich habe natürlich Dinge gesehen.« Voss sieht viel. Um eine Abrechnung mit den ehemaligen Kollegen, zu denen er im Übrigen keinen Kontakt mehr hat, geht es ihm trotzdem nicht. »Ich kann nicht 25 Jahre in einer Branche arbeiten und gut verdienen und dann sagen: Ihr seid alle blöd oder kriminell oder bekloppt.« Das wäre total unglaubwürdig, meint er. Ihm gehe es vor allem um die Demaskierung der Bankenwelt. Heute wolle er, das betont er immer wieder, aus seiner ganz eigenen, subjektiven Sicht erklären, was schiefläuft. Deswegen ließ er sich zu dem Filmprojekt überreden. Es ist der Film, der Voss' Leben noch einmal in eine andere Richtung lenkt. Sechs Jahre nachdem er als Investmentbanker ausstieg, wird er einer breiteren Öffentlichkeit bekannt. Über eine Million Zuschauer sehen den Film im Kino, weitere zu Hause am Fernseher oder online.

»Der Film«, sagt Voss, »war zwei Jahre lang ganz enger Bestandteil meines Lebens. Am Ende hatten wir 38 Stunden Filmmaterial. Und die einzige Absprache, die wir hatten in dem Film, ist, dass ich ein Vetorecht am Ende des Drehtags hatte. Ich hätte Marc sagen können: Das, was ich heute gesagt habe, da waren ein paar Sachen dabei, die möchte ich nicht sehen. Dann wäre das gesamte Material mit diesen Passagen weg gewesen. Wenn ich kein Veto eingelegt habe, dann gehörte das Zeug dem Marc, und ich hatte auch keine Möglichkeit mehr, darauf zuzugreifen. Und ich habe ja auch überhaupt keine Möglichkeit gehabt, auf die künstlerische Gestaltung des Films Einfluss zu nehmen.« Mit einem Lachen fügt er an: »Das wäre auch schlimm ausgegangen. Aber zum Beispiel die Auswahl der Clips, was nimmt, was nimmt er nicht. Das ist natürlich ein Wahnsinnsrisiko. Mit 38 Stunden, da schneiden Sie ein Arschloch oder jemanden, der übers Wasser laufen kann, gerade so, wie es Ihnen passt – das brauche ich Ihnen als Fernsehmann nicht zu sagen.«

Weder als das eine noch als das andere stellt ihn der Film dar, aber seine anfänglichen Befürchtungen kann ich nachvollziehen. »Und so gesehen war das ein schwarzes Loch.« Doch das Vertrauen baute sich nach und nach auf, und bis heute riss der Kontakt zu Marc Bauder nicht ab. »Das ist ein netter Kerl, und wir sind ja auch befreundet, weiterhin. Ich habe mich darauf verlassen und mir gesagt, wenn es schiefgeht, dann hast du dich halt im Menschen geirrt.«

Eine Aussage, die viel über Voss' Wandel aussagt. Er geht weiterhin Risiken ein. Wägt sie immer noch gut ab, kalkuliert sie. Doch heute kalkuliert er nicht mehr mit Geld, die neue Währung heißt Vertrauen. Seine Rechnung mit dem Film geht auf, das ändert aber nichts daran, dass er anfänglich mit dem Werk fremdelt. »Da ist man dann natürlich voller Gefühle. Mein Gott, da kann doch keiner reingehen in den Film. Das ist doch furchtbar. Alles Mögliche. Dann habe ich mich aber ausgesöhnt. Ich habe am Anfang die Kritiken gelesen, aber dann habe ich damit aufgehört.« Kann ich verstehen. Irgendwann ist es besser, man ignoriert es. Wobei ihm eine, wie er sagt, doch in Erinnerung geblieben ist: »Die schönste Kritik fand ich, der Film wäre subjektiv. Die fand ich so geil! Ein Typ redet 90 Minuten lang. Es ist ein subjektiver Film. Alles klar. Was sonst?«

»Wir leben in der Abenddämmerung des Kapitalismus.«

Menschen, die den Film gesehen haben, sprechen Voss auf das Projekt an. Und nach und nach merkt Voss, »dass sich die Leute für viele Dinge in dem Film interessiert haben, aber darüber hinausgehend. Da sind ja auch Andeutungen drin. Und das ist ja eigentlich auch das, was mich antreibt. Mich interessieren die gesellschaftlichen Auswirkungen. Und vor den gesellschaftlichen Auswirkungen, davor habe ich Angst. Und jeden Tag mehr.« Man möchte meinen, dass Voss die Zeiten, in denen er Sorgen hatte, hinter sich gelassen hätte. Doch dem ist ganz offensichtlich nicht so. Heute kann er zwar wieder in den Spiegel schauen, doch angstfrei lebt er nicht.

Voss, ein Pragmatiker, macht auf mich den Eindruck, als würde er viel zu viel wissen, als dass er sorglos leben könnte.

An theoretische Erkläransätze wie, dass sich Märkte nach Exzessen immer wieder beruhigen und in ihr natürliches Gleichgewicht zurückkehren, daran glaubt er nicht. Aus der gefährlichen Schieflage haben sich die Finanzmärkte bis heute nicht befreien können. Und das werden sie auch nicht mehr schaffen, seiner Meinung nach. »Wir leben in der Abenddämmerung des Kapitalismus. Ob das noch 30 oder 40 Jahre dauert, ist egal. Das ist eine Nichtigkeit. Es passiert nicht nächste Woche. Das Problem ist aber auch, dass uns ganz viele Fragen nicht gestellt werden. Die Politik stellt uns nicht die Frage wie: Wollt ihr nachhaltiges Wachstum? Das ist so eine Frage wie: Magst du Robbenbabys? Oder: Bist du gegen Krieg? Aber es gibt kein nachhaltiges Wachstum. Wenn ich das will, dann muss ich hergehen und sagen: Willst du Nachhaltigkeit oder Wachstum? Auf wie viel bist du bereit zu verzichten? Wenn Sie die Frage als Partei stellen, können Sie sich gleich verabschieden. Sie müssen irgendeinen Scheiß versprechen, und nachher beschweren sich dann die Bürger, dass Sie Ihre Wahlversprechen nicht halten.«

Es ist dieses völlig irrationale Verhalten, das ihm Angst macht. Und er sagt, das habe in den letzten Jahren weiter zugenommen. Doch der Schlenker in die Politik ist gar nicht nötig, erklärt er. Das Strickmuster dieser Irrationalität kennt er bestens aus seinem früheren Job. Fast ohne Luft zu holen taucht er ein in den damaligen Wahnsinn. »Klassisches Beispiel waren die Zielvorgaben fürs Jahr. Und im November werden normalerweise Personalgespräche geführt. Dann fangen ja auch die Runden an, wo die Leute rausfliegen, zwischen November und Jahresende, damit die von der *payroll* sind und es im Jahresbericht dann gut aussieht. Und im Februar wird der Bonus ausgezahlt. Und der Bonus wird auch gleichzeitig festgelegt im letzten Quartal. Ein Klassiker ist, das habe ich auch nie verstanden: Sagen wir mal, Sie liegen in Richtung Jahresende 30 Prozent unter Ziel, und dann kommen Sie im November und haben dieses Personalgespräch. Und dann sagt der Chef: Du liegst 30 Prozent unterm Ziel, mach mal einen Vorschlag. Und dann sagen Sie: Weißt was, Chef, zieh mein Ziel noch mal 40 Prozent nach oben. Also das, was ich sowieso nicht erreichen werde, mache ich noch mal 40 Prozent höher. Die meisten Leute, die ich kenne, die dann da Chef sind, die beeindruckt das total. Dann kriegt derjenige durch die Anhebung sogar noch einen höheren Bonus, anstatt zu sagen, sag mal, willst du mich verarschen?«

Institutionalisierte Verantwortungslosigkeit

Ich beginne zu verstehen, warum in der Finanzindustrie einiges falsch läuft. Bis heute. Denn an diesen Praktiken scheint sich nicht viel geändert zu haben. Aber was steckt dahinter? Ich spüre, dass Voss auf diese Frage gewartet hat. Er bittet mich, etwas ausholen zu dürfen, und beginnt mit Formulierungen, die ich schon oft gehört und, ja, auch in meiner Berichterstattung schon häufiger verwendet habe. »Es wird immer davon geredet, ›die Märkte‹ würden irgendetwas tun. Oder ›die Globalisierung‹ hat zu dieser oder jener Entwicklung geführt. Tatsächlich«, sagt Voss, »schaffe ich mir eine Institution, auf die ich die gesamte Verantwortung abschieben kann.«

»Das Problem«, fährt er fort, »ist generell, dass in der Wirtschaft, das werfe ich auch der traditionellen Ökonomie vor, keine Menschen vorkommen. Also der Homo oeconomicus« – der rational denkende Mensch, der theoretisch durch sein Handeln die Dinge wieder ins Lot, ins Gleichgewicht, bringt – »der ist ja ein *joke,* ein Arschloch. Sie merken es, ich neige zu drastischer Sprache. Aber es ist so, dass sie damit *messages* besser transportieren können. Ich kann das auch wissenschaftlich ausdrücken. Nur dann hört mir keiner zu.«

Voss hat gelernt, wie man Botschaften an den Mann und an die Frau bringt: gegen den Strich bürsten. Viele, sagt er, hätten in den letzten Jahren versucht, die Ursachen für die Finanzkrise zu erklären, überzeugend gelungen sei es ihnen nicht. Jetzt geht Voss, nach 25 Jahren im Investmentbanking und gestärkt durch den Erfolg des Films, in die Öffentlichkeit, um den

Leuten seine Sicht der Dinge zu erzählen. Mit seinem Angriff auf die Wissenschaft will er auf den Punkt hinaus, dass das, was uns vermeintlich als sachlogisch, rational beste Entscheidung verkauft wird, letztlich nur eine Bauchentscheidung ist. Nicht die anonymen Märkte entscheiden, sondern am Ende eben doch der Mensch.

Und wie die Menschen, die in der Theorie nur eine untergeordnete Rolle spielen, entscheiden, ist wiederum eine Frage von Werten. »Ich glaube«, fährt Voss fort, »dass wir es irgendwo verlernt haben, Verantwortung zu übernehmen. Und das ist dann auch die Frage, warum diese Werte nicht mehr transportiert werden. Diese Werte sind früher ja transportiert wurden. Meine Großmutter hat mir mal irgendwann gesagt: Das macht man, und das macht man nicht. So habe ich das gelernt. Warum funktioniert das heute nicht mehr? Oder warum funktioniert es, und die Leute handeln nicht mehr danach? Der kategorische Imperativ ist doch keine Spaßveranstaltung.« Voss bleibt ruhig, während er das sagt, und doch spüre ich, innerlich brodelt es in ihm. »Und ich glaube, dass das damit zusammenhängt, dass in bestimmten Situationen bestimmte moralische oder ethische Verhalten aufgehoben werden, institutionell aufgehoben werden. Nehmen Sie das vierte Gebot: Du sollst nicht töten, was, glaube ich, heißt: Du sollst nicht morden, was ich auch eine interessante Diskussion finde. Dieses Gebot wird ja im Fall eines Kriegs aufgehoben, weil der Staat quasi aus sich heraus sagt: Pass mal auf, wir machen jetzt mal Pause damit. Der Staat, aus Selbsterhaltungstrieb, setzt das außer Kraft. Genauso stelle ich mir das vor bei einer Bank oder bei einem Finanzunternehmen oder auch in anderen Unternehmen. Auch da sagt man praktisch: Wir setzen bestimmte Dinge außer Kraft, die wir im Alltag eigentlich nicht machen würden, aber wir machen sie im Sinne des Profits. Und das ist jetzt natürlich nicht so naiv, dass da einer sitzt und sagt, das machen wir jetzt mal so, sondern das ist so eine Art Zeitgeist, so eine – wenn der Begriff nicht so negativ wäre, dann würde ich ihn benutzen – Gleichschaltung.«

Banken und Banker haben nichts dazugelernt

Verwenden wir im Voss'schen Sinn ruhig einmal diesen Begriff. Eine Gleichschaltung von Interessen, die dazu geführt hat, dass viele Dinge passieren konnten, die eigentlich nicht hätten passieren dürfen und die die Banken nun zum Einlenken zwingen. Von Wertewandel ist da die Rede. Man könnte es auch die Wiederentdeckung von Werten nennen. Denn die Werte, die wir brauchen, die waren ja alle schon einmal da, wie Voss gerade eben richtig erwähnte. Und tatsächlich scheint ja auch ein Umdenken stattzufinden. Überall wird von Kulturwandel gesprochen, werden Unternehmensleitbilder geschrieben und Nachhaltigkeitsberichte verfasst.

Warum tut sich, frage ich Voss, beispielsweise die Deutsche Bank dennoch so schwer damit, diese Werte umzusetzen? Der ehemalige Banker hält mit seiner Meinung nicht hinter dem Berg: »Weil sie es nicht ernst damit meinen«, antwortet er. »Ich habe die Nase voll von Leuten, die siebenstellige Gehälter kriegen, rumheulen wie die Pussys und sagen: Sagt uns, was wir machen sollen. Dann machen sie eine Ethikkommission mit irgendwelchen emeritierten Professoren. Die wissen doch, was sie machen sollen: einfach mit dem Scheiß aufhören. Ich kenne die Läden doch. Wenn ich beschließe, ich will keine Leute mehr finanzieren, die Splitterbomben herstellen, dann braucht die Deutsche Bank einen Knopfdruck, dann haben die eine halbe Stunde später eine Liste mit allen Leuten, die Splitterbomben herstellen. Dann haben sie eine weitere halbe Stunde später einen Brief, wo sie hineinschreiben: Wir haben ein neues ethisches Geschäftsmodell. Wir wollen mit Ihnen keine Geschäfte mehr machen. Wir geben Ihnen sechs Monate Zeit, Ihre Geschäftsbeziehung mit uns aufzulösen. – Dann schicken sie das Ding raus. Fertig. Das muss man nur wollen.«

Offensichtlich, das höre ich aus Voss' Worten deutlich heraus, ist das aber gar nicht gewollt. »Genau«, erwidert er mit dem Wissen eines Mannes, der oben in den Banktürmen gearbeitet hat. »In Wahrheit wissen die ganz genau, was sie machen sollen und was sie vor allem nicht machen sollen. Das ist ja auch wirklich nicht so schwer. Den Wertekodex für eine Bank könnte ihnen eine Gruppe Dreijähriger in der Kita aufstellen: nicht kratzen, nicht treten, den anderen nichts wegnehmen.«

Wenn es nicht so traurig wäre, müsste man lachen. Investmentbanker im Strampelanzug, eine Vorstellung, die mir gefällt, aber nicht wirklich weiterführt. Davon abgesehen, dass es nicht reicht, mit dem Finger auf die Deutsche Bank zu zeigen – oder auf andere internationale Großbanken, die ebenfalls gegen Moral und Ethik verstoßen –, liegt das Problem für Voss eh ganz woanders. Zur Erläuterung bemüht er Thomas Manns Welterfolg einer ehrbaren Kaufmannsfamilie: »Bei den Buddenbrooks steht so ein Satz: Mach Geschäfte am Tag stets so, dass du bei Nacht gut schlafen kannst. So in der Art. Also das Bild des ordentlichen Kaufmanns. Wir haben im Moment ein Riesenregulierungsproblem. Wir haben ein komplexes System, auf dem wir oben eine komplexe Regulierung draufsetzen, worauf das System mit größerer Komplexität antwortet, worauf die Komplexität wieder stärker reguliert werden muss. Das kann ja nirgendwo hinführen! Im Prinzip ist es so: Wenn wir einen ordentlichen Kaufmann hätten und die Leute hätten noch ihre alten Werte, so bescheuert das klingt, brauchen Sie überhaupt keine Regulierung.«

Unweigerlich kommt mir das Gespräch mit von Metzler und Müller in den Sinn. Auch sie sprachen viel über Werte und den anständigen Kaufmann. Der grundlegende Unterschied zwischen einer Bank wie Metzler und einem Geldhaus wie der Deutschen Bank ist aber, dass sie bei Metzler eine verankerte Verantwortung dergestalt haben, dass die Geschäftsführer tatsächlich dafür haften, wenn sie Mist bauen. Sie haften persönlich. Bei einer Kapitalgesellschaft finden sie hingegen immer einen, auf den sie das Risiko abschieben können. Am Ende waren es dann vermutlich – wieder einmal – die Märkte. Oder einzelne Händler, die selbstverständlich ohne Wissen ihrer Vorgesetzten agierten. Es lässt sich eben nicht alles kontrollieren und beaufsichtigen, ist Voss' Aussage. Wir sind wieder bei den Menschen, auf die es letztlich ankommt. Wie formulierte er es vorhin? Er habe selbst viel gesehen. Ich ergänze den Satz einmal: viel, was nicht in Ordnung war. Wo Handelnde in seinem direkten Arbeitsumfeld tatsächlich viel Mist gebaut haben. Es war sogar alles noch viel schlimmer, erzählt mir Voss. Die Wissenschaft, davon ist er zutiefst überzeugt, kann die Ursachen für die Exzesse in der Bankenwelt nicht annähernd erklären. »Dieser supersmarte Homo oeconomicus fasst das erste Mal auf eine heiße Herdplatte und denkt sich: Autsch! Er sieht sich die Platte genauer an, fasst noch mal drauf und denkt: Mist, wieder autsch! Und bei jedem rational denkenden Menschen wäre jetzt der Lernprozess abgeschlossen, die Wunden würden heilen, und es würde nie wieder passieren. Nicht so an den Kapitalmärkten. Man hangelt sich seit Dekaden von Finanzkrise zu Finanzkrise mit im Wesentlichen zwei verhängnisvoll falschen Annahmen, nämlich dass erstens diesmal alles anders sei. Und zweitens: Selbst wenn ›erstens‹ nicht zutrifft, bin ich der Letzte, der noch die Notbremse zieht, weil ich schlauer bin als die anderen.«

Der gesunde Menschenverstand wird ausgeschaltet

Je länger unser Gespräch dauert, desto mehr gelingt es mir, in Voss' Gedankenwelt einzudringen, verstehe ich, wie die Finanzwelt tickt und, vor allem, wie sie so aus den Fugen geraten konnte. Die »gottgegebene« Überlegenheit der Investmentbanker, der »Masters of the Universe«, gepaart mit einem Superego, über das noch zu reden sein wird, und, lassen Sie es mich so formulieren: einer ordentlichen Portion Lebensfremdheit, die sich wiederum nur erklären lässt durch das Entfernen von der Realität. Voss' Parallelwelt, in die man hineinrutscht, ohne dass man es wirklich merkt. Eine gefährliche Mischung. Und nicht zu vergessen die bereits erwähnte institutionalisierte Verantwortungslosigkeit: das Abschieben der Verantwortung auf »die Märkte«. Eine Art von Absolution. »Die Bank erwartet von mir, dass ich diesen Deal mache, und damit bin ich von der Frage befreit, ob es moralisch richtig ist, diesen Tretminenhersteller oder diesen ökologisch höchst bedenklichen Staudamm zu finanzieren. Die Bank will das, und deshalb ist das richtig, wenn ich das mache.«

Das klingt nach Rechtfertigung. Ich habe aber nicht den Eindruck, dass sich der Privatier rechtfertigen will. Und als gewissenloser Mensch kommt er mir ebenfalls nicht vor. Ob er es jemals war? Keine Ahnung. Ich kann auch nicht sagen, ob er jemals an solchen Geschäften beteiligt war. Ich denke aber daran, was er eingangs zu mir sagte: Ich solle seiner Intelligenz vertrauen. Wenn er Leichen im Keller hätte, würde er nicht machen, was er mache, sprich: in die Öffentlichkeit gehen.

Voss packt die nächste Geschichte aus, die nahtlos an den Modus des gewissenlosen Nicht-dazulernen-Wollens anknüpft. »Wenn man diese Sachen so lange macht wie ich, dann sitzt man vor bestimmten Sachen und schüttelt den Kopf. Beispielsweise 1990 oder 91, da gab es in England einen Skandal. Da gab es eine Gemeinde, die hieß Hammersmith and Fulham. Diese Gemeinde, labourregiert, hatte, ich meine mit JP Morgan, drei Millionen Swaps abgeschlossen.« Mit solchen Papieren spekuliert man auf die Entwicklung von Zinsen. Das mag ein Finanzinstrument sein, um Schulden neu zu ordnen, weshalb auch hierzulande viele Mittelständler und Kommunen Swap-Geschäfte abgeschlossen haben. In jedem Fall aber sind Swaps hoch spekulative Zinswetten, und wie bei jeder Wette kann man gehörig danebenliegen. So wie die Kommune Hammersmith and Fulham. »Diese Swaps sind hochgegangen«, fährt Voss fort. »Und dann hat man später ein Gerichtsverfahren geführt, wobei herauskam, dass die Gemeinde diese Swaps gar nicht hätte abschließen dürfen. Das war ein rechtliches Problem, aber das jetzt mal beiseitegelassen. Wenn dann 15 Jahre später jemand zu mir kommen würde, was nicht passiert ist, weil ich dafür nicht zuständig war, aber wenn jemand zu mir kommen und sagen würde: Du, ich habe eine Superidee, wir gehen jetzt mal an die Kommunen ran und machen mit denen Swap-

Geschäfte. Dann würde ich sagen, vielen Dank für den kreativen Schub, den du da hast, aber die Idee hatte vor 15 Jahren schon mal einer und hat dafür fünf Millionen Pfund Strafe bezahlt. Heute passiert das nicht.« Mit etwas Abstand fügt Voss ironisch an: »Das ist Zeitgeist. In dem Film zitiere ich diese Geschichte mit dem Kerviel.«

Jérôme Kerviel machte 2008 Schlagzeilen, als herauskam, dass er sich kräftig verspekuliert hatte. Nicht als Privatmann, sondern als Händler der französischen Großbank Société Générale. Kerviel verzockte fast fünf Milliarden Euro.

»Stellen Sie sich vor, Sie sind so ein Abteilungsleiter in so einer Wertpapierhandelsabteilung. Sie haben fünf Leute, und diese fünf Leute machen alle ungefähr dasselbe. Arbitragegeschäfte oder etwas Ähnliches. Vier von denen verdienen fünf Millionen für die Bank und einer 50 Millionen. Was machen Sie? Sie holen sich denjenigen, der 50 Millionen verdient, setzen den auf einen Stuhl und fragen: Wie machst du das denn eigentlich? Und dann fängt der an zu schwitzen und zu zappeln – ich habe so was schon gesehen. Und irgendwann haben Sie dann die Situation, wo der kollabiert und heult und sagt: Ich habe Scheiße gebaut, kannst du mir helfen? Dann kommt der Rechtsanwalt, und dann versucht man, noch halbwegs aus der Nummer da rauszukommen.« Voss erzählt das so lebendig, dass ich fast das Gefühl habe, ich wäre dabei gewesen. Das eigentliche Ausrufezeichen seiner Geschichte aber kommt jetzt: »Das war vor 2000. Heute holen sie die vier anderen und fragen, warum die nicht 50 Millionen verdienen. Und das ist genau der Unterschied, der in dem Geschäft eingezogen ist: Da wird der gesunde Menschenverstand ausgeschaltet.«

Und jetzt stellen Sie sich einmal vor, Sie selbst wären Voss, stünden in diesem Laufrad und würden wissen, dass das doch alles Wahnsinn ist. Meine nächste Frage an Voss liegt nahe. Was hat das mit ihm selbst gemacht? Was hat das aus ihm gemacht? »Aus mir hat das einen sehr wütenden Menschen gemacht, vor allen Dingen. Mein Interesse geht ja weit über die Finanzwirtschaft hinaus. Ich bin sauer. Ich habe eine Lehre bei der Sparkasse gemacht, 1979, und habe meine Bestimmung gefunden. Ich war ein ganz schlechter Schüler, und das hat mich alles nicht interessiert. Und dann kam das mit der Banklehre, und das war super. Das hat mich total begeistert. Und ich wollte das. Ich habe danach gesagt, ich will nichts mehr anderes in meinem Leben machen. Ich glaube auch, ehrlich gesagt, dass ich ganz gut darin bin und auch sehr viel über Banken weiß und wie sie insgesamt funktionieren.«

Friss oder stirb

»Ich bin sehr wütend darüber, was aus dieser Sache geworden ist«, fährt Voss nach kurzer Pause fort. »Und zwar noch nicht mal aus Unachtsamkeit, das war teilweise böswillig. Wissen Sie, das hört sich jetzt nationalistisch und altbacken an, aber das hat auch viel mit der angelsächsischen Art, die Welt zu betrachten, zu tun: *It's my way or the highway.*« – Frei übersetzt: Friss oder stirb. – »Wir haben damals als Dresdner Bank, da war ich sehr involviert, Kleinwood Benson gekauft. 1996 war das. Das war ein *reverse takeover.*« – Also der Kleinere kauft den Größeren, eine umgekehrte Übernahme, wenn Sie so wollen. Auf Gegenliebe sei das nicht gestoßen. »Die haben gesagt: Ihr Deutschen, was wollt ihr denn?« Voss erinnert sich an die Investmentbanker von Kleinwood Benson gut. »Dann hat man halt immer diese ganz harten Jungs gehabt. Dann kamen da so Teams rein, die haben dann ihre ganzen Kumpels geholt, und die haben dann erst mal den Bonus-Pool abgeräumt. Und jeder, der da ordentlich seine Arbeit gemacht hat, der ist im Prinzip von morgens bis abends verarscht worden. Und das macht mich sauer.«

Seinen Unmut kann man noch immer spüren. Ich weiß genau, was Voss meint. Mir schießt da eine ganz andere Geschichte in den Kopf. Eine Geschichte, die auch die von Voss eben angesprochene Böswilligkeit beinhaltet und die Überschrift »Ihr Deutschen, was wollt ihr denn eigentlich?« hätte haben können. Es ist die Geschichte der Pleitebank Anglo

Irish. Vielleicht erinnern Sie sich noch daran? Sie ereignete sich während der Finanzkrise von 2008, wurde aber erst im Jahr 2013 publik, als die irische Tageszeitung *Irish Independent* Mitschnitte von Telefonaten zwischen ehemaligen Führungskräften dieser Bank veröffentlichte. Es ist die Geschichte eines Finanzinstituts, das am Abgrund steht, sich verspekuliert hat mit Immobilienkrediten, doch ihr Kapitalmarktchef macht Witze über die akuten Probleme: »Ein neuer Tag, und wieder ist eine Milliarde weg«, sagt David Drumm in einem dieser mitgeschnittenen Telefonate mit anderen Topmanagern der Bank. Und schickt dann, das ist der eigentliche Skandal, ein lautes Lachen hinterher. Es schien ihm völlig egal zu sein, dass die Bank in großen Schwierigkeiten steckte; ungefähr so, als wolle er sagen: Was juckt mich das? Drumm bezog sich in diesem Telefonat auf das Tempo, in dem die Einlagen der Bank dahinschmolzen. Tag für Tag wurde es zu jener Zeit eine Milliarde Euro weniger. An anderer Stelle, als es darum geht, der irischen Zentralbank bald einen Überbrückungskredit zurückzuzahlen, bricht er erneut in Gelächter aus. »Ich muss mir gleich die Unterwäsche wechseln!« Eine Bank verhöhnt nicht nur die Aufseher, sondern macht sich auch noch lustig über ihre Retter, die Euro-Partner. Irland war nämlich auf europäische Hilfe angewiesen, da die eigenen Banken das kleine Land an den Rand der Staatspleite geführt hatten. Die Krone setzt dem Ganzen in einem weiteren Mitschnitt ein anderer Anglo-Irish-Banker auf, indem er die historisch belastete erste Strophe des Deutschlandlieds singt: »Deutschland, Deutschland über alles!«, und sich dabei ebenfalls vor Lachen kaum noch halten kann.

Eine Frage der Gier. Nur, Gier wonach?

Diese Mitschnitte waren so etwas wie der endgültige Beleg für die Unverfrorenheit und die Gewissenlosigkeit der Investmentbanker. Das Böse hatte jetzt einen Namen. Ich erinnere mich an die Worte des inzwischen verstorbenen Altbundeskanzlers

Helmut Schmidt, der einst ätzte: »Es gibt normale Menschen, die in ihrem Leben schon mal was geklaut haben. Daneben gibt es echte Kriminelle. Und es gibt Investmentbanker.«

Das würde Rainer Voss so ganz sicher nicht unterschreiben. Zum einen weil er selbst diesen Job gemacht hat und weiß, dass nicht alle seine Kollegen so waren, zum anderen weil die Welt eben auch Grautöne kennt. Doch was sagt einem diese Geschichte generell über die Branche? Voss antwortet in einem Bild. »Stellen Sie sich vor, sie stehen auf der A3 Richtung Köln. Dreispuriger Stau. Es ist Sommer. 38 Grad. Ihre Klimaanlage ist ausgefallen. Und dann fährt der Erste rechts auf der Standspur vorbei. Dann dauert es ein bisschen, und dann kommt der Zweite auf der Standspur vorbei. Und dann der Dritte, der Vierte, der Fünfte, ganz viele folgen. Ich kann mir erklären, warum der Zweite bis Hundertste rausgefahren ist. Aber ich frage mich: Warum ist der Erste rechts rausgefahren? Und ich glaube, die fiese Antwort ist: weil er kann. Die« – die Investmentbanker – »machten es, weil sie es konnten«, sagt er.

Dann kommt er noch einmal auf den französischen Wertpapierhändler Jérôme Kerviel zu sprechen: »Der Kerviel hat sich persönlich nicht bereichert. Das ist ja so, als würden Sie in eine Bank reingehen, halten dem Kassierer eine Knarre an den Kopf und sagen: Gib mir eine halbe Million. Dann gibt der Ihnen die halbe Million. Dann sagen Sie: Ich wollte nur mal gucken, ob ich es kann, und gehen wieder raus. Das ist doch Irrsinn. Diese Giernummer, das ist mir zu einfach. Der Kerviel hatte folgendes Problem: Er wusste, er wird nie im Leben in die Führungsriege von Société Générale aufsteigen, egal, was er tut. Aber der wollte die beeindrucken. Da ging's um Liebe. Der wollte von Société Générale geliebt werden. Ich bin da ganz fest von überzeugt, egal, ob die Leute drüber lachen oder nicht.«

Ich lache nicht, finde Voss' Überlegungen hochinteressant und wage doch zu bezweifeln, ob irgendeine Form von Liebe bei den Jungs der Anglo Irish Bank eine Rolle gespielt hat. Ich glaube, eher nein. Die haben sich damals einfach verzockt und dann versucht, auf Kosten anderer ihren Allerwertesten zu retten. Gleichwohl möchte ich, dass Voss mir mehr von seinen Überlegungen erzählt, schließlich hat er das alles ja in der einen oder anderen Form selbst erlebt und kannte solche Burschen. Und bislang waren seine Geschichten sehr authentisch. Außerdem habe ich längst bemerkt, dass Voss seine Zeit als Investmentbanker intensiv aufgearbeitet hat. Er hat viel gelesen. Keineswegs nur Finanzbücher. Der gelernte Banker ist eingetaucht in die Welt der Forschung. Hat sich viel mit theoretischen Modellen beschäftigt, teilweise, um sie infrage zu stellen, wie den Homo oeconomicus, teilweise aber auch, um sein eigenes Denkgebäude zu erweitern. Voss hält heute Vorträge, in denen es vor allem um den Menschen geht, weniger um das System. Zu Boni, Gier und Loyalität hat er seine ganz eigene Meinung. Und es wird Sie wenig überraschen, dass das eine Meinung ist, die mit dem Mainstream wenig gemein hat, aber dafür umso interessanter ist: »Meine Theorie ist halt, dass Arbeit ab einem bestimmten Punkt zu einem sakralen Akt wird. Also, da geht es nicht mehr um die Produktion von Dingen, sondern es geht im Prinzip darum, ein Opfer zu erbringen. Und das wird einer Göttin dargebracht, die heißt dann Deutsche Bank, UBS oder BASF. Und im Gegenzug erwartet man von dieser Göttin etwas zurück.«

Warum Kerviel seiner Meinung nach so handelte, wie er handelte, hat Voss bereits erklärt. Um Liebe und Anerkennung soll es gegangen sein, nicht um den reinen Profit. Obwohl Kerviel mit einem kaum vorstellbar hohen Einsatz spielte. Teilweise setzte er Kontrakte von bis zu 50 Milliarden Euro für seine hochriskanten Wetten ein. Trotzdem bleibt Voss bei seiner These. »Diese Antwort mit der Gier, das ist mir zu kurz gegriffen. Wenn sie hier jetzt in Frankfurt auf die Zeil gehen und halten ein Mikro raus, dann sagen die Leute, Ja, die Gier! Ich weiß, dass es *nicht* die Gier ist! Jedenfalls nicht die Gier nach Geld, wie sie ein normaler Durchschnittsbürger versteht, etwas, mit dem man sich materielle Wünsche erfüllen kann.«

Ich weiß nicht, wie es Ihnen geht? Man mag es ja beinahe nicht glauben, dass es ausgerechnet in den Topetagen der Banken nicht wirklich um Geld gehen soll. Dass ausgerechnet Investmentbanker, für mich so etwas wie der Inbegriff des Kapitalismus, nicht nach materiellen, sondern nach immateriellen Werten streben. Dass ausgerechnet die viel diskutierten Millionengehälter eigentlich eher symbolische Bedeutung haben sollen. Voss selbst gibt zu, dass das komisch klingt. Doch er ist sich sicher. Professor Elger, sagt er, ein Epilepsieforscher aus Bonn und ein Pionier auf dem Gebiet der Neuroökonomie, habe Experimente mit Bankhändlern gemacht »Die schieben im Prinzip den Delinquenten in einen CT« – in einen Computertomografen – »und wir haben hier oben im Gehirn einen Teil, der heißt ›Insel‹, das ist so ein Belohnungszentrum. Und wenn da ein positiver Reiz kommt, dann leuchtet das auf. Es geht also im Prinzip darum, Spielsituationen zu erzeugen, um dann die Reaktion der Testperson darauf zu testen. Da gibt es dieses Experiment – wie ich es schon sehr oft real erlebt habe früher in meinem Job, deswegen war ich auch über das Ergebnis nicht sehr erstaunt –, wo ein Händler in diesen CT reingeschoben wird, und man sagt ihm, er kriegt einen dicken Bonus. Irgendeine Zahl. 1,5 Millionen Dollar zum Beispiel. Man sagt ihm aber gleichzeitig, dass dieser Typ, der zwei Tische weiter sitzt und von dem alle sagen, dass das so ein Depp ist, dass der 1,8 Millionen kriegt. Dann passiert in diesem Belohnungszentrum gar nichts. Wenn sie dieses Experiment wiederholen, geben dem Ersten 100 000 Dollar, dem anderen aber nur 80 000, dann leuchtet das wie eine Ampel. So groß ist die Freude. Also, es hat nichts mit Geld zu tun. Es hat was damit zu tun, dass man mehr bekommt als der andere.«

Im Prinzip könnte man den Test wohl auch mit Gummibärchen durchführen und würde zu denselben Ergebnissen kommen. Voss lächelt zustimmend: »Mit fünf Gummibärchen kannst du in dieser Welt ein reicher Mann sein, wenn dein Gegenüber nur drei bekommt.«

Die vermeintliche Gier nach Geld ist also eigentlich nur eine Gier nach Anerkennung. Oder wie Voss es formuliert, eine Gier nach Liebe. Mehr Geld gleich mehr Liebe. »Und deswegen hat dieses System auch kein intrinsisches Gleichgewicht. Denn Liebe können wir nie genug kriegen«, sagt Voss und spielt damit noch einmal darauf an, warum die reale Finanzwelt seiner Meinung nach nicht mehr auf ein vernünftiges Maß zurückgeführt werden kann. Nach all dem bisher Gehörten überrascht mich nicht, was Voss im nächsten Satz folgen lässt: »Alle Investmentbanker fühlen sich unterbezahlt.« Dennoch frage ich zur Sicherheit nach: Unterbezahlt in der Währung »Anerkennung«? Voss stimmt mir zu, kommt aber gleich mit einer weiteren Studie daher. »Und die hat untersucht, wie zufrieden Milliardäre mit ihrem Geld sind. Das ist interessant. Die haben alle Existenzängste. Die Summe – und das lässt sich empirisch nachweisen –, die Summe, die Milliardäre gern hätten, um sich sicher zu fühlen, liegt immer 20 Prozent über dem, was sie besitzen, egal, wie viel sie haben. Scheint so ein menschliches Ding zu sein. Man will immer mehr davon, weil bestimmte andere Defizite bestehen.«

Und dann kommt Voss auf die Boni zurück. Nach all den Herleitungen hat sein Satz jetzt etwas Bestimmendes. »Machen Sie nicht den Fehler, den viele Leute machen. Die Leute glauben, Boni gibt es für Leistung. Boni gibt es genau für diese Hingabe.« Ein Satz mit einem Ausrufezeichen. Ich habe schon den Mund geöffnet, um meine nächste Fragen zu stellen, da setzt Voss noch einmal an: »Allein diese Fiktion, eine Leistung messen zu können.« Sein Gesichtsausdruck hat etwas von »Wie naiv ist das denn?«. »Sie haben ja immer dieses Problem: In den meisten Fällen sind das keine Einzelleistungen, die werden ja von Teams erbracht. Und das sorgt auch immer für diese Unzufriedenheit in dem ganzen System. Weil jeder von dem Team natürlich einen höheren Prozentsatz des Deals für sich selber mental reklamiert, als eigentlich da ist. Das heißt, wenn sie jetzt beispielsweise fünf Millionen verdienen an einem Geschäft und es sind zehn Leute beteiligt, dann würden die sich wahrscheinlich sieben Millionen Bonus auszahlen, weil jeder meint, die anderen haben weniger gemacht als er. Daraus resultiert so eine latente Unzufriedenheit, die sich durch dieses ganze Geschäft zieht und auch eine gewisse Grundaggressivität heraufbeschwört.« Und die es, wie er weiter erzählt, riskant macht, überhaupt Urlaub zu nehmen. »Wir hatten so Leistungskonten, wo man die Erträge, die man gemacht hat, draufbuchen konnte. Die müssen Sie nach dem Urlaub erst mal wieder zusammensuchen. Während der drei Wochen geht einer zum Controller und sagt: Das war doch gar nicht der Voss, das war ich, buch mir das mal drauf. Und dann müssen Sie nach drei Wochen das Zeug alles wieder schön zurücksammeln.«

Kleiner Wicht, ganz groß

Praktiken wie im Raubtierkäfig. Nicht immer geht es um Liebe, denke ich, manchmal geht es eben doch um den schnöden Mammon. Die Gier ist jedenfalls ständiger Begleiter. Während ich mir gleichzeitig die Frage stelle: Was für ein Schlag Mensch muss das sein, dieser Investmentbanker? Viel habe ich jetzt gehört, einordnen kann ich ihn noch immer nicht. »Master of the Universe« sei man nicht, dazu werde man, hatte Voss eingangs gesagt: »Die Leute, die da hinkommen«, erzählt er jetzt, »und ich muss jetzt nicht von Zeugnissen reden, die haben alle ein super Studium, sieben Sprachen, haben einen schwarzen Gürtel in Karate und singen im Kirchenchor. Das ist nicht das Thema, aber die sind sehr schwache Persönlichkeiten, viele von denen, die ich kennengelernt habe. Und da nehme ich mich persönlich nicht aus. Und wenn Sie dann da reinkommen in den Job, dann ist das wie so ein Exoskelett. Kennen Sie diese Dinger, mit denen Querschnittsgelähmte wieder laufen können?«, fragt er mich. Ich verneine, und Voss erklärt mir in einfachen Worten, dass es sich dabei im Prinzip um eine Art Hightechanzug aus Prothesen handelt, den Querschnittsgelähmte übergestreift bekommen. Mit einer sportuhrähnlichen Fernbedienung können sie die Prothesen, die an den Gelenken und den Hüften angebracht sind, bewegen, sodass sie im Ergebnis wieder laufen können. Auf Voss' Bankenwelt übertragen, heißt das, dass das Exoskelett einen aufrichtet: »Man klopft sich auch immer gegenseitig auf die Schulter. Aber es ist im Prinzip so, dass Sie darauf angewiesen sind, dass das von außen passiert, und Sie nicht in sich selbst ruhen.« Im Grunde genommen sind die Außenstehenden, die Vorgesetzten und manchmal auch die Kollegen die künstlichen Beine für das Funktionieren im Job. »Und das ist dann auch dieses Gefühl, dass Sie im Prinzip ein kleiner Wicht sind, und der bleiben Sie auch!«

Aber wie kann das sein? Ich hatte andere Vorstellungen davon, was Investmentbanker sind. Innerhalb einer Bank sind sie doch das, was Ingenieure in einem Automobilkonzern sind: die Wichtigsten, die Unersetzlichen, die am besten Verdienenden. Und nun sollen sie nur kleine Wichte sein? Sind die »Masters of the Universe« im tiefsten Inneren wirklich nur sehr unsichere, auf Zustimmung angewiesene Menschen? Verstehe ich das richtig? Irgendwie scheint Rainer Voss die Irritation meinen Augen ablesen zu können, jedenfalls fährt er ungefragt fort: »Innerhalb der Bank sind sie noch immer eine Klasse für sich, einmal durch diesen Gruppeneffekt. Das ist wie bei so einem Stamm. Sie sind Krieger. Und das führt gleichzeitig auch zu diesem Gefühl: Ihr kleinen Pisser da draußen.«

Innerhalb einer Gruppe bist du stark, jedenfalls sehr viel stärker als allein. Erst die Gruppe macht dich zu etwas. Der Anthropologe Martin Page, den Rainer Voss jetzt zitiert, hat viel zu diesem Thema geforscht. Sein bekanntestes Buch, *Managen wie die Wilden,* vergleicht Hierarchien und Verhaltensweisen moderner Unternehmen mit denen von Ureinwohnern. »Da schmeißen Sie sich weg, wenn Sie das lesen. Da ist ein Organigramm eines afrikanischen Stamms und daneben das von IBM. Sieht genau gleich aus! Völlig identisch!« Tatsächlich kommt Page zu der Erkenntnis, dass die heutigen Strukturen keine Errungenschaften der industriellen Moderne sind. Und dass man die Treue und die Hingabe eines Menschen viel eher durch die Aufwertung seiner Rolle gewinnt als durch die Erhöhung seines Einkommens. »Meine Theorie ist: Wenn Sie sich so einen *trading floor*« – einen Börsensaal – »angucken, dann sind es ganz atavistische Mechanismen, die da ablaufen, auf dem Niveau: Ich Tarzan, du Jane. Säbelzahntiger.« Längst verloren gegangenes Urzeitverhalten kehrt zurück. »Und alles andere, was da drum herum passiert, wenn da von Derivaten und anderem Zeug gesprochen wird, das ist alles Bullshit. Alles nur für die Galerie.«

Je länger ich Voss zuhöre, desto mehr kann ich nachvollziehen, was er sagt, gleichzeitig aber – vielleicht geht es Ihnen auch so – entstehen im meinem Kopf immer neue Fragen. In diesem ganzen Monopoly geht es sicherlich immer noch um Milliarden. Ums Zocken, ums Übers-Ohr-Hauen, um gefährliche Zinswetten, um andere Finanzprodukte, die keiner versteht. Keine Frage. Auch Millionenboni werden weiter ausgeschüttet, allein um zu zeigen: Ich habe die dickere Hose. Doch sollte der Exbanker recht haben, geht es in Voss' Welt viel weniger um Geld, als ich dachte. Wenn Geld ein Ersatzstoff ist, ein Platzhalter für etwas ganz anderes, was, so frage ich, läuft dann da noch alles schief? Voss stimmt mir nickend zu. »Wenn es, wie wir gesagt haben, in Wahrheit oft gar nicht ums Geld geht, dann lässt sich dieses System auch nicht über Abgaben, Auflagen oder irgendetwas mit Geld in den Griff bekommen. Weil die Leute, die über Regulierungsmaßnahmen beschließen, nicht verstehen, wie die Leute ticken, die sie da regulieren wollen.«

Ich merke, wie ich abwäge. Liegt er mit seinen Aussagen richtig oder nicht? Man stelle sich mal vor, es gäbe diese ganzen Millionenboni nicht. Die reichen Herren müssten sich aber ganz schön umstellen. Und nicht nur die. Als nach der Finanzkrise die Debatte um eine Abschaffung der Millionenboni hochschwappte, zitterte halb New York um seinen Wohlstand. Denn wenn Sie so wollen, hängt eine komplette Luxusindustrie am Tropf der Millionengehälter. Pünktlich zur Bonussaison meldet die *New York Times* jedes Jahr, dass die Ferrari- und Aston-Martin-Händler nicht mehr mit den Lieferungen nachkommen. Bei den Maklern von Luxusapartments gibt es zwischen Dezember und März Urlaubssperre, denn dann gehen die richtig teuren Wohnungen reihenweise weg. »*My way or the highway*«, summe ich in Gedanken vor mich hin. Was, glauben Sie, hätte der Staat New York gesagt, wenn die Millionenboni dauerhaft weggefallen wären? Wie hätten die Stadtväter in London geschaut? Empfindliche Einbrüche bei den Steuereinnahmen wären die Folge gewesen. Also, mit Gummibärchen lässt sich das Ganze sicher nicht erklären. Es klingt abgedroschen, aber Geld regiert noch immer die Welt. Und beim Geld kann man den Investmentbankern nach wie vor wehtun. Der Luxus ist Teil der Veranstaltung. Wer exzessiv arbeitet, will auch exzessiv leben.

Geld ist gedruckte Freiheit

Trotzdem sind Voss' Einblicke interessant – und seine Argumente nicht von der Hand zu weisen. Geld ist wichtig, aber ganz offenbar zählt für die Investmentbanker noch etwas anderes. Was hat, will ich jetzt wissen, Geld für ihn bedeutet? »Ich kann das ganz einfach beantworten«, erklärt er. Lieber aber ist mir, dass er etwas ausholt, so, wie er es dann auch macht. »Der Punkt ist der: Ich glaube, dass sich Leute viel zu wenig Gedanken über Geld machen. Und zwar nicht im Sinne einer Erziehung.« Also der Aspekt, der mich treibt. »Das ist auch ein Riesenproblem. Aber ich muss ja erst mal für mich definieren, was Geld überhaupt ist. Geld hat ja unterschiedliche Aggregatzustände. Geld kann was sein, womit ich mir einen roten Porsche kaufe und Blondinen jage. Kann man machen. Kann man auch lassen. Für andere Leute ist Geld eine Sache, denen es Freude macht, es zu verschenken und damit anderen Leuten zu helfen. Empathie. Humanitäre Aspekte. Es ist dasselbe Geld. Und wieder für andere – und jetzt sind wir dabei, was Geld für mich ist – ist Geld gedruckte Freiheit. Das hat Dostojewski mal gesagt. Und das ist es, was es für mich ist. Mir ermöglicht das Geld, das ich verdient habe,« – im selben Atemzug korrigiert sich Voss – »das ich bekommen habe, ermöglicht mir im Prinzip, frei zu entscheiden, was ich mit meiner Zeit mache. Das ist für mich wichtig. Aber bevor man überhaupt mal darüber nachdenkt, über Geldanlage oder irgendwelche anderen Dinge, muss man erst mal sein Verhältnis zum Geld definieren, weil sich daraus völlig andere Handlungsoptionen ableiten, je nachdem, zu welchem Typ ich gehöre.«

Warum hat er sich eben korrigiert, will ich wissen? Hat er das Geld nicht verdient? »Ich habe das Geld bekommen. Habe ich es verdient? Eher nicht. Das würde ich nicht sagen.« Er wirkt bescheiden in diesem Augenblick. Fast ein wenig zurückgenommen. Noch etwas fällt mir auf: Ist es wirklich nur der Punkt, frei entscheiden zu können, was man mit seiner Zeit macht? Mehr nicht? War Geld für ihn nicht die Anerkennung der Opfer, die er seinem Arbeitgeber erbracht hat? »Früher war sicherlich Geld für mich so eine Art Gradmesser für den Wert, den man als Mensch hat. Wobei ich nie so ganz unkritisch war. Es war nie so platt, wie ich das gerade formuliert habe: Bin ich das wert, was ich gerade verdiene? Das hat mich immer irritiert. Ich fand das irgendwie nicht richtig. Aber wenn man in so einem Kontext arbeitet, in so einem Arbeitsumfeld, dann ist es ja auch so: Diese ganzen Dinge, die beziehen sich ja auch auf ihre unmittelbare Nachbarschaft. Und der Ribéry, der kickt auch nicht für 5000, wenn der Ronaldo 50 Millionen kriegt. So einfach ist das.«

Ein weiteres Mal versuche ich einen Anlauf in Richtung Einkommen. Ich habe von Investmentbankern gelesen, die in ähnlichen Kategorien verdient haben sollen. Voss bestätigt das, spielt auf einen Tophändler der Deutschen Bank in London an: »Da gibt es diesen Christian Bittar, der diesen sagenhaften 80- oder 90-Millionen-Bonus bekommen haben soll. Eine dicke Nummer«, wie er sagt. Von weniger dicken Nummern in der Branche wird berichtet, dass ihr Ziel sei, mit 40 Jahren eine Million Euro auf der sicheren Seite zu haben. Voss will das nicht bestätigen. »Das mit der Million mit 40 weiß ich nicht. Das können Sie in einigen Positionen schaffen, in anderen nicht. Aber dass die Halbwertszeit in einem solchen Beruf begrenzt ist, ist völlig klar. Ich hatte ja gesagt: Mit 53 ist für mich Schicht im Schacht, vielleicht machste noch bis 54. Und dann ist 48

217

daraus geworden. Und dann relativieren sich auch Summen. Man darf eines nicht vergessen: Ich habe wirklich nie zu den dicken Buxen gehört in dem Business.« – Mit »dicken Buxen«, also »dicken Hosen«, meint er die ganz Großen. – »Ich selbst habe gut verdient, ja!«

Wo er es jetzt noch einmal selbst anspricht, will ich wissen: Über eine Million im Jahr? »Das ist in ein oder zwei Jahren der Fall gewesen. Das stimmt schon. Das baut sich auf, aber das baut sich auch wieder ab. Vor allem darf man eines nicht vergessen: Wir haben keinen Trust Fonds auf Jersey oder so was, sondern Sie sind abhängig Beschäftigter. Also, Sie können sich Ihren eigenen Lohnzettel vorstellen, machen beim Bruttoeinkommen drei Nullen dran, aber die machen Sie natürlich auch bei der Einkommensteuer dran. Da sitzen Sie schon im Februar und zahlen Sie mal eben eine Eigentumswohnung als Einkommensteuer. Ich habe mich eigentlich nie darüber beschwert. Ich habe, was Steuern angeht, eigentlich eine relativ entspannte Position. Denn ich finde: dem Kaiser, was des Kaisers ist. Aber das macht schon viel aus.« Und mit einer kleinen Pause ergänzt er: »Sie haben natürlich wahnsinnig hohe Sparraten, wenn Sie diesen Job so machen. Ich will ja keinem zur Last fallen, und das soll jetzt auch nicht unbescheiden klingen, aber ich kann nun auch nicht von 2500 Euro im Monat leben. Nachdem ich 30 Jahre von mehr gelebt habe. Sie müssen also sehen, dass Sie auch ordentliche Sparbeiträge auf die hohe Kante legen. Denn da sind dann auch siebenstellige Ersparnisse ganz schnell weg. Wenn Sie sich jetzt überlegen, die normale Lebenserwartung ist vielleicht noch 30 Jahre. Das muss man sich mal ausrechnen. Ich bin amüsiert über Leute, die da glauben, mit 1200 Euro staatliche Rente sind sie die dicken Möpse.« Wie immer im Leben ist das – ganz richtig – eine Frage der Ansprüche und was man von den 1200 Euro alles bezahlen muss. Wenn davon noch eine Miete abgeht, wird es in der Tat eng.

Anlagetipps eines Investmentbankers a. D.

Selbst ein erfahrener Investmentbanker wie Voss macht, wenn es um die eigene Finanzplanung geht, Dinge, die, vorsichtig formuliert, nicht ganz optimal sind. »Ich habe Immobilien. Bescheuert gekauft. Sie haben ja keine Zeit. Und auf den *trading floors* kommt dann da so einer vorbei. Guck mal hier, ich habe ein Bauherrenmodell – bumm, bumm, bumm, kannste Steuern sparen. Dann sagst du, vermutlich auch, weil du keine Zeit hast oder – das alte Lied – weil du dich da jetzt nicht länger mit beschäftigen willst: Komm, lass mich in Ruhe!« Voss-Deutsch für: Ich mach das jetzt. Ein wenig ist es wie mit dem Schuster und seinen schiefen Absätzen. Du weißt es besser, hast die Möglichkeiten und machst es trotzdem nicht beziehungsweise nicht richtig. »Wovon ich im Moment noch zehre, ist eine Sache, die 2011/12 passierte. Da waren die Großunternehmen furchtbar in Panik, was ihre Liquidität angeht. Thyssen, Volkswagen, Metro, Haniel. Und da hat mich mein Bankberater angerufen und gefragt, ob ich nicht eine Hypothek aufnehmen will für irgendeinen lächerlichen Zins. Ich glaube, damals waren es 3,5 Prozent, und gleichzeitig kriegte man eine Volkswagen-Anleihe für 7,25. Und da habe ich gedacht, Junge, das kann nicht sein. Bloß weil du eine Hütte hast, leiht dir jemand Geld für 3,5 Prozent, und der zweitgrößte Autobauer der Welt zahlt fast vier Prozent mehr? Da habe ich sehr, sehr viel Geld in diese Unternehmensanleihen gesteckt, von denen jetzt immer noch ein paar laufen. Das war ziemlich gut, aber das war auch wirklich blind.« Also ohne großes Risiko. »Ansonsten halte ich mich aus allem raus. Ich habe eine Lebensversicherung, eine klassische Lebensversicherung, noch schön mit vier Prozent, steuerfrei. Da muss ich jetzt nicht weinen.«

Was aber rät Voss Menschen, die über ihre Finanzplanung nachdenken? Manch einem ist da wohl zum Weinen zumute in Anbetracht der niedrigen Zinsen, die uns vermutlich auch noch länger begleiten werden. Voss' Antwort kommt prompt. »Erst einmal: Ich würde niemals ein aktiv gemanagtes Produkt kaufen, soll heißen: nicht von einer Fondsgesellschaft. Sondern ich würde mir einen Fahrplan machen lassen, egal bei welcher Bank. Da müssen Sie erst mal Widerstände überwinden, bevor der Berater sagt, mach ich Ihnen. Ein Fahrplan, wo Sie hergehen und sagen, ich habe 50, 100, 200 Euro im Monat übrig, und die investiere ich in einen ETF-Sparplan, also einen börsennotierten Fonds. Dann würde ich das Geld sicherlich streuen. Und ich würde kein Produkt kaufen, das ich nicht verstehe.« Voss plaudert noch einmal aus seiner Berufsvergangenheit. »So machen es die großen Unternehmen ja auch, die ich betreut habe. So haben es beispielsweise VW und BMW gemacht. Die arbeiten mit einer ganz einfachen Philosophie. Die haben gesagt: Wir kaufen kein Produkt, das wir nicht mit unserem eigenen Risikomanagement abbilden können.« In einfachen Worten: ein Produkt, bei dem sie das Risiko nicht abschätzen können, das sie nicht verstehen, über das sie keine Kontrolle haben.

Es gibt unterschiedliche Risikostufen für die Anlage von Geld – und in der Fachsprache der Banker natürlich Begriffe dafür. Voss erklärt es fast ein wenig beiläufig, als würde er sagen wollen: Das weiß man doch. Aber vielen ist das keineswegs bekannt. »Also, ein Level-1-Asset ist ein Kontoauszug: 1000 Euro. Dann habe ich 1000 Euro.« Sicher, ohne Risiko, aber auch ohne Rendite. »Level-2-Asset ist: Ich habe einen alten Golf, und der kostet zwischen soundso.« Genau weiß man nicht, was man dafür bekommt. »Und Level-3-Asset ist: Onkel Heini hat ein Bild gemalt, kann auch ein van Gogh sein. Level-3-Asset ist, um es klar zu sagen, ein *joke*.« Volles Risiko. Unsichere Anlage. Kein Mensch weiß, ob eine Superrendite lockt oder der Totalausfall droht.

Dem Fachmann Voss ist aber etwas anderes noch wichtiger, als das Anlageprodukt zu verstehen oder das Risiko zu streuen: »Liquidität ist meiner Ansicht nach das Allerallerwichtigste. Ich habe sehr viele Firmen kaputtgehen sehen, nicht weil sie kein Vermögen mehr hatten, sondern weil sie ihre Rechnungen nicht mehr zahlen konnten. Das ist ein ganz, ganz wichtiger

Punkt: *Liquidity is king.*« Mir fällt auf an dieser Stelle, dass das aus Sicht von Bankern ein ganz wichtiger Ratschlag ist, zumindest konnte ich das aus dem Mund von Müller und von Metzler genauso hören. Eins zu eins. Voss führt es noch etwas aus: »Sie sollten im Prinzip – und sofern Sie es sich leisten können – direkten Zugriff auf so viel Geld haben, wie Sie brauchen, um sechs Monate davon leben zu können. Miete. Strom und so ein Zeug. Auch wenn man abhängig beschäftigt ist. Sie wissen das nie in unserer Zeit. Dieses Polster sollte man haben.« Und einmal dabei, verrät Voss noch: »Ich bin ein Freund von Gold. Da werden jetzt auch wieder viele Leute lachen. Also nicht 30 oder 40 Prozent, aber sieben bis zehn Prozent des Vermögens in Gold zu halten halte ich für keine schlechte Idee.«

Wenn der Experte das so sagt, können Sie davon ausgehen, dass er, Voss, es auch so macht. Und ich denke: Alles richtig gemacht, Frau Schrowange! »Und das dritte Standbein«, ergänzt Voss, »müsste dann im Prinzip die eigengenutzte Immobilie sein. Wir haben ja gerade eben darüber gesprochen, und so schließt sich der Kreis wieder: Sie müssen Ihr Verhältnis zu Geld definieren. Es gibt so viele Leute, die sagen, da warten wir mal, bis wir pensioniert sind, dann machen wir eine Weltreise. Und dann schlägt mit 60 der Krebs zu. Man sollte jetzt nicht als Hasardeur durchs Leben laufen, aber ich finde ganz wichtig, dass man sich Wünsche erfüllt, egal welcher Art; und dass das eine ganz wichtige Funktion ist.«

Exkurs: Tipps zur Anlage in Gold und Silber

Gehört Gold ins Anlagedepot? – Bei kaum einer Anlageform gehen die Meinungen so weit auseinander. Ich sage ganz klar: Ja. Wer sein Geld langfristig anlegt und den Gedanken der Vermögensstreuung in den Vordergrund stellt, der kommt an Gold nicht vorbei. 10 bis 20 Prozent Ihres Vermögens können Sie durchaus in dem Edelmetall anlegen. Gold erfüllt die klassische Funktion einer Vermögensabsicherung. In unsicheren

Zeiten, wenn Aktien- oder Anleihenkurse fallen, steigt in der Regel der Preis des Goldes und schafft so einen Wertausgleich im Depot.

Gold sollte man immer physisch kaufen[1], also als Münze oder Barren, auch wenn sehr häufig Goldfonds empfohlen werden. Ein Gold-ETF beispielsweise bildet den Marktpreis des Edelmetalls zwar nahezu eins zu eins ab, doch kann das investierte Geld nie so sicher sein wie physisches Gold, das sich in meinem Besitz befindet. Außerdem sind Gewinne beim Verkauf von Münzen und Barren nach einem Jahr steuerfrei, während bei Fonds automatisch die Abgeltungssteuer auf Gewinne abgezogen wird. (Ob diese Ungleichbehandlung rechtens ist, wird derzeit in mehreren Verfahren vor Gericht geklärt, weshalb sich die Rechtsprechung in nächster Zeit ändern kann.)

Münze oder Barren? Im Prinzip ist das egal. Wählen Sie bei Münzen Ein-Unzen-Stücke (1 Unze = 31,1 Gramm), denn kleinere haben einen vergleichsweise höheren Aufschlag auf den Goldpreis, da die Prägekosten verhältnismäßig stärker zu Buche schlagen. Neben der vermutlich bekanntesten Goldmünze, dem Krügerrand, bietet sich die Wiener Philharmoniker oder der Maple Leaf an. Auch Goldbarren gibt es für Privatanleger in kleineren und damit bezahlbaren Gewichtseinheiten. Los geht es bereits bei Ein-Gramm-Barren, darauf folgen Barren mit zehn, 20, 100, 250 und 1000 Gramm. Am meisten verbreitet sind 100-Gramm-Barren. Der Standardgoldbarren ist hingegen wohl nur für die größeren Portemonnaies. Er wiegt 12,44 Kilogramm und ist entsprechend teuer.

Wo kaufen? Gold zu fälschen kann sehr lukrativ sein, weswegen die Wahl eines vertrauenswürdigen Händlers sehr wichtig ist. Ein guter Goldhändler zeichnet sich dadurch aus, dass einerseits An- und Verkauf unbürokratisch verlaufen, anderer-

---

1 Hierzu ist in einigen Fachpublikationen zum Gold nachzulesen, dass viel mehr Gold gehandelt wird, als es tatsächlich physisch auf dem Weltmarkt gibt. Verantwortlich dafür ist offenbar ein sehr intransparenter und manipulativer Markt.

seits die Ware ordentlich geprüft wird. Banken genießen als Goldhändler sicherlich hohes Vertrauen, aber sind in der Regel an diesem Geschäft nicht besonders interessiert, weil es für sie margenschwach ist. Einige der größten Goldhändler sind Nichtbanken. Die zwei führenden Unternehmen in Deutschland sind Degussa Goldhandel und Heraeus. Darüber hinaus erhielten in Vergleichen auch pro aurum und ESG Edelmetall-Handel gute Bewertungen.[2] Der Versandhandel von Gold ist heute nicht mehr unüblich. Verschlüsselter Datentransfer im Internet, Echtheitszertifikate (zum Beispiel Gütesiegel der Londoner Rohstoffbörse) sowie der Versand per Wertkurier sind heutzutage Standard. Sollte ein Anbieter diese Kriterien nicht erfüllen, Finger weg. Dies gilt im Übrigen auch, wenn Sie Ihr Gold wieder verkaufen wollen.

Wo aufbewahren? Im privaten Tresor oder im Bankschließfach. Besonders vorsichtige Menschen empfehlen sogar, Gold nicht nur an einem Platz zu lagern und auch nicht nur in einem Land, denn es könnte ja in einem Staat beispielsweise zu Vermögensabgaben auf Gold kommen. Allerdings lohnen sich unterschiedliche Lagerstätten nur bei größeren Vermögen in Gold.

Warum raten viele Finanzexperten vom Gold ab? Sie verweisen darauf, dass Gold keine Rendite abwirft, hohen Schwankungen unterworfen ist und auch noch Kosten verursacht (Versandkosten, Lagergebühr, Differenz zwischen An- und Verkaufspreis etc.). Bei negativen Realzinsen jedoch, also wenn die Zinsen unter Berücksichtigung der Inflation im Minus sind, oder bei »Strafzinsen« für Guthaben auf Bankkonten, wie es in Mode kommt, wird Gold auf einmal attraktiv.

Das meiste, was ich über Gold geschrieben habe, gilt auch für Silber, den kleinen Bruder des Golds. Selbst ihre Kursverläufe waren in der Vergangenheit ähnlich. Silber hat den Vorteil, dass es sehr viel günstiger ist. Es hat allerdings auch ein

---

2 Es empfiehlt sich der aktuelle Blick auf die entsprechenden Vergleichsportale im Internet.

paar Nachteile: Es wird auch industriell genutzt, zum Beispiel in der Medizin oder in der Automobilwirtschaft (Katalysatoren). Sein Preis hängt also auch von der Konjunkturentwicklung ab. Wer Silber in physischer Form kauft, muss im Verhältnis mehr für die Lagerung bezahlen als bei Gold, weil für denselben Geldwert viel mehr Kilos gelagert werden müssen. Außerdem fallen 19 Prozent Mehrwertsteuer an, während viele Goldbarren und -münzen von der Mehrwertsteuer befreit sind.

Zu beachten sind bei beiden die Währungseffekte. Edelmetalle zahlt man in Deutschland in Euro, sie werden aber an den Märkten in US-Dollar notiert, das heißt, unter Umständen können Währungsschwankungen die Kursgewinne zunichte machen.

Mein Fazit fällt dennoch positiv aus. Gold und Silber können nicht pleitegehen. Sie stellen immer einen realen Wert dar. Wer einmal einen Goldbarren in der Hand gehalten hat, weiß, was ich meine. Gold und Silber sind für mich ein Wertspeicher, ähnlich wie Immobilien. Mit dem Unterschied, dass man bei Gold vergleichsweise geringe Nebenkosten hat.

Nette Zivilgesellschaft – böse Finanzwelt?

Was mir auffällt: Aktien als Geldanlage, außer in Form von ETFs, empfiehlt der ehemalige Investmentbanker Voss nicht. Hat er einfach zu viel gesehen und weiß daher, warum er die Finger von Unternehmensbeteiligungen lässt? In der Dokumentation *Master of the Universe* liefert er eine mögliche Begründung: »In den vergangenen Jahren ist die durchschnittliche Haltedauer einer Aktie von vier Monaten auf 22 Sekunden gesunken.«

Ist professioneller Aktienhandel für ihn nur noch Zockerei? Letztendlich, sagt er, spiele das keine Rolle mehr. Nur eines wisse er: Es gibt kein Zurück. Er ist froh, dass seine Expertise nun anderweitig gefragt ist. Durch den Erfolg der Dokumentation hat er heute einen neuen Job. Den des Erklärers. Nicht, dass es davon nicht schon genug gebe, doch Voss füllt die Rolle neu aus. Früher waren die Investmentbanker die Bösen. Voss bestreitet das nicht. Aber Voss liefert auch neue, andere Erkläransätze: »Wissen Sie, da draußen laufen unglaublich viele Hochbegabte rum, die wissen, wie das mit der Finanzkrise war. Ich verstehe wahrscheinlich hundertmal mehr davon als die meisten von denen – und weiß nicht, wie das war. Und ich habe es miterlebt.«

In Voss' Welt sind letztlich wir alle als Gesellschaft dafür verantwortlich, dass es zu diesem Exitus kommen konnte. »Das ist ja auch das, was ich den Leuten vorwerfe. Diese Moralisiererei ist ja ganz einfach. Die tun so, als gebe es eine nette Zivilgesellschaft und als gebe es eine böse Finanzwelt, und die nimmt die nette Zivilgesellschaft als Geisel. Das ist doch Schwachsinn!« Voss holt jetzt noch einmal richtig Schwung. »Ich meine diese Geiz-ist-geil-Mentalität und ›Wo kriege ich am meisten?‹, die ist doch überall da. Wir wollen keine Kinderarbeit, aber ein T-Shirt für ein Euro 50 von Primark darf es dann schon sein. Und wir wollen schon gar nicht, dass Schindluder mit unserem Geld getrieben wird, aber sechs Prozent Rendite ist ja wohl nicht unverschämt! Und die Sache mit den Menschen. Dass wir uns da alle auch mal selber an die eigene Nase fassen müssen und dass wir uns da nur selber helfen können, mehr eigenverantwortlich handeln müssen, da komme ich ja nicht drauf, weil ich das für eine super Idee halte. Wir müssen jetzt mal das Gute im Menschen rausholen – das ist mehr so eine Differenzialdiagnostik wie beim Arzt. Denn wer soll uns helfen? Die Politiker? Vergiss es. Die Banken aus sich heraus? Vergiss es! Und du landest dann wirklich beim Individuum. Und das ist für unsere Gesellschaft ganz, ganz schwer zu ertragen. Ich habe die Bücher über die Finanzkrise gelesen, ich habe viele davon gelesen. Da steht genau drin, wie das alles passiert ist. Das sind Chroniken. Also am 5.5.2000 passierte das und das und hat Herr Soundso das und das gesagt und so weiter. Da sagt aber keiner, warum das so passiert ist. Da bringen Sie Leute total in Verlegenheit. Ich frag immer: Warum hat der das und das gemacht? Und wenn Sie diese Frage immer weiter stellen: Warum? Und: Warum?, dann landen Sie irgendwann in einem Raum an der Wall Street. Am Vorabend der Lehman-Katastrophe. Und in diesem Raum sitzen 18 wichtige Männer. Da sitzt Lloyd Blankfein« – bis heute mächtiger und einflussreicher Chef von Goldman Sachs, der größten Investmentbank der Welt – »da sitzt Henk Paulson« – ehemaliger Chef von Goldman Sachs und damaliger US-Finanzminister – »die ganze Elite, und sie entscheiden darüber, ob sie Lehman retten oder nicht. Man kann diese Leute mögen oder nicht. Ich mag sie nicht, aber eines sind die ganz sicher nicht: dumm. Warum haben die den Finger gesenkt, obwohl sie wussten, dass am nächsten Tag die Welt untergeht?« Voss macht eine kurze Pause. Weil es eine persönliche Abrechnung mit Herrn Fuld war?, antworte ich auf die eher rhetorische Frage (Fuld war der Chef von Lehman Brothers). »Exakt! Genau so!«, erwidert Voss. »Ich habe den Fuld nicht kennengelernt. Aber ich habe Kumpels, die den kennengelernt haben. Das muss ein richtig extremes Arschloch gewesen sein. Und das Problem ist jetzt, glaube ich, dass das für unsere Gesellschaft unglaublich schwer zu akzeptieren ist.« Nicht das mit dem Arschloch. Sondern das mit den Werten und der Gier. Und dass wir uns am Ende an die eigene Nase fassen müssen.

Schicksalsdompteur Uli Hoeneß

Voss' steile und manchmal alles andere als leicht verdauliche Thesen finden Gehör. In Talkshows, aber auch in einem weiteren Film. Voss erzählt, nicht ohne Stolz, von einem Anruf, den er im letzten Jahr bekam. Eine Redakteurin war am anderen Ende der Leitung. »Sie machten eine Doku über Uli Hoeneß, erzählte die Frau, und sie würden gern ein längeres Interview mit mir führen. Und ich habe gesagt, ich finde das im Prinzip komisch, dass Sie mich anrufen. Ich kenne den Hoeneß nicht. Ich habe eine Meinung zu Steuerhinterziehung, aber wer bin ich denn, in der Öffentlichkeit den Stab über Uli Hoeneß zu brechen? Das ist ja Schwachsinn. Das mach ich nicht. Und dann sagte diese sehr schlaue Redakteurin: ›Es geht um was ganz anderes. Wenn ich Ihnen das kurz erklären darf?‹«

Es ging um das ZDF-Doku-Drama *Uli Hoeneß – Der Patriarch*, ein Film um den Steuerstrafprozess gegen den Boss des FC Bayern; teils mit nachgestellten Szenen, teils mit Originalmaterial und Interviews. »Und mein Part wäre, wenn man das so nennen darf, darüber zu philosophieren, wie diese Spekulationen funktionieren, die er gemacht hat. Und ich habe erst gesagt, ich kann da gar nichts zu sagen. Dann sagte sie, sie hätte mit einem Psychiater gesprochen, und dieser Psychiater hätte Uli Hoeneß als Schicksalsdompteur beschrieben. Dann habe ich überlegt, was hat denn der gemacht? Der hat mit Devisen spekuliert. Wenn ich mit Aktien spekuliere, dann mache ich mir eine Meinung über das Geschäftsmodell, über den Markt. Lese die Geschäftsberichte. Also, ich treffe eine aufgeklärte Entscheidung. Im Devisenmarkt, wo 5000 Milliarden Dollar am Tag umgesetzt werden, dort zu spekulieren als Privatmann ist, als würden Sie sich in einen reißenden Fluss schmeißen. Und dann werden Sie irgendwo angespült. Schicksal. Und dann können Sie sagen, ich war ein guter Schwimmer oder ich habe Schwein gehabt. Das hängt dann von Ihrer persönlichen Sichtweise ab. Das ist im Prinzip psychologisch komplett konsistent mit der Persönlichkeit von Uli Hoeneß. Der hat teilweise 100 Trades am Tag gemacht. Der hatte nur diesen Beeper, sonst nichts. Ein antiquarisches Modell. Der datiert nur alle fünf Minuten auf. Das ist nichts im Verhältnis zum Devisenmarkt, wo es um Hundertstel von Sekunden geht. Also das ist«, holt Voss Luft, »das ist Irrsinn! Irrsinn! Dann habe ich überlegt, warum macht der das? Und dann kamen wir im Gespräch darauf, dass das mit dem Flugzeugabsturz zusammenhängen könnte. Der ist ja in Hannover mit einem Flugzeug abgestürzt. Er war der einzige Überlebende. Der erste Witz ist, er hat überlebt, weil er nicht angeschnallt war. Wenn er angeschnallt gewesen wäre, wäre er tot gewesen. Also, wenn er sich regelkonform verhalten hätte. Er ist also rausgeschleudert worden und ist dann ein paar Stunden später vom Förster im Wald gefunden worden. Er hatte nur einen gebrochenen Arm und ein paar Blutergüsse. Dann ist mir ein Film eingefallen mit Bruce Willis, der heißt *Unbreakable*. Und dieser Film handelt davon, dass Bruce Willis ein Eisenbahnunglück überlebt und dann danach herausfinden will, ob er ›unkaputtbar‹ ist. Er begibt sich im Prinzip in unkalkulierbare Risiken und kommt immer damit durch. Und stellen wir uns den kleinen Uli vor. Da ist der kleine Uli, Sohn eines Metzgermeisters aus Ulm. Er wird interessanterweise nicht Metzger, studiert Lehramt, Geschichte und Französisch; bricht das dann ab wegen des Fußballs. Der kleine Uli wird Fußballweltmeister, wow. Der kleine Uli gründet eine Wurstfabrik, funktioniert auch. Der kleine Uli wird Präsident vom FC Bayern München. Alles gleichzeitig. Er testet seine Grenzen aus. Wo sind seine Grenzen? Und dann fängt der Uli an zu spekulieren. Erst klein, dann immer größer, immer größer. Im Devisenmarkt. Das ist ja im Prinzip wie Roulette. Wenn Sie mir sagen, spiel Roulette, ohne Roulette zu spielen, dann mache ich Devisenspekulationen. Dann ging das auch noch gut mit dem Spekulieren. Dann hat er angefangen, Steuern zu hinterziehen. Das ging auch noch gut. Er hätte sich ja sauber machen können im Zuge dieser Amnestiegeschichte. Das hat er nicht gemacht. Da hat er noch einen draufgesetzt und gesagt, mach ich nicht, die erwischen mich nie. Und dann hat es *puff* gemacht. Also da ist ein suizidaler Trieb dahinter gewesen. Und ich glaube, um wieder zurückzukommen zur Geldanlage, ich glaube, diese psychischen Strukturen, die da drunterliegen, die sind bei ganz vielen von uns, ohne das Flugzeugunglück gehabt zu haben. Aber diese Art so, die meine ich.« In dieser Analyse steckte zugleich Voss' Antwort. Er sagte als Investmentexperte für dieses Projekt zu. Diesmal ein Film, der nicht die Psyche von Investmentbankern aufarbeitete, sondern die des Fußballmanagers und Spielsüchtigen von der Säbener Straße in München.

»No regrets!«

Voss ist nach seinem Ausscheiden aus der Bank in Frankfurt geblieben. Er wohnt heute im Frankfurter Norden und kann jeden Tag auf die Bankenskyline schauen. Macht ihm das gar nichts aus, ihm, der jahrelang genau aus diesen Türmen das erhabene Gefühl des Herabschauens haben konnte, wann immer er wollte? »No regrets«, er bereue nichts, erwidert er. »Tatsächlich habe ich auch schon darüber nachgedacht, was passiert, wenn einer kommt und bietet mir noch mal einen Job an. Ich könnte das nicht mehr. Ich bin in diesem Kontext nicht mehr funktionsfähig. Ich hatte eine wunderbare Zeit, diese zehn Jahre zwischen 1990 und 2000 bei der Dresdner Bank, habe wunderbare Menschen kennengelernt. Wir haben sehr gute Geschäfte gemacht, ohne jemandem wehzutun. Wir waren intrinsisch motiviert. Ich habe die ganze Welt gesehen. Ich bin erster Klasse geflogen. Ich habe mit Finanzministern zu Abend gegessen. Das sind Dinge, die möchte ich nicht missen. Da bin ich sehr dankbar für. Ich bin sehr wütend, dass man das kaputtgemacht hat. Nicht in dem Sinne, dass mich das persönlich betrifft, sondern was aus diesem Beruf geworden ist, der mal ein ganz, ganz angesehener Beruf war.« Das alles sagt er heute mit dem gebührenden Abstand. Und er weiß es nahezu, warum sich bis heute keiner seiner früheren Kollegen bei ihm gemeldet hat: »Meine Vermutung ist: Die Leute, die noch im Geschäft drin sind, können es sich nicht leisten zu reflektieren, weil sie dann ja sehen, dass alles auf Sand gebaut ist: ihr ganzer Selbstwert, den sie so mühsam aus dem Beruf ziehen.«

Trotzdem war der Schritt für ihn alternativlos. Auch wenn er heute sagt, dass er nicht vom Saulus zum Paulus geworden ist. Das war auch nie seine Absicht. »Wissen Sie, ich mach das ja nicht, weil ich Bankenkritiker bin oder Antikapitalist. Das ist ja Quatsch. Ich finde, Kapitalismus ist eine super Sache. Ich finde auch, freie Märkte sind eine super Sache, wenn es sie denn geben würde. Der Zugang zu Finanzdienstleistungen im kapitalistischen System ist meiner Ansicht nach genauso ein

Grundrecht für die Menschen wie der Zugang zu sauberem Wasser und zu frischer Luft. Das muss sein. Drei Milliarden Leute auf der Welt haben keinen Zugang zu einem Konto. Das muss man sich einmal vorstellen. Es ist unerlässlich, dass Dinge wie Finanzdienstleistungen existieren. Die Frage ist nur, in welchem Rahmen. Ich bin auch ein großer Fan von solchen Banken wie GLS oder Triodos.« Das sind Bankinstitute, die Geld nachhaltig anzulegen versuchen, die ihren Fokus auf Projekte legen, die ethisch sauber, ökologisch sinnvoll und sozial gerecht sind.

Tatsächlich hat seit der Finanzkrise nicht nur bei Voss ein Umdenken stattgefunden. Umfragen belegen, dass immer mehr Menschen ihr Geld mit gutem Gewissen anlegen möchten. Allerdings kennt Voss auch die Grenzen dieser Entwicklung. »Sie können nicht mit einer Bank wie GLS das Weltfinanzsystem aufrechterhalten. Das geht nicht. Sie kriegen ein Problem, wenn ich zu Ihnen komme und sage: Ich habe 150 Millionen, ich möchte, dass Sie sie für mich anlegen. Nicht, dass die das nicht administrativ verwalten können, sondern es ist noch viel schlimmer und sagt viel über unsere Gesellschaft aus: Es gibt gar nicht genug Assets.« Das bedeutet: Es gibt nicht genügend Anlageobjekte, die den Kriterien nachhaltigen Investments entsprechen. Seine Tochter, erzählt Voss, um das Dilemma verständlich zu machen, habe ihn einmal gefragt, warum nicht alle Leute bio essen. »Das geht ja nicht, habe ich ihr gesagt, weil dann drei Milliarden von uns gehen müssten, und du entscheidest, wer. Und genauso verhält es sich mit der Geldanlage in nachhaltige Projekte.«

Am Ende unseres Gesprächs muss ich zugeben: Rainer Voss hat mich nachdenklich gemacht. Er sieht die Welt mit anderen Augen. Mit den Augen eines Mannes, der mittendrin war, an den Werkbänken der Finanzindustrie. Der zu den »Masters of the Universe« gehörte, obwohl er von sich behauptet, nie einer gewesen zu sein. Als normaler Banker war er einfach mehrfach in seinem Leben zur richtigen Zeit am richtigen Ort. Bis der Ort nicht mehr der richtige war. Für ihn.

Kennen Sie das? Sie gehen auf der Straße, und auf der gegenüberliegenden Seite geht ein Mann, der was sein könnte, Arzt? Lehrer? Gärtner? Von Rainer Voss hätte ich niemals angenommen, dass er Investmentbanker sei. Gut, vielleicht hätte ich früher, als er mit zurückgegelten Haaren und breiten Hosenträgern herumlief, eher seinen Beruf erraten. Ganz sicher bin ich mir nicht. Nur eines weiß ich: Rainer Voss ist nicht mehr der Rainer Voss, der er einmal war. Die Dinge, die er gesehen und erlebt hat, haben ihn zweifelsfrei sozialer gemacht. Es fällt ihm nicht schwer, mir dies zu bestätigen: »Das ist so eine Art Schnappreflex. Entweder arbeiten Sie danach an Ihrem Golf-Handicap, oder Sie machen was anderes.« Süffisant fügt er an: »Nicht, dass ich es nicht versucht hätte.«

ADEL TAWIL

»Ich bin schon jemand, der versucht, mit Geld Werte zu schaffen.«

Zur Person:
Adel Tawil hat in seiner fast 20-jährigen Karriere als Popsänger schon einiges erlebt. Mit Anfang 20 ist er fast pleite. Mit Ich + Ich kommen der Erfolg und die Millionen. Finanziell abgesichert fühlt sich der Songwriter und Produzent aber immer noch nicht. 1000 Euro sind für ihn auch heute noch viel Geld. Die Wertschätzung des Geldes hat er von seinen Eltern, die mit wenig in der Tasche nach Deutschland kamen.

Als ich Adel Tawil das erste Mal am Telefon habe und ihm von meinem Vorhaben erzähle, dieses Buch zu schreiben, ist er einverstanden mitzumachen, etwas einschränkend fügt er jedoch an: »Viel über Geld erzählen kann ich aber nicht.« Jetzt, nachdem wir uns getroffen haben, ich wieder zu Hause sitze und beginne, dieses Kapitel zu schreiben, erinnere ich mich an diesen Satz und muss innerlich schmunzeln. Ich freue mich einfach, dass unser Treffen genau das Gegenteil von einer zähen Begegnung geworden ist. Selten habe ich mit jemandem so offen und intensiv über Geldangelegenheiten sprechen können wie mit Tawil. Anderthalb Stunden redeten wir, und es war überhaupt nicht langweilig, ja sogar ungeahnt aktuell. Sie werden es erleben.

Ein bisschen wie vom Tellerwäscher zum Millionär

Wir treffen uns in Berlin. Am Savignyplatz. Im einstigen Berlin-West, das nach der Wiedervereinigung fast ein wenig in Vergessenheit zu geraten schien. Die ersten 10, 15 Jahre nach der Wende gehörten dem Ostteil der Stadt. Jeder, der etwas auf sich hielt, Investor, Künstler, Student oder Tourist, »machte« in den Ostteil. Die City West, rund um die Gedächtniskirche, den Ku'damm und den Savignyplatz, drohte mehr und mehr an Attraktivität zu verlieren. Ich hatte den Westteil noch ganz anders kennengelernt. 29 Jahre ist das her. Damals, 1988, kam ich als 21-jähriger Student nach Berlin. Es war die Zeit, in der noch eine Mauer Berlin teilte. Genau ein Jahr habe ich das alte West-Berlin erlebt, dann kam die Wende. Hier, am Savignyplatz, hatte ich mich damals oft mit Kommilitonen getroffen. Im Petrocelli, einem Italiener unter den S-Bahn-Bögen, wo ich mit Adel Tawil zum Lunch verabredet bin, hat sich Berlin kaum verändert. Die Gegend um den Savignyplatz ist jetzt wieder en vogue. Und vor allem ist sie Tawils Revier. Hier ist er zu Hause, hier fühlt er sich wohl. Hier ist seine Heimat.

Seine Wurzeln aber hat er woanders. Sein Vater stammt aus Ägypten, seine Mutter aus Tunesien. Ein wenig ist Adels Geschichte die vom Tellerwäscher zum Millionär. Fast so, wie man sie kennt. Aber eben nur »fast«: »Mein Vater kam sehr früh hierher, als Tellerwäscher hat er hier gearbeitet. Er hat in Ägypten studiert und kam dann über London nach Deutschland. Er hat hier aber nicht weitermachen können.« Statt also sein Studium abzuschließen, jobbt er in einem italienischen Restaurant. »Und meine Mutter kam mit 19 hierher zu Siemens nach Deutschland. Als Gastarbeiterin.« Die beiden lernen sich in Berlin kennen und gründen eine Familie. »Wir hatten halt eine Wohnung, drei Zimmer, waren drei Kinder, also fünf Leute.« Tawil erzählt, dass er, obwohl es zu Hause sehr eng war, eine schöne Kindheit hatte. »Wir sind in Siemensstadt groß geworden, typisches Arbeiterviertel. War aber sehr schön damals. Siemens hat für die Kids viel gemacht. Man hatte da tolle

Schulen, tolle Spielplätze.« Leider liegt die Betonung auf
»hatte«. Siemensstadt wirkt heute in weiten Teilen etwas her-
untergekommen. »Und wir hatten auch immer okay Geld.«
Vor allem weil sein Vater fleißig ist und beinahe Tag und Nacht
arbeitet: »Den haben wir kaum gesehen. Der hat halt das Geld
nach Hause gebracht. Und«, fährt Tawil fort und schaut seinen
Bruder an, der ihn zu unserem Gespräch begleitet hat, »eigentlich alles, was wir brauchten, bekamen wir auch.« Adel Tawil
wächst wohlbehütet auf. Durch seinen Vater bekommt er mit,
dass man hart für Geld arbeiten muss. Und das, sagt er, prägte
bereits früh seine Einstellung zu Geld. »Ich weiß es zu schätzen. Es ist nicht so, dass es mir egal ist. Ich bin schon jemand,
der versucht, mit Geld Werte zu schaffen, der sagt, ich will damit meine Familie unterstützen.«

Geld und Familie, das zieht sich durch unser gesamtes Gespräch, gehören für den 37-jährigen Sänger und Songwriter
ganz eng zusammen. Es ist kein Zufall, dass Tawils Business,
so will ich es einmal formulieren, mittlerweile fast ein Familienunternehmen ist. Sein Bruder Hatem und seine Schwester
Rasha haben große Teile seines Managements übernommen.
Die Botschaft ist klar: Der Familie vertraue ich. Auf die Familie
ist Verlass. Ich kann das gut nachvollziehen – Sie vielleicht
auch –, denn bei mir zu Hause war es ganz ähnlich.

Adel Tawil hält kurz inne, zögert, bevor er weiterspricht.
Dieser enge Kontakt zur Familie, das Ausrichten auf die Familie hat auch damit zu tun, dass seine Eltern als Fremde nach
Deutschland kamen. Wen kannte man schon, wem sollte man
vertrauen außer den eigenen Familienmitgliedern, Bruder,
Schwester, Vater, Mutter? Besonders seine Mutter war da prä-
gend. Adel Tawil erinnert sich an ihre Worte von damals, als er
noch klein war: »Wir wissen nicht, wie lange wir hierbleiben
dürfen«, sagte sie, »Deutschland hat eine Vergangenheit.« Da
schwingt Sorge mit. Und Adel Tawil bestätigt dies, erzählt weiter: »Und sie« – seine Eltern – »waren immer sehr bedacht darauf, dass wir auch zu unseren Heimatländern, also Ägypten
und Tunesien, einen Bezug haben. Wir waren dort auch jedes

Jahr. Und im Hinterkopf war immer die Möglichkeit, wir könnten auch relativ schnell hier weg, wenn es nötig ist. Falls die Stimmung kippt, was jetzt wieder total erschreckend ist.«

Adel Tawil macht wieder eine kurze Pause, wie eine Zäsur, bevor er anfügt: »Ist ja heute wieder total aktuell das Thema.« Uns beiden gehen in diesem Moment vermutlich dieselben Bilder durch den Kopf. Die Bilder von helfenden Händen, aber auch von Notunterkünften, von Stimmungsmache gegen Ausländer und vom Anschlag am Berliner Breitscheidplatz. Deutschland hat sich verändert. Die Stimmung im Land hat sich verändert. Und doch hoffen viele, die zu uns gekommen sind, weil sie in ihrer Heimat verfolgt wurden oder vor dem Krieg geflohen sind, dass es ihnen hier irgendwann besser geht. Dass sie hier vielleicht sogar eine neue Heimat finden. So wie die Tawils. »Total erschreckend« ist es für Adel Tawil aber auch, wie er mir verrät, weil er es als Heranwachsender nicht verstanden hat, warum seine Mutter immer das Gefühl vermittelte, man säße auf gepackten Koffern: »Warum? Damals war das für mich: Wieso? Ich bin doch hier geboren? Das ist mein Zuhause. Ich habe hier meine Freunde.« Heute verfolgt er die aktuelle Entwicklung zwar mit Sorge, sieht es für sich persönlich aber lockerer: »Heute ist das eine andere Nummer. Wir werden nicht aus dem Land vertrieben. Aber heute kann ich da meine Mutter verstehen: Sie kamen eben nach Deutschland, und wir wissen nicht, ob wir hierbleiben oder nicht. Von daher habe ich das so einprogrammiert, dass ich als Allererstes Dinge gekauft habe, die ich anfassen kann und wo ich sagen kann, hier, okay, die verkaufe ich und baue mir irgendwo anders eine Zukunft auf.«

Die Künstlerszene und das Geld

»Typisches Straßendenken«, sagt er und grinst. Aber es war lange in ihm drin. Obwohl er nie für längere Zeit in einem anderen Land gelebt hat und dies wohl auch nie vorhatte, weil er sich in Berlin einfach sauwohl fühlt, wie er sagt, ähnelte sein

Gelddenken lange Zeit dem eines Nomaden. Wenn es morgen weiterginge, müsste alles schnell zu Geld gemacht werden können. Rainer Voss würde sagen: *Liquidity is king.* Und der Sänger Adel Tawil könnte ein Lied davon singen, wie es ist, wenn einem die Bank in dem Moment, wo man sie am nötigsten braucht, den Boden unter den Füßen wegzieht. Später wird er davon erzählen, jetzt aber gibt er unumwunden zu, dass die Probleme mit der Kohle häufig auch selbst gemacht sind: »Gerade in der Künstlerszene ist es ganz häufig, dass Leute sagen, ach, Geld ist mir völlig egal, es geht nur um die Musik. Was dann andere Leute extrem ausnutzen.«

»Am Anfang war mir das auch egal, und da ging es auch nur um die Musik.« Damit taucht Tawil ein in die Zeit, in der seine Karriere begann, mit The Boyz, einer klassischen Boygroup der 90er. Das Projekt läuft anfänglich musikalisch gut, doch offenbar nutzt das Management von The Boyz die Unerfahrenheit der fünf jungen Musiker aus, eine Erfahrung, die den Sänger mindestens genauso prägt wie sein »Straßendenken«. Tawil merkt schnell: »Du musst auch schon ein Auge auf das Geld haben. Und du musst für das, was du tust, vernünftig bezahlt werden.« Um zu verstehen, was er meint, führt mich Tawil in die Hohe Schule des Geldverdienens im Popbusiness ein: »In der Musik gibt es drei große Baustellen, wo Dinge passieren. Einmal die Plattenfirmenseite.« Der Sänger hebt einen Finger hoch. »Die Platte generiert Geld.« Klar, jeder Verkauf einer Platte oder CD bringt etwas ein. Wobei diese Einnahmen, das weiß jeder, in Zeiten von Musikdatenbanken und Streaming-Diensten rückläufig sind. »Damit verwoben«, fährt Tawil fort und hebt einen zweiten Finger, »die GEMA.« Schon Gunter Gabriel lobte die Gesellschaft für musikalische Aufführungs- und mechanische Vervielfältigungsrechte als das große Pfund der Musiker. Verdient beim Plattenverkauf neben dem Künstler natürlich auch die Plattenfirma mit, so ist das bei den Rechten ganz ähnlich. Auch hier verdient in aller Regel jemand mit: der Musikverlag. Für das Promoten des Künstlers, für das Bewerben des neuen Albums oder andere Aufgaben, die er übernimmt, lässt er sich vertraglich Teile der Rechte abtreten. Wie stark der Musikverlag mitverdient, ist abhängig davon, wie bekannt der Künstler ist und wie sehr ihn der Verlag unter seine Fittiche nehmen will. Letztendlich ist es also wie immer im Leben: Es zählt das Verhandlungsgeschick. Dann hebt der Sänger den dritten Finger: »Und live verdient man Geld.« Also mit Konzerttourneen. Und dann folgt, worauf Adel Tawil eigentlich hinauswill: »Und wir hatten als The Boyz von keinem der drei Felder auch nur irgendeinen Plan.«

Teures Lehrgeld

Ein Satz, der erahnen lässt, dass der junge Adel Tawil Lehrgeld bezahlen musste. Adel Tawil sagt selbst, dass sie unerfahren, zu blauäugig waren. »Wir wussten nicht, dass du bei einem Verlagsvertrag, wenn du dich an einen Verlag bindest, sei es an Sony, an BMG oder an ein anderes Label, dass du da auch einen Vorschuss bekommst. Dass du da mit denen verhandeln kannst. Dass du sagst: Du kannst meine Rechte verwerten und verlegen, und dafür kriege ich einen Vorschuss. Genauso wie bei der Plattenfirma.« Auch da hätte man verhandeln und bessere Konditionen herausholen können. Wobei das Management von damals bestimmt gut verhandelt hat. Für sich. Für die Band möglicherweise nicht ganz so gut.

»Wenn wir auf Tour waren, gab es von Mama immer 20 oder 30 Mark«, erinnert sich Tawil, »und dann habe ich die an der Tankstelle – wir waren damals immer mit dem Auto unterwegs – ausgegeben.« Meistens für was zu essen. »Und wenn man das so hört, dann war das so was von sittenwidrig.« Adel Tawil schüttelt darüber noch heute den Kopf: »Wir haben von niemandem Geld bekommen. Das ist auch so ein altes klassisches Modell, was in den 90ern sehr verbreitet war. Diese ganzen Plastikbands. Das waren ja nur hingestellte Musiker. Und die Manager, das waren auch nicht typische Manager, die sich um die Belange des Künstlers gekümmert haben, sondern wie Plattenfirma, Verlag und *Live-Booker* in einer Person.« Hört sich nach totaler Kontrolle an. Sicher nicht immer zum Besten des Künstlers. »Heute gibt es das gar nicht mehr.«

»Nach drei Jahren habe ich gesagt: Passt mal auf. Ich habe jetzt drei Jahre lang,« – er überlegt kurz – »vier Jahre den Job hier gemacht und kaum was verdient. Wenn ich das runterrechne auf ein Monatsgehalt …« Adel Tawil zieht einen überraschenden Vergleich, der aber sehr gut aufzeigt, wie er sich damals gefühlt haben muss. Irgendwie innerlich zerrissen. »Das war ja auch absurd. Wenn man zum Beispiel im Hotel arbeitet, eine Hotelausbildung macht, kriegt man auch kaum etwas bezahlt, aber wenn du natürlich Popstar bist und siehst, du bist in der *Bravo*, bei Viva und bist international unterwegs, bis nach Malaysia, aber kannst dir kaum eine eigene Wohnung nehmen, dann denkst du dir, da stimmt was nicht.« Nicht zu überhören die Unzufriedenheit und die Enttäuschung, die noch heute in seiner Stimme mitschwingen. »Und irgendwann bin ich ins Studio gekommen, und da standen dann drei Ferraris, von unseren Herren, Triple-M hießen die. Der eine hieß Mark Dollar, so wie die deutsche Mark und der amerikanische Dollar. Hat er auch immer dazugesagt: Ich bin Mark Dollar, deutsche Mark und amerikanischer Dollar. Also genau der Schlag von Typ. Und ich fahre immer noch in dem Mazda 323 von meiner Mutter ins Studio. Irgendwie stimmt da was nicht. Und das wird einem dann klar. Also entweder ändert sich hier jetzt was Grundlegendes an dem Vertrag, oder wir machen keinen neuen mehr und verlängern auch nicht.« Doch zu Zugeständnissen waren die Herren Manager nicht bereit. »Und da haben wir gesagt: Dann war's das.«

Erste Schritte auf eigenen Beinen

Ganz leer gehen die Musiker nicht aus. Das Projekt The Boyz spielt am Ende vor allem aufgrund der Musikverwertungsrechte Geld in die Kassen. »Bei den Copyrights ist man immer ein bisschen vorsichtiger. Weil du in Deutschland mit Urheberrechten zum Glück wenig anstellen kannst. Wenn ich mich hinstelle und sage: Ich habe das Lied aber geschrieben und vor Gericht gehe, dann hat die andere Seite schlechte Karten. Das ist ganz klar geregelt. Deswegen«, sagt Adel Tawil mit Blick auf sein damaliges Management, »waren die da vorsichtig.«

Adel Tawil nimmt sein Geld und steckt alles in ein Tonstudio in Berlin-Tegel. In dem produziert er noch heute. Seine Pläne, mit The Boyz weiterzumachen, zerschlagen sich, weil einer der Jungs, wie Adel Tawil es formuliert, »lieber selber etwas machen wollte«. Die erste Idee, die nächste Stufe auf der Karriereleiter zu erklimmen, scheitert also, doch schnell reift ein neuer Plan. Statt wie bisher selbst auf der Bühne zu stehen, wollen die Jungs Talente finden und sie produzieren. »Wir haben ja ein bisschen was gelernt und abgeschaut von den Leuten, die uns da abgezogen haben. Und da haben wir gesagt, okay, das machen wir auch – ohne dass wir die Leute abziehen. Wir haben praktisch dasselbe Konstrukt aufgebaut, hatten unsere Firma, unseren Verlag gegründet, aber haben gesagt, wir wollen immer fair sein mit den Künstlern, schließlich sind wir ja selber Künstler. Damit haben wir angefangen und waren natürlich auch etwas naiv in dem Alter.« Anfang 20 sind sie da. Es folgt eine Riesenumstellung. Vor allem im Kopf. Gestern gingen die Jungs bei Viva oder der *Bravo* praktisch noch ein und aus. »Das hat sich angefühlt wie zu Hause. Und kaum war das vorbei, war das natürlich nicht mehr so, dass die Leute einem die Tür einrennen.« Der Sänger erzählt von dieser Phase seines Lebens, ohne dass es ihm unangenehm ist. Der erste Ruhm verblasst sehr schnell. Statt offener Türen war auf einmal Klinkenputzen angesagt.

»Das war wirklich Arbeit, man musste zu denen hin. Wir sind in ganz Deutschland unterwegs gewesen. Sind zu den Plattenfirmen gegangen, haben Künstler produziert, haben das alles selbst finanziert.« Die Jungproduzenten gehen sogar noch weiter ins Risiko, holen sich Vorschüsse von Verlagen, um junge Künstler bekannt zu machen. »Und so haben wir das dann mehr schlecht als recht gemacht. Es war schon schwierig eine Zeit lang.« Adel Tawil rechnet kurz nach. 1999 löst sich die

Band The Boyz auf. 2000 steckt er alles Geld in sein Studio. Danach beginnt die Zeit, von der er gerade spricht: »Da hat's dann angefangen, dass langsam auch das Konto bei mir ins Minus ging. Wo ich dachte, hmmm …« Den Satz, den Adel Tawil, jetzt recht nachdenklich, nicht zu Ende spricht, führe ich fragend fort: Es lief nicht wirklich gut, oder? Adel Tawil bestätigt: »Wo du dann merkst, da kommt jetzt aber nicht so schnell Geld herein.«

Das Liquiditätsproblem, das wir vorhin schon einmal angerissen hatten. »Dann wurde es für mich so langsam kritisch.« Das Geld wird immer knapper, und trotz intensivem Arbeiten will sich kein Erfolg einstellen, zumindest kurzfristig nicht. Ein wenig ist es wie mit gutem Wein, der reifen muss. Und das dauert. »Wir waren jeden Tag im Studio. Ich habe auch mal im Studio gewohnt, weil ich mir keine Wohnung leisten konnte.« Mit solch einer Wendung nach dem anfänglichen Starruhm hätte ich jetzt nicht gerechnet.

Tanz auf dem Drahtseil

Für Adel Tawil ist es eine Erfahrung, auf die er sicher gern verzichtet hätte. Und jetzt kommt die Sache mit der Bank – Sie erinnern sich? –, die ihm den Boden unter den Füßen wegzieht. »Was ich bis heute nicht vergesse: Die Bank war nicht mehr für mich da. Das fand ich heftig. Du warst sofort eine Null.« Da helfen auch die Erfolge mit The Boyz und die regelmäßigen Einnahmen durch die GEMA wenig. Adel Tawil ist an einem Tiefpunkt angekommen. Er bekommt die volle Härte der Bank zu spüren, mit der er zuvor alle Geschäfte, ob Geldanlage oder Kreditfinanzierung, abgewickelt hat. Er erinnert sich, wie die Hausbank Druck machte: »Wenn das Geld, keine Ahnung, nicht in einem Monat drauf ist, dann …, da haben wir über 10 000 Mark geredet oder so. Was natürlich viel Geld ist.« Weil der Musiker selbstständig ist, fehlen der Bank offenbar die Sicherheiten. »Die wollten die Kohle zurückhaben, wollten nicht mit sich reden lassen und waren heftigst unterwegs. Sie wollten, dass ich einen Offenbarungseid leiste. Und wenn ich nicht meine Eltern gehabt hätte und in der Musik nicht doch noch ein paar Sachen, ein paar Verträge hätte abschließen können …« Adel Tawil mag sich gar nicht vorstellen, wie es dann weitergegangen wäre. Arbeitslos. Hartz IV. Mit 22 und abgebrochener Schule.

»Dann stehst du da, hast ein Tonstudio an der Backe, hast Schulden bei der Deutschen Bank und denkst, okay, was machst du jetzt?« Er kämpft. Und lässt einen Blick in seine Seele zu. »Ich habe wirklich alles machen müssen. Ich habe ja eh gewusst: Ich bin in einer Boyband gewesen, das wird jetzt nichts mehr mit einer Karriere.« So weit unten hatte er zu dem Zeitpunkt den Glauben, er könne noch einmal durchstarten, völlig verloren. Für Tawil ging es Anfang 2000 eigentlich nur noch ums finanzielle Überleben. »Ich habe mich komplett zurückgezogen. War nur noch Produzent. Und habe wirklich alles gemacht. Das war halt so: Die Plattenfirmen sind zu mir gekommen und haben mir irgendwelche Schauspieler vor die Nase gesetzt, die nicht singen konnten, und haben gesagt: Du, mach, dass die singen können.« So, wie er das erzählt, hört sich das schon wieder lustig an: »Mach einen Star draus!«

Es ging den Plattenfirmen nicht darum, jemanden bekannt zu machen, »der zwar gut ist, sondern einen, der bekannt ist, gut zu machen«. Das ist letztendlich billiger. »Das waren halt nicht so schöne Jobs, aber sie hatten trotzdem mit Musik zu tun.« Als ich frage, was man denn für so einen Job bekommt, verstehe ich das Kalkül der Plattenfirmen. »Wir bewegen uns da bei 500 Euro oder so.« Centbeträge im Popbusiness, denke ich. »Die Masse macht's dann. Wir haben ja Fixkosten im Studio. Wir haben eine Miete zu bezahlen. Und dann müssen die Geräte auch noch ab und an gewartet werden. Man muss ab und zu auch mal was Neues holen. Software und so. Von daher war das immer so ein Tanz auf dem Drahtseil.«

Für den jungen Adel Tawil sind es Jahre, die bitter in Erinnerung bleiben. »Das waren so zwei, drei Sachen. Das mit den Managern, aber auch das mit der Bank.« Für seine Karriere, die dann doch noch die zweite Luft bekommen wird, sind es aber, so komisch das klingen mag, lehrreiche Erfahrungen. Vieles von dem, was er künftig anpackt, macht er intuitiv anders und damit richtig. »Es ging dann langsam aufwärts. Wir haben immer bessere Aufträge bekommen, und irgendwann stand Annette im Studio.«

Vom selben Stern

Wie er das so sagt, hört es sich fast an wie ein kleines Wunder. Der Beginn einer Geschichte, die vieles ändern wird. Eben noch im Tal der Leiden, jetzt eine helle Lichtgestalt in der Tür. So kann es manchmal gehen. Während er das erzählt, merke ich, eines kann er wirklich gut: seine Gefühle zum Ausdruck bringen. Ein ums andere Mal überrascht er mich mit seiner Offenheit, wirkt sehr authentisch. Auf einmal gehen mir seine Textzeilen durch den Kopf, die ich bestimmt schon hundertmal im Radio gehört habe, aber deren tiefere Bedeutung ich erst jetzt verstehe. Zeilen seines Titelsongs vom Soloalbum *Lieder:*

Ich war einer von fünf Jungs
»One Minute« aus, dann war's vorbei
Ich sang nur noch für mich, für 'ne unendlich lange Zeit
Dann traf ich auf sie
Und sie erinnerte mich
Wir waren Welten entfernt
Und doch vom selben Stern

Bevor sie aber tatsächlich »Vom selben Stern« zusammen produzieren, bevor das Erfolgsduo Ich + Ich aus der Taufe gehoben wird, gibt es erst einmal die Geschichte des Kennenlernens. Natürlich hätte ich angenommen, Künstler kennen sich, doch Adel Tawil überrascht mich einmal mehr: »Wir kannten sie nicht. Wir wussten nicht, wer Annette ist. Ideal« – Annette Humpes damalige Band – »war uns schon ein Begriff.« Aber mehr auch irgendwie nicht. Wen Annette Humpe schon alles produziert hat, von Udo Lindenberg über Nena bis zu den

Prinzen, war Adel Tawil zu diesem Zeitpunkt nicht bekannt. Sie wiederum war nicht wegen ihm ins Tonstudio gekommen. »Sie wollte mal gucken«, erinnert sich Tawil, »sie hatte ein Lied geschrieben für einen Schauspieler und wollte mal gucken, wer er ist.«

Zufälliger kann eine Begegnung nicht zustande kommen. Dennoch entwickelt sich sofort etwas zwischen den beiden. Die Chemie stimmt vom ersten Tag an. »Wir haben uns auf Anhieb gut verstanden und haben dann gesagt, okay, wir machen was gemeinsam. Da war Ich + Ich geboren. Mein Partner Florian Fischer hat sich dann mehr um die Verträge gekümmert. Man muss dazu sagen, Annette macht keine Verträge. Die weigert sich immer, irgendwelche Verträge zu machen. Klar, einen Plattenvertrag musst du mal irgendwann unterschreiben. Das macht sie auch. Ich habe viel von Annette gelernt, was das angeht. Sich also auch nicht ewig mit Verträgen zu binden. Verträge sind schon eine gute Sache. Falls es irgendwann zum Ernstfall kommt, dann hat man ganz klare Verhältnisse. Aber auf der anderen Seite ist Annette so: Also, wenn du mich jetzt über den Tisch ziehst, dann arbeite ich einfach nicht mehr mit dir zusammen. Dann hast du mich jetzt zwar bei dieser Platte über den Tisch gezogen, aber das war's. Und ich weiß ja, was ich wert bin. Dieses Selbstbewusstsein, diese Stärke hat sie. Und das fand ich immer faszinierend bei Annette. Dann haben wir losgelegt. Und dann wurde es ja auch echt gut.«

Ich + Ich verkaufen mehr als drei Millionen Platten, erhalten diverse Auszeichnungen, unter anderem mehrere Echos, und avancieren zu den erfolgreichsten deutschen Künstlern der Gegenwart.

Was Adel Tawil besonders freut: deutsch zu singen und damit erfolgreich sein zu können. Das war eine wichtige Erkenntnis für ihn. Wie er das so erzählt, hört es sich fast wie Selbstfindung an. Und doch ist es nur eine logische Konsequenz. Der Adel Tawil, der früher nicht verstehen konnte, warum er vielleicht irgendwann mal wieder von hier weggehen sollte, lässt keinen Zweifel daran, was er fühlt und wie er fühlt: »Ich fühle mich als Deutscher. Denke deutsch, lebe deutsch, und ich singe deutsch.« Und dann schiebt er mit diesem frohen Gesichtsausdruck noch nach: »Ja, das ist mein Ding!«

Da ich Adel Tawils Musik mag und nicht ganz unvorbereitet in unser Gespräch gegangen bin, stelle ich ihm jetzt eine Frage, die auch seine Fans immer wieder stellen. Ich + Ich haben sich nie wirklich getrennt, und trotzdem singen die beiden nicht mehr zusammen. Warum eigentlich? »Wenn du drei Alben machst über acht Jahre, da hatten wir das Gefühl, alles ist gesagt.« Und dann, sagt er offen und ehrlich, hat bestimmt noch etwas anderes eine Rolle gespielt: »Ich glaube natürlich auch: Annette spürte auch den Druck. Wir waren megaerfolgreich mit der zweiten Platte, und die dritte war auch super, aber nicht so erfolgreich wie die zweite. Und das ist für jeden Künstler dann schwierig. Nach drei Alben musst du irgendwas machen. Also entweder machst du irgendetwas Neues, musst dich also selbst neu erfinden, oder du lässt es erst mal bleiben.« In den beiden kleinen Wörtchen »erst mal« steckt immerhin die Fantasie, dass es die beiden irgendwann doch noch einmal zusammen angehen werden. Wer weiß?

Zur Solokarriere gezwungen

So aber zündete Phase drei der Karriere. Adel Tawil solo. »Ich wurde praktisch auch dazu gezwungen. Okay, jetzt kannst du dich nicht mehr hinter Ich + Ich verstecken ...« Zuvor hatte Universal über all die Jahre immer wieder versucht, den Künstler zu einem Soloalbum zu bewegen. »Und ich sagte immer, Nein, wir machen jetzt keine Platte. Ich + Ich war ja super. Ich habe aber damals gesagt, weil wir ja auch das Geld brauchten,« – die schlechten Zeiten lagen noch nicht lange zurück – »ich unterschreibe einen Vertrag. Und so war ich bei Universal als Künstler schon mal unter Vertrag.«

Nachdem Ich + Ich nun aber, nennen wir es eine kreative Schaffenspause einlegten, gab es keinen Grund mehr abzulehnen. Und so startete Adel Tawil seine Solokarriere. Es ist das, was er immer erreichen wollte, auch wenn er zwischenzeitlich den Glauben daran verloren hatte. Gleich sein erstes Soloalbum wird ein Erfolg. Vor allem die Idee des Titelsongs *Lieder* funktioniert. Darin beschreibt Tawil sein gesamtes Leben anhand von Künstlern und Songtexten, die ihn geprägt haben. Ein Leben in Liedern, tatsächlich so etwas wie eine Biografie des Künstlers. Es folgen die nächsten Auszeichnungen und eine ausverkaufte Tour durch Deutschland.

Mit dem Erfolg kommen die Millionen. Finanziell muss er sich jetzt keine Sorgen mehr machen. Doch Tawil widerspricht. »Da bin ich nicht der Typ für. Ich mache mir wahrscheinlich immer Sorgen, weil ich weiß, wie schnell so etwas gehen kann. Ich habe das ja auch bei anderen erlebt. Man muss schon aufpassen.« Dass das Geld, das man verdient, nicht schneller wieder weg ist, als einem lieb ist. Aber Adel Tawil sagt, auf sein Bauchgefühl könne er sich verlassen. »Hier in Berlin, gerade in Westberlin, hier in der Schlüterstraße, in den üblichen Bars und Restaurants, gibt es die üblichen Verdächtigen, die alle rumrennen in ihren dunklen Anzügen und sagen: Pass mal auf. Ich habe das richtige Riesending, zehn Prozent Rendite, ganz sicher, *save,* machen wir, komm!« Er grinst und weiß: Zehn Prozent und sicher, das gibt es heute nicht mehr. Da gehen bei dem Songwriter alle Alarmlichter an: »Dann habe ich immer gesagt: Okay, das war's. Okay, das machen wir nicht.«

Eigentlich, sagt er, mache er sich viele Gedanken über Geld, aber für ihn spiele noch etwas ganz anderes eine Rolle. Das sagt er mit einem Unterton in der Stimme, der verrät, wo seine Präferenz liegt: »Im Moment ist es schon so, dass ich noch denke: Klar habe ich ganz gut verdient, wenn ich unterwegs bin und die Platte war echt super erfolgreich. Aber ich habe ja auch noch meine Eltern, meine Familie in Ägypten und Tunesien, und bevor die eben auch flüchten müssen, kann man halt lieber die unterstützen. Da hängt also noch ein bisschen was dran.«

Bei der Geldanlage auf mehrere Pferde gesetzt

Und dann sagt er, den besten Anlagetipp habe er von Annette bekommen. Was er nicht sagt, aber in seinen Worten mitschwingt: Ein wenig ist Annette Humpe für ihn auch Familie geworden. Eine Vertrauensperson. »Annette hat mir relativ schnell gesagt: Kauf eine Immobilie. Kauf eine Wohnung, mach irgendwas. Und – was ich gut fand –: Kauf dir nix, wo du nicht selber drin wohnen würdest. – Das fand ich super. Diesen Ratschlag, den wende ich auf alles an: Ferienwohnungen, Tonstudio, egal welche Immobilie. Ich würde mir nie was kaufen, wo ich reinkomme und nicht sofort den Mietvertrag unterschreiben möchte. Und so habe ich es dann auch gehandelt.«

Als Erstes kauft er eine Immobilie für seine Eltern. Bei einem Eigenheim für sich selbst zögert er aber noch. »Weil ich flexibel bleiben will«, sagt er. »Ich weiß nicht, wie das Leben weitergeht, was ich mache.« Ein wenig überrascht mich das, weil er immer wieder betont, dass er sich in Berlin wohlfühlt. Andererseits kann ich ihn verstehen, schließlich steckt es ja im Wort Immobilie bereits drin: Man wird immobil, sesshaft. So weit ist Adel Tawil noch nicht. »Bevor ich mir was kaufe, will ich klare Familienverhältnisse. Und von daher habe ich mich auf andere Dinge konzentriert, wie zum Beispiel Oldtimer.«

Jetzt wird es interessant, denke ich. Ich frage nach, was er sich gekauft hat. »Ich habe einen alten Ferrari. Den habe ich gebraucht gekauft.« Der Nachsatz ist ihm sehr wichtig, wie ich herausfinde. Das Image eines Popstars, der auf den Putz haut, passt ihm gar nicht. Und, ganz ehrlich, diesen Eindruck habe ich bislang auch nicht von Adel Tawil. Und so trennt er denn auch: »Das ist eine andere Welt. Die neuen Ferraris, das sind die Jungs, die dann immer auf'm Ku'damm rumfahren. Meiner hat aber ein H-Kennzeichen, ist 30 Jahre alt. Und der hatte wirklich schon eine Wertsteigerung von 300 Prozent.«

Ich schaue ihn an und frage ihn, ob er ein Kenner ist oder einfach das richtige Näschen gehabt hat. Schon seit einigen Jahren fällt mir auf, dass Fachleute ihr Geld vermehrt in alten

Weinen, Autoklassikern oder vielversprechenden Kunstgegenständen anlegen. Hier warten tatsächlich enorme Wertsteigerungen. Allerdings muss man sich verdammt gut auskennen, sonst lauern auch große Verluste. Adel Tawil schüttelt den Kopf. »Das war ein Zufall, ein Glücksfall.« Klar schränkt er ein. »Man muss das Geld erst mal aufbringen und darf natürlich keinen Unfall bauen, am besten. Und man sollte auch an die Wartung, die Pflege denken. Das ist nicht zu unterschätzen.« Der Sänger spricht einen wichtigen Punkt an. Beim sogenannten Garagengold ist es mit der Anschaffung allein nicht getan. Oldtimer produzieren laufende Kosten, die man der Wertsteigerung, die ja keineswegs immer sicher ist, gegenüberstellen muss. »Manche glauben, wenn sie sich so einen Ferrari kaufen, da gibt es ja auch Autos für 30 000 Euro, dass sie damit fein raus sind. Klar, deren Wert steigt auch. Aber allein ein Zahnriemenwechsel bei Ferrari kostet 5000 Euro. Den muss man alle fünf Jahre machen, das heißt, im Jahr hast du allein 1000 Euro Kosten für den Zahnriemenwechsel.« Und das wertvolle Gefährt kann ja nicht einfach auf der Straße stehen. Gut versichert will es auch sein. Das alles verursacht Kosten. Und trotzdem – die Augen des Sängers strahlen. »Wenn man die richtigen Leute hat, die sich drum kümmern, und wenn der dann durch die Decke geht, dann ist das schon schön.« Man merkt es ihm an. Der Ferrari ist sein Stolz. Für ihn ganz sicher mehr als ein Auto. Ein Lebensgefühl. Ein Ferrari war sein Jugendtraum, sagt er, den hätte er sich jetzt mal erfüllt. Zum Fahren ist er natürlich auch da, aber das gerät fast zur Nebensache. »Man kann ihn schon bewegen. Aber keine großen Sachen. Ich würde damit jetzt nicht nach Italien fahren.«

Exkurs: Oldtimer als Geldanlage

Der Markt für Oldtimer boomt zwar, doch nicht jeder Oldtimer ist eine sichere Wertanlage. Bei vielen Modellen sinkt die Renditechance sogar wieder. Zudem fressen die Fixkosten für Stellplatz und Wartung einen Teil der Wertsteigerung auf.

Welche Fahrzeuge für die Geldanlage geeignet sind, darüber gibt am ehesten der Deutsche Oldtimer Index Auskunft, den der Verband der Automobilindustrie (VDA) herausgibt. Kaum zu glauben, aber wahr: Auch Oldtimer unterliegen den Schwankungen der Mode. So gibt es immer wieder Phasen, in denen beispielsweise sportliche Klassiker mehr gefragt sind als elegante Limousinen, was sich auch im Anlagewert dieser Fahrzeuge bemerkbar macht.

Im Bereich der Oldtimerbewertung fallen viele Begriffe wie »Liebhaberwert«, »Verkaufswert« oder »Zeitwert«. Wirklich relevant – auch für die Versicherungen – sind aber nur drei: Marktwert, Wiederbeschaffungswert und Wiederherstellungswert. Der Marktwert ist der Betrag, den der Oldtimer bei einem An- oder Verkauf auf dem Liebhabermarkt zum gegenwärtigen Zeitpunkt erzielt. Der Marktwert ist auch der Richtwert für die richtige Versicherungssumme, denn er ist entscheidend für die Kaskoversicherung. Der Halter ist dafür verantwortlich, dass die Kaskoversicherung immer dem Marktwert angepasst wird. Wer das nicht macht, läuft Gefahr, dass er im Schadensfall nicht den aktuellen Wert seines Fahrzeugs ersetzt bekommt.

Tritt ein Schadensfall ein, wird der Wiederbeschaffungswert wichtig. Er beziffert die Summe, die der Geschädigte aufwenden muss, um ein gleichartiges und gleichwertiges Fahrzeug kurzfristig zu beschaffen. Der Wiederherstellungswert schließlich ist eine Summe, die sich aus der Anschaffung und der späteren Restaurierung eines Fahrzeugs ergeben kann.

Grundsätzlich gilt, dass ein Oldtimer bei einem Händler immer teurer ist, als wenn man ihn von einem privaten Anbieter kauft. Ein Händler muss naturgemäß eine Marge erwirtschaften. Für den in der Regel höheren Preis bietet er aber auch eine Gewährleistung, was gerade bei Oldtimern relevanter als bei moderneren Fahrzeugen ist. Denn auftretende Mängel können den neuen Besitzer eines Oldtimers sehr viel teurer zu stehen kommen.

Was Oldtimerraritäten am Ende wirklich kosten, darüber entscheiden aber nicht nur Berechnungen und Listen im Internet, sie geben nur einen Richtwert vor. Entscheidend für den Preis sind vielmehr auch Faktoren wie Zustand des Fahrzeugs insgesamt sowie einzelne Baugruppen, die Historie oder aber die Frage, über welche Zusatzausstattungen der Klassiker verfügt.

———

Also keinen Heimatbesuch für den roten Flitzer, denke ich. Mit meinen Gedanken schweife ich kurz ab. In Maranello, wo die Ferraris gebaut werden, bin ich selbst einmal gewesen. Noch bevor ich damals eines der »springenden Pferde« sah, was natürlich Ziel der Reise war, hörte ich sie. Tatsächlich wie schnaubende Pferde, von denen man nur weiß: Irgendwo hier müssen sie sein. Also immer den Geräuschen nach. Irgendwann hatte ich das Werkstor gefunden, aus dem alle paar Minuten einer dieser rasanten Sportwagen hervorlugte, dann beschleunigte und wenige Sekunden später auf der Landstraße verschwunden war. Das faszinierende Geräusch der Motoren noch in Erinnerung, kehre ich zu meinem Gespräch mit Adel Tawil zurück. Ich kann die Leidenschaft für solche Autos verstehen. Wenn man es sich leisten kann, sicher keine schlechte Geldanlage. Eine mit Spaßfaktor. Aber auch eine, wie Tawil richtig sagt, bei der es mit dem Kauf allein nicht getan ist.

Welcher Anlagetyp er denn sei, frage ich ihn. Immobilien findet er gut, ja, aber nicht nur. »Ich mach schon mein eigenes Ding. Bin nicht ganz konservativ, sonst würde ich mir ja nicht so ein Auto holen. Bin aber andererseits auch nicht der Typ, der das Geld nimmt, ach, komm, ist doch egal, wird schon irgendwie, ich investiere jetzt einfach mal. Sondern ich will schon, wenn ich Sachen mache, dass sie ganz sicher sind oder dass ich was in der Hand habe. Aber ich habe auch überlegt: Was ist schon sicher? Staatsanleihen?«, stellt er fragend in den Raum.

In dieser Zeit des Anlagenotstands ist das fast so etwas wie die Gretchenfrage. Viele Menschen denken über diese Frage nach, nicht nur vergleichsweise junge Menschen wie er. Für ältere Semester mag die Entwicklung an den Kapitalmärkten noch viel beunruhigender sein. Weil sich die Welt des Sparens, so wie sie sie kannten, vollkommen verändert hat. Eine Welt, in der man für sein Erspartes Zinsen bekam, in der man, wenn man dem deutschen Staat sein Geld lieh, es nach 10 oder 20 Jahren mit einer ordentlichen und sicheren Verzinsung zurückbekam, und in der eine Kapitallebensversicherung das Risiko von Altersarmut abdeckte durch »garantierte« Zinsen ebenfalls in ordentlicher Höhe. Eine Welt, so wie sie Sahra Wagenknecht im Gespräch immer wieder eingefordert hat. Mehr Absicherung für den Einzelnen.

Doch diese Welt, das machten einige der anderen Interviewpartner bereits klar, existiert so nicht mehr. Es gibt keine adäquate Verzinsung mehr für das Risiko, das man eingeht. Nüchtern, objektiv und vollkommen richtig von Emmerich Müller eingeordnet. Und der Staat, selbst hoch verschuldet, hat überhaupt kein Interesse daran, dies zu ändern. Niedrige Zinsen unterhalb der Inflation sind für ihn gut. Der Staat, und auch da erinnere ich noch einmal an Emmerich Müller, muss irgendjemandem etwas wegnehmen. Und das sind am Ende des Tages Sie, die Sparer, wenn Sie nicht aufpassen. Wenn man das einmal verstanden hat, wenn man also verstanden hat, dass Nichtstun heißt, dass das Vermögen immer weniger wird, dann lohnt es sich eben doch, etwas mehr über Geld nachzudenken als bisher. Seien Sie nicht überrascht, dass ich immer wieder auf diesen Punkt zurückkomme. Er ist wichtig. Kümmern Sie sich um Ihr Geld! Lassen Sie sich nichts wegnehmen! »Geld muss Junge kriegen«, wie es Birgit Schrowange richtig formulierte, nur kommt der Nachwuchs beziehungsweise der Zuwachs nicht von allein.

Nachdem Adel Tawil mir nun verraten hat, dass er kein ganz

konservativer Geldanleger ist, was mich auch überrascht hätte, will ich wissen, ob sich das bei ihm allein auf Oldtimer beschränkt. »Also Kunst ist auch so ein Thema«, erzählt er mir daraufhin. »Ich habe mir ein paar Sachen geholt.« Aber auch hier schränkt er in seiner bescheidenen Art sofort ein: »Ich habe erst mal klein angefangen.«

Kunst als Geldanlage

Ähnlich wie bei der Geldanlage in Weine oder ältere Fahrzeuge muss man sich auf diesem Terrain sehr gut auskennen. Für mich ist es fast der schwierigste Markt. Vielleicht liegt es daran, dass ich Kunst nur danach bewerten kann, ob sie mir gefällt oder nicht. Für Autos und Wein hat man eher ein Wertgefühl. Für einen Mittelklassewagen bezahlt man je nach Hersteller um die 30 000 Euro, und eine gute Flasche Rotwein darf auch mal 20 Euro oder mehr kosten. Mit diesen Koordinaten im Kopf kann ich dann selbst abwägen, ob mir der 78 Jahre alte rote Bordeaux 8500 Euro wert ist oder nicht. Anderes Beispiel: Ein Mercedes ist heute hochpreisig, und er war schon früher teuer. Den Rest, und das war schon immer so bei Liebhaberstücken, bestimmen Angebot und Nachfrage. Auf diesen Punkt kann man sich bei der Wertanlage letztlich immer zurückziehen. Aber was darf ein Bild eines zeitgenössischen Künstlers in einer Galerie kosten? Wonach bemisst sich dessen Wert? Daran, was heutzutage große Meister kosten? Das ist ein wenig, wie Äpfel mit Birnen vergleichen. Eher schon daran, zu welchen Preisen andere Werke des Künstlers schon über den Ladentisch gegangen sind. Eines ist in jedem Fall sicher: Bei Kunst reden wir immer von einem ideellen Wert. *Vor allem* von einem ideellen Wert. Und Kunst muss gefallen.

Adel Tawil hat sich ein Werk von Jim Avignon gekauft. Er hat sich ausführlicher mit ihm beschäftigt und beschreibt, was ihm an dem Neo-Pop-Art-Künstler gefällt: »Das ist so ein Punkmaler. Der ist ein bisschen durchgedreht, lebt aber auch in Berlin unter anderem und macht Musik. Der gefällt mir einfach, weil er schöne Bilder macht.« Da ist es wieder wie mit einer Eigentumswohnung, ergänze ich, sie muss einem gefallen. »Genau«, bestätigt der Sänger: »Es muss dir selbst gefallen. Und auch seine Attitüde gefällt mir. Der geht manchmal auf die Straße und gibt dann seine Bilder für einen Dollar weg, in New York. Der macht dann so eine Aktion, steht eine Stunde da, malt zehn Bilder und haut die raus. Das ist eigentlich wirtschaftlich nicht so gut.« Zum Bekanntwerden?, frage ich etwas naiv. »Aber in der Kunstszene kennt man ihn ja schon. Und dann schnappst du dir so ein Bild für einen Dollar, was in der Galerie dann vielleicht 1000 Dollar kostet.«

Genau das meinte ich vorhin: Was ist denn eigentlich ein Bild eines zeitgenössischen Malers wert? Hier ist sie wieder, die schwierig zu beantwortende Frage. Zweifelsohne macht man sich mit solchen Aktionen aber interessant. Und das ist es wohl auch, was Avignon damit bezweckt. Tatsächlich, erfahre ich noch – und das macht mir seine Aktionen verständlicher –, will er bis heute nicht Teil des Kunstmarkts sein und ist ein zentrales Motiv seiner Kunst die Schnelligkeit. Also nicht nur einfach billig »raushauen«. Ein Künstler, der unheimlich produktiv ist und dessen Output nach eigenen Angaben bei über vier Werken pro Tag liegt. Der Mann hat es schon fertiggebracht, sämtliche Exponate für eine Ausstellung in nur einer Woche zu malen. Wenn's fluppt, dann fluppt's, denke ich. Wenn man weiß, was man will, dann ist es wie mit diesem Buch, dann fließen einem die Zeilen nur so aus den Fingern. Na ja, immer ist das auch nicht so. Und auch Adel Tawil wird Tage haben, an denen es im Tonstudio besser läuft als an anderen.

Mit Blick auf seine Kunstaffinität sagt er: »Aber ich bin noch nicht in den Regionen wie andere Leute, die ich kenne, die sich für 50-, 60-, 70 000 Euro Bilder kaufen. Da kenne ich mich auch zu wenig aus. Deswegen kaufe ich nur Sachen, die mir persönlich gefallen. Das können auch Installationen sein. Leucht- oder Neonkunst.« Da bleibe er dann am Ball, wie er sagt, weil es ihn einfach interessiere und ihm Spaß mache. »Aber auch da gibt es schwarze Schafe. Da gibt es eine berühmt-

berüchtigte Galerie hier in Berlin, ich will keinen Namen nennen, wo du dann so ein Bild siehst, da war ich wirklich hin-
und hergerissen. Von einem Künstler, den alle hollywoodmäßig
abfeiern, den angeblich Madonna oder Arnold Schwarzen-
egger zu Hause hängen haben: Romero Britto. Ganz viel hat
der gemacht, der hat auch einen Bentley bunt angemalt.« Der
Brasilianer, der heute in Miami arbeitet und lebt, ist ebenfalls
ein Vertreter der Neo-Pop-Art. Gern mischt er in seinen fröh-
lichen Bildern und Skulpturen Elemente aus dem Kubismus,
der Pop-Art und der Graffiti-Kunst. Britto, das darf ich auch als
eher künstlerischer Laie sagen, ist ganz sicher kein Geheimtipp
mehr. Was seine Kunst anbelangt, hat er den Olymp längst
erklommen. Was das für die Wertentwicklung seiner Arbeiten
bedeutet? Ich würde es mal so formulieren: Du musst ihn dir
leisten können, damit du hoffen kannst, dass seine Werke auch
als Geldanlage eine gute Investition sind. Adel Tawil fährt fort
mit seinem Erlebnis in dem Berliner Kunsthaus: »Wo du dann
in die Galerie kommst. Da kostet das Bild fast 100 000 Euro.
Dann sagst du: Nee, viel zu viel. Das geht jetzt nicht. Und geht
der Verkäufer nach hinten ans Telefon, ruft den Chef an und
sagt dann: Das kann ich selber nicht glauben, das ist unfassbar,
was mir hier gerade passiert: Der Chef gibt es Ihnen für 55 000.
Da dachte ich so, okay, alles klar.«

Fast so etwas wie ein Déjà-vu-Erlebnis für ihn, denke ich.
Ähnlich wie bei den Anlageberatern, von denen er vorhin erzählte – »zehn Prozent Rendite, ganz sicher« –, wird Tawil
auch hier misstrauisch. »Da habe ich schon so ein bisschen ein
Gespür bekommen. Das ist bei den Autos genauso. Da sieht
man relativ schnell: Das kann eigentlich nicht sein, und dann
lässt man es halt. Mein Bauchgefühl ist immer noch etwas,
worauf ich mich verlassen kann.« Selbstkritisch fügt er noch
an: »Was ich aber auch sehr oft erlebe: dass ich einen Ticken zu
viel bezahle. Ich bin einfach kein Geschäftsmann. Das«, ergänzt
er, »ist ja dann die Königsdisziplin.« Richtiges Gespür und gut
verhandeln können.

Exkurs: Kunst als Geldanlage

Für Investoren gelten hier besondere Regeln.

Die größte Herausforderung ist die Auswahl der richtigen Werke.

Denn anders als bei Gold oder Aktien kann man bei Kunst nicht auf einen Index setzen. Es gibt keine repräsentativen Kunstfonds, mit denen man unter Umständen auch mit kleineren Beträgen am Erfolg des Kunstmarkts partizipieren kann. Finanzmanager, die mit Sachverstand eine Auswahl möglichst wertbeständiger Kunstobjekte treffen – Fehlanzeige. Wer in Kunst anlegt, muss Gemälde oder Plastiken also selbst kaufen und dafür entsprechende Expertise mitbringen. Oder einen guten Berater haben. Als Faustregel gilt: Mit Kunst der Nachkriegszeit und der Gegenwart lassen sich höhere Renditen erzielen als mit Werken anderer Epochen.

Garantien aber gibt es auch dafür nicht: Moden oder Stile können sich ändern, und dann können auch Werke erstklassiger Qualität im Kurs fallen. Außerdem neigt der Kunstmarkt zur Unberechenbarkeit. In der Vergangenheit hat sich häufig gezeigt, dass durch Ereignisse, die überhaupt nicht mit dem Kunstmarkt in Zusammenhang stehen, Preise anfangen zu bröckeln. Solche Erfahrungen erschweren die Geldanlage.

Wenn es auch keine Fonds gibt, so bestehen doch Parallelen zum Aktienmarkt. Denn wer auf Nummer sicher gehen will, sollte wie am Aktienmarkt auch bei Kunst auf Standardwerte setzen, also auf namhafte Vertreter der Nachkriegsmoderne oder auf Gegenwartskünstler, die mindestens seit 20 Jahren erfolgreich sind. Von Künstlern wie Koons, Britto oder Haring werden Werke häufiger gehandelt. Es gibt also ein lebendiges Wechselspiel von Angebot und Nachfrage, und damit ist es leichter, einen gerechtfertigten Marktpreis zu ermitteln.

Ein ganz wichtiger Faktor beim Kunstkauf sind die Nebenkosten. Kunstberater können dabei helfen, Anlagefehler zu vermeiden und Gebühren niedrig zu halten. Sie sollten ihr Beraterhonorar dabei weitestgehend selbst wieder einspielen, indem sie bei einem Kauf bei Galeristen Rabatte aushandeln. Beim Verkauf über Auktionshäuser ist zu berücksichtigen, dass auch hierbei Kosten anfallen – zwischen 10 und 15 Prozent.

Grundsätzlich gilt: Kaufen Sie nur, was Ihnen gefällt. Denn sollten sich die Renditeerwartungen nicht erfüllen, haben Sie wenigstens etwas, was Ihre Umgebung schmückt und an dem Sie sich erfreuen können. Und noch zwei Empfehlungen, ähnlich wie bei anderen Geldanlageformen: Kaufen Sie niemals auf Kredit. Und: In einem persönlichen Vermögensdepot mit Aktien, Anleihen, Rohstoffen und Immobilien ist es sinnvoll, drei bis fünf Prozent des Kapitals in Kunstwerke der oben genannten Epochen zu investieren.

———

So ganz nehme ich Adel Tawil nicht ab, dass er kein Geschäftsmann ist. Dadurch, dass er sich früh mit einem Tonstudio selbstständig gemacht hat, musste er schnell das Schwimmen lernen. Mittlerweile feiert er große Erfolge, weswegen sich für mich eine neue Frage aufdrängt: Wie ist es mit den Millionen, die da in den letzten Jahren hereingekommen sind? Hat er für sich gefühlt, finanziell kann ihm nicht mehr viel passieren, finanziell ist er abgesichert? Adel Tawil überlegt einen Augenblick. Dann antwortet er, wie ich finde, ganz typisch: »Eigentlich geht es um das Gefühl, okay, ich bin *save*. Das Gefühl habe ich, glaube ich, erst, wenn die Altersvorsorge auch am Start ist. Wenn klar ist, im Alter kann nichts mehr passieren.«

Ab wann ist man *save*?

Ich hake nach. Ich denke daran, wie oft ich ihn im Radio höre, und das ja bereits seit einigen Jahren. Top-Chart-Platzierungen am Fließband. Reichen die Einnahmen seiner vielen Hits denn noch nicht aus, um *save* zu sein? Adel Tawil klärt mich auf. Klar komme viel rein, aber das Popbusiness funktioniere nach ganz bestimmten Regeln: »Du kriegst halt einen Vorschuss, einen Verlagsvorschuss, aber der muss ja auch zurückgezahlt werden. Und wir haben ja lange nicht so viel verdient. Selbst bei Ich + Ich ging es ja erst 2008 richtig los. Und wir haben 2003 angefangen.«

In den ersten Jahren des Erfolgs zahlt man also zunächst die Vorschüsse ab. Eigentlich ähnlich wie bei einem Hauskauf: Die ersten Jahre, häufig sogar die ersten Jahrzehnte, arbeitet man praktisch nur für die Bank. Adel Tawil hat daraus gelernt. »Ich bin mittlerweile so, dass ich keine Verträge mehr unterschreibe, wenn ich sie nicht machen muss. Denn für jeden Vertrag, den du unterschreibst, bezahlst du auch. Du kriegst zwar das Geld, aber am Ende zahlst du auch drauf.«

Es schwingt unterschwellig Annette Humpe mit. Sagte Adel Tawil vorhin nicht: »Annette macht keine Verträge«? Jetzt wissen wir, warum. Angesprochen auf das Thema *save*, kommt Adel Tawil noch einmal auf die GEMA zu sprechen. »Da hast du so eine Art Rente. Ich bin auch bei der Künstlersozialkasse. Also überleben werde ich auf jeden Fall immer, aber ich will halt auch, dass es meinen Eltern, meiner Familie gut geht, und dann versuche ich schon, Dinge so fest zu machen, dass man weiß, man hat eben ein Einkommen sicher.« Heißt mit anderen Worten, die verlässlich einfließenden Rechtehonorare werden vom Songwriter so angelegt, dass sie als zweites Einkommen dienen. Adel Tawil will damit für sich und die Seinen eine Situation schaffen, die ihn unabhängiger vom Erfolg macht. Er will nicht unter dem Druck stehen, auf Tournee gehen zu müssen, damit Kohle reinkommt.

Dass sich der Künstler mittlerweile um sehr viel mehr als nur seine Musik kümmert, beweist auch seine Haltung zur GEMA. Er legt den Finger in die Wunde. »Um die GEMA kümmert sich kein Musiker. Das ist unser ganz krasses Manko!« Alle freuen sich, dass Jahr für Jahr über die GEMA Honorar fließt, aber was dafür zu tun, ärgert sich Adel Tawil, dazu sei kaum einer bereit. Ein großer Fehler, wie er findet.

Die GEMA – der beste Manager

Die Lethargie, das Desinteresse seiner Musikerfreunde und Kollegen nerven ihn. Ich merke, wie da ein Feuer in ihm brennt. Er versucht, die Leute zu mobilisieren, dass sie auf die GEMA-Versammlungen gehen: »Hey, Leute; wenn ihr da nicht hingeht, da gehen die ganzen Leute, die nicht halb so viel auf Tour sind wie ihr, die auch nicht halb so viel umsetzen wie ihr, Orchester, die irgendwo in Buxtehude spielen, oder Fuzzis, die Werbung machen, was nichts mit richtiger Musik zu tun hat, gehen da hin und holen sich ihre Rechte. Da werden dann irgendwelche Gewichtungen vorgenommen, und wir sind nicht da. Und die Popmusiker denken sich: Och komm, wir sind Popmusiker, wir brauchen das alles nicht, was soll ich da hingehen, auf so eine blöde Veranstaltung, beamtenmäßig, das machen wir nicht. Aber das ist natürlich völlig falsch.« Die GEMA, sagt er, »ist ein System, das nirgendwo auf der Welt so gut funktioniert wie in Deutschland. Da kann jeder Künstler superdankbar sein. Die GEMA ist der beste Manager, den wir Musiker haben, denn letztendlich rennen die los und holen die Kohle rein.«

Klar gibt er zu, dass die GEMA nicht unkritisch zu betrachten ist. Viele Einzelhändler oder Restaurantbesitzer, wie sein Vater mittlerweile einer ist, schimpfen auf die GEMA, über ihre Methoden, das Geld bei den kleineren Geschäftsleuten »einzutreiben«. Vielfach hätten sie den Eindruck: Egal ob große Kette oder kleiner Laden, sobald im Geschäft das Radio läuft, wird abkassiert; das System kennt keinen Mittelweg. Ganz zu schweigen davon, dass die GEMA, wie nicht wenige anmahnen, eine Riesenverwaltung hat und sehr viel effizienter arbeiten müsste. Aber: »Am Ende sammeln die das Geld für die Musiker ein. In jedem Nachtklub, in jeder Bar und über die Radiostationen. Von daher sind die Musiker, solange sie gespielt werden,« – es folgt sein Lieblingswort, jetzt sogar in einer Steigerung – »*super save*«.

In einem Zeitungsinterview gab Annette Humpe vor einiger

Zeit zu Protokoll, dass ein Musiker über die GEMA zwischen 50 Cent und vier Euro pro Minute verdient, wenn sein Lied im Radio gespielt wird. Wie viel es genau ist, hängt unter anderem von der Reichweite der jeweiligen Radiostation ab. »Es gibt ja diese Großmächte von Radiosendern, wenn die dich spielen, erreichen die unfassbar viele Menschen.« Und dann klingelt es natürlich in den Kassen. Adel Tawil kann das bestätigen. »In den höchsten Zeiten von Adel Tawil, also als *Lieder* kam, hatte ich weit über 1000 *plays* die Woche. Aber nicht mit einem Titel. Es gibt die Oldiesender und so weiter.«

Ich bin beeindruckt angesichts dieser Zahlen. Nimmt man durchschnittlich 2,50 Euro pro gespieltem Titel × 1000 × 52 Wochen – da können Sie jetzt einmal Ihren Taschenrechner rausholen –, da kommt ganz schön was zusammen. Okay, um fair zu bleiben: Ein Künstler wird natürlich nicht jede Woche des Jahres bis zu 1000-mal gespielt. Das sind Spitzenwerte. Aber man bekommt ein Gefühl dafür, welch hohen Stellenwert diese Musikrechte für die Künstler haben. Und vor allem: Es sind sichere Einnahmen.

Ob er sich je vorstellen konnte, dass er mal so viel Erfolg haben würde, frage ich Adel Tawil, und er antwortet: »Nee, absolut nicht. Ich bin eh ein Fan vom Radio. Das mag ich lieber als Fernsehen. Ich habe mit dem Radio immer gut zusammengearbeitet. Ich freue mich immer, wenn ich eine neue Platte rausbringe. Dann gehe ich zu den Radiostationen. Am Anfang musst du für jede Nummer arbeiten.« Das kennt er noch aus der Zeit, als er mit seinen Musikerfreunden von The Boyz selbst Talente herausbringen wollte: »Du musst jede Nummer promoten: Komm, glaub mir, das wird ein super Song. Spiel ihn bitte. Und wenn er sagt, okay, spiel ich, dann bist du schon mal froh, dann steigst du ein bisschen. Dann aber«, sagt er, und seine Stimme verändert sich leicht, »kommt irgendwann die Wahrheit. Dann kommt dieser Test.« So, wie er das sagt, hört es sich an wie die ultimative Prüfung für einen Song. »Darüber kann man denken, wie man will. Als Künstler denkst du natürlich: Muss das jetzt sein?, aber für die Radiostationen ist das elementar wichtig. Die testen den Titel, und wenn er den Test besteht, dann hauen die den raus, und dann wird der ab und an auch totgespielt. Der wird so oft gespielt, weil die Leute ihn dann auch hören wollen – bis sie ihn nicht mehr hören können.«

Das ist das Schicksal erfolgreicher Künstler, denke ich. Mir drängt sich in diesem Moment die Frage auf, ob es denn eigentlich auch so etwas wie Neid unter den Künstlern gibt. »Nein, nein«, wiegelt Adel Tawil ab, »ganz im Gegenteil. Jeder macht ja so seine Sachen. Und jeder weiß, dass man mit Platten nicht mehr so viel Geld verdient.« Eigentlich, sagt er, gehe es heute vor allem darum, wie gut man live auf der Bühne ist. »Und bei live«, sagt er, »kann eigentlich keiner neidisch sein.« Klar schränkt er ein, aber mit einer gewissen Begeisterung und einer noch größeren Anerkennung: »Manchmal bin ich schon neidisch, wenn ich ein tolles Lied höre, wow, Mann, warum ist mir das nicht eingefallen? Was für ein geiler Song! Dann bin ich auch Fan und sage: Xavier« – gemeint ist Xavier Naidoo – »hat wieder was Tolles gebracht, zum Beispiel, aber ich kann Xavier nicht neidisch sein auf das Publikum, das zu seinen Shows kommt, weil du dir das erarbeiten musst. Du kannst ja deinen Hit haben, du siehst ja Lana Del Rey, Monsteralbum, riesig, weltweit erfolgreich, nur live will die kein Mensch sehen. Live musst du was draufhaben. Du musst auf der Bühne der Typ sein, der was ausstrahlt. Das ist dein Publikum. Die kommen zu dir. Die kaufen deine Konzertkarten. Und deswegen gibt es da keinen Neid.«

Livekonzerte und Ticketpreise

Was ich immer mehr verstehe, ist, dass du als Künstler in Zeiten, in denen der CD-Verkauf immer mehr zurückgeht und die Einnahmen aus dem Onlinegeschäft unsicher sind, vor allem live erfolgreich sein solltest. Wie wichtig Tawil die Ticketpreise sind, will ich nun wissen. »Ich könnte mehr nehmen, will ich aber nicht. Ich habe immer gesagt, dass ich will, dass die Konzertkarten erschwinglich sind und eine gewisse Grenze nicht überschreiten. Ich habe oftmals die Diskussion gehabt mit meinem Konzertveranstalter, ob wir mit den Preisen hochgehen oder nicht. Ich habe dann immer gesagt, wenn jemand unbedingt sitzen will, dann ist das was anderes. Dann kann er auch ein paar Euro mehr bezahlen. Aber wenn jemand Bock hat, Adel zu sehen, dann muss er sich den Stehplatz leisten können. Der muss auf jeden Fall erschwinglich sein. Ich will ein schönes Konzert machen und dass die Leute Spaß dran haben und dass es sich, egal, wie erfolgreich es wird, nicht ändert. Das sehen natürlich andere anders.«

Und das merken wir als Fans, wenn wir in ein Konzert gehen wollen und uns über die Ticketpreise wundern. Die Konzertagenturen buhlen mit horrenden Summen um die Megastars und müssen natürlich diese Gelder wieder verdienen. Das Ergebnis sind die teilweise gesalzenen Ticketpreise. »Ich finde das absurd«, antwortet Tawil, angesprochen auf diese Entwicklung. »Das ist dann eine Zweiklassengesellschaft. Die Leute, die Geld haben, können sich die alten Helden noch anschauen und alle anderen nicht.«

Ist es denn wirklich noch die Entscheidung des Künstlers, wie hoch die Ticketpreise sind?, frage ich. Tawil lässt keinen Zweifel daran: »Natürlich ist es das!« Verdienen, sagt er, könne man auch gut mit moderaten Preisen. Wie so häufig sind die entscheidenden Fragen jedoch: Habe ich überhaupt einen Kostenüberblick? Wer verdient hier eigentlich noch mit? Und woran? Er spricht aus eigener, teilweise schmerzhafter Erfahrung. »Wenn jemand die O_2 World ausverkauft, dann hoffe ich, dass er das nicht mit meinem Wissensstand von 1997 mit The Boyz macht […], sondern dass der genau weiß, was kriege ich heute so. Soundso viele Tickets werden verkauft. Es gibt ein Merchandising. Das bringen mir die verkauften Fanartikel ein. Das kostet mich der Verkaufsstand und so weiter.« Doch viele, lässt der Sänger einen Insiderblick zu, wissen das schlicht nicht. Kennen die Verträge nicht, die sie abgeschlossen haben. »Eigentlich aber«, fährt er fort, »sind die schwarzen Schafe in der Branche relativ bekannt. Da weiß man, mit dem und dem, zum Beispiel Konzertveranstalter, aber auch Manager, arbeitet man besser nicht zusammen.«

Der Geschäftsmann Tawil

Adel Tawil macht auf mich den Eindruck, dass er das Business mittlerweile beherrscht. Und auch auf dieser wichtigen Klaviatur gut spielen kann. Deswegen interessiert es mich, wie viel für ihn nach einem Konzert übrig bleibt. So einfach, sagt er mir, lasse sich das selbst für ihn nicht beantworten, obwohl er seine Verträge mittlerweile sehr gut kenne. Er gibt einen Einblick in die entscheidenden Parameter: »Ich habe eine Produktion, völlig variabel. Ich kann zwischen 5000 und 20 000 Euro an einem Abend verdienen, auch mehr. Es ist deine Entscheidung, was du machen willst, wie du deine Musiker zum Beispiel bezahlst.«
Für Adel Tawil ist es eine Gratwanderung. Der erfolgreiche Künstler möchte vor allem »ein geiles, volles Konzert«. Der Geschäftsmann in ihm muss rechnen: »Du könntest natürlich auch nur mit zwei Gitarristen auf Tour gehen, dann hast du weniger Kosten. Machst du aber nicht, weil du ja deinen Fans was bieten willst. Ich habe zum Beispiel bei meiner *Lieder*-Tour eine deutlich größere Produktion gefahren als nötig. Ich wollte, dass die Leute, die jetzt das erste Mal Adel Tawil solo sehen, eine Produktion sehen, die außerordentlich ist und wirklich mit internationalen Größen mithalten kann. Dann zahlst du dafür. Und das zahlst du aus deiner Tasche. Das ist ganz klar. Jeden Cent. Wenn ich dann sage, ich könnte doch von unten aus der Bühne elektrisch hochkommen«, er grinst, denn das ist nicht sein Verständnis von Show, »ja, klar, das kostet 30 000 Euro für die ganze Tour. Und dann hast du diese Bausteine. Und dann sagst du, ich will Laser, das kostet soundso viel, und du brauchst auch die Leute dafür, was natürlich auch noch kostet. Also musst du für dich eine Kosten-Nutzen-Rechnung machen, so, wie jeder Geschäftsmann das machen muss.«
Es geht natürlich auch ganz anders, keine Frage. Adel Tawil

kennt die Beispiele aus Amerika. Showtime, wenn die ganz großen Rapper auf Tournee gehen und sagen: Hey, was kostet die Welt? Er gewährt einen amüsanten Blick hinter die Kulissen. Wie es abläuft auf den Welttourneen der Topstars. »Das ist wie auf einer Abenteuerreise. Du sagst, ich möchte in meiner Garderobe alles vom Feinsten. Du kriegst das auch alles. Dann sagst du, ich möchte auch ein paar Fitnessgeräte, damit du ein bisschen Sport machen kannst.« Lachend schiebt er nach: »Was du sowieso nicht machst. Und danach möchte ich, dass da richtig Party ist. Im Klub und so.« Und am Ende kommt die Rechnung. »Dann stehen die auf der Matte und sagen: Ja, gut, 40 Tage auf Tournee, 35 Konzerte gespielt, was bleibt übrig? Nix bleibt übrig.«

Auf Kriegsfuß mit Streamingdiensten und Plattenfirmen

Vielleicht denkt Adel Tawil, dass ich gleich fragen werde, ob es bei ihm genauso sei. Jedenfalls folgt der Nachsatz: »Ich bin ja überhaupt nicht so.« Man merkt dem Künstler an, dass er erwachsen geworden ist. Ob Musikrechte oder Konzerte, an den Schnittstellen zwischen Musik und kommerziellem Erfolg lässt sich der Musiker heute nichts mehr vormachen. Er wirkt aufgeräumt und zugleich engagiert. Und hält nicht mit Kritik an aktuellen Entwicklungen zurück. »Ich bin ja mega auf Kriegsfuß mit allen Streamingdiensten.« Mit den Spotifys und Apple Musics dieser Welt. Diese Onlinedienste, bei denen man sich seine eigene Musik zusammenstellen kann und zumindest teilweise dafür noch nicht einmal was bezahlen muss. Was Adel Tawil stört, sind nicht die Streamingdienste an sich. »Es ist nicht so, dass ich die Streamingdienste verurteile, ganz im Gegenteil. Die sind super. Und das ist die Zukunft. In ein paar Jahren wird keiner mehr CDs kaufen. Und keiner wird auch mehr Songs runterladen, sondern die sind in der Wolke« – ich muss innerlich grinsen, dass er gerade hier das deutsche Wort verwendet statt den allgemein bekannten Begriff *cloud* – »und fertig. Was du hören willst, hörst du. Das ist die Zukunft. Nur wie es umgesetzt wird, ist halt eine Frechheit.« Was er konkret meine, sagt er, sei, dass die Künstler bei diesen Deals außen vor blieben. Sein Unmut richtet sich auch gegen die Plattenfirmen. Die schließen die Verträge mit den Streamingdiensten ab. »Hinter unserem Rücken, und die Künstler kriegen davon nichts ab. Und ich sag immer: Ich selber, und das ist mir immer wichtig, ich habe einen guten Vertrag bei Universal. Ich verdiene auch gutes Geld live. Bin erfolgreich mit der Musik. Habe mein Publikum und bin dafür sehr dankbar, aber ein Newcomer hat das alles nicht. Und der wird im Moment von vorn bis hinten verarscht. Und da zeige ich auch mit dem Zeigefinger auf jede Plattenfirma.«

Die würden die Zeichen der Zeit nicht sehen, kritisiert der Künstler. Aber das, sagt er, schlage irgendwann auf die Plattenfirmen selbst zurück. »Ich finde ja die Globalisierung im Internet eine gute Sache. Früher, zu meiner Zeit war es ja so, und davor noch mehr in den 70er-, 80er-Jahren, da war ein Plattenfirmenchef, das war halt *der* Typ.« Der, um den sich alles drehte. Der, der die Macht hatte, um über Wohl und Wehe eines Künstlers zu entscheiden. »Der hat so gemacht,« – er schnippt mit den Fingern – »und dann kamen die da alle angetanzt. Und da hast du ja Sachen gemacht. Um ansatzweise in die Nähe zu kommen, drei Wochen vorher einen Tisch gebucht, um an den ranzukommen und ihm dann das Demo irgendwie in die Hand zu drücken. Das ist heute nicht mehr so. Heute können die alle ihre Demos einpacken. Denn wenn du gute Musik machst und die via Internet postest«, er macht eine kurze Pause, um zu betonen, dass der Hase heute tatsächlich anders läuft, »dann kommen die an deine Tür und klopfen.«

Dass die Plattenfirmen das so lange verschlafen haben und jetzt immer noch nicht aufwachen, findet er einen Skandal. »Die haben sich die Taschen so vollgemacht in den 80ern. Ich will gar nicht wissen, was die ganzen Plattenfirmen weltweit, aber auch in Deutschland an den Künstlern verdient haben.« Adel Tawil hat sich jetzt eine wenig in Rage geredet. »Und jetzt die Zeichen der Zeit nicht zu sehen, zu sagen, pass mal auf, der Künstler ist heute viel selbstbestimmter als früher, hat viel bessere Möglichkeiten, sein eigenes Zeug an den Mann zu bringen, lass uns ein Joint Venture machen,« – also eine gemeinsame Firma, die es ermöglicht, dass beide Seiten an den neuen Entwicklungen verdienen – »lass uns zusammen das Ding wuppen, das wollen sie nicht. Sie spielen sich nach wie vor als die große Plattenfirma auf. Und da denke ich manchmal, so die Rapper, die verkaufen 50 000 Alben – das ist nicht mal Gold –, aber sie machen alles selber.« Der Sänger spricht auf die vielen Künstler an, die – vor allem aus der Rapperszene in Berlin kennt er einige – als sogenannte Independent-Labels ihre Musik verkaufen. »Bei einem Deal mit der Plattenfirma kriegst du vielleicht ein Fünftel der Einnahmen, und jetzt kriegst du auf einmal 100 Prozent und gibst ein bisschen was für den Vertrieb ab, okay. Du musst halt kreativ sein, musst dein Cover selber machen, musst ein paar Leute bezahlen, dass die für dich losrennen und Promotion machen. Aber es ist eine andere Welt.«

Eine Mischung aus Verärgerung und Unverständnis klingt da durch. Unverständnis ob der wenig vorhandenen Solidarität in der Künstlerszene, die sich seiner Meinung nach auch viel zu wenig gegen diesen Trend wehrt. Und ein Stück weit höre ich auch persönliche Enttäuschung heraus. In der Tat bestätigt mir der Sänger diesen Eindruck. »Ich habe das damals schon bei The Boyz so empfunden, fast schon wie einen Verrat am eigenen Sohn. Also, ich habe meinen Manager damals als eine Art Vaterersatzfigur gesehen. Ich war immer unterwegs. Das war eine komplett neue Welt, in der ich mich da damals bewegte, und dann ist das so enttäuschend zu wissen, dass er dich eigentlich die ganze Zeit nur hintergangen hat. Bei der Plattenfirma ist das heute ähnlich: Ich sehe meine Plattenfirma eben als meine Familie.« Da kommen wir also wieder auf das Familiengefühl zurück. Auch in der großen weiten Welt des Universal Verlags sucht er den Wohlfühlfaktor, den er bei allem Geschäftssinn braucht. Eigentlich ist sein Ziel, beides immer miteinander zu verbinden. »Ich komme nicht auf die Idee, irgendwo anders hinzugehen. Ich will mit denen gemeinsam die Sachen machen. Die haben super gearbeitet für mich. Und wir verstehen uns gut. Und genau so will ich, dass es weitergeht. Und von daher will ich auch, dass sich die Plattenfirma auf diese neuen Gegebenheiten, was Streamingdienste angeht, einstellt und den Künstler praktisch partnerschaftlich ansieht und sagt: Lass uns das gemeinsam wuppen. Und es ist enttäuschend, wenn das nicht der Fall ist.«

1000 Euro sind viel Geld

In vielem, sagt er nun, sei er sich treu geblieben. Geld gegenüber habe er zum Beispiel immer noch Respekt. Daran haben auch seine Millioneneinnahmen nichts geändert. »1000 Euro sind für mich immer noch viel Geld. Sicher, heute hat man so ein paar Annehmlichkeiten. Wenn ich auf Tour bin, dann gucke ich weniger aufs Geld. Dann ist es mir egal, wenn ich umbuchen muss, wie teuer es ist, dann will ich einfach nur nach Hause.« Preisbewusst schätzt er sich aber immer noch ein. »Mich siehst du auch mal bei Ikea. Aber was ich schön finde, ist, dass man mit Geld, wenn man dann welches verdient, vieles auch einfacher machen kann. Vor allem auch bewusster machen kann. Ich kann mir jetzt halt erlauben zu gucken, woher kommt das Fleisch, woher kommt das Gemüse, was hole ich mir?« Viel mehr als früher legt er heute Wert auf gesunde Ernährung, achtet darauf, dass die Sachen aus biologischer Erzeugung stammen.

»Natürlich sind die Sachen hier teuer, aber ich bin zum Glück immer noch das Kind meiner Eltern. Meine Mutter kann dir genau sagen, dass die Radieschen in dem Laden nicht gut sind und teurer als im anderen. Und die nimmt den Weg auch auf sich wegen 20 Cent.« Mit den Gedanken bei seiner Mutter, grinst er wieder. »Ich bin froh, dass ich mir darüber keine Gedanken mehr machen muss. Meine Mutter muss sich das eigentlich auch nicht mehr. Das sag ich ihr auch immer wieder: Mama, du brauchst nicht wegen 20 Cent zu dem anderen

Laden zu fahren. Du kannst auch etwas leichter leben. Das interessiert sie nicht. Sie macht daraus ein Prinzip. Das steckt natürlich auch bei mir drin. Aber ich bin froh, dass ich nicht in den Wedding auf den türkischen Markt fahren muss, weil da die Melonen billiger sind.« Schlussgedanken, die eigentlich alles sagen über Adel Tawil, wie ich ihn kennengelernt habe. Ein bodenständiger Typ mit einem großen Herzen und viel Familiensinn. Und einer, der viel über Geld gelernt hat in seiner wechselvollen Karriere.

JUTTA SPEIDEL

»In diesem Beruf lebst du 20 Jahre lang von der Hand in den Mund.«

Zur Person:
Jutta Speidel ist mit Leib und Seele Schauspielerin, eine der beliebtesten und erfolgreichsten im deutschsprachigen Raum. Die gebürtige Münchnerin hat zwei Töchter. Und sie ist die Gründerin des Vereins und der Stiftung HORIZONT, die sich für obdachlose Kinder und deren Mütter einsetzen.

Unser erster Kontakt ist herzlich, aber nicht so, wie ich erwartet hätte. Auf meine Mail, ob wir uns zu einem Gespräch treffen könnten, antwortet nicht die aus vielen Fernsehserien beliebte Schauspielerin. Die Frau, die da schreibt, ist die andere Jutta Speidel. Die, die sich einem sozialen Projekt verschrieben hat. Die sich um wohnungslose Kinder und deren alleinstehende Mütter kümmert. Der Verein, den sie selbst gegründet hat, bringt die Frauen und Kinder unter, betreut sie und hilft ihnen, den Weg zurück in die Selbstständigkeit zu finden.

»Geld ist mein täglicher Job, und ich rede sehr gern darüber. Warum?«, schreibt sie in ihrer kurzen Antwort. »Ich habe seit nunmehr 20 Jahren eine soziale Einrichtung HORIZONT e. V. Jährlich sammle ich um die 600 000 Euro, nur um 25 Angestellte und ein Haus für 85 Personen am Leben zu erhalten. Und nun habe ich noch ein paar Milliönchen gesammelt und muss weiter sammeln, denn wir bauen ein 2. Haus für HORIZONT.« Einen Fundraising-Preis habe sie 2006 gewonnen, schreibt sie noch. Und »ansonsten ist mir privat Geld eigentlich ziemlich wurscht, Hauptsache, es reicht, und ich kann Geschenke machen«, lässt sie mich wissen.

Da man sich bei Interviewanfragen natürlich auch Absagen einfängt, huscht mir beim Lesen dieser Worte sofort ein Lächeln übers Gesicht. Ich freue mich über ihre Zusage. Ihre wenigen Zeilen lassen mich hoffen, dass es ein sehr offenes Gespräch wird. Ich freue mich aber auch noch aus einem anderen Grund auf unser Kennenlernen. Tatsächlich war es keine Geringere als Jutta Speidel, die mich vor einigen Jahren, 2010, dazu bewog, mit dem Fahrrad über die Alpen zu strampeln. Ich hatte nämlich ihr Buch *Wir haben gar kein Auto* … gelesen, das sie zusammen mit ihrem langjährigen Lebenspartner Bruno Maccallini geschrieben hatte und das genau von diesem Vorhaben handelt: mit dem Rad die Alpen zu überqueren. Ich las dieses Buch mit Begeisterung und weiß noch, wie ich zu mir sagte: Das machste auch! Obwohl ich damals viel Rad fuhr, war eine Alpenüberquerung für mich als Flachländer natürlich eine riesige Herausforderung. Aber ich dachte mir: Du machst es einfach wie die beiden: Wenn die Beine einmal nicht mehr wollen sollten, nimmst du einfach den Bus. Hape Kerkeling, noch so einer, der im wahrsten Sinne vorangegangen – wenn auch nicht vorangeradelt – ist, hat auf seiner Wanderung ja zwischendurch auch einmal den »Schongang« eingelegt. Was ist schon dabei? Hauptsache, man versucht es. Gesagt, getan. Wie das Team Speidel/Maccallini startete ich von München aus und kam tatsächlich acht Tage später in Trient an, wo mich mein guter Freund Werner mit dem Auto abholte. Eine tolle Tour, an die ich mich gern erinnere und die meine Vorfreude auf Jutta Speidel steigen lässt. Ohne es zu wissen, hat sie mich mit ihrem Buch inspiriert. Nun also, da ich in München am Hauptbahnhof angekommen bin, hoffe ich, dass ich sie ein wenig zu *meinem* Buch animieren kann. Eigentlich bin ich ganz zuversichtlich.

Ein Erbe als Startkapital

Die erste Begegnung in der Geschäftsstelle ihres Vereins und ihrer Stiftung fällt so aus, wie es die Mail bereits vermuten ließ: herzlich. Nur noch ein paar organisatorische Dinge, die Jutta Speidel zu erledigen hat, dann sind wir auch schon unterwegs zum gemeinsamen Mittagessen. Und noch bevor der Ober die Getränke serviert, plaudern wir bereits über ihren Verein und ihre Stiftung. »Es fing mal sehr, sehr, sehr klein an«, erzählt sie. »Meine Motivation war die, dass ich selber alleinerziehende Mutter war zum damaligen Zeitpunkt. Ich hatte mich gerade von meinem Mann getrennt, und meine Kinder waren noch relativ klein. Ich habe sehr klar für mich gewusst, was eine Mutter alles mitbringen muss, damit sie die Fähigkeit hat, ihre Kinder für diese Welt stark zu machen und ihnen einen Lebensweg zu zeigen, der es ihnen möglich macht, selber ein gutes Leben zu führen. Und als ich dann über eine Obdachlosenzeitung und eine Pension, in die ich zufälligerweise geraten bin, gesehen habe, dass es obdachlose Kinder in der Stadt München gibt ...« Nicht nur damals für die engagierte Schauspielerin eine bittere Erkenntnis. »Es war überhaupt kein Gesprächsthema, nicht in München, in ganz Deutschland nicht«, wie Jutta Speidel sich erinnert, »da habe ich mir gedacht, man muss etwas unternehmen.« Zuerst brachte sie den Kindern Kleidung und Spielzeug, doch intuitiv war ihr klar: »Es muss eine völlig andere Form von Kommunikation und Betreuung für diese Menschen geben. Und zu einem Kind gehört nun auch mal eine Mutter.«

In der Folgezeit schaut sie sich Unterkünfte für Obdachlose an. Containerlager, Pensionen, häufig mit Schimmel an den Wänden, bis sie sich entschließt, zusammen mit ihrer Mutter und engen Freundinnen den Verein HORIZONT zu gründen. Bei der Finanzierung ihres Vorhabens hilft ihr eine Erbschaft: »Ich hatte lange eine alte Dame betreut. Die starb mit 93 und hinterließ mir nicht sehr viel, aber immerhin ein bisschen Geld. Da habe ich mir gedacht, in dem Moment, wo ich dieses

Erbe hatte, so, damit kannst du den Verein gründen. Und das habe ich dann gemacht. Das war mein kleines Startkapital, welches mir die Möglichkeit gab, die ersten Aktionen zu starten, zum Beispiel Regenschirme zu kaufen und zu Malern zu gehen und sie zu bitten, sie zu bemalen, damit wir eine Auktion machen können. Und so wurden von wirklich recht bekannten Münchner Malern bemalte Regenschirme versteigert und kamen die ersten 10 000 D-Mark damals zusammen.« Die kleinen ersten Schritte einer großen Idee.

»Und wie das dann so ist, wenn du etwas auf den Weg bringst und immer kommunizierst: Plötzlich hatten wir die Möglichkeit, in einem Haus unterzuschlüpfen und dieses Haus so mit umzugestalten, dass es zu einem reinen Mutter-Kind-Haus wurde. Da haben wir dann vier Jahre *learning by doing* gemacht. Und ich konnte mir drei Angestellte leisten, weil ich natürlich immer versucht habe, Geld zu akquirieren. Ich muss dazusagen, ich war auch sehr dankbar, wenn mir jemand einfach fünf D-Mark in die Hand gab und sagte, liebe Frau Speidel, das, was Sie da machen, finde ich großartig. Ich habe das einfach gesammelt. Ich habe da auch so eine Hemmungslosigkeit entwickelt im Lauf der Jahre. Weil es ja nicht um meine eigene Person geht, sondern um das Projekt. Und für andere Leute Geld zu sammeln fand ich weitaus spannender als für mich selbst.«

Die Millionen, um die es mittlerweile geht, bereiten der engagierten Schauspielerin manchmal Sorge. Vielleicht verniedlicht sie sie deshalb zu »Milliönchen« – um den Kraftakt nicht noch größer erscheinen zu lassen, als er ohnehin ist.

»Was du mit Freude tust, ist nicht belastend«

Jutta Speidel, das »Gesicht von HORIZONT«, entwickelt sich schnell zur »Frontfrau im Außendienst«, wie sie es selbst formuliert. Aber mit dem Bewusstsein, Gutes im Sinn zu haben, geht das Energiebündel Jahr für Jahr die Herausforderungen an. Die Arbeit für HORIZONT ist längst zu einem Fulltime-Job geworden, einem Fulltime-Ehrenamt. Doch das stört sie nicht. »Alles, was du mit Freude tust, ist nicht belastend.«

Natürlich, gibt sie zu, gebe es Probleme zuhauf, doch dafür habe sie in der Zwischenzeit ein professionelles Team, auf das sie sich verlassen könne. Die Finanzierbarkeit des Ganzen aber sei ihr Bereich. Dafür sei sie verantwortlich. Das beeindruckt mich und treibt meine Neugier. Kleinspenden, hin und wieder Aktionen wie die bemalten Regenschirme, das alles füllt zwar die Kassen, reicht auf Dauer aber nicht, um das ganz große Rad zu drehen. Also frage ich nach, wie sie es schafft, an die großen Summen zu kommen, und handle mir scheinbar einen ersten Korb ein. »Wenn ich Ihnen jetzt alle meine Geheimnisse verrate ...«, grinst sie mich an.

Nach einem kurzen Moment plaudert Jutta Speidel doch ein bisschen aus dem Nähkästchen. »Wenn du wirklich im großen Stil Geld sammelst, dann musst du eine Person *kriegen,* musst du sie für deine Idee gewinnen. Eine Person, die du überzeugt hast und die du vollkommen auf deiner Seite hast, sagt: Ja, was du da treibst, was du da machst und was du mit dem Geld vorhast, ist so förderungswürdig, das unterstütze ich. Das war mit dem ersten Haus für HORIZONT der Fall, weil ich für Sternstunden« – die Benefizorganisation des Bayerischen Rundfunks, die Projekte für kranke, behinderte und Not leidende Kinder unterstützt – »neun Jahre lang als Patin tätig war; das heißt, ich habe neun Jahre lang Projekte, die Sternstunden finanziert hat, begleitet und darüber geredet.« Jutta Speidel lernt als prominente Patin die Arbeit von Sternstunden e. V. kennen und schätzen. »Und als ich selber Geld brauchte, bin ich schlicht und ergreifend zu Sternstunden gegangen und habe gesagt: So, jetzt bin ich dran. Und ich hatte Glück, denn in dem Jahr, wo ich das angefragt habe, hatte Sternstunden sehr, sehr große Summen über Weihnachten eingenommen. Und die brauchten genau ein Projekt in Bayern, am besten in München. Und ich hatte das große Glück, dass das, was ich als Idee hatte, perfekt zu Sternstunden gepasst hat. Als ich Sternstunden im Boot hatte, war alles sehr viel einfacher. Da konnte ich zur

Bayerischen Landesstiftung gehen, und dann konnte ich auch zur Stadtsparkasse gehen.«

Zusammen mit diesen drei gelingt es Speidel, ihr erstes großes Projekt zu finanzieren. Ihr »Haus 1«, wie sie es nennt, denn sie plant gegenwärtig ein zweites. Vier Millionen Euro bekommt sie so zusammen, um eine Einrichtung nach ihren Vorstellungen bauen zu lassen. Ein Haus mit 66 Betten für Frauen mit Kind, die ihre Wohnung verloren haben, weil sie die Miete nicht mehr bezahlen konnten. Oder die vor dem Ehemann flüchten mussten, weil dieser sie misshandelt hat. Im HORIZONT-Haus finden sie ein neues Zuhause – zumindest für ein Jahr.

Speidel denkt an diese aufregende Zeit zurück. Mit der Finanzierung von Haus und Grund hatte sie aber längst kein bezugsfertiges Objekt. »Ich hatte ja somit nur das Haus. Ich hatte nichts innen«, bestätigt sie. Aber verlegen um Ideen war sie noch nie. »Ich komme ja vom Theater und weiß, wie ein Theater immer Geld sammeln muss, zum Beispiel, wenn es eine neue Bestuhlung braucht. Und dann habe ich mir schlicht und ergreifend gedacht, wenn ein Theater Geld für Stühle akquirieren kann, dann kann ich das auch für Bausteine. Also habe ich im großen Stil Bausteine verkauft. Da habe ich mir so ein System ausgedacht, dass der kleine Mann für 10 oder 20 Euro dabei sein kann. Aber auch der große Spender mit mehr Geld. Und so habe ich das organisiert. Ich habe das ganze Haus aufgeteilt: Spenden für die Türklinke, für das Waschbecken, für den Balkon, für die Küche bis hin zum Fußboden oder Garten. Und habe auf diese Art und Weise innerhalb eines Jahres 400 000 Euro gesammelt, die es mir ermöglicht haben, dieses Haus einzurichten. Auch mithilfe einer großen Möbelfirma, die mir auf die Einrichtungsgegenstände Prozente gegeben hat.«

Je schwerer die Aufgabe, desto erfindungsreicher wird die Schauspielerin, habe ich den Eindruck. Jutta Speidel ist stolz auf das Erreichte. Ich spreche den Promifaktor an. Welche Rolle hat der gespielt für diese Entwicklung? Sie schüttelt den

Kopf: »Also, der Promifaktor kann auch sehr hinderlich sein bei einem Schauspieler. Ich glaube, dass man in den ersten Jahren hinter vorgehaltener Hand immer gesagt hat: Na ja, die hat es nötig. Die muss was für ihr Image tun. Deswegen macht sie jetzt einen auf Gutmensch.« Speidel spricht einen heiklen Punkt an: soziales Engagement, um im Gespräch zu bleiben, um neue Rollen zu bekommen. »Ich bin mir ganz, ganz sicher, dass es viele Menschen gegeben hat, die so gedacht haben.« Doch sie weist diese Intention von sich. »Ich habe nie meine Person in den Vordergrund gestellt. Das war immer für die Sache, nie für mich.« Gleichzeitig gibt sie zu, dass ihre Bekanntheit sicher geholfen hat, HORIZONT erfolgreich aufzubauen: »Vielleicht ist es eines der Erfolgsrezepte, da mag ein wenig mein Beruf mit reinspielen oder die Beliebtheit, die ich in meinem Beruf habe. Aber letztendlich«, und darauf legt sie Wert, »glaube ich, würde das alles nicht funktionieren, wenn nicht die Menschen, die uns Geld geben, egal ob kleine oder große Spenden, das Vertrauen haben in die ambitionierte Arbeit, die sinnvoll ist und wirklich bei den Frauen und Kindern ankommt.«

Spenden und emotionale Rendite

»Und deswegen«, fährt sie jetzt munter fort, »habe ich für große Spenden, ich rede jetzt wirklich von ganz großen Spenden – über eine Million –, reine Privatpersonen, die weder genannt werden wollen noch in der Öffentlichkeit stehen. Sondern deren Herz genau da tickt. Und die das große Glück haben, irgendwann in ihrem Leben zu so viel Geld gekommen zu sein, dass sie sagen, ich kann das sowieso nicht ausgeben, will ich auch gar nicht. Alle Personen, die ich da habe, legen auf Äußerlichkeiten, Statussymbole überhaupt keinen Wert. Die würden Sie, wenn Sie sie auf der Straße sehen würden, nie auch nur annähernd in so eine Richtung bringen.«

Es sind Menschen, die unscheinbar daherkommen, erfahre ich von Jutta Speidel. Vor allem aber sind es Menschen, die im

Hintergrund bleiben wollen. Publicity wie in den USA, wo Superreiche wie Warren Buffett und Bill Gates eine Initiative unter Milliardären gestartet haben, mehr als die Hälfte ihres Vermögens für wohltätige Zwecke zu spenden, ist ihr Ding nicht. Tue Gutes und schweige darüber, scheint hierzulande eher das Motto zu sein. Und es steigt die Bereitschaft vieler Menschen, mit ihrem Geld etwas Sinnvolles zu machen. »Mich wundert immer, dass wir so viel Geld einnehmen, wo es doch so viele Katastrophen auf der Welt gibt«, gesteht Jutta Speidel.

Nicht mit derselben, aber mit einer ähnlichen Intention wie die HORIZONT-Gründerin suchen andere Personen nach sinnstiftenden Investments. Sie möchten Geld dort anlegen, wo es positiv auf die Gesellschaft wirkt. Das können soziale Projekte sein, aber auch Dinge wie Klimasparbriefe, mit denen beispielsweise lokale Energieprojekte unterstützt werden. Sie möchten, dass ihr Geld etwas Gutes bewirkt – und dabei vielleicht noch eine Rendite abwirft. Doch es geht nicht ausschließlich um Rendite, und viele definieren die Rendite neu. In Zeiten, in denen man hohe Zinsen vergeblich sucht, finden Menschen in solchen Projekten so etwas wie eine emotionale Rendite.

Wenn Wünsche wahr werden

Jutta Speidel ist froh über diese Entwicklung und kommt noch einmal auf die Zeit zurück, als sie ihr Haus 1 baute. »Ich hatte ein großes Darlehen« – satte 1,5 Millionen – »bei der Stadtsparkasse und konnte dieses Darlehen nach drei Jahren komplett abbezahlen, was – nebenbei bemerkt – die Stadtsparkasse gar nicht witzig fand.« Klar, weil eine Bank mit Geldverleihen natürlich Geld verdient. Und je länger sie Geld verleihen kann, desto besser. Kunden, die nach drei Jahren schon alles zurückzahlen, entsprechen aus Sicht eines Kreditinstituts eher nicht dem Idealtypus.

Die spannende Frage für mich, als Jutta Speidel mir das erzählt, ist natürlich, was sie gemacht hat, um diese gewaltige

Summe in so kurzer Zeit zurückzahlen zu können. »Was habe ich gemacht?«, wiederholt sie die Frage sinnierend. Sie macht eine kurze Pause, um dann etwas auszuholen. Ein dankbarer Mensch sei sie, erzählt mir die Schauspielerin. Sie sagt es so, als wolle sie die Erklärung schon vorwegnehmen. »Ich sage immer Danke schön. Ich sage jeden Tag Danke schön. Danke schön, dass es mir gut geht. Danke schön dafür, dass ich so ein gutes Leben führen darf. Danke schön, dass man so an meiner Seite steht und mir hilft, dass ich meine Ideen umsetzen kann. Ich habe das Gefühl, dass ich beschützt werde, dass meine Familie beschützt wird. Und dafür sage ich Danke schön. Und dann denke ich auch oft Wünsche. Dann sitze ich so da und denke: Ich wünsche mir so sehr … Diese eineinhalb Millionen haben mich schon ein bisschen, ich möchte nicht sagen schlaflos gemacht, aber ein bisschen Sorgen haben sie natürlich schon bereitet. Obwohl ich – und das ist das Komische, weil ich vermutlich einfach so eine Einstellung zu Geld habe – mir sicher war, dass da eine Lösung gefunden wird und dass ich damit nicht alleine gelassen werde. Und somit habe ich mir gewünscht, dass ein Millionär auf mich zukommt und sagt: Mach dir keine Sorgen, ich zahl das.«

Genau so erzählt sie es einem Reporter vom Bayerischen Rundfunk, der beim Aushub für das erste Haus mit dabei ist und, wie Jutta Speidel jetzt sehr lebendig erzählt, fragt: »Mein Gott, Frau Speidel, was Sie da alles machen. Und das müssen Sie alles noch bezahlen?« Und als sie bejaht, will er wissen, ob ihr das keine Angst mache. »Und ich sagte: Nee, ich wünsch mir einfach einen Millionär, der das bezahlt. Habe das einfach so gesagt. Das wurde manchmal wiederholt im Bayerischen Rundfunk. Nach drei Jahren sieht der« – der Millionär, den sich Jutta Speidel gewünscht hat und dessen Namen sie nicht verrät – »das im Fernsehen, rief am nächsten Tag an bei mir im Büro und sagte, er möchte mal vorbeikommen. Ich hätte gesagt, ich bräuchte Geld. Er hätte Geld. Meine Assistentin hat mich angerufen – ich drehte gerade in Rom – und erzählte mir von diesem Anruf. Und ich sagte: Nee, da verarscht uns einer.«

Die Assistentin war anderer Meinung, und Speidel schlug ihr vor, den Mann zum Kaffeetrinken einzuladen. »Hat sie gemacht. Und dann kam ein Mann, dem du das vielleicht nicht zugetraut hättest. Und der fragte klipp und klar: Wie viel brauchen Sie? – Sie nennt ihm den Betrag. Und dann sagte er, gut, dann mache er das jetzt mal mit seiner Bank.« Da fragte die Assistentin ihn, ob er denn die Frau Speidel nicht kennenlernen wolle. »Nö, nicht nötig.« Mit einer Mischung aus »So kann das manchmal gehen« und »Ist das nicht unglaublich?« in der Stimme fährt die Schauspielerin fort: »Den habe ich zweimal in meinem Leben gesehen. Bei der Vertragsunterzeichnung und bei der Stiftungsgründung. Der will nichts. Der hat gesehen, da ist eine Notwendigkeit. Der macht kein Heckmeck! Der hat mir das Geld gegeben. Ich habe das Haus abbezahlt. Ich habe ein schuldenfreies Haus. Ist doch verrückt, oder?«

Expansion mit Risiko

Manchmal gehen Wünsche in Erfüllung, wenn man nur fest genug wünscht. Und so, wie sie diese Geschichte erzählt, erscheint sie mir in diesem Augenblick wie die Schwester Lotte aus *Um Himmels Willen*. Eine Rolle, die Jutta Speidel wie auf den Leib geschrieben schien. Engagiert. Kämpferisch. Sie investiert viel Herzblut in die Sache. Und manchmal streitet sie auch. In der Serie mit Bürgermeister Wöller, der den Ordensschwestern immer wieder Steine in den Weg legt. Im wahren Leben passiert ihr das tatsächlich auch. Mit dem Bauamt. Gerade jetzt wieder, wo es um den Bau des zweiten HORIZONT-Hauses geht. Speidel regt sich im Gespräch über diese Stolpersteine auf, doch ich traue ihr zu, dass sie auch dieses Problem meistert. Man hat den Eindruck, wenn es schwierig wird, läuft sie zur Höchstform auf, dann kommt ihr »Jetzt erst recht«-Gen zum Vorschein.

Dass die Arbeit in ihrer Stiftung viel Kraft kostet, bestreitet sie nicht. Ich will wissen, warum sie sich das trotzdem noch antut. Warum sie nicht langsam einen Gang zurückschaltet. Ihre Antwort, sehr authentisch: »Weil es Lust macht, Spaß macht, weil es meine Haltung ist, wie ich, die ich sehr viel bekomme vom Leben, auch was zurückgeben kann. Ich lerne so viele Menschen kennen. Ich habe mich so entwickelt als Mensch in diesen 20 Jahren. Das hätte ich sicher als Schauspielerin alleine, wenn ich nur diesen Beruf gemacht hätte und sonst nix, nie geschafft.«

Sie wirkt sehr zufrieden und ausgeglichen, als sie mir das erzählt. Doch ich muss unweigerlich an die »Milliönchen« denken und an ihre Mail, in der sie mir ja geschrieben hat, dass sie für das zweite Haus weiter kräftig Geld sammeln muss. Und fast beiläufig erzählt sie jetzt, dass die Expansion von HORIZONT, die Erweiterung auf ein zweites Haus für obdachlose Frauen und Kinder, mit Risiko verbunden ist: »Ich bin ja Vorstand. Wenn ich den Karren an die Wand fahre, dann fahre ich mich selber für den Rest meines Lebens an die Wand. Also werde ich den Teufel tun, irgendwie Mist zu bauen.«

Was mir das alles über Jutta Speidel verrät, über sie selbst und ihren Umgang mit Geld, will ich nun wissen. »Sie geht auf der einen Seite sehr, sehr großzügig mit Geld um, wenn sie sieht, dass eine Notwendigkeit besteht. Aber ich gehe auch klug mit Geld um. Ich interessiere mich auch dafür, dass ich an meiner Seite jemanden habe, dem ich vertrauen kann, der sich mit Börse und Aktien auskennt. Wobei die Stiftung nicht ins Risiko gehen darf«, schränkt sie ein. »Aber mit dem Verein sind wir da schon ein bisschen unterwegs.«

Tatsächlich gibt es strenge Vorschriften, was eine Stiftung mit ihrem Vermögen machen darf und was nicht. Schutzbestimmungen, die in erster Linie dafür sorgen sollen, dass das Vermögen nicht unter die Räder kommt. Auch gemeinnützige Vereine müssen sich, damit sie Verein bleiben dürfen, an bestimmte Regeln halten, haben jedoch gewisse Spielräume bei der Vermögensverwaltung. Das Anlegen von Teilen des Vermögens in Fonds oder Aktien ist nicht verboten. »Wir haben nicht unbedingt nur Aktien, um Himmels willen.« Der Verein, sagt Jutta Speidel, habe bei der Vermögensanlage beherzigt, dass man nicht alle Eier in einen Korb legt.

Privat ist ihr Geld ziemlich wurscht

Innerlich muss ich grinsen. Liegt es daran, dass ich mir vorstelle, wie mir Schwester Lotte gegenübersitzt? »Um Himmels willen«, wiederhole ich im Geiste. Klar, das sagt man so. Das ist Umgangssprache, und doch finde ich es witzig, es aus Jutta Speidels Mund zu hören. Über sieben Millionen Zuschauer sahen in der Spitze ihre resoluten Auftritte als streitbare Nonne in der gleichnamigen Serie. Und waren sicherlich enttäuscht, als sie nach fünf Jahren nicht mehr weitermachte. Ich spreche sie darauf an. »Bei mir ist es immer so. Wenn ich merke, dass etwas in so einer eindeutigen Autobahn läuft, dann interessiert es mich nicht mehr. Das war da auch der Fall.«

Egal, ob man gut verdienen kann oder nicht?, hake ich nach. »Wenn ich so viel arbeite, dass ich das Geld, welches ich verdiene, nicht mehr ausgeben kann, dann ist es doch unsinnig, oder?«, erwidert sie mit einer Gegenfrage. Die Dreharbeiten, ergänzt sie, wären wahnsinnig anstrengend gewesen. Seien es generell: »Ich meine, es klingt immer nach nichts, wenn einer von 365 Tagen 300-mal auf Arbeit geht, aber wenn Sie 110 Drehtage am Stück haben, dann sind Sie so was von fertig, aber so was von fertig. Weil Sie ja jeden Tag 12 bis 13 Stunden auch geistig, körperlich voll konzentriert und fokussiert sind. Und ich habe daneben ja schon damals das HORIZONT-Büro gehabt. Und hatte nebenbei noch meine Kinder großzuziehen. Und deswegen habe ich mir eine Deadline gesetzt und gesagt: Wenn meine jüngere Tochter Abi macht, dann höre ich auf. Und genau so habe ich es gemacht. Da waren sie alle entsetzt.«

Und das haben die Produzenten einfach so hingenommen und nicht versucht, Überzeugungsarbeit zu leisten? Mit Geld? »Doch, doch, das haben sie schon versucht, aber mein Entschluss stand fest.« Zu konkreten Verhandlungen kam es erst gar nicht mehr. »Ich glaube, sie hätten mir mehr Geld gezahlt, aber auch dann nicht.« Und als wenn es gestern gewesen wäre, sagt sie: »Das interessiert mich nicht! Das interessiert mich einfach nicht!«

Bereut hat sie es nie, »die Kutte an den Nagel gehängt« zu haben – wie es damals einige Zeitungen formulierten. Sie habe so schöne andere Rollen stattdessen spielen können und Zeit für andere Dinge gehabt, erzählt sie mir. »Vielleicht hätte ich meinen Marktwert noch höher schrauben können, habe ich aber nicht. Ich bin zufrieden, wie es ist. Verdiene genug Geld. Mehr Geld brauche ich nicht zu verdienen.« Aus ihren Worten höre ich die Jutta Speidel, die mir in der Mail schrieb, dass ihr privat Geld eigentlich wurscht ist.

Von der Hand in den Mund

Ob das wirklich so sei, will ich wissen. »So ganz wurscht ist es mir nicht«, antwortet sie und liefert gleich die Begründung: »Ich möchte mir den Lebensstandard, den ich habe, schon erhalten. Wobei ich aber auch immer sage, ich bin ja nicht mit goldenen Löffeln aufgewachsen. Ich habe mir das Geld für meinen Lebensstandard immer verdient. Mit viel Arbeit. Ich habe, um mir meine Schauspielschule und überhaupt um mir meine Eigenständigkeit zu verdienen, dass ich in einer kleinen Mietwohnung wohnen konnte, dafür habe ich zum Beispiel kleine Puppen gebastelt und sie auf der Leopoldstraße verkauft. Alles, was mit meinem Beruf zu tun hat, habe ich gemacht: Hörspiele, Synchronisieren, Theater, Filme«, zählt sie auf. »Ich habe halt gearbeitet und war mir für nichts zu schade. Und wenn das Geld nicht ausgereicht hat, habe ich Flohmarkt gemacht.«

Jutta Speidel kennt in ihrem Leben die Phasen, die für Schauspieler so typisch sind: Leben von dem, was da ist oder was vielleicht noch reinkommt. Du weißt nicht, wann du wieder ein Engagement haben wirst. Du kannst im Sommer nicht sagen, ob du auch im Winter deine Miete bezahlen kannst. Große Erfolge wechseln sich mit Zeiten der Arbeitslosigkeit ab. Wie viele andere Künstler ohne Beschäftigung hat sich auch

Jutta Speidel häufiger arbeitslos gemeldet, allein um die Rentenansprüche zu sichern. Nichts Ehrenrühriges, durchaus normal in der Kunst- und Schauspielszene. Wann es damit vorbei war, wann sie wusste, so, jetzt hast du es geschafft, jetzt musst du dir keine Sorgen mehr machen, das kann sie gar nicht genau sagen. »Das weißt du ganz lange nicht. In diesem Beruf lebst du 20 Jahre lang von der Hand in den Mund. Ich habe ja mit 16 angefangen. Da habe ich 500 Mark bekommen für den Film.« Was war das für ein Film, will ich wissen, ein Fernsehfilm? »Nee«, erwidert sie, »ich habe mit Kino angefangen. Ich habe ungefähr 30 Kinofilme gedreht, das weiß man heute nur nicht mehr. Die hatten so Titel wie *Pepe, der Paukerschreck*«, lacht sie und ergänzt: »Was heute *Fack ju Göhte* ist, habe ich schon vor 40 Jahren gedreht.«

Karriere, Kinder, Karriere

Während sie heute Engagements absagt, weil sie die Rolle einfach nicht oder nicht mehr reizt, konnte sie zu Beginn ihrer Karriere auf den künstlerischen Anspruch keine Rücksicht nehmen. Da wurde gedreht, was reinkam. Dadurch aber, sagt sie selbst, sei relativ schnell der Erfolg gekommen.

»Als dann die Kinder kamen, da war ich, sagen wir mal, richtig auf dem aufsteigenden Ast. Als ich schwanger wurde, dachte ich, och, das kriege ich auch noch irgendwie gebacken«, sagt die Schauspielerin, um dann von der anderen Seite des Geschäfts zu erzählen: vom Druck durch den Erfolg und den Schwierigkeiten, alles unter einen Hut zu bekommen. »Da hatte ich einen Film in Australien, die Hauptrolle. Da hatte ich einen Film in Amerika, den ich noch drehen konnte. Dann hatte ich eine zehnteilige Serie in einer durchgehenden Rolle. Am Geburtstag meiner Tochter ist der Film in Russland ausgezeichnet worden, aber ich durfte nicht hinreisen«, schwelgt sie in Erinnerungen, »weil ich ja hochschwanger war. Da hat mich kein Flugzeug mehr mitgenommen. Und danach war ich, glaube ich, in den Köpfen von vielen Leuten endlos schwanger.«

Jutta Speidel deutet an, dass das erste Kind eine zwischenzeitliche Karrierebremse für sie war. Ein Schicksal, das sie mit vielen jungen Frauen teilt. »Bis die kapiert haben, dass du dein Kind ja irgendwann kriegst und danach wieder arbeiten kannst. Und da ich ja immer Theater gespielt habe, habe ich dann, weil ich nicht arbeitslos sein wollte – es mir auch finanziell nicht erlauben konnte –, sehr viel Theater gespielt. Bis es dann wieder richtig ins Rollen kam.«

Der zweite Karrieredurchbruch kommt nach dem zweiten Kind. Und natürlich spielt eine bekannte Fernsehserie dabei eine Rolle. Welche, verrät sie zunächst nicht. »Ich hatte das große Glück, als meine zweite Tochter auf der Welt war, dass ich in München eine Serie angeboten bekommen habe. Die hat es mir ermöglicht, eine schöne Rolle zu spielen, auf der einen Seite. Und auf der anderen Seite genug Geld zu verdienen. In der Zeit konnte ich meine Kinder erziehen, war abends zu Hause. Hatte im Jahr ungefähr 60 Drehtage und habe so viel Geld verdient, dass ich das ganze Jahr davon leben konnte. Und dazu noch ein Kindermädchen bezahlen konnte. Das war natürlich genial.«

Alle meine Töchter heißt die Erfolgsserie, in der Jutta Speidel sechs Jahre lang die Haushälterin Margot spielt. Eine Frau mit Vergangenheit. 15 Jahre saß sie unschuldig im Gefängnis. Angeblich soll sie einen Doppelmord begangen haben. Der Einzige, der ihr nach der Entlassung Vertrauen entgegenbringt und ihr glaubt, ist der verwitwete Richter Sanwaldt, der zusammen mit seinen drei Töchtern eine große Münchner Stadtvilla bewohnt. Womit sich der Titel der Familienserie erklärt, die alles bietet: Intrigen, Eifersucht, Liebe. Natürlich werden der Richter und die Haushälterin schließlich ein Paar. Von 1995 bis 2001 spielt Jutta Speidel die gute Seele der Familie, die immer wieder den Haussegen geraderückt.

Ein Jahr später, 2002, wird aus der Haushälterin Margot die Schwester Lotte aus *Um Himmels Willen*. Die Autobahn, fährt es mir durch den Kopf, von der Jutta Speidel vorhin sprach: Länger als fünf, sechs Jahre spielt sie keine ihrer Erfolgsfiguren.

Auch nicht zuvor die Baroness Silva in *Forsthaus Falkenau* oder, noch früher, die von allen nur »Karlchen« genannte Töpferin Charlotte Möller in der munteren Dreiecksgeschichte *Drei sind einer zuviel* mit Thomas Fritsch und Herbert Herrmann – 1977 der erste große Serienerfolg von Jutta Speidel. Die Schauspielerin erinnert sich: »Als ich *Drei sind einer zuviel* gedreht habe und dann plötzlich einen Agenten hatte, weil die auf mich zukamen, denn ich hatte ja zuvor schon ein paar Sachen gedreht, da habe ich für die gesamte Serie 32 000 D-Mark bekommen. Das war für mich unermesslich viel Geld. So viel, als wenn heute noch eine Null dranhängen würde. Ich habe dann angefangen, mir darüber Gedanken zu machen, Geld anzulegen, weil ich ja nicht gleich alles ausgeben wollte. Ich habe mir aber für 1700 Mark ein Auto gekauft. Das weiß ich noch wie heute. Das war ein großer Luxus, ein VW Cabriolet, den ich fünf Jahre gefahren habe, bis er auseinanderfiel. Und lebte in einer kleinen Einzimmerwohnung und war rundum glücklich.«

Desaster mit Infineon – geglücktes Manöver mit VW

Speidel erzählt offen, was sie mit dem übrigen Geld gemacht hat. »Dann habe ich einen Bausparvertrag gehabt – und ein Sparbuch, damals gab es ja noch Zinsen. An die Börse habe ich mich sehr, sehr viel später gewagt. Und da habe ich gleich als erstes Infineon-Aktien gekauft, weil mir einer sagte, davon wirst du reich. Dann sind die Aktien auf einmal in den Keller gefallen, und ich habe 10 000 D-Mark verloren.«

Sie muss selbst darüber lachen, obwohl der Verlust richtig schmerzte, wie sie zugibt: »Aber auch das ist wichtig, dass du so etwas mal ausprobierst. Ich habe es Gott sei Dank nur einmal ausprobiert. 10 000 Mark zu verdienen war ein ordentliches Stück Arbeit. Dafür musste ich damals lange drehen. Und die zu verlieren, so schnell, dass du überhaupt gar nicht hingucken kannst, das hat echt wehgetan.«

Wann das passierte, daran kann sie sich nicht mehr erinnern – »Ich weiß nur noch, dass jeder plötzlich Infineon-Aktien kaufte« –, doch es muss im Jahr 2000 gewesen sein. Fast pünktlich mit dem Börsengang des Halbleiterherstellers Infineon platzte damals die schon im Gespräch mit Hellmuth Karasek erwähnte Dotcom-Blase, und die Börse stürzte ab. Die Kurshöhen von über 70 Euro je Aktie, die Infineon kurz nach dem Börsengang erreichte, hat das Papier bis heute nie mehr wiedergesehen. Im Gegenteil: 2009 machte das Anteilspapier noch einmal Negativschlagzeilen, als der Kurswert unter einen Euro rutschte. Das hatte es bis dahin noch nie gegeben, dass ein Dax-30-Wert zu einem *Pennystock* mutierte – also einer Aktie mit einem Wert unter eins in der lokalen Währung.

Den Aktien den Rücken gekehrt hat die beliebte Schauspielerin deswegen aber nicht. »Nö«, sagt sie, »aber ich überlasse das inzwischen einer Frau, die was davon versteht. Wir treffen uns hin und wieder oder telefonieren.« Als die VW-Aktien wegen der Manipulationen an Dieselfahrzeugen drastisch abstürzten, habe sie ihre Anlageberaterin angerufen: »Habe ich VW-Aktien drinnen?, habe ich sie gefragt. Nee, hat sie gesagt, ich bin doch nicht blöd, die habe ich vorher verkauft«, und Jutta Speidel freut sich diebisch, als sie mir diese kleine Geschichte erzählt. Ein zweites Infineon ist ihr also erspart geblieben.

Aber auch sie kennt die Nöte einer ungenügenden Anlageberatung. Davor sei sie bei einer Bank gewesen, »wo ich das Gefühl hatte, die wollten mir ständig was aufschwatzen. Schiffsbeteiligungen und lauter so einen Blödsinn. Eine habe ich ja auch gemacht,« – eine Dummheit, wie ich zwischen den Zeilen heraushören kann – »und das ging ja auch durch die Presse, das Riesenrad«, fährt sie fort. Ein Millionengrab, wie sich später herausstellte. Singapur wollte ein ebensolches Prestigeobjekt, wie es die Briten mit ihrem London Eye haben. Doch das Vorhaben scheiterte, und die Investoren, wie Jutta Speidel, waren die Gelackmeierten. »Als todsichere Anlage haben die mir das verkauft«, erinnert sie sich, »auch wenn das die Bank später bestritten hat.« 20 000 Euro verliert sie. Aber die kämpferische Tochter eines Patentanwalts klagt gegen die Bank. Es kommt zu einem Vergleich. »Bei dem Vergleich hat mir die Bank angeboten, zehn Prozent zurückzuzahlen.« Also 2000 Euro. »Und wir haben sie auf 80 Prozent hochgekriegt. Weil sie, glaube ich, wussten, dass ich überhaupt kein Problem gehabt hätte, damit an die Öffentlichkeit zu gehen.« Speidel hilft in diesem Fall, das gibt sie unumwunden zu, der Promifaktor: »Ich glaube, es war eine Imagegeschichte der Bank. Denn es hatte sich zu dem Prozess lustigerweise sofort die *Bild*-Zeitung angekündigt. Die haben das irgendwie total schnell rausgefunden gehabt, dass ich da persönlich auftreten muss. Und dann standen sie da, was mir sehr unangenehm war.« Aber wohl geholfen hat, dass sie einen Großteil des Investments retten konnte. Dabei war ihr Anspruch doch eigentlich ein anderer gewesen, nämlich das Geld gut angelegt für sich arbeiten zu lassen.

Warum Künstler nicht mit Geld umgehen können

Ist es ein Klischee, frage ich mich, dass gerade Künstler, vor allem Sänger und Schauspieler, mit Geld nicht umgehen können oder häufiger als andere ein mehr als unglückliches Händchen bei der Auswahl ihrer Anlageobjekte haben? Ich denke an das Gespräch mit Gunter Gabriel, der so viel verdiente und alles verlor. Der den vermeintlich »spendablen Jungs«, den Anlageberatern, alles anvertraute und am Ende nichts mehr hatte. Viele Stars verloren mit Bauherrenmodellen, gern in Ostdeutschland, ihr Vermögen. Matthias Reim, Grit Boettcher oder Horst Janson sind nur ein paar Promis, die entweder zu gutgläubig, zu unwissend oder zu gierig waren. Jedenfalls haben sie alle die Rechnung teuer bezahlt. In aller Regel deckten die Mieten, wenn die Objekte denn überhaupt vermietbar waren, nicht annähernd die Kosten.

Ohne dass Jutta Speidel einen dieser Fälle genau kennt oder über einzelne ihrer Kollegen etwas Schlechtes sagen möchte, bezieht sie zu diesem Thema eine eindeutige Position: »Ich habe da eine Meinung dazu. Ich stelle in dieser Gesellschaft immer wieder fest: Wenn altes Geld, was vorhanden ist, neues Geld dazubekommt, ist es meist in einer sehr, sehr guten Form schon angelegt. Bei gut situierten Familien wird dir als Kind meistens eine Geschichte vom Großvater oder der Großmutter erzählt, die den ganzen Aufbau geleistet haben.« Die beispielsweise ein Firmenimperium hochgezogen, Schritt für Schritt aus einer kleinen Idee etwas Großes gemacht haben. »Dann begegnest du dem auch mit Respekt. Jetzt mal abgesehen von solchen Beispielen wie Paris Hilton. Wenn du dazu noch gut erzogen worden bist, dann hast du ein schlechtes Gewissen, Geld, das du nicht selber verdient hast, wissentlich oder leichtsinnig in den Sand zu setzen. Wenn du mit ein bisschen altem Geld sagst, ich probiere, ein Start-up-Unternehmen zu gründen, wirst du ganz anders damit umgehen, als wenn du aus einfachen Verhältnissen rausgekommen bist, weil du ein Cleverle bist, weil du vielleicht mit dem richtigen Maul in die Gesellschaft gekommen bist. In die Geldelite. Mit einem Mal kommst du zu Geld. Und das Erste, was du machst: Du kaufst dir ein dickes Auto. Das Nächste, was du machst: Du kaufst dir viel Schmuck und eine fette Uhr. Dann besorgst du dir eine Frau dazu, als Mann jedenfalls, die du ordentlich behängen kannst. Und mit der man kleine Kokainpartys feiern kann. Und dann ist der Absturz eigentlich vorprogrammiert.«

Jutta Speidel macht eine kurze Pause. Man merkt ihr an, dass sie so ein Verhalten nicht gerade nachahmenswert findet. Dann setzt sie noch einmal an: »Diese Gier danach hat nichts mit Moral zu tun. Diese Gier auch in Schauspielerkreisen. Der Osten geht auf. Und jetzt gehen wir mal nach Leipzig und kaufen Immobilien und machen den großen Reibach, und so.«

Bauherrenmodelle: Gier, Eitelkeit und fehlende emotionale Intelligenz

Das Unverständnis darüber kann ich jetzt auch in ihren Augen lesen. Ich wende ein, dass möglicherweise nicht alle allein aus Gier gehandelt haben. Doch mit einem gewissen »Ich hätte es trotzdem nicht gemacht« im Unterton entgegnet sie mir: »Ich glaube, es gehört auch Intelligenz dazu. Auch emotionale Intelligenz.« Was sie mit emotionaler Intelligenz meint, erklärt sie anhand eines Beispiels aus der eigenen Familie. »Also bei uns in der Familie war das so: Mein Vater ist geboren in Pirna, und meine Großmutter ist Dresdnerin. Bei uns gab es sogenannte Latifundien, unter anderem vom Bruder meiner Großmutter. Der Onkel Karl hatte eine Apotheke in Pirna. Am Marktplatz. Das war ein schönes altes Fachwerkhaus. Und als die Mauer fiel, hat mein Vater meinen Cousin angerufen und gesagt: Lass uns mal rüberfahren, lass uns mal gucken, was so in Pirna los ist. Und in der Apotheke meines Onkels war immer noch eine Apotheke. Und mein Vater ging dann rein, hat sich mit dem Apotheker unterhalten. Und der Apotheker hat sofort gedacht, so, das war es jetzt. Der hat eben diese Apotheke kaufen können, irgendwann mal in der DDR. Er konnte das Haus kaufen, aber nicht den Grund. Nun ist um so eine Apotheke, die mitten in der Stadt ist, nicht wahnsinnig viel Grund, aber es waren schon ein paar Hundert Quadratmeter. Und das gehörte nach dem Gesetz nach der Grenzöffnung wieder uns. Sagen wir mal so: Die einen hätten sich gesagt, jetzt warten wir mal, bis die Immobilienpreise steigen, und dann dem Apotheker ordentlich viel Geld abgenommen. Mein Vater hat gesagt: Wissen Sie was, werden Sie glücklich damit.« Jutta Speidel macht eine kleine dramaturgische Pause, bevor sie weiterspricht: »Und das ist der Unterschied. Dass eben viele gedacht haben, man muss da jetzt einen auf Ausbeutung machen. Und ich bin moralisch so erzogen worden, dass man das nicht macht. Und deswegen habe ich auch keine Immobilien versenkt.«

Ihre Haltung zu diesem Thema ist eindeutig. Ich glaube, dass die Scharlatane vor allem die Anlageberater waren, die in der Nachwendezeit geschickt die Unwissenheit über die neuen Bundesländer ausgenutzt haben. Viele, die damals in Bauherrenmodelle eingestiegen sind, hatten Helmut Kohls Worte im Hinterkopf, dass im Osten »blühende Landschaften« entstehen würden, und wurden damit geködert. Nicht nur vermeintlich Ungebildete wie Gunter Gabriel (»Ich hatte keine Ahnung«) oder Matthias Reim (»Ich wusste ja gar nicht, wie viel ich verdiene«). Nein, reingefallen sind auch Mediziner oder Anwälte, die bei ihrer Eitelkeit gepackt wurden. »Wollen Sie sich eine solch einmalige Chance entgehen lassen? In wenigen Jahren werden die Regionen um Dresden, Leipzig oder Potsdam boomen, und dann haben die Menschen dort ganz andere Ansprüche und wollen auch besser wohnen.« Es kam anders, wie wir wissen. Im Osten wurden durch solche Anlagemodelle Milliarden versenkt.

Millionäre und ihr imaginäres Sparschwein

»Ich habe was Witziges festgestellt bei Menschen, die mir große Summen gegeben haben«, meldet sich Jutta Speidel jetzt wieder zu Wort. »Ich gehe jetzt mal von einer Person aus, die ich im Kopf habe, weil mich das interessiert hat, wie sie zu ihrem Geld gekommen ist. Wir reden über viele Millionen, wirklich viele Millionen. Da hat die ältere Dame mir ihre Lebensgeschichte erzählt. Die kam aus einem Haus, das sehr streng war. Wo es ganz, ganz starke Reglements gab. Das war eine Akademikerfamilie. Und eine Familie, wo vom Vater ganz klipp und klar in Richtung der mehreren Geschwister gesagt wurde: Ihr kriegt von mir ein winzig kleines Startkapital. Seid klug! Das einzige Mal, wo ihr von mir etwas bekommt. Ansonsten habt ihr vielleicht noch eine Chance, wenn ich sterbe, dass dann vielleicht noch etwas übrig ist. Aber davon könnt ihr jetzt erst mal nicht ausgehen. Die vier oder fünf Kinder, also die sind jetzt alle 80, haben alle Karriere gemacht und alle sehr viel Geld verdient. Und sie haben relativ sparsam und bescheiden gelebt, aber immer von dem, was sie verdient haben, ein bisschen was abgezweigt; sagen wir mal: ein imaginäres Sparschweinchen gestopft. Und wenn genug da war, hat die Person, die auch mir Geld gegeben hat, das investiert. In Immobilien. Wie die erste Immobilie angestiegen ist, hat sie sie verkauft. Von dem Geld hat sie zwei oder drei Immobilien gekauft. Als die im Wert angestiegen sind, hat sie wieder verkauft. Davon hat sie sich 10 Immobilien gekauft, später 20, dann 40. Und so ist das im Lauf ihres Lebens immer mehr geworden. Und außer dass sie gesagt hat, ich will immer schön leben, also immer einen schönen Blick haben von dem Haus, in dem ich lebe, abgesehen davon war sie immer sparsam. Fuhr ein kleines Auto, zog irgendwelche Klamotten vom Flohmarkt an. Das macht sie heute noch.«

Jutta Speidel erzählt die Geschichte mit Begeisterung. Und sie ist noch nicht fertig. »Und wissen Sie, was sie gemacht hat? Sie hat sehr viele Neffen und Nichten und allen auch einen Betrag gegeben und gesagt: Jetzt bin ich in einem Alter, da weiß ich nicht, wie lange ich noch lebe. Das kann von heute auf morgen zu Ende sein. Wie mein Vater, der mir einen Betrag gegeben hat, gebe ich euch jetzt eine gewisse Summe. Und das ist mein Erbe. Und alles, was übrig bleibt, das setze ich so ein, wie ich mir das vorstelle. Dadurch waren die über 30 Neffen und Nichten abgegolten, und sie verteilt jetzt ihr Geld. Gott sei Dank auch an mich, also an HORIZONT, an die Stiftung. Mit diesem Geld kauften wir gerade das Grundstück für das zweite Haus.«

Es folgt eine etwas überraschende Wende in der Erzählung – oder auch nicht, wenn man im Kopf hat, wie die alte Dame im Lauf ihres Lebens zu Geld gekommen ist, nämlich durch das Spekulieren mit Immobilien: »Es ist wirklich erstaunlich, was die für einen Spieltrieb hat. Wenn ich den Spieltrieb nicht erfüllen würde bei ihr mit meinem Projekt, hätte ich keine Chance gehabt. Eine Zockerin, richtiggehend eine Zockerin ist sie«, legt Jutta Speidel nach. »Und sie will, dass ich das auch tue.« Sie will, frage ich nach, um sicherzugehen, dass ich es richtig verstanden habe, dass Sie ebenfalls etwas aus dem Geld machen? Dass Sie auch den Wert des Geldes vermehren, indem Sie es geschickt in Ihre soziale Einrichtung investieren? »Natürlich!«, antwortet Jutta Speidel mir. »Ich glaube, sie wäre entsetzt, wenn ich jetzt sagen würde: Wir kaufen einen Bus. Zum Beispiel. Die weiß, dass ich mit dem Geld ein weiteres Haus für HORIZONT baue. Das steht dann da. Und das kann man dann anschauen.« Sie grinst zufrieden, und sie weiß über ihre edle Spenderin, »dass sie zu Hause sitzt und sagt: Ja, ohne mich hätte sie das nicht geschafft. Ohne mich hätte sie das nicht errichten können. Und da freut sie sich. Das findet sie toll. Sie will auch ein bisschen gepampert werden. Auch in Ordnung!«

Vererben: Die Familie vernichten, ohne es zu merken

Jutta Speidel ist in ihrem Element. Wenn man ihr so zuhört, bekommt man zeitweise den Eindruck, dass sie mittlerweile mehr »Sozialarbeiterin« als Schauspielerin ist. Aber das stimmt nur bedingt. 2016 kehrte sie mit einer neuen Serie ins Fernsehen zurück, und die hat in gewisser Weise mit HORIZONT zu tun. *Schon geerbt ...?* heißt die Serie, und ich denke daran, dass ihr Verein ja mit dem Geld aus einer Erbschaft gegründet wurde. Stolz erzählt sie mir, dass sie diese Serie mitentwickelt hat, zusammen mit einem früheren Vorstand der Stiftung. »Er ist vorher lange unser Anwalt gewesen. Er ist ein ganz, ganz alter Freund von mir. Er ist Erbschaftsanwalt und hat ein Buch geschrieben: *Wie Sie Ihre Familie vernichten, ohne es zu merken.* Es ist wahnsinnig komisch. Erbschaft, glaube ich, ist der Abgrund des Menschlichen. Was Erben alles machen, das geht hin bis zu Mord.«

Keine Frage, das hört sich nach einem idealen Fernsehstoff an. Aus Mord, Gier und Neid lässt sich sicher etwas sehr Unterhaltsames stricken, das kann ich mir auch als Laie gut vorstellen. Es hat ja beinahe jeder schon Geschichten über Erbstreitigkeiten wenn nicht am eigenen Leib erfahren, so doch gehört. »Ich habe über Jahre einen Produzenten gesucht, der mit mir das macht. Und dann haben wir es schließlich mit der ARD zustande gebracht und haben zwei Folgen gedreht.« Jutta Speidel hofft, dass die Serie großen Anklang beim Zuschauer findet, dann könnte die Schauspielerin wieder ein paar Jahre auf einer neuen »Autobahn« unterwegs sein. »Da bin ich die Fanny Steininger, die keine Erbschaftsanwältin ist, sondern die einfach selber etwas erbt. Über sehr merkwürdige Kanäle. Und die eine Lebenskünstlerin ist. Die hat nichts und überlebt einfach immer irgendwie. Eine kleine Anarchistin.« Eine liebenswerte Chaotin scheint das zu sein.

Mich erinnert das Thema »Erben« für einen kurzen Moment an die Begegnung mit Friedrich von Metzler, der ja im Grunde genommen aus seiner Sicht als Bankier und Familienunternehmer genau das bestätigt, was Speidel verfilmt hat. Seinen Kindern hat er eingeimpft, sich bloß nicht um Geld zu streiten. Erbstreitigkeiten, das hat er häufig genug bei seinen Kunden erlebt, können dazu führen, dass ganze oder zumindest halbe Vermögen untergehen. Beim Erben erkennt man das wahre Ich des Menschen. Eine höchst emotionale Angelegenheit: »War ich dem Verstorbenen nur so wenig wert?« »Warum bekommt mein Bruder ein ganzes Haus und ich nur den alten Wagen?« Speidel lacht wissend und sagt: »Es ist manchmal unvorstellbar, was in den Köpfen von denjenigen, die vererben, vor sich geht. Aber auch, wie das bei demjenigen ankommt, der erbt.«

Fiktion oder Realität, Fernsehfilm oder Obdachloseninitiative, Jutta Speidel kennt beide Seiten. Mit einem Erbe konnte sie den Verein gründen. Erben tut sie auch weiterhin. HORIZONT hat mittlerweile viele Förderer. Es hört sich fast ein wenig witzig an, wenn sie sagt: »Wir haben jetzt erst gerade wieder geerbt. Von einer uns völlig fremden Person. Die hat uns ein sehr großes Vermögen vererbt.« Wie groß, mag sie nicht sagen. Doch Jutta Speidel versichert, dass die Summen bei ihrem Verein und ihrer Stiftung gut aufgehoben seien. Und vor allem dringend gebraucht würden. Und wenn wir schon darüber redeten: Keiner solle sich Sorgen machen, dass das Vermögen untergehen könnte. Die entscheidenden Weichen seien gestellt. »Für HORIZONT«, sagt sie, »ist es geregelt. Wenn die Stiftung aus irgendeinem Grund aufgelöst wird, ist der Erbe der Verein. Wenn der Verein sich auflöst, weil die Arbeit überflüssig ist oder es keinen mehr gibt, der die Arbeit macht, würde das Geld oder das Vermögen des Vereins in die Stiftung gehen.« Und wischt den Konjunktiv gleich wieder vom Tisch. Warum sollte so etwas eintreten? Doch für Organe wie Stiftungen und Vereine muss dies geklärt sein – eben für den Fall der Fälle.

Exkurs: Richtig erben und vererben

Eine der wenigen Situationen, in denen über Geld geredet wird, ist, wenn es ums Erbe geht. Häufig wird gestritten. Um dies zu vermeiden, empfiehlt es sich, rechtzeitig ein Testament zu verfassen.

Nur ein Testament oder ein Erbvertrag stellt sicher, dass das Vermögen bei denen landet, für die es gedacht war. Wurde keine solche Willenserklärung verfasst, gilt die gesetzliche Erbfolge. Der langjährige Lebenspartner zum Beispiel geht dann leer aus – sofern man nicht als gleichgeschlechtliches Paar in einer eingetragenen Lebenspartnerschaft lebte.

Den Letzten Willen des Erblassers sollte ein Testamentsvollstrecker durchsetzen. Optimal ist, wenn der Erblasser selbst ihn zu Lebzeiten bestimmt. Auch sollten die potenziellen Erben vorab informiert werden, wer im Fall des Ablebens den Nachlass regelt. Der Testamentsvollstrecker ist per Gesetz zur ordnungsgemäßen Abwicklung verpflichtet. Erben dürfen ihm keine Vorschriften machen. Andererseits haftet er für Fehler und ist den Erben gegenüber schadenersatzpflichtig.

Der Testamentsvollstrecker wird aus dem Nachlass bezahlt. Sein Honorar richtet sich nach den Vorgaben des Erblassers. Sind dazu keine Angaben im Testament zu finden, müssen in Ermangelung einer gesetzlichen Regelung Vergütungstabellen herangezogen werden. Eine solche hat mit der »Neuen Rheinischen Tabelle« der Deutsche Notarverein im Internet veröffentlicht.

Ganz wichtig: Der Letzte Wille muss von Anfang bis Ende handschriftlich, eigenhändig und leserlich verfasst sein. Außerdem muss mit vollem Namen und unter Angabe von Ort und Datum unterschrieben werden. Ein am PC verfasstes Testament, auch wenn es handschriftlich unterschrieben ist, ist ungültig!

Sofern es mehr als einen Erben gibt, sollte das Vermögen im Testament vollumfänglich vererbt werden. Werden nämlich nur einzelne Wertsachen namentlich vererbt, bleibt unklar, wer den Rest des Nachlasses erhält, was für Erbstreitigkeiten sorgen kann, weil sich die Erben dann untereinander einigen müssen, wer was bekommt. Das heißt im Umkehrschluss: Möchte man, dass bestimmte Personen bestimmte Gegenstände bekommen, muss das ausdrücklich im Testament formuliert werden.

Eine rechtzeitige und gute Planung des Nachlasses mithilfe eines Erbschaftsanwalts kann auch steuerliche Vorteile haben, da nur die engsten Angehörigen nennenswerte Freibeträge bei der Erbschaftsteuer geltend machen können.

Ist der Erblasser überschuldet, wird dazu geraten, das Erbe nicht anzunehmen. Wusste der Erbe nichts von den Schulden, als er das Erbe formal annahm, bleiben ihm sechs Wochen, um die Annahme des Erbes anzufechten.

Das persönliche Erbe

Das Thema »Erbe« führt mich zur »Schusterfrage«, wie ich es immer nenne. Sie wissen schon: Der Schuster, der für alle die Schuhe neu besohlt, läuft selbst mit den schiefsten Absätzen herum. Hat denn Jutta Speidel für sich privat schon alles geregelt, was das Vererben anbelangt? »Das, was ich geerbt habe«, antwortet sie mir, »das habe ich an meine Kinder weitergegeben. Eine vorgezogene Erbschaft im Grunde genommen. Wir hatten ein Haus von meiner Mutter geerbt. Das habe ich jetzt aufgeteilt. Meine Töchter haben dadurch zwei Wohnungen kaufen können, sodass sie mietfrei wohnen können. Das ist wunderbar!«, freut sie sich. »Ich müsste vielleicht für den Rest …«, für einen Augenblick wirkt Jutta Speidel nachdenklich, doch dann lächelt sie wieder und fährt fort. »Ich hoffe, ich lebe noch ganz lange, aber ich weiß, ich muss es machen. Ich muss es machen.«

Nur zu gut kann ich sie verstehen. Ein Testament zu schreiben schiebt beinahe jeder vor sich her. Wer beschäftigt sich schon gern mit dem eigenen Ende? »Ich hoffe, meine Kinder streiten sich nicht«, ergänzt sie, und man merkt, das Thema arbeitet in ihr, »aber man kann nie davon ausgehen. Da gibt es dann ja immer Situationen, wo ein Ehemann da ist oder ein Lebensgefährte. Deren Einflüsse können schon Dinge verändern. Oder Situationen, wo sich zwei Geschwister nicht mehr verstehen. Also, man muss es machen.«

Zum Ende unseres Gesprächs lerne ich nun also noch eine dritte Jutta Speidel kennen. Nach der Schauspielerin und der Spendensammlerin die Mutter, die sich Gedanken um ihre Töchter und das Vererben macht. Jutta Speidel, da bin ich mir sicher, wird das in absehbarer Zeit regeln. Bei Fanny Steininger, ihrer liebenswert chaotischen Figur aus dem Fernsehen, kämen mir Zweifel. Den Namen Fanny Steininger, verrät mir Jutta Speidel zum Schluss, habe sie sich für ihre Rolle gewünscht: Es ist der Name der Schwester ihrer Großmutter.

MIRJA BOES

»Geld verdienen heißt, Mami ist nicht da.«

Zur Person:
Die Komikerin, Schauspielerin und Sängerin wuchs in Viersen als Tochter eines Lehrerduos auf, das früh für die wichtigsten Bausteine seiner Altersvorsorge sorgte. Zu Geld hat Mirja Boes, wie sie sagt, ein sehr unemotionales Verhältnis. Die Mutter zweier Söhne gibt es gern für andere aus und für Schnickschnack. Ihre Erlebnisse rund um den schnöden Mammon hat sie in ihrem aktuellen Programm – »Für Geld tun wir alles« – verarbeitet.

Ich bin begeistert. Beim Surfen im Internet bleibe ich bei Mirja Boes hängen. Besser gesagt: Der Titel ihres neuen Programms, »Für Geld tun wir alles«, lässt mich Hurra schreien – und schmunzeln zugleich. Endlich einmal jemand, der über Geld spricht, denke ich. Der Kontakt mir ihrem Management ist schnell hergestellt, und nur wenige Tage später sitzen wir zusammen. In Düsseldorf, also gar nicht weit entfernt von ihrem Heimatort Viersen. Mirja Boes ist eine westfälische Frohnatur. Wer sie kennt, wer sie schon einmal live in ihrem Comedyprogramm erlebt oder im Fernsehen in ihrer Sketch-Comedyserie *Die Dreisten Drei* oder als Komoderatorin der RTL-Show *Jungen gegen Mädchen* gesehen hat, der weiß das. Mirja Boes redet so, wie ihr der Schnabel gewachsen ist. Freiheraus und durchaus in einer ambitionierten Geschwindigkeit. Gegenüber der *Berliner Morgenpost* scherzte sie einmal: »Eine Frau *muss* einfach reden, sonst erstickt sie an Informationen. Ich bin fest davon überzeugt, dass eine Frau nachts innerlich verbrennt, wenn sie nicht ihre Tagesration an Worten aufgebraucht hat.«

»Für Geld tun wir alles«

In noch nicht einmal mehr vier Stunden wird Mirja Boes hier in Düsseldorf im Savoy-Theater auf die Bühne gehen. Das traditionsreiche Haus gibt es schon seit 1958. Damals war es eines der modernsten Kinos Deutschlands. Viele Starregisseure wie Alfred Hitchcock oder Volker Schlöndorff kamen hierher, um die Premieren ihrer Filme zu feiern. Nach den goldenen 60er- und 70er-Jahren folgte der Absturz, 1999 die Insolvenz. Die großen Multiplexe hatten das Savoy aus dem Markt gedrängt. Doch nach dem Ende kam ein Neuanfang. Heute ist das wiederbelebte Savoy ein Programmkino, vor allem aber auch eine geschätzte Kleinkunstbühne. Und für Mirja Boes ein fest eingeplanter Veranstaltungsort. Hier ist sie schon oft aufgetreten. Ein Heimspiel also. Sie kennt die Örtlichkeiten aus dem Effeff. Wir sitzen *backstage,* wie man so schön sagt, also hinter der Bühne, auf einem runden, bunten Sofa. Während ihre Bandmitglieder – noch in zivilem Outfit und völlig normal wirkend (wer sie einmal in der Liveshow erlebt hat, weiß, wovon ich spreche) – um uns herum kräftig am Wirbeln sind, immer wieder mehr oder weniger großes Bühnenequipment hereinrollen oder -tragen, will ich von Mirja Boes zuerst einmal wissen, wie es zu dem Titel ihres neuen Programms gekommen ist.

»Die Idee ist eigentlich total platt entstanden«, antwortet sie mir. »Und zwar durch die Jungs von meiner Band, den Honkey Donkeys. Alles sehr gute und professionelle Musiker«, hebt sie hervor, als wolle sie sich gleich von vornherein dafür entschuldigen, was folgt, »die aber bei mir auf der Bühne echten Quatsch machen müssen. Wir haben früher immer so ein Spiel gemacht, da durfte man sich was wünschen. Gackernde Hühner, bellende Hunde. Die springen durch die Gegend. Und das war dann auf gut Deutsch ausgedrückt: sich zum Larry machen.

Und dann entstand daraus irgendwann die Idee, während das alte Programm noch lief, wir könnten das neue Programm ›Für Geld tun wir alles‹ nennen!« Und sie spielt mit ihrer Stimme, um auszudrücken, genau so war das: »Was machen wir denn im nächsten Programm? Für Geld machen wir alles! Und so«, erinnert sie sich, »kam es zu dem Titel: ›Für Geld tun wir alles‹. Der war praktisch vor dem Inhalt da. Lediglich eines war klar: dass die Band wieder Späßchen mitmacht. Und als wir den Titel hatten, füllte sich das Programm mit Inhalten. Da habe ich überlegt: Was erwarten jetzt die Leute eigentlich von mir?« Man merkt, dass dieser Punkt der Komikerin wichtig ist. Eine gewisse Erwartungshaltung zu erfüllen, klar, das ist jedem Künstler wichtig. Bloß nicht das Publikum, die Fans enttäuschen! »Natürlich geht es um alte Nebenjobs. Was hat man in der Jugend gemacht? Wie wichtig ist es eigentlich, eigenes Geld zu verdienen, wenn man Abitur gemacht hat? Und das wird dann irgendwann im Programm verwässert. Es geht dann auch darum: Was tut man eigentlich alles für die Kinder? Wie viel Geld gibt man für die Kinder aus, bis sie groß sind? So ist das entstanden«, bilanziert sie.

Was Kinder kosten

In ihrem Programm am Abend hört sich das dann so an: »Habt ihr Kinder?« Eine zunächst harmlos erscheinende Frage. Es gibt einige Handzeichen. Sie fragt das Alter der Kinder ab, erwähnt dabei ihre beiden Söhne, drei und fünf, und tastet sich langsam an den Kern. »Ich hab mal ausgerechnet, was Kinder kosten, bis sie 18 sind.« Die Botschaft dahinter: Fangt jetzt schon mal an mit dem Sparen. Kinder sind teuer. Und dann legt die quirlige Boes los: »1465 Euro für Eis. 897 Euro für Fischstäbchen. 6089 Euro für Schuhe. 8127 Euro für Weihnachtsgeschenke, die der Weihnachtsmann unbedingt bringen muss, weil es sonst Terror gibt; und die dann am ersten Weihnachtstag schon in der Ecke liegen. Und 2157 Euro für Haarschnitte.«

Eine etwas willkürliche, nicht ganz vollzählige Aufzählung. Aber Boes ist jetzt in ihrem Element. »Was schätzt ihr«, fragt sie in die Runde, »wie viel gibt man in Deutschland im Schnitt für ein Kind aus, bis es 18 ist?« Großes Gemurmel im Publikum. Dann kommen die ersten Schätzungen. »20 000 Euro!«, ruft der Erste, ein anderer ist mutiger: »500 000 Euro«, sagt er, was sofort ein Raunen zur Folge hat. Zu hoch gegriffen, denken viele.

»Passt auf«, hört man nun wieder die Entertainerin, »laut Studie des Statistischen Bundesamts aus dem Jahr 2014 haben Eltern für ihre Kinder im Schnitt 126 000 Euro ausgegeben.« Eine stattliche Summe. Und Boes wäre nicht Boes, wenn sie es bei der trockenen Statistik belassen würde. Den Lacher, den es jetzt wieder braucht, holt sie sich umgehend. »Da ist die Miete für das Kinderzimmer noch nicht mit eingerechnet.« Die Gagdichte nimmt jetzt Fahrt auf. »126 000 Euro, das musst du dir mal überlegen. Für 126 000 Euro, was ich da alles für schöne Sachen kaufen könnte!« Kurze Pause. Statt einer Aufzählung schöner Dinge, die man jetzt erwarten würde, treibt Boes zunächst etwas ganz anderes um: »Das kriegst du doch auch nie wieder rein! Ich hab mal nachgerechnet. Guck mal, meine Kinder sind drei und fünf, wenn die ab morgen Zeitungen austragen …«, Boes überlegt kurz, als würde sie im Kopf nachrechnen, »… ich krieg das doch überhaupt nicht wieder rein!« Diesen Lacher kostet sie kaum aus. »126 000 Euro«, ruft sie die Summe gleich wieder auf, »da könnte ich mir 'nen schönen Sportwagen kaufen. Gleich noch mit Chauffeur. Bei 126 000 Euro, da muss man sich doch nicht wundern, wenn sich Stars wie Madonna günstig Kinder aus andern Ländern holen. Für 126 000 Euro könnte ich dreimal im Jahr in Luxushotels Urlaub machen. Aber«, hält sie kurz inne, »geben wir es gerne aus? Ja! Wir geben es gerne aus. Muss man auch sagen. Wir sind ja zwischendurch auch nett«, und zwinkert ins Publikum.

Mit Inbrunst erzählt sie in ihrer Show von ihrem Leben als Mutter. Es ist ihr wichtig, authentisch zu sein. Auch vor Publikum. Zu zeigen, dass sie ein ganz normaler Mensch ist mit vielen Macken und Spleens. Sie erzählt davon, wie oft sie zu Rewe musste, weil es dort die Fußballsammelbilder gab, die ihre Jungs unbedingt wollten. Mit der vermutlich nicht ganz der Wahrheit entsprechenden, aber unheimlich gagigen Schlusspointe: »Ich hab Kinder an der Kasse weggeschubst, nur um das Bild von Schweinsteiger zu bekommen!« Sie erzählt in vielen Facetten, wie viel Kinderfernsehen sie mittlerweile schaut und dass sie jetzt nahezu alle deutschen Zoos kennt und eigentlich einen Zooführer herausbringen könnte.

Geld ist ihr »herrlich unwichtig«

Im Prinzip verändere sich alles, sobald man Kinder habe, auch das Finanzielle, erzählt sie mir während unseres Gesprächs. Gleichzeitig sei Geld nach wie vor »herrlich unwichtig« für sie: »Was man natürlich aus der Position heraus sagen kann, in der es einem relativ gut geht und man sich darum keine Sorgen machen muss. Und das ist ja auch eine Sache, die ganz toll ist und wo man auch den Kindern viel bieten kann.« Unmittelbar kommen der jungen Mutter Erinnerungen an ihre eigene Kindheit. »Meine Eltern sind beide Beamte gewesen, Lehrer. Das Leben war von daher eine sichere Bank. Aber wir haben auch nicht, wie man das immer so schön sagt, als Kinder alles vorne und hinten reingeblasen bekommen. Man musste auch für den Führerschein arbeiten gehen. Das sind so Sachen, auch wenn es einem gut geht, die ich meinen Jungs – die sind ja mit ihren drei und fünf Jahren noch völlig weit weg davon –, aber die ich ihnen mit auf den Weg geben will. Dass es ganz toll ist, wenn man was tut und damit eigenes Geld verdienen kann. Dass man da ganz stolz drauf sein kann.«

Ob Geld für sie tatsächlich keine höhere Bedeutung habe, seit sie Mutter sei, denn schließlich habe sie jetzt mehr Verantwortung, will ich wissen. »Nee, das eigentlich nicht«, antwortet sie zunächst, um dann einzuschränken. Obwohl sie selbst noch recht jung sei, mache sie sich inzwischen doch schon mehr Gedanken darüber, wie man die Finanzen regelt. Wie man das

Geld sinnvoll anlegt. »Es ist ja allein schon die Überlegung wegen der Kinder.« Und dann lässt sie durchblicken, dass sie als verantwortungsvolle Mutter durchaus darüber nachdenkt, in dieser Frage etwas länger den Daumen draufzuhalten, »dass sie nicht schon mit 18, sondern vielleicht erst mit 24 an das Ersparte dürfen, weil man weiß, mit 18 haben sie noch Flausen im Kopf«. Lachend schiebt sie hinterher: »Oder auch nicht!«

Dass sie das kann mit den Geldanlagen, daran lässt sie keinen Zweifel, schließlich hat sie auch für sich selbst schon Vorsorge getroffen. Treffen müssen, schließlich erhält man als Künstlerin nicht automatisch Versorgungsleistungen der gesetzlichen Rentenversicherung: »Das ist aber noch auf dem Mist meiner Eltern gewachsen, als die sich noch mehr darum gekümmert haben. Das ist ja klar. Mein Vadder ist Mathelehrer gewesen. Der hat gesagt: Kind, du willst ja vernünftig abgesichert sein, nech? Eigentlich bin ich gut abgesichert, wenn nicht irgendwie ein Super-GAU passiert.«

Mit Urvertrauen durchs Leben gehen

Das ist typisch Mirja Boes. Die Schauspielerin und Komikerin geht mit einem »gewissen Urvertrauen«, wie sie sagt, durchs Leben. Niedrige Zinsen, dass man praktisch nichts mehr bekommt für sein Geld; dass viele Lebensversicherungen nicht mehr wissen, wie sie die Erträge für ihre Kunden erwirtschaften sollen, das alles prallt an Mirja Boes ab: »Da mache ich mir keine Sorgen drum. Das verbiete ich mir«, wird sie jetzt sogar ein wenig energisch. »Also im Moment ist es so, dass man denkt, es kommt wieder die Zeit, wo man das Geld unterm Bett hat, in der Socke eingenäht.« Im nächsten Moment sagt sie, und findet darin überhaupt keinen Widerspruch, dass sie sich von einer Bank beraten lässt. »Und das wird dann auch mal schiefgehen. Und ich finde, auch das ist ein Business, und dass der Banker daran zinsmäßig verdient, ist klar, sonst braucht er seinen Job ja nicht zu machen.«

Als sie das so erzählt, grinst sie. »Das ist ganz lustig«, fährt

sie fort, »weil meine Eltern immer so dagegen waren.« Sinnge-
mäß: Kümmere dich immer selbst um die wichtigen Dinge des
Lebens. Vor allem um Geldangelegenheiten. »Und im Alter
habe ich jetzt das Gefühl, genauso einen Verfolgungswahn zu
kriegen, dass man niemandem trauen kann. Allerdings« – und
das ist ihr wichtig – »einen gesunden. Und ich sag, ich geh so
super durch das Leben, weil ich so ein Urvertrauen habe.« Deswegen schmunzelte sie vor wenigen Sekunden, weil sie es ein
wenig anders interpretiert und lebt als ihre Eltern. »Dieses
Urvertrauen habe ich auch gegenüber den Bankenfuzzis, wie
ich sie immer nenne. Klar wird man da auch mal schlecht beraten werden an der einen oder anderen Stelle. Aber ich habe im
Leben Gott sei Dank erfahren, dass ein Vorschuss an Vertrauen
oft gerechtfertigt ist.« So, wie man in den Wald hineinruft,
schallt es wieder heraus, passt wohl am besten zu dieser Lebens-
einstellung. »Man gibt den Leuten das Gefühl: Mensch, ich
vertrau dir, mach mal. Mit einem gesunden Misstrauen natürlich. Aber dafür«, gibt Mirja Boes zu, »habe ich zu wenig
Ahnung von den ganzen finanziellen Dingen. Es ist bei mir bislang – toi, toi, toi – alles glatt gelaufen.«

Ich wünsche der sympathischen Viersenerin, dass das weiterhin so bleibt und sie sich auch in Zukunft auf ihr Urvertrauen verlassen kann, gleichzeitig merke ich immer wieder,
während ich mit ihr rede, dass ihr Geld tatsächlich »herrlich
unwichtig« zu sein scheint. Erschreckend unemotional, findet
sie selbst, sei ihr Verhältnis zu Gagen und Honoraren. »Ich bin
zum Beispiel sehr froh, dass ich einen Manager habe, der diese
Angelegenheit regelt, weil ich auch für einen Sack Zwiebeln
arbeiten würde.« Ganz einfach, weil es ihr Spaß macht, auf der
Bühne zu stehen. Die Emotionalität geht bei Mirja Boes letztlich voll in die Arbeit, da bleibt – so erkläre ich es mir – kaum
noch Leidenschaft für Geld übrig. Leidenschaft ist, wenn man
über Geld redet, vielleicht ein zu großes Wort. Kreditkarten aus
Plastik, Münzen, Scheine, alles sehr nüchtern. Man darf es aber
auch anders sehen. Selbstverständlich hat Geld eine emotionale Komponente. Am Geld hängen Gefühle. Denken Sie nur

an Neid, Stolz, Angst. Alles Zustände, die Menschen auch mit Geld in Verbindung bringen. Mirja Boes kennt diese Zustände ebenfalls. Aber sie meistert sie mithilfe eines Lachens. Es ist eben ihre Natur, selbst schwierigen Situationen mit Humor zu begegnen.

Geld, versichert sie mir, bleibe für sie eher – ja eben – unemotional. Was allerdings nicht immer einfach ist für die Menschen um sie herum. Das gibt sie offen und ehrlich zu. »Es ist tatsächlich so, dass mein Manager mir häufig erzählt: Ich habe da jetzt wieder ein paar tolle Deals für dich gemacht, und ich dann sage: Ach ja. Ja, das ist ja schön. – Ich konnte mich, glaube ich, in seinen Augen immer nicht genug darüber freuen. Also, ich bin wirklich viel zu nüchtern. Aber ich glaube, das ist in der Tat so eine Luxusposition, weil man sich eben die Sorgen nicht machen muss«, wiederholt sie ihren Gedanken von vorhin. »Ich glaube, wenn man anfängt, sich darüber sorgen zu müssen, dann würde ich dem doch ʼne ganz andere Gewichtung geben.« Und so lautet das Motto bei ihrer Geldanlage denn auch ganz einfach: weniger Zinsen, weniger Sorgen. Aber damit, sagt sie, könne sie gut leben.

Es wird Zeit, Joachim Llambi ins Spiel zu bringen. Er wurde einem breiten Publikum als Wertungsrichter der Tanzshow *Let's dance* bekannt, wo ihn Hape Kerkeling aufgrund seiner strengen Urteile stets respektvoll »Herr Llambi« nannte. Llambi hat neben seiner Karriere als professioneller Turniertänzer aber auch eine beachtenswerte Laufbahn als Bankkaufmann und Börsenmakler hingelegt. Ich selbst kenne ihn noch als Kursmakler an der Frankfurter Börse, wo er bis 2012 arbeitete. Bei der RTL-Show *Jungen gegen Mädchen,* die sie gemeinsam moderieren, hätte Mirja Boes jederzeit die Möglichkeit, sich von Joachim Llambi Tipps in Geldfragen zu holen. Boesʼ Urteil über die Show lässt erahnen, dass ihr das bisher nicht in den Sinn gekommen ist: »Das ist so wie Kindergeburtstag für Erwachsene. Das macht auch richtig viel Spaß.« Und das ist ihr das absolut Wichtigste. Spaß haben. Ich bin auf meine Art ganz ähnlich: Richtig gut bin ich nur in den Dingen, die mir Spaß machen. Ich nenne das gern »Überzeugungstäter sein«. Und das sind wir wohl beide in unseren Berufen.

Boes' Emotionalität weicht, als ich sie auf Llambis großes Finanzwissen anspreche. »Herr Llambi ist wahrscheinlich viel pfiffiger, was das Thema angeht.« Dennoch, gibt Mirja Boes offen zu, hätte das nicht dazu geführt, dass sie am Rande der Show einmal darüber gesprochen hätten, so in der Art: Du weißt ja, ich hab zwei Jungs, bin gerade am Überlegen, wie ich für sie am besten Geld anlege. Für die Ausbildung. Oder den Führerschein. Was kannst du mir empfehlen? So oder so ähnlich könnte man sich das ja vorstellen. Aber Fehlanzeige. »Nee, das wird auch eigentlich intern nicht gemacht.« Obwohl sie damit kein Problem hätte. »Aber da ist der Satz: Über Geld spricht man nicht.«

Die Armut junger Menschen

Selbstkritisch fügt sie an: »Ich finde, das kann man ein Stück weit schon tun.« Dass ich das auch finde, wissen Sie ja bereits. Warum nur machen wir es nicht? Angst vor Neid und Missgunst auf der einen, Scham und Furcht vor Geringschätzung auf der anderen Seite haben wir schon angesprochen. Wir tabuisieren das Thema aber auch, weil man nicht gern über etwas spricht, über das man wenig weiß. Lieber vertraut man sich in Gelddingen einem Fremden an, einem Finanzberater oder der Bank, in der Hoffnung, dass das Ersparte gut angelegt wird. Man redet vielleicht auch nicht darüber, weil wir so erzogen wurden: Über Geld spricht man nicht. Und unter den Reichen und Schnöseln hieß es: Über Geld spricht man nicht, Geld hat man. Schon mal gehört, oder?

Wer Besitztümer hat, der kann sich eine solche Unterlassung leisten. Aber alle anderen, vor allem die Jüngeren, sollten über Geld reden. Ich sage Ihnen auch, warum: Weil die Gekniffenen dieses Schweigens die jungen Menschen sind. Ich habe eine Statistik für Sie herausgesucht. Eine Tabelle aus dem »Datenreport 2016«. Vom Statistischen Bundesamt. Aus dieser Tabelle erfährt man, dass mehr als 20 Prozent aller Deutschen zwischen 21 und 30 Jahren unterhalb der relativen Armutsschwelle leben. Sie hatten 2014 weniger als 987 Euro im Monat zur Verfügung. Was das allein bei der Entwicklung der Mieten bedeutet, kann sich jeder vorstellen. Das Armutsrisiko dieser Altersgruppe ist seit 2000 stetig gestiegen und ist das höchste aller Altersgruppen. Haben Sie das gewusst? Ich fürchte, die Betroffenen wissen es noch nicht einmal selbst. Vielleicht ahnen sie etwas. Denn es ist doch schon irgendwie komisch, dass man mit den vielen Minijobs und Praktika – zu denen Mirja Boes nachher auch noch etwas zu erzählen hat – auf keinen grünen Zweig kommt. Insgeheim hofft man immer, dass das Investitionen in die Zukunft sind. Doch der statistische Trend spricht eine andere Sprache. Die Armut der Jungen wird ein ganz wichtiges Thema für unsere Gesellschaft werden.

Und was soll es an dieser Entwicklung ändern, wenn wir das Schweigen brechen?, fragen Sie jetzt vermutlich. Bei mir ist es so, dass das Sprechen über ein Problem immer der Anfang dafür ist, dass ich überhaupt darüber nachzudenken beginne und mir die Frage stelle, wie ich daran etwas ändern kann. Denken Sie einmal mehr an mein Gespräch mit Friedrich von Metzler und Emmerich Müller. Sämtliche Risiken an den Kapitalmärkten sind heute falsch bewertet. Die Verschuldung der Welt ist ungesund hoch. Dazu die historisch niedrigen Zinsen, niedrige Geburtenraten, horrend hohe Immobilien- und Mietpreise. Diese Entwicklung darf man nicht länger ignorieren. Und man sollte darüber reden – das gehört für mich auch zur Generationengerechtigkeit. Was läuft da gerade schief? Was tun wir dagegen als Gesellschaft? Nicht viel. Denn all das bereitet uns überraschend wenig Angst. Wir wollen uns deswegen einfach keine Sorgen machen. Wir wähnen uns in Sicherheit. Was soll's, dann haben wir halt etwas weniger Geld. Geld ist ja zum Glück nicht alles. Tatsächlich geht es um die Existenz, zumindest um die Existenz der nachrückenden Generationen. Um das zu sehen, muss man kein Prophet sein, denn der Trend ist ja bereits heute erkennbar: Der Jugend wird es schlechter gehen als den Eltern. Jedenfalls wenn man – diesen Vergleich las ich kürzlich im Magazin *Neon* – Wohlstand in Bausparverträgen und Nettojahreseinkommen misst und nicht in Fotos bei Instagram.

Überlegen Sie mal: Alle Eltern, und Mirja Boes denkt ja genauso, wollen, dass es ihren Kindern einmal besser geht; sie rackern und schuften, um am Lebensabend ihren Sprösslingen etwas mit auf den Weg geben zu können. Tatsächlich aber werden 40 Prozent des Vermögens in Deutschland an gerade mal acht Prozent der Bevölkerung vererbt. Ich will an dieser Stelle gar nicht detaillierter auf die Umverteilung des Vermögens eingehen, Sie haben längst verstanden, worauf es mir ankommt: Es ist wichtig, über solche Entwicklungen zu reden und gemeinsam darüber nachzudenken, wie man sie ändern kann. Denn Arbeit sollte sich noch immer lohnen, oder sind Sie anderer Meinung?

Mirja Boes, um auf unser Gespräch zurückzukommen, ist in der glücklichen Lage, nicht auf das Erbe ihrer Eltern angewiesen zu sein. »Ich sage meinen Eltern immer, sie sollen das Geld ruhig ausgeben. Sie müssen nichts für mich sammeln oder sparen. Es muss nicht am Ende noch was übrig bleiben. Nein, muss es nicht!«, sagt sie mit innerer Überzeugung. Aber sie kennt ihre Eltern eben schon ein wenig länger und weiß: »Es wird am Ende wohl schon so sein, dass ich was erbe. Aber es ist nicht notwendig.« Wohl dem, der das sagen kann.

Womit wir wieder bei ihren zahlreichen Jobs sind. Es läuft, sagt mir Mirja Boes. Die Auftritte mit den Honkey Donkeys machen ihr Riesenspaß. Das richtige Geld jedoch, gibt sie unumwunden zu, wird mit den Fernsehproduktionen verdient. »Ich produziere gerade vier Sendungen. Drei für RTL und eine fürs ZDF. Das sind natürlich fettere Posten.« Mit Summen ist das so eine Sache bei der Entertainerin, das merke ich im Lauf des Gesprächs immer wieder, Summen nennt sie nur ungern. Ausgenommen die, die sie in ihrer Show ohnehin zum Besten gibt. Ich akzeptiere das und bohre nicht weiter nach. »Und zum Leidwesen meines Managers«, fährt sie nun fort, sind natürlich auch Galas immer gute Verdienstmöglichkeiten. Das ist aber bei mir eher so ein Ding, wo ich lange Zähne kriege. Da lädt der Geschäftsführer dich ein und will die Puppen tanzen lassen. Das mach ich nicht gerne, aber sieht natürlich auf dem Konto gut aus. Deswegen kann man es auch durchaus mal tun«, gibt sie zu, hier ein wenig inkonsequent zu sein.

Männer, Frauen und das Geld

Aber so richtig Fleisch am Knochen, dies habe ich verstanden, hängt an Gameshows wie *Jungen gegen Mädchen*. Ich mache kein Geheimnis daraus: Ich bin mit meiner Frau einmal bei dieser Show hängen geblieben, und wir haben uns prächtig unterhalten gefühlt. Für alle, die sich nicht spätabends im Programm von RTL verlaufen, um sich dort berieseln zu lassen, erkläre ich kurz, worum es in der Sendung geht. Bei *Jungen gegen Mädchen* – einem Kampf der Geschlechter, wie man bereits unschwer am Titel erahnen kann – liefern sich Schauspieler, Moderatoren, Sänger und Comedians ein Duell um Fragen wie: Wer ist humorvoller? Kreativer? Smarter? Einfühlsamer? Frauen oder Männer? Team-Käpt'n der Männer ist Joachim Llambi, Anführerin der Frauen Mirja Boes.

Da ich die Sendung kenne, weiß ich, dass die Männer immer Fragen zu Frauen beantworten müssen und umgekehrt. Wer kennt das andere Geschlecht besser? Dabei gibt es auf die jeweilige Frage jeweils fünf Topantworten, die es zu nennen gilt. Natürlich will ich jetzt von Mirja Boes wissen, wer denn ihrer Meinung nach besser mit Geld umgeht. »Da würde ich mich gar nicht festlegen«, antwortet sie. »Ich würde vermuten, wenn man eine Statistik bemühen würde, dass es wahrscheinlich die Jungen sind. Aber ich würde mich nicht total festlegen wollen. Ich würde denken, bei Herrn Llambi ist es ganz klar.« Das hätte ich jetzt auch gesagt.

Und wofür geben Männer am häufigsten Geld aus? Mirja Boes' Antwort lässt auf sich warten: »Das ist ja wirklich schwierig«, sagt sie, um schließlich nach einer weiteren Pause mit einem Fragen in der Stimme zu antworten: »Alkohol?« Dann fragt sie einfach in die Runde. Ihre Jungs, die Honkey Donkeys. »Was meint ihr denn?« »Unterwäsche«, kommt es aus dem Off. »Bitte?«, erwidert Boes etwas zweifelnd. »Autos«, ruft ein anderes der Bandmitglieder. »Aber doch nicht ständig«, hält Boes dagegen. »Du gibst doch nicht ständig Geld für Autos aus!« Ganz im Stil der Sendung berät sie jetzt mit ihrer Gruppe, welches die besten Antworten sind. Am Ende einigt sich die Runde auf Alkohol, Zigaretten, Frauen und Autos. »Und Spielsachen. Männerspielsachen!«, wie einer der Honkey Donkeys noch ergänzt. Scheint ihm wichtig zu sein, denke ich.

Nun gut, anders als in der Sendung lösen wir es nicht auf. Jetzt interessiert mich noch Boes' Meinung zu der Frage, wofür denn wohl Frauen am häufigsten ihr Geld ausgeben. Hier kommt die Antwort schneller: »Ich glaube schon, dass das Klischee stark ist. Ich würde mich jetzt nicht auf Schuhe, Taschen total festlegen, aber schon für Mode. Mode und Schönheit. Man kann es auch Krimskrams nennen.«

Und sie persönlich, wo wird sie schwach? Ein bisschen, verrät sie mir, sei sie da wie ein Typ. Tatsächlich auch für Autos, wie es gerade eben noch einer der Honkey Donkeys dazwischenrief. »Es ist jetzt nicht so, dass ich mir ständig neue Autos kaufe, aber ich habe jetzt einen anderen Wagen. Den letzten hatte ich sieben Jahre. Das finde ich auch schon lang. Und nun wieder in einem neuen Wagen sitzen, das finde ich schon richtig geil.« Ganz generell aber, erzählt sie mir, gebe sie auch sehr gern Geld für andere aus: »Und es macht mir Freude. Ich glaube, ich bin kein geiziger Mensch. Aber ich kann durchaus noch, obwohl ich gut verdiene, an irgendwelchen Schuhen zehnmal vorbeigehen, weil ich denke, ich krieg einen Fußpilz und die sind viel zu teuer. Also, ich kaufe sie dann nicht. Und wenn man mich mit 100 Euro in die Stadt schickt«, jetzt ist sie richtig bei der Sache, »bin ich stolzer, wenn ich mit zehn Teilen nach Hause komme, als wenn ich ein teures gekauft hätte. Guck mal, diese Riesenschnäppchen!«, freut sie sich, vermutlich den letzten Einkauf noch im Hinterkopf.

Was für mich die perfekte Vorlage ist: Was sie sich denn als Letztes gekauft hat, will ich wissen. Mirja Boes überlegt. »Ich bin ja so eine Schnickschnacktante. Was war der letzte Schnickschnack, den ich gekauft habe? Ich weiß es gar nicht mehr. Ach ja, die Teller für meine Kinder«, fällt es ihr jetzt wieder ein. »So ganz kleine Kuchenteller mit einem Igel drauf und einem Reh, einem Fuchs und einem Eichhörnchen. Die vier Motive. Ich bin dann nicht in der Lage zu sagen, komm, ich kauf die beiden, die sind süß. Ich nehm dann alle vier. Und dann fiel mir ein: Moment mal, ich habe ja *zwei* Söhne, und wenn die sich jetzt streiten und beide das Reh haben wollen? Was dann? Diesen Terror«, sagt sie, »wollte ich nicht haben. Und dann habe ich einfach acht gekauft. Für jeden vier. Und jetzt«, erzählt sie, »gibt es jeden Abend diese sinnlose Frage: Was willst du für ein Tier? Es ist aber immer dasselbe. Der eine will immer das Reh und der andere immer den Igel. Man hätte theoretisch als vernünftige Mutter«, so ihre Schlussfolgerung, »einfach nur zwei kaufen können und fragen: Wer möchte welchen?« Trotzdem, fährt sie fort, sei sie keine, die das Geld mit vollen Händen raushaue.

»Okay, ich kaufe natürlich auch mal unnütze Sachen.« Und das, sagt sie, »kommt auch im Bühnenprogramm vor«. Boes weiß, wie man aus den eigenen Dusseligkeiten ein lockeres Programm schreibt. Und natürlich dürfen die Lacher nicht zu kurz kommen. »Wo sitzen die Frauen, die sich schon mal schwachsinnige Dinge gekauft haben?«, fragt sie in die Runde. Vereinzelt kommen Antworten, und sofort gibt Boes' den Frauen im Publikum das Gefühl, dass das nicht nur ihnen allein passiert: »Ich kaufe auch schwachsinnige Dinge. Das sind so schwachsinnige Dinge, die man kauft«, schüttelt sie über sich selbst den Kopf, »unfassbar! Und später hofft man, dass sie einfach nur still sind. Aber jedes Mal, wenn du an ihnen vorbeikommst, schreien sie dich an. Du hast mich gekauft! Du warst schwach! Du hast Geld für mich ausgegeben! Aber du brauchst mich gar nicht! Ich bin Schrott! Und dann denkst du, wenn du wieder dran vorbeiläufst: Oh, du warst auch teuer. Ja,

manchmal kaufe ich auch für viel Geld Scheiße!« Die Pointe
sitzt. Der Saal johlt. »Und dann überlege ich immer: Och ne,
das darfst du ja nicht wegschmeißen!« Was dann kommt, kennt
wohl jeder, oder? »Das kommt dann in den Keller.« Genau.
»Zu den anderen wertlosen Dingen. Ich habe im Keller eine
Dauerausstellung für Sport- und Küchengeräte!« Jetzt lachen
noch mehr im Savoy-Theater. Eine Pointe, in der auch ich mich
wiedererkenne. Zu meiner privaten Dauerausstellung gehören
allerdings eher Töpfe und Pfannen. Neulich habe ich mich endlich dazu durchringen können, sie zum Recyclinghof zu bringen. Weg damit!

Mirja Boes ist jetzt beim Abflex, einem Bauchtrainer. Den
kennen Sie vielleicht auch. »Der sieht aus wie eine Mischung
aus einem überdimensionalen Geodreieck und so einem Raum-
schiff Galactica. Und das rammst du dir dann in den Bauch.
Und dann sollst du davon abnehmen. Du nimmst da auch von
ab, und zwar an Menschenwürde. Das bringt gar nichts! Aber
ich habe mir das Gerät gekauft, weil ich einfach schwach war.«
Jetzt gehört es im Boes'schen Haushalt schon längst zu den Kel-
lerkindern. »Eigentlich erreicht man das gleiche mit Sit-ups.
Aber Sit-ups kann man nicht kaufen.« Es sind Wahrheiten, die
wir alle kennen. Boes erzählt noch von dem teuren Thermo-
mix, der den Weg nach unten gefunden hat. Genauso wie der
Joghurtbereiter. »Du nimmst – jetzt halt dich fest – Joghurt
und Milch, und daraus machst du Joghurt. Ich habe noch nie in
diesem Joghurt-Maker einen vernünftigen Joghurt herstellen
können«, stellt sie resignierend über diesen Fehlkauf fest. Der
Höhepunkt aber ist, wenn sie über den Kauf einer Abnehm-
hose berichtet. Ja, so etwas gibt es wirklich! »Ich habe mir mal
eine Schwitzhose bestellt. Eine Schwitzhose zum Joggen. Weil
mir nicht klar war, dass man ja beim Joggen auch ohne Schwitzhose ins Schwitzen kommt.« Ich stelle mir diese Hose vom
Material her so vor wie einen Taucheranzug, habe aber, zugegeben, keine Ahnung. »Aber mit der schwitzt du noch viel mehr.
Wie ein Niagarafall«, bringt Boes die Menge wieder zum
Lachen. »Das Schlimme an der Hose ist, dass beim Joggen das

Wasser aus der Hose nicht rausgeht. Du warst am Ende gar nicht joggen, du warst schwimmen! Wenn die bis ganz oben gehen würde, könnte man drin ertrinken. Die ist jetzt auch im Keller.« Natürlich. Wo sonst! »Die ist immer noch nass.«

Bloß das Publikum nicht bloßstellen

Das Kauferlebnis mit der Schwitzhose, die sie in einem Katalog entdeckt hatte, ist ihr noch aus einem anderen Grund in Erinnerung geblieben, wie sie mir jetzt verrät: »Ich habe mich am Telefon nicht getraut zu sagen – also manchmal bin ich auch ziemlich hohl –, wie der Artikel heißt. Sondern habe einfach nur meine Kundennummer und die Artikelnummer gesagt, was aufs selbe hinausläuft, weil die, wenn sie die Kundennummer und die Artikelnummer haben, dann ja wissen, wer man ist und was man will. ›Ach, Sie sind es‹«, imitiert sie nun die Stimme im Callcenter, »›Sie wollen die Bauchweghose. Ja! Ja!‹«

Mit einem solchen Anflug von Schamgefühl hätte ich bei Mirja Boes nicht gerechnet, die, wenn sie auf der Bühne steht, den Anschein vermittelt, als gäbe es keine Tabus. Tatsächlich sagt sie selbst: »Also, ich bin jemand, wenn ich auf der Bühne stehe und gerade wieder etwas moppeliger bin, der dann gerne drüber spricht und der auch in seine Bauchrolle mal reinkneift und sie zeigt.« Nach den Entbindungen war das bei ihr so, erzählt sie mir. Dass man da aber sehr aufpassen müsse, wenn man meint, man sei zu dick. »Denn da sitzen auch Mädchen im Publikum, die jünger sind, aber mal locker 15 Kilo mehr auf die Waage bringen, und die finden das dann gar nicht schön.«

Nahtlos leitet sie über zum Geld. Wie sehr sie und ihre Autoren um Inhalte für das neue Programm gerungen hätten. Wie vorsichtig man da sein müsse, um Einzelne im Publikum nicht zu verletzen oder bloßzustellen. »Da muss man ja extrem behutsam rangehen, so ein Ding auf die Bühne zu bringen. Ich erzähle im ersten Kapitel des Programms, was ich für Nebenjobs gemacht habe, als ich 19 war. Ich habe unter anderem in einer Fabrik am Fließband gearbeitet.« Einer Fabrik in ihrem Heimatort Viersen, die Zahnpasta herstellt. Lebhaft und anschaulich schildert sie die einzelnen Handgriffe an der Maschine, das frühe Aufstehen: »Ich brauchte morgens immer zwei Tassen Kaffee, um wach zu werden – direkt in die Augen.« Das erste Mal in ihrem Leben, dass sie Sonnenaufgänge erlebte: »Davor habe ich gedacht, es sei wie Sonnenuntergang, nur andersherum!« Sie erzählt von ihrem »Eintagsjob« in der Imbissbude: »Einen Tag gearbeitet – drei Wochen nach Frittenfett gerochen.« Von ihren Erlebnissen als Gabelstaplerfahrerin: »Bei mir war Gabelstaplerfahren immer wie bei diesem Spiel mit dem Turmbauen. Es fielen immer ein paar Klötzchen um.« Und von ihrer Zeit am McDrive-Schalter: »*Ich* bin nicht schuld daran, dass McDonald's so erfolgreich geworden ist!«

»Es ist lustig erzählt«, sagt sie, »aber man muss auch aufpassen. Es ist eben auch Obacht geboten. Es gibt Menschen, die das ihr Leben lang machen. Das ist für mich Hochachtung hoch zehn! Denn das ist ja eine unfassbar anstrengende Art, sein Geld verdienen zu müssen.« Als Student sei das alles okay. »Aber es gibt ja auch Menschen, die keine Möglichkeit haben, einen anderen Job zu machen.« Womit wir, nicht nur, aber auch wieder bei dem sind, was ich zuvor bereits angerissen habe. Es gibt viele, eigentlich immer mehr Menschen, die von ihrer Hände Arbeit kaum noch leben, geschweige denn einen gewissen Wohlstand aufbauen können. Und längst nicht jeder schafft den Sprung vom Nebenjob auf die große Bühne. Und das meine ich durchaus auch im übertragenen Sinn.

Ihre Privatsphäre ist ihr heilig

Wir sind beim Plaudern etwas vom Thema Shoppen abgekommen, was insofern unbeabsichtigt war, als ich von Mirja Boes noch wissen möchte, ob sie auch online einkauft. Sie bestelle mittlerweile viel im Internet, erzählt sie, die Liebe zu Katalogen aber ist ihr, obwohl sie ihr eine Bauchweghose einbrachte, geblieben: »Ich bin ein richtiger Katalogjunkie.« Und typisch

Boes: »Dann kommen die Pakete ganz lange nicht an. Dann kommen sie, und man freut sich riesig, weil man schon vergessen hat, was man bestellt hat.«

Auch ihre Bandmitglieder würden sich über ihre Liebe zu Katalogen freuen, erzählt sie beiläufig. »Die blättern selbst die Frauenkataloge durch. Wenn ich die dann aber wegschmeiße, schwärze ich das Adressfeld.« Ich horche auf. »Weil ich denke, man muss ja nicht immer Hof und Heim preisgeben. Das wäre mir, glaube ich, unangenehm, wenn da auf einmal Leute vor der Tür stehen und sagen würden: Hey, sind Sie es?« Mit einem Paketzusteller ist ihr das schon einmal passiert. »Und dann hat der ganz schlimm angefangen zu zittern und ist fast von der Haustürtreppe gefallen: ›Ach, Sie sind's‹«, zitiert sie ihn mit nachgestellter bebender Stimme. »Der hat nicht gedacht, dass ich irgendwo wohne. Hat er auch so gesagt. Wo soll ich denn sein?«, fragt sie nun. »Und da zuckt man kurz«, gibt die Entertainerin zu. Der Schutz ihrer Privatsphäre ist ihr äußerst wichtig. Ihre Kinder und ihren Lebensgefährten hält Mirja Boes, so gut es geht, aus der Öffentlichkeit heraus.

Exkurs: Mafiöse Strukturen beim Datenklau und wie Sie sich davor schützen

Das Schwärzen des Adressfelds auf dem Katalog, wie es Mirja Boes macht, dient aber nicht nur dem Schutz des privaten Umfelds, sondern auch dem Schutz der Daten. Wir alle machen uns um unsere Daten Gedanken. Wer weiß alles was über mich? Wem haben wir alles Daten gegeben oder geben müssen? Und wie sorgsam geht der mit meinen Daten um? Zugegeben, das ist eine Diskussion, die nicht überall gleich intensiv geführt wird. Wer mit dem Internet und dem Smartphone groß geworden ist, der findet nichts Schlimmes dabei, sein Banking über das Handy abzuwickeln. Der sagt sich, ist doch praktisch und geht schnell. Der wird vermutlich sogar denken, wenn dieses Smartphone-Banking nicht sicher wäre, würde es nicht angeboten werden. Tatsächlich tun Finanzunternehmen sehr viel, um solche Transaktionen so sicher wie möglich zu gestalten.

Zur Wahrheit gehört aber auch, dass *wir selbst* es sind, die zu wenig tun, um unsere Daten zu schützen. Auf einer Bankenfachtagung, die ich kürzlich moderierte, lernte ich Tobias Schrödel kennen. Der Fachinformatiker, der viele Jahre bei der Deutschen Telekom arbeitete, ist heute so etwas wie ein »IT-Comedian«. Auf sehr unterhaltsame Art erklärt er Sicherheitslücken und zeigt höchst anschaulich, wie und mit welch einfachen Mitteln man das Passwort eines Handys knacken kann. Tobias Schrödel zeigte bei der Tagung – und ehrlich gesagt war das auch für mich völlig neu –, wie relativ unkompliziert man Passwörter im Internet kaufen kann. Ja, Sie haben richtig gelesen. Auf einschlägigen Seiten im Internet kann man »ganz legal« für wenige Euro fremde Passwörter kaufen. Keine Passwörter, die längst veraltet sind, nein, mit diesen Passwörtern kann man bei eBay oder Amazon einkaufen gehen. Auf fremde Rechnung. Und warum geht das? Weil wir es Kriminellen viel zu leicht machen, unsere Daten und Passwörter zu stehlen, indem wir – natürlich nicht alle, aber sehr viele von uns – oft viel zu sorglos im Umgang mit unseren Daten und mit der Auswahl unserer Passwörter sind.

Aktuelle Studien legen nahe, dass diese Form des Identitätsdiebstahls weitverbreitet ist. So hat die Wirtschaftsauskunftei Schufa über 2000 Verbraucher gefragt, die regelmäßig im Internet unterwegs sind. Elf Prozent gaben an, es habe schon einmal ein Fremder auf ihren Namen etwas im Internet bestellt. Unter den »Heavy Usern« – damit bezeichnet die Studie jene Internetnutzer, die auch Bankgeschäfte per Smartphone machen – ist der Anteil sogar noch größer. Von ihnen sind nach eigenen Angaben bereits 17 Prozent schon einmal Opfer eines Identitätsdiebstahls geworden.

Und wenn Sie die Betroffenen fragen, wie das passieren konnte, dann ist es ihnen meist ein Rätsel. Mir wäre es vermutlich auch schleierhaft. Und seien wir mal ehrlich: Eigentlich kann es jeden treffen, weil wir, da stimmte mir Tobias Schrödel im Gespräch zu, einfach zu oft im Stress sind. Wenn es schnell gehen muss, dann schauen wir nicht genau hin, öffnen Anhänge von Mails, die wir besser nicht hätten öffnen sollen, oder klicken Dateien von Fotos an, die gar keine Fotos sind, sondern ein schlimmer Virus.

Warum ich Ihnen das erzähle? Weil ich weiß, dass hinter diesem Datendiebstahl kriminelle Banden stecken, die massenhaft Daten klauen, die sogar Mülltonnen durchstöbern und dabei häufig genug weggeworfene Briefe mit wertvollen Daten finden. Glauben Sie mir, rund um den Datendiebstahl ist mittlerweile eine mafiöse Industrie entstanden. Man kann also gar nicht vorsichtig genug sein. Denken Sie lieber zweimal nach, wenn Ihnen beim nächsten Mal beim Surfen im Internet ein vermeintlich attraktives Gewinnspiel ins Auge springt: »Glückwunsch, Sie haben gerade ein nagelneues iPhone 7 gewonnen!« Nur noch schnell den Datenfragebogen ausfüllen, dann kommt das gute Stück schon zu Ihnen nach Hause. Oder auch nicht!

Seien Sie also achtsam und wechseln Sie häufiger einmal Ihre Passwörter. »Nachher gleich wieder die Passwörter erneuern«, steht auf dem Erinnerungszettel, den ich mir gerade selbst geschrieben habe. Im Übrigen, wen es interessiert: Man kann inzwischen prüfen, ob bereits eigene Daten im Umlauf sind, die potenziell in falsche Hände geraten könnten. Das Hasso-Plattner-Institut in Potsdam hat dafür den sogenannten Identity Leak Checker entwickelt. Wie ich gelesen habe, haben die Forscher dabei Zugriff auf 230 Millionen Datensätze, die Hacker im Netz abgegriffen haben. Machen Sie den Selbsttest unter: https://sec.hpi.uni-potsdam.de/leak-checker/search.

Mirja Boes hat, wie sie mir erzählt, mit Daten- oder Identitätsklau noch keine negativen Erfahrungen gemacht. Lebhaft erinnert sie sich dafür an ein Erlebnis ganz besonderer Art: »Ich habe einmal an meinem Baum im Vorgarten eine Tüte hängen gehabt, wo Kinder Zettel reingelegt haben. Wir sind ganz große Fans, stand da drauf. Aber unsere Eltern haben verboten, bei Ihnen zu klingeln. Können Sie hier in die Tüte Autogramme reinmachen? – Und dann haben welche geklingelt, und mein Freund hat die weggeschickt, weil uns das zu dicht an der Privatsphäre war.«

Hier könnte man hinter diese kleine Episode einen Punkt setzen. Könnte man. »Das Schauspiel endete dann aber so, dass ich denen hinterhergerannt bin«, erzählt Boes, »und gerufen habe: Kommt zurück! Weil ich das eigentlich doof finde, Kinder so einfach wegzuschicken. Aber das« – die Privatsphäre – »ist in der Tat etwas, was heilig ist«, bestätigt sie. »Vor allem seit meine eigenen Kinder auf der Welt sind.«

»Geld verdienen heißt, Mami ist nicht da.«

Ihre Söhne, das merke ich an vielen Stellen unseres Gesprächs, haben das Leben der Entertainerin auf den Kopf gestellt. Aber Hand aufs Herz, in welchem Haushalt ist das anders? Die große Kunst der Mirja Boes ist es vermutlich, die Kunst auf der Bühne mit der Kunst daheim in Einklang zu bringen. So, wie sie eines der aktuellen Alltagsprobleme erzählt, scheint ihr das ganz gut zu gelingen: »Nicht aufessen, wenn man es sich selber aufgetan hat, ist bei uns ein heißes Thema. Wir schmeißen Lebensmittel auch mal weg, obwohl ich es nicht gut finde. Das Pausenbrot, das im Kindergarten nicht getauscht werden konnte, weil wieder erbärmliche Leberwurst drauf war. Dabei«, versichert sie mir, »sagen meine Kinder immer, dass sie Leberwurst draufhaben wollen. Abends versuche ich, es noch mal unauffällig anzubieten, aber es kommt dann meistens doch weg. Das ist mit Kindern halt manchmal so«, stellt sie nüchtern fest.

Narrenfreiheit haben ihre beiden dennoch nicht. Besonders wenn sie anfangen, irgendwelche Dinge kaputtzumachen, wird es auch im Hause Boes kritisch. »Ich erzähle ihnen dann, wenn man das kaputtmacht, muss man Geld verdienen, damit man das neu kaufen kann. Und Geld verdienen heißt, Mami ist nicht da! Das ist mein Druckmittel, manchmal.« Das sagt sie, sei ihr schon wichtig, dass sie begreifen, dass Dinge, egal ob Teller, Vase oder selbst der in den Keller verbannte Joghurt-Maker, einen Wert haben. »Also das sind die Vorträge, die bei uns tatsächlich zwischendurch gehalten werden.«

Wird denn ganz generell zu Hause häufiger mal über Geld geredet, nicht nur dann, wenn es darum geht, den Kindern bei-zubringen, was etwas wert ist?, will ich von Mirja Boes nun wissen. Eigentlich nicht so viel, sagt sie ehrlich: »Man muss da kein Geheimnis draus machen. Aber auch keine Mördergrube. Das liegt ja bei mir, dass ich eben Geld nicht überbewerte. Aber dass das auch nur deshalb funktioniert, weil es geht und weil ich genug verdiene.«

Selbstkritisch ergänzt sie, was sie schon angedeutet hat: »Ich denke, dass ich ganz generell eine schlechte Geschäftsfrau wäre, wenn ich eine reine Geschäftsfrau sein müsste.« Sie gebe halt viel zu gern ab. Das erinnert mich daran, dass sie, etwas früher im Gespräch, über die Tour und ihre Band gesagt hat, dass sie sich vergrößert habe. Jetzt seien sechs Musiker dabei, und das koste natürlich mehr. »Ich rechne da aber anders als mein Manager, der sagt, die fährt jetzt Verluste ein.« Boes widerspricht dem vehement: »Nein, nein, nein, der Gewinn ist nur niedriger. Aber das steht in keinem Verhältnis zu dem Spaß, den ich jetzt mehr habe. Das ist ein Punkt, den ich mir erlauben kann. Ich kann es mir leisten, es so zu machen. Ich fahre ja kein Minus ein. Der Gewinn ist nur minimiert.«

Bei dem kühnen Titel des Programms – »Für Geld tun wir alles« – habe ich mir eine Frage bis ganz zum Schluss aufbe-wahrt: Macht sie für Geld wirklich alles? »Also nicht alles«, antwortet sie sofort, was mich nicht überrascht, weil ich es mir natürlich schon gedacht habe. »Es ist ja die Frage, wie hoch muss das Schmerzensgeld sein? Ich habe eine Schmerzensgeld-grenze, die nicht bezahlbar ist.« Und noch einmal, ebenso wenig überraschend, bringt sie ihre Kinder ins Spiel, um die Höhe dieser Grenze festzulegen: »Mit den Worten meiner Söhne würde ich sagen: Die liegt bei dreihunderttausendmilliardenunendlich. Weil ich in der Tat nach dem Prinzip arbeite, dass ich dahinterstehen muss. Dass es mir gefallen muss, was ich mache. Und wenn ich merke, das ist so gar nicht mein Ding, dann kann man mir so viel Geld geben, wie man möchte, ich würde es nicht tun. Weil ich auch weiß, dass ich qualitativ echt schlechter bin, wenn ich Sachen mache, wo ich nicht dahinterstehen kann. Und deswegen ist es auch so, dass ich sage: Ein Schmerzensgeld für Frau Boes gibt es nicht. Es ist nicht bezahlbar. Das muss es aber auch nicht geben. Ich bin dafür sehr belastbar und mache auch Sachen, die andere nicht machen würden, und sage: Komm, mach ich, ist doch egal.«

Das kann ich abschließend nur bestätigen. Mirja Boes ist eine Stand-up-Comedian, wie sie im Buche steht. Ebenso wie ihre Honkey Donkeys macht sie sich zum Larry. Oft und immer wieder gern. Sie hat ihre Schamgrenze, genauso wie ihre Schmerzensgeldgrenze. Und irgendwo zwischen diesen beiden Polen hat sie ihren Platz gefunden: auf der Bühne wie im richtigen Leben.

Mindestlohn als Einstieg in ein öko-soziales Weltwirtschaftswunder

Georgios Zervas /
Peter Spiegel

Die 1-Dollar-Revolution

Globaler Mindestlohn gegen
Ausbeutung und Armut

Piper, 256 Seiten
€ 20,00 [D], € 20,60 [A]*
ISBN 978-3-492-05779-0

Ein globaler Mindestlohn von 1 Dollar pro Stunde würde die Armut in kürzester Zeit und weltweit in die Geschichtsbücher verbannen. Viele weitere Menschheitsprobleme würde mit verschwinden: Flucht, Unterernährung, kriegerische Konflikte und Umweltzerstörung. Georgios Zervas und Peter Spiegel zeigen, warum ein globaler Mindestlohn nicht nur wünschenswert, sondern auch höchst realistisch ist.

»Ein Buch, das das Denken der Menschen verändern wird.«
Franz Josef Radermacher, Club of Rome

»Indem wir das Wohl anderer erstreben, fördern wir unser eigenes.«
Platon

Leseproben, E-Books und mehr unter **www.piper.de**

PIPER